教育部哲学社会科学系列发展报告
MOE Serial Reports on Developments in Humanities and Social Sciences

中国资本市场研究报告（2020）

中国金融开放：目标与路径

Annual Research Report on China's Capital Markets
China's Financial Opening: Goals and Paths

吴晓求 等 著

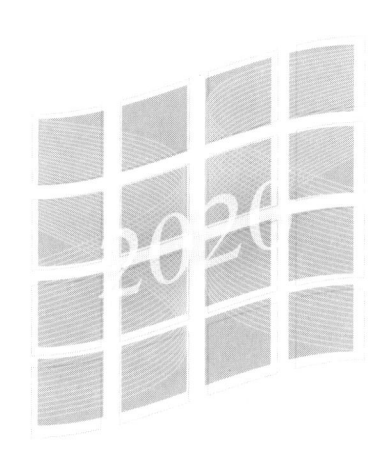

中国人民大学出版社
·北京·

图书在版编目（CIP）数据

中国资本市场研究报告. 2020：中国金融开放：目标与路径 / 吴晓求等著. -- 北京：中国人民大学出版社，2020.8
（教育部哲学社会科学系列发展报告）
ISBN 978-7-300-28436-1

Ⅰ. ①中⋯ Ⅱ. ①吴⋯ Ⅲ. ①资本市场－研究报告－中国－2020 Ⅳ. ①F832.5

中国版本图书馆 CIP 数据核字（2020）第 139781 号

教育部哲学社会科学系列发展报告
中国资本市场研究报告（2020）
中国金融开放：目标与路径
吴晓求 等 著
Zhongguo Ziben Shichang Yanjiu Baogao（2020）

出版发行	中国人民大学出版社	
社　　址	北京中关村大街 31 号	邮政编码　100080
电　　话	010-62511242（总编室）	010-62511770（质管部）
	010-82501766（邮购部）	010-62514148（门市部）
	010-62515195（发行公司）	010-62515275（盗版举报）
网　　址	http://www.crup.com.cn	
经　　销	新华书店	
印　　刷	北京玺诚印务有限公司	
规　　格	170 mm×228 mm　16 开本	版　　次　2020 年 8 月第 1 版
印　　张	27.75 插页 1	印　　次　2020 年 8 月第 1 次印刷
字　　数	416 000	定　　价　108.00 元

版权所有　侵权必究　印装差错　负责调换

作者名单

主　　笔　吴晓求
副 主 笔　赵锡军
执　　笔　（按姓氏笔画为序）
　　　　　王　琳　　王雯岚　　王　巍　　方明浩　　左振莹　　付　敏　　付鹏璐
　　　　　冯浩铭　　刚健华　　刘庭竹　　许　荣　　许界天　　李永森　　李向科
　　　　　李诗瑶　　吴晓求　　何　青　　应展宇　　宋　科　　张　宁　　张成思
　　　　　陆　超　　赵　扬　　赵锡军　　钱宗鑫　　徐星美　　郭　彪　　唐火青
　　　　　涂永红　　黄春妍　　谭松涛
英文译校　赵锡军（校）　方明浩（译）
编　　务　赵振玲

Contributors

Chief Author: Wu Xiaoqiu

Deputy Chief Author: Zhao Xijun

Authors:

Wang Lin	Wang Wenlan	Wang Wei	Fang Minghao
Zuo Zhenying	Fu Min	Fu Penglu	Feng Haoming
Gang Jianhua	Liu Tingzhu	Xu Rong	Xu Jietian
Li Yongsen	Li Xiangke	Li Shiyao	Wu Xiaoqiu
He Qing	Ying Zhanyu	Song Ke	Zhang Ning
Zhang Chengsi	Lu Chao	Zhao Yang	Zhao Xijun
Qian Zongxin	Xu Xingmei	Guo Biao	Tang Huoqing
Tu Yonghong	Huang Chunyan	Tan Songtao	

English:

Zhao Xijun (Review)   Fang Minghao (Translation)

Editing Staff:

Zhao Zhenling

出 版 说 明

本研究报告是中国人民大学中国资本市场研究院（CCMRI）院长吴晓求教授领衔、CCMRI 研究团队连续撰写的第二十四个年份的《中国资本市场研究报告》，曾提交给 2020 年 1 月 11 日在中国人民大学举行的第二十四届（2020 年度）中国资本市场论坛，并作为论坛的主题研究报告。

吴晓求教授亲自撰写了本研究报告的研究写作提纲，并在通读了本研究报告的核心内容并做必要修正后定稿。赵锡军教授对本报告的英文内容做了校阅。

本研究报告得到了教育部社科司的大力支持。从 2011 年起，由吴晓求教授领衔撰写的《中国资本市场研究报告》被教育部社会科学司列为教育部哲学社会科学研究发展报告资助项目。本研究报告的写作和出版得到了鑫苑（中国）置业有限公司和中国人民大学重阳金融研究院等机构多方面的帮助，同时得到了中国人民大学出版社的大力支持。对此，我们深表感谢！

本研究报告可以代表本研究报告主持人和 CCMRI 关于中国金融开放的理论观点和政策主张。

中国人民大学中国资本市场研究院（CCMRI）
2020 年 2 月 22 日

Publishing Notes

This research report is the 24th *Annual Research Report on China's Capital Markets*, which is composed by Professor Wu Xiaoqiu—the director of China Capital Market Research Institute (CCMRI) ——and experts from CCMRI research team. Also, as the thematic report, it was submitted to The 24th (2020) China Capital Market Forum, which was hold by Renmin University of China on January 11, 2020.

Professor Wu Xiaoqiu wrote the report outline by himself, read the core contents after the completion of the writing and finalized the last version with certain necessary amendments. Professor Zhao Xijun reviewed the English version and put forward some constructive suggestions.

This research report received substantial supports from the Social Science Department of the Ministry of Education. The serial reports of *Annual Research Report on China's Capital Markets*, which are composed by Professor Wu Xiaoqiu, have been selected as a sponsorship project in Philosophy and Social Science Research Development by the Ministry of Education since 2011. Also, this research report obtained enormous assistance from Xinyuan Real Estate Co. Ltd., Chongyang Institute for Financial Studies and China Renmin University Press. We would like to thank the institutions mentioned above.

This research report reflects the main opinions of the chief author, Professor Wu Xiaoqiu, and CCMRI on the theoretical perspectives and policy proposals of China's financial opening.

China Capital Market Research Institute, Renmin University of China

Feb. 22nd, 2020

内 容 简 介

中国金融正在走一条渐进式、试错式和迂回式的开放道路。如何进一步推进中国金融的开放，加快中国金融的国际化，是中国改革开放面临的最艰难的任务之一。

中国金融在扩大开放乃至全面开放的理论设计和政策选择中，必须解决三个核心问题：一是模式定位，即在"不可能三角"中的选项组合，核心是在汇率稳定与资本流动之间做出选择；二是开放路径；三是战略目标，即开放的彼岸在哪里。本研究报告主要围绕这三个核心问题展开研究，并提出了相应的理论观点和政策主张。

与此同时，作为中国金融开放的借鉴和参考，本书研究了大国经济（如日本）和一些有代表性的新兴经济体（如韩国等）金融开放的案例，在理论逻辑、案例总结和国情分析的基础上，对中国金融全面开放过程中及之后可能出现的风险变化做了简要评估。

导论和八个分论是本研究报告的主体内容。除此之外，还有两个分析子报告，分别从基本面和技术面分析了2019—2020年中国资本市场的变动趋势及其原因。

Brief Introduction

China's financial opening is on a gradual, try-and-error and roundabout path. How to further promote the China's financial opening and accelerate the China's financial internationalization is one of the hardest tasks of China's reform and opening up.

China's financial further opening and even full liberalization in the theoretical design and policy choices have to solve three key issues. Firstly, the pattern selection, that is to say, in the "impossible trinity" combination option, the key is to make target choice between exchange rate stability and free capital flow. Secondly, the path and strategies of opening. Thirdly, where is the future land of opening? This research report focuses on the above three core issues with in-depth research, and proposes some corresponding theoretical perspectives and policy proposals.

Meanwhile, as a reference for China's financial opening, this book studies the examples about financial opening of developed countries, like Japan, and some representative emerging economies, like Korea, etc. On the basis of theoretical logic, case summary and national situation analysis, we make a simple evaluation about the potential risk change in the process of China's financial full liberalization.

Introduction and eight theses are the main contents of this research report. Besides, there are two market analysis report both fundamentally and technically about 2019—2020 China's stock market trend and its reasons.

目　录

导　论

中国金融开放：模式、基础条件和市场效应评估 …………………………… 3

分　论

分论一	中国金融开放：试错式探索的历史 …………………………… 59
分论二	金融开放的国别研究：大国模式 …………………………… 102
分论三	金融开放的国别研究：新兴国家模式 …………………………… 150
分论四	中国金融开放：多目标比较与选择 …………………………… 209
分论五	中国金融开放：基础条件分析 …………………………… 250
分论六	中国金融开放：外部环境的影响 …………………………… 284
分论七	中国金融开放：路径选择与风险分析 …………………………… 316
分论八	中国金融开放：彼岸在哪里？ …………………………… 345

市场研究

基本分析	2019—2020 年中国资本市场基本分析 …………………………… 377
技术分析	2019—2020 年沪深股票市场技术分析及展望 …………………………… 405

附 录

第二十四届（2020年度）中国资本市场论坛会议纪要 ·························· 425

后　记 ··· 430

Contents

Introduction

China's Financial Opening: Pattern, Fundamental Conditions and Market Effect Prediction ⋯⋯⋯⋯⋯⋯⋯⋯⋯⋯⋯⋯⋯⋯⋯⋯⋯ 3

Theses

Thesis 1　China's Financial Opening: History of Trial and Error ⋯⋯⋯⋯ 59

Thesis 2　The National Difference of Financial Opening: The Pattern of Developed Countries ⋯⋯⋯⋯⋯⋯⋯⋯⋯⋯⋯⋯⋯⋯⋯ 102

Thesis 3　The National Difference of Financial Opening: The Pattern of Emerging Countries ⋯⋯⋯⋯⋯⋯⋯⋯⋯⋯⋯⋯⋯⋯⋯⋯ 150

Thesis 4　China's Financial Opening: Multi-target Comparison and Selection ⋯⋯⋯⋯⋯⋯⋯⋯⋯⋯⋯⋯⋯⋯⋯⋯⋯⋯⋯⋯ 209

Thesis 5　China's Financial Opening: An Analysis of Fundamental Conditions ⋯⋯⋯⋯⋯⋯⋯⋯⋯⋯⋯⋯⋯⋯⋯⋯⋯⋯⋯ 250

Thesis 6　China's Financial Opening: The Impact of the External Environment ⋯⋯⋯⋯⋯⋯⋯⋯⋯⋯⋯⋯⋯⋯⋯⋯⋯⋯ 284

Thesis 7　China's Financial Opening: Path Selection and Risk Analysis ⋯⋯⋯⋯⋯⋯⋯⋯⋯⋯⋯⋯⋯⋯⋯⋯⋯⋯⋯⋯⋯ 316

Thesis 8　China's Financial Opening: Where is the Future Land? ⋯⋯⋯ 345

Market Research

Fundamental Analysis　Fundamental Analysis on the China's
　　　　　　　　　　Capital Market in 2019—2020 ·················· 377
Technical Analysis　Technical Analysis and Outlook on Shanghai and
　　　　　　　　　Shenzhen Stock Markets in 2019—2020 ·············· 405

Appendix

The 24th (2020) China Capital Market Forum Summary ·············· 425

Postscript ·· 432

导　论

中国金融开放：模式、基础条件和市场效应评估[①]

摘　要

改革开放40多年来，中国经济无论在规模、结构、汇率，还是在市场开放度、竞争能力、国际影响力等方面都有根本性变化。与此相适应，中国需要构建一个更加开放、高度国际化的现代金融体系，实现人民币的自由化、国际化，建立新的国际金融中心。

本导论简要分析了中国金融开放的进程和现状，总结了典型大国和新兴经济体金融开放的经验和教训，基于中国的实际情况和金融开放的战略目标，提出了中国金融全面开放的路径选择，并对中国金融全面开放后的市场效应做了评估。

本导论的核心观点是：在中国金融全面开放的过程中，要在"货币政策独立、汇率稳定、资本自由流动"三个目标中做出选择，在政策设计上建议选取"货币政策独立和资本自由流动"的组合，形成市场决定的汇率形成机制；目前

[①] 在本论文形成过程中，中国人民大学财政金融学院博士研究生宁祺器、王子豪、邹杨在文献整理、数据收集方面提供了有益的帮助。

金融开放的重点是金融机构的开放，这是中国金融开放的独特路径，但人民币自由化始终是一个不能绕开的坎；中国金融全面开放的硬实力基本具备，但软实力相对薄弱，金融基础设施亟待改进和完善；中国金融全面开放的目标有两个，分别为人民币自由化、国际化，以及新的国际金融中心的形成；中国金融开放后的市场效应具有大国经济和新兴经济体双重特征，在软实力得以提升的条件下，全面开放后中国金融的市场变化（主要指人民币汇率）会呈现出短期波动、长期趋于收敛的趋势。

Abstract

Via more than 40 years of reforming and opening up, China's economy has undergone fundamental changes in both size, structure, exchange rate, and market openness, competitiveness and international influence. In line with this, China needs to build a more open and highly international modern financial system, to realize the liberalization and internationalization of RMB, and to establish a new global financial center.

This paper analyzes the process and current situation of China's financial opening up, summarizes the experience and lessons of financial opening up of typical major and emerging economies, puts forward the path selection of China's financial opening up, and evaluates the market effect of China's financial opening up.

The core points of this paper are: in the process of China's comprehensive financial opening up, we should make a choice among the three objectives of "monetary policy independence, exchange rate stability and free capital flow", our suggestion for policy design is the combination of "monetary policy independence and free capital flow" to form a market determined exchange rate mechanism; at present, the focus of financial opening up is the opening up of financial institutions, which is a unique path for China, but RMB liberalization is always a barrier that cannot be bypassed; the hard power of China's financial opening up is basically available, but the soft power is relatively weak, and the financial infrastructure needs to be improved urgently; there are two goals for China's comprehensive financial opening up, which are RMB liberalization and internationalization and the establishment of a new international financial center; the market effect of China's financial opening up has the dual characteristics of major and emerging economies. With the improvement of soft power, the market changes of Chinese finance (mainly for RMB exchange rate) will show the trend of short-term fluctuation and long-term convergence after full opening.

2001年，中国加入世界贸易组织（WTO），意味着中国经济全面融入国际经济体系。18年来，中国经济快速发展，经济规模由2001年的11万亿元增长到2019年的约99万多亿元，年均增长率约为13%。与此同时，经济增长质量有很大提高，经济的国际竞争力和国际影响力明显提升。2010年，中国经济规模超过日本，成为全球第二大经济体。2018年，国际贸易规模超过30万亿元，是全球最大货物进出口贸易国。在此期间，虽然中国金融在深化改革的同时不断扩大开放，但总体而言，从开放度和国际影响力角度看，中国金融与中国经济相比，仍有相当大的差距，不能适应中国经济全面开放的要求，仍处在较低水平的开放状态。如何进一步推动中国金融的全面开放，是未来一个时期我们面临的重要任务。

1. 中国金融开放：历史与逻辑

开放是改革的重要内容，也是为改革寻找国际通行的准则。中国金融的开放既是以金融体系市场化改革为基础展开的，又是这种市场化改革的逻辑延伸。在既往的实践中，中国金融开放主要是通过人民币汇率的市场化改革、有限的国际资本流动，以及境外（国外）金融机构在华设立分支机构（独立法人机构）或投资于中国金融机构三条主线展开的（吴晓求，2018）。

1.1 人民币汇率市场化改革的实践

1980年之前，中国实行的是单一汇率制。为鼓励当时外贸企业出口创汇，1981—1993年，中国汇率从单一汇率制转为双重汇率制。双重汇率制经历了官方汇率与贸易外汇内部结算价并存（1981—1984年）以及官方汇率与外汇调剂价并存（1985—1993年）两个发展阶段。1994年1月1日，双重汇率并轨，建立了以市场供求关系为基础，单一、有管理的浮动汇率制。这次改革为之后人民币汇率机制的市场化改革奠定了基础，确立了改革的市场化方向。1978—2019年人民币（兑美元）汇率变动趋势见图导-1。

随着我国经济实力的增强，以及经济体制改革的不断深入，2005年7月21日，我国对1994年开始形成的单一、有管理的浮动汇率制进行了重大调整和完善，核心内容是不再盯住单一美元，而是形成参考一篮子货币的有管理的浮动

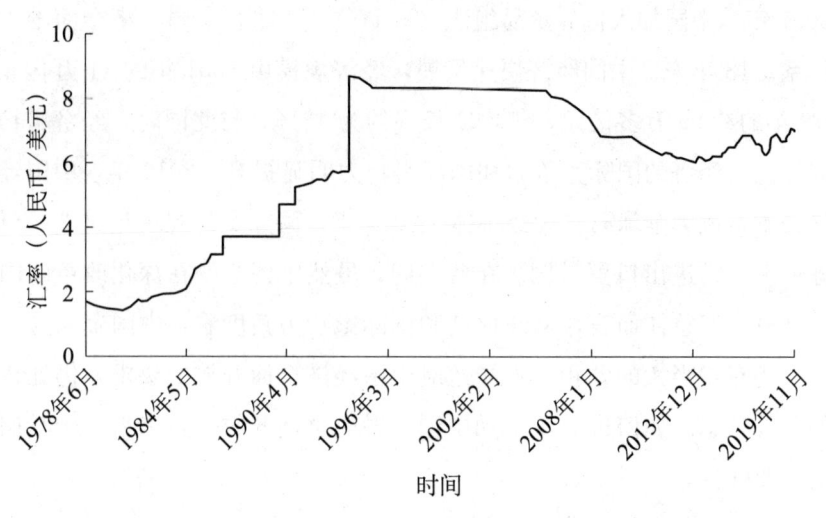

图导-1　1978—2019 年人民币（兑美元）汇率变动趋势

资料来源：中国人民银行。

汇率制度。从盯住单一美元到参考一篮子货币，是人民币汇率形成机制重要的结构性改革。实践表明，这一调整和改革有利于人民币在合理、均衡的基础上保持相对稳定。之后，中国人民银行（简称央行）对人民币汇率机制做了一些微调，微调的重点是扩大人民币兑美元交易价的浮动范围。2012 年 4 月 1 日由 0.5% 扩大到 1%，2014 年 3 月 15 日由 1% 扩大到 2%，人民币汇率形成的价格弹性明显扩大。浮动范围的扩大是汇率形成机制市场化改革的重要内容之一。

2015 年 8 月 11 日，央行进一步推动人民币汇率形成机制改革，史称"8·11"汇改。"8·11"汇改的主要内容是，参考前一个交易日的收盘价决定次日的中间价，且浮动区间扩大到 2%。在实际执行中，市场波动较大。考虑到当时市场的走势，2015 年 12 月，央行适当调整了中间价的定价机制，再次将一篮子货币纳入其中，形成了"前日收盘价＋一篮子货币汇率变化"的新的中间定价机制，一定程度上缓解了人民币贬值压力。

为了进一步优化人民币汇率市场化形成机制，对冲外汇市场的顺周期波动，2017 年 5 月 26 日，央行在中间价定价模型中引入了逆周期因子。从实际情况看，引入逆周期因子对外汇市场的预期产生了一定影响，对人民币汇率起到了一定的平衡作用。

从 40 多年的汇改历史看，人民币汇率机制改革的基本要点是：中间价定价基础由机构报价变为市场收盘价；参考货币由单一美元变为一篮子货币；浮动幅度不断扩大；直接管理、窗口指导变为引入逆周期因子。由此可以看出，中国在人民币汇率机制的改革上坚守市场化方向没有变，在操作层面上秉持的逻辑是谨慎的、探索性的试错方法。

伴随不同时期中不同特点的汇率机制改革，人民币汇率在经过大幅波动后开始寻求合理的估值区间。

1.2 国际资本流动现状

国际资本流动包括境外资本对内投资和境内资本对外投资。境外资本对内投资主要包括两部分：一是外商直接投资（FDI），二是资本项目的金融性投资。

改革开放 40 多年来，中国国际资本流动经历了一个从无到有、从小到大的过程。改革开放之初，由于实行严格的外汇管制，除了少许援助性对外投资外，中国金融活动中几乎没有真正意义的国际资本活动。在统计中即使存在少量的 FDI 数据，也是对外借款。随着改革开放的全面推进，在相当长时期内，国际资本流动主要表现为 FDI 且发展迅速。中国的 FDI 在 1983 年为 9.2 亿美元（含当年对外借款）；1992 年首次突破百亿美元大关，达到了 110.08 亿美元；2010 年达到 1 147 亿美元；2018 年达到 1 390 亿美元。表导-1 为 2005 年后中国 FDI 规模、增长与美国及全球的对比情况。

表导-1 中国 FDI 规模、增长与美国及全球的对比情况

年份	中国 FDI 规模（亿美元）	增长率	全球 FDI 规模（亿美元）	增长率	美国 FDI 规模（亿美元）	增长率
2005	724	—	9 458	—	1 048	—
2006	727	0%	13 059	38%	2 367	126%
2007	835	15%	18 330	40%	2 328	−2%
2008	1 083	30%	17 710	−3%	3 248	40%

续表

年份	中国 FDI 规模（亿美元）	中国 FDI 增长率	全球 FDI 规模（亿美元）	全球 FDI 增长率	美国 FDI 规模（亿美元）	美国 FDI 增长率
2009	950	−12%	11 140	−37%	1 299	−60%
2010	1 147	21%	13 810	24%	1 979	52%
2011	1 240	8%	16 042	16%	2 269	15%
2012	1 197	−3%	13 107	−18%	1 467	−35%
2013	1 240	4%	14 500	11%	1 880	28%
2014	1 290	4%	13 240	−9%	1 070	−43%
2015	1 360	5%	17 620	33%	3 800	255%
2016	1 340	−1%	17 460	−1%	3 910	3%
2017	1 360	1%	14 300	−18%	2 750	−30%
2018	1 390	2%	12 972	−9%	2 520	−8%

资料来源：联合国贸易和发展会议《世界投资报告》。

在1991年之前，中国对外投资中对外投资净额（流量）一直没有突破10亿美元，处于个位数级别，存量也相对较小。中国对外投资净额在1991年首次达到10亿美元；2005年首次突破百亿美元，达到122.7亿美元；2013年突破千亿美元，达到1 078亿美元；2016年达到创纪录的1 961亿美元；2018年回落到1 298亿美元。表导-2和表导-3是1990—2018年中国对外投资净额（流量）变化情况及2010—2018年中国与美国对外投资净额（流量）对比情况。

表导-2　中国对外投资净额（流量）及增长率

年份	对外投资净额（亿美元）	增长率
1990	9	—
1991	10	11%
1992	40	300%
1993	43	8%
1994	20	−53%
1995	20	0
1996	21	5%

续表

年份	对外投资净额（亿美元）	增长率
1997	26	24%
1998	27	4%
1999	19	−30%
2000	10	−47%
2001	69	590%
2002	27	−61%
2003	28.5	6%
2004	55	93%
2005	122.7	123%
2006	211.60	72%
2007	265.10	25%
2008	559.10	111%
2009	565.30	1%
2010	688	22%
2011	746	8%
2012	878	18%
2013	1 078	23%
2014	1 231	14%
2015	1 457	18%
2016	1 961	35%
2017	1 583	−19%
2018	1 298	−18%

资料来源：联合国贸易和发展会议《世界投资报告》；Wind（万得）。

表导-3　中国与美国对外投资净额（流量）对比情况　　　单位：亿美元

年份	中国	美国
2010	688	2 778
2011	746	3 966
2012	878	3 182

续表

年份	中国	美国
2013	1 078	3 034
2014	1 231	3 330
2015	1 457	2 644
2016	1 961	2 893
2017	1 583	3 004
2018	1 298	−636

资料来源：联合国贸易和发展会议《世界投资报告》。

在国际资本流入与资本市场方面，1996年12月，在人民币实现了经常项目可兑换之后，部分资本项目实现了可兑换，但从整体制度而言，仍未实现资本项下的可兑换。在这种条件下，为了推动中国资本市场开放和国际化，有限度地引进境外投资者，2002年12月，中国正式颁布施行了《合格境外机构投资者境内证券投资管理暂行办法》，合格境外机构投资者（qualified foreign institutional investor，QFII）制度正式实施。2003年7月9日，瑞士银行下了QFII第一单，随即交易成功，开创了中国资本市场投资对外开放的先河。

在QFII制度实施9年后，2011年底，央行发出了人民币合格境外机构投资者（RMB qualified foreign institutional investor，RQFII）试点通知，之后RQFII正式进入中国资本市场。QFII和RQFII是在资本项未实现完全可兑换的条件下推出的资本市场对外开放的过渡性制度安排，对提升中国资本市场的影响力和国际化水平具有积极的推动作用。2019年，监管部门继续深化外汇管理改革，对QFII和RQFII制度进行多次改革，不断采取有力措施扩大对外开放，支持境外投资者投资境内金融市场，提升跨境投融资便利化程度。国务院于2019年1月14日批准QFII总额度由1 500亿美元增加至3 000亿美元。2019年7月，国务院金融稳定发展委员会办公室发布《关于进一步扩大金融业对外开放的有关举措》，按照"宜快不宜慢、宜早不宜迟"的原则，推出11条金融业对外开放措施。国家外汇管理局宣布，经国务院批准，2019年9月10日决定取消QFII/RQFII额度限制。同时，RQFII试点国家和地区限制也一并取消。如表导-4和表导-5所示，截至2019年11月29日，QFII投资额度达到1 113.76

亿美元，RQFII 投资额度达到 6 933.02 亿元。

表导-4　QFII 投资额度的变动情况　　　　　　　　单位：亿美元

时间	投资额度
2012 年 12 月 31 日	374.43
2013 年 7 月 30 日	449.53
2014 年 8 月 26 日	596.74
2015 年 8 月 28 日	767.03
2016 年 9 月 29 日	817.38
2017 年 8 月 30 日	939.94
2018 年 8 月 30 日	1 004.59
2019 年 11 月 29 日	1 113.76

资料来源：国家外汇管理局。

表导-5　RQFII 投资额度的变动情况　　　　　　　　单位：亿元

时间	投资额度
2013 年 7 月 30 日	1 219
2014 年 1 月 27 日	1 678
2015 年 1 月 30 日	3 045
2015 年 8 月 28 日	4 049
2016 年 3 月 30 日	4 714.25
2017 年 7 月 31 日	5 482.41
2018 年 8 月 30 日	6 274.72
2019 年 11 月 29 日	6 933.02

资料来源：国家外汇管理局。

除此之外，中国资本市场对外开放的另一项过渡性制度安排是上海证券交易所（简称上交所）、深圳证券交易所（简称深交所）与香港联合交易所有限公司（简称香港联交所）的互联互通，分别简称"沪港通""深港通"（简称"两通"）。2014 年 11 月 17 日，沪港通正式实施。2016 年 12 月 5 日，深港通实施。在额度限制方面，分为年交易总额限制和日交易额度限制，同样体现了资本市场对外开放进程的不断加强。其中，沪港通实施初期年交易总额限制为 5 500 亿元。实施深港通后，"两通"均取消了年交易总额限制。自 2018 年 5 月 1 日起，沪股通、深股通每日额度由 130 亿元调整为 520 亿元，港股通每日额度由 105 亿元调整为 420 亿元。从统计数据看，如表导-6 和表导-7 所示，"两通"中的沪股通、深股通的日交易金额整体呈现逐月上升趋势，到 2019 年 11 月，均保持在 200 亿元左右。

表导-6　沪港通中沪股通交易情况　　　　　　　单位：亿元

时间	当月日均交易金额
2014 年 12 月	7.21
2015 年 3 月	62.51
2015 年 6 月	108.20
2015 年 9 月	43.09
2015 年 12 月	28.16
2016 年 3 月	39.61
2016 年 6 月	26.65
2016 年 9 月	31.98
2016 年 12 月	41.00
2017 年 3 月	41.73
2017 年 6 月	49.77
2017 年 9 月	57.15
2017 年 12 月	73.02
2018 年 3 月	88.39
2018 年 6 月	134.65
2018 年 9 月	104.49
2018 年 12 月	117.70
2019 年 3 月	290.47
2019 年 6 月	197.22
2019 年 9 月	222.77
2019 年 11 月	198.37

资料来源：上海证券交易所。

表导-7 深港通中深股通交易情况 单位：亿元

时间	当月日均交易金额	时间	当月日均交易金额
2016年12月	15.41	2018年6月	95.39
2017年1月	14.05	2018年7月	87.47
2017年2月	18.61	2018年8月	88.15
2017年3月	26.09	2018年9月	77.63
2017年4月	33.36	2018年10月	101.02
2017年5月	34.09	2018年11月	96.29
2017年6月	38.29	2018年12月	90.05
2017年7月	34.92	2019年1月	95.52
2017年8月	38.86	2019年2月	184.69
2017年9月	47.98	2019年3月	259.04
2017年10月	60.26	2019年4月	292.46
2017年11月	73.77	2019年5月	225.04
2017年12月	60.04	2019年6月	179.78
2018年1月	76.05	2019年7月	161.79
2018年2月	89.57	2019年8月	194.43
2018年3月	78.73	2019年9月	224.70
2018年4月	91.67	2019年10月	195.29
2018年5月	85.00	2019年11月	214.90

资料来源：深圳证券交易所。

总体而言，FDI、对外直接投资、QFII、RQFII、沪港通、深港通等是观测和分析中国金融对外开放中国际资本流动（主要是流入）的重要窗口和指标。上述分析表明，中国金融投资性市场的对外开放程度相对不平衡。FDI发展速度快、规模大、产业分布广，从规模上看，中国已成为全球第二大FDI国家。对外直接投资近几年发展迅猛，但受资本项下的制度约束和出于外汇储备安全性考虑，发展空间有限。资本市场上的四大开放措施（QFII、RQFII、沪港通、深港通）都是过渡性的制度安排，同时中国资本市场存在制度缺陷，投资于A股的境外资本比例从2013年的1.5%上升至2019年的3%左右，整体上仍处于较低水平，见图导-2。因此，从金融投资角度看，中国金融的对外开放仍然处在一个较低的水平上。

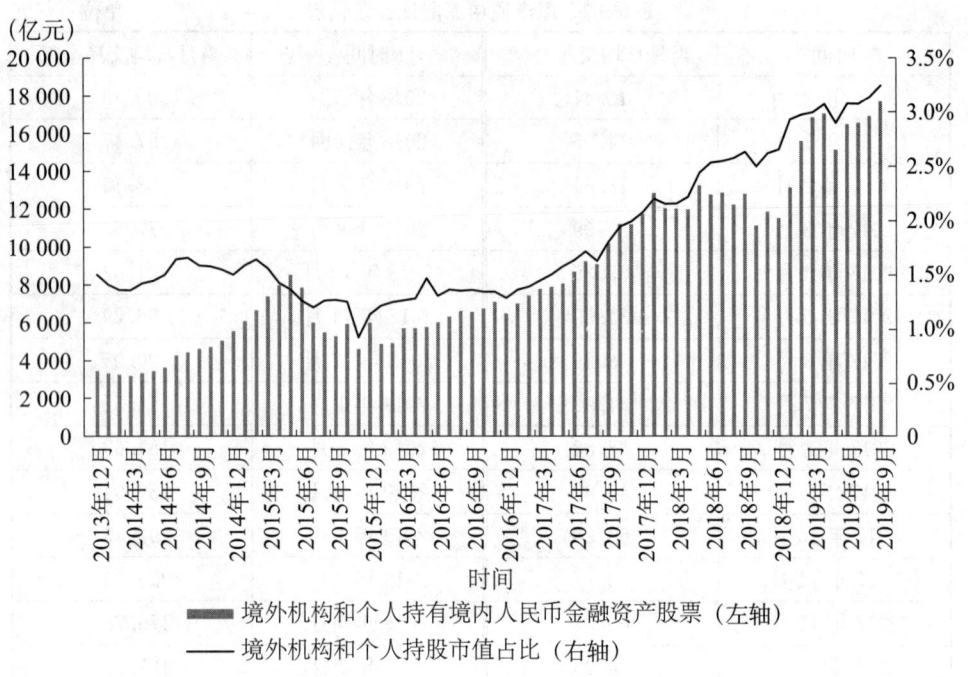

图导-2　2013年12月—2019年9月境外机构和个人对A股投资情况

资料来源：中国人民银行；Wind。

1.3　商业银行等金融机构的对外开放

1996年1月4日，《在华外资银行设立分支机构暂行管理规定》发布，允许上海等四个城市中符合条件的外国银行分行设立支行，允许符合标准的在华外资独资和合资银行设立分行。2001年12月11日，中国正式加入世界贸易组织后，银行、保险、证券分别实现入世承诺，放松外资金融机构设立形式、地域、业务范围限制。自2002年2月1日起该规定废止，并施行《中华人民共和国外资金融机构管理条例实施细则》，就外资金融机构在中国开展业务提出相应管理条例。

2003年12月5日，中国银行业监督管理委员会（简称银监会）发布《境外金融机构投资入股中资金融机构管理办法》，规定单一持股不超过20%、合计持股不超过25%。

2002年6月，中国证券监督管理委员会（简称证监会）发布《外资参股证券公司设立规则》，外资在合资券商中的持股比例需控制在三分之一。证监会分别于2007年、2012年对上述规则文件进行了修订。根据修订后的规则，境外股东在外资参股证券公司中的持股比例或拥有的权益比例累计（包括直接持有和间接控制）不得超过49%。上市券商的单个境外投资者持有上市内资证券公司股份的比例不得超过20%；全部境外投资者持有上市内资证券公司股份的比例不得超过25%。

2013年，对合资券商持股比例的限制进一步放开。2013年8月，内地与香港、澳门签署了《关于建立更紧密经贸关系的安排》（简称CEPA）第十份补充协议，允许内地证券公司、证券投资咨询机构对港澳地区进一步开放。主要内容包括扩大持股比例，允许符合条件的港资、澳资金融机构分别在上海市、广东省、深圳市各设立1家两地合资全牌照证券公司，港资、澳资持股比例最高可达51%。

2017年11月10日，财政部副部长朱光耀介绍了中美元首会晤达成多方面重要共识，其中最重要的是中国将以较大幅度放宽金融领域的市场准入。中方决定将单个或多个外国投资者直接或间接投资证券、基金管理、期货公司的投资比例限制放宽至51%，上述措施实施三年后，投资比例不受限制；将取消对中资银行和金融资产管理公司的外资单一持股不超过20%、合计持股不超过25%的持股比例限制，实施内外一致的银行业股权投资比例规则；三年后将单个或多个外国投资者投资设立经营人身保险业务的保险公司的投资比例放宽至51%，五年后投资比例不受限制。

2019年7月20日，国务院金融稳定发展委员会办公室对外宣布11条金融业对外开放措施，鼓励境外金融机构参与设立、投资入股商业银行理财子公司和养老金管理公司；放宽外资保险公司准入条件，取消30年经营年限要求等，贯彻落实党中央、国务院关于进一步扩大对外开放的决策部署。

2019年11月7日，国务院发布《关于进一步做好利用外资工作的意见》，指出2020年取消证券公司、证券投资基金管理公司、期货公司、寿险公司外资持股比例不超过51%的限制。

在多种因素制约下，外资金融机构进入我国市场动力不强，多年来其资产占比不足10%。银行业外资机构资产占比在2007年达到2.36%的高点后,长期处于下降趋势,2016年达到最低点1.26%,2018年上升至1.65%。保险业外资机构资产占比自2004年以来一直处于上升趋势,2014年达到最高点6.54%后有所回落,2018年占比为6.33%,见图导-3。

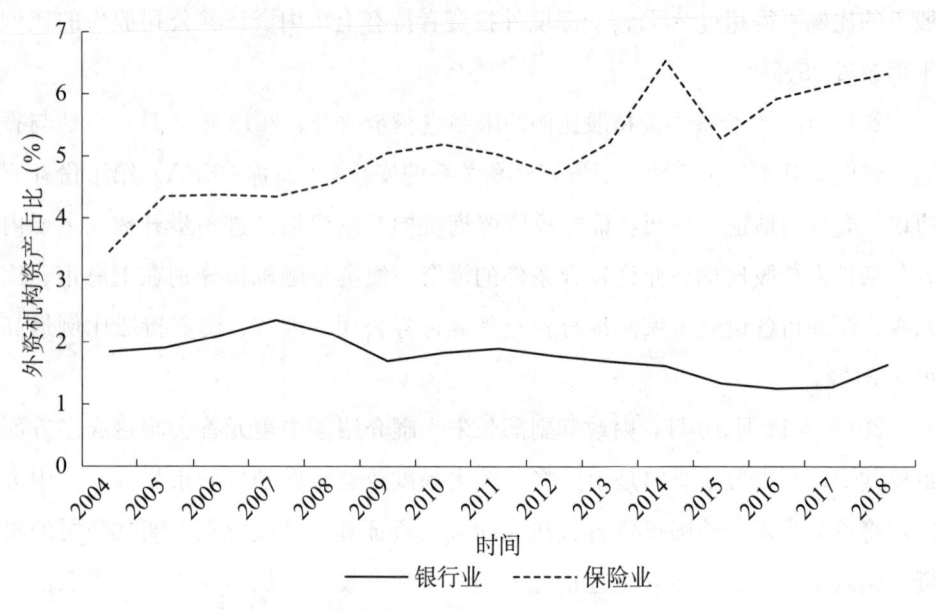

图导-3 银行业和保险业外资机构资产占比

资料来源:Wind。

1.4 中国金融国际影响力分析

一国金融的国际影响力主要表现在该国货币和资本市场的影响力上。货币的国际影响力与该国经济的竞争力、市场化和国际化程度有密切关系,也与汇率形成机制息息相关。在资本项目尚未全部开放,可自由交易制度尚未完全形成的情况下,人民币国际影响力的观测指标主要有四个:一是人民币作为结算货币在国际贸易中所占的份额;二是在国际货币基金组织(International Monetary Fund,IMF)中特别提款权(special drawing right,SDR)所占份额;三是人民币离岸规模;四是与各国央行互换的规模。

(1) 人民币作为结算货币在国际贸易中所占的份额。改革开放以来,小规模的边境贸易使用人民币结算从未停止过,但官方意义上的国际贸易一定规模地使用人民币结算主要发生在 2010 年以后。根据环球同业银行金融电信协会（Society for Worldwide Interbank Financial Telecommunications，SWIFT）的统计，2012 年 1 月，人民币结算额为 1 284 亿元，在全球排第 20 位，占国际贸易全球货币结算额的 0.25%。两年后，即 2013 年 12 月，人民币结算额的全球名次上升到第 8 位，份额上升到 1.12%。2015 年 8 月，人民币结算份额首次超过日元（2.76%），达到 2.79%，居全球第 4 位。2019 年 10 月，人民币结算份额下落到 1.65%，居全球第 5 位。近几年，人民币在国际贸易结算中的份额徘徊在第 4 位、第 5 位、第 6 位。人民币在国际贸易中的影响力虽有提高，但仍然有限，见表导-8 和图导-4。

表导-8　国际结算中的人民币规模、份额和排名情况

时间	排名	份额	当月跨境贸易人民币结算额（亿元）
2011 年 12 月	17	0.29%	—
2012 年 6 月	16	0.43%	2 593
2012 年 12 月	14	0.57%	3 529
2013 年 6 月	11	0.87%	3 547
2013 年 12 月	8	1.12%	5 883
2014 年 6 月	7	1.55%	5 681
2014 年 12 月	5	2.17%	6 334
2015 年 6 月	5	2.09%	6 590
2015 年 12 月	5	2.31%	7 981
2016 年 6 月	6	1.72%	4 995
2016 年 12 月	6	1.68%	3 747
2017 年 6 月	6	1.98%	4 448
2017 年 12 月	5	1.61%	4 184
2018 年 6 月	5	1.81%	4 509
2018 年 12 月	5	2.07%	4 837.2
2019 年 6 月	5	1.99%	5 197.5
2019 年 10 月	5	1.65%	4 740

资料来源：环球同业银行金融电信协会；中国人民银行。

注：2015 年 8 月，人民币（2.79%）首次超过日元（2.76%），居第 4 位；美元、欧元一直居第 1 位、第 2 位。

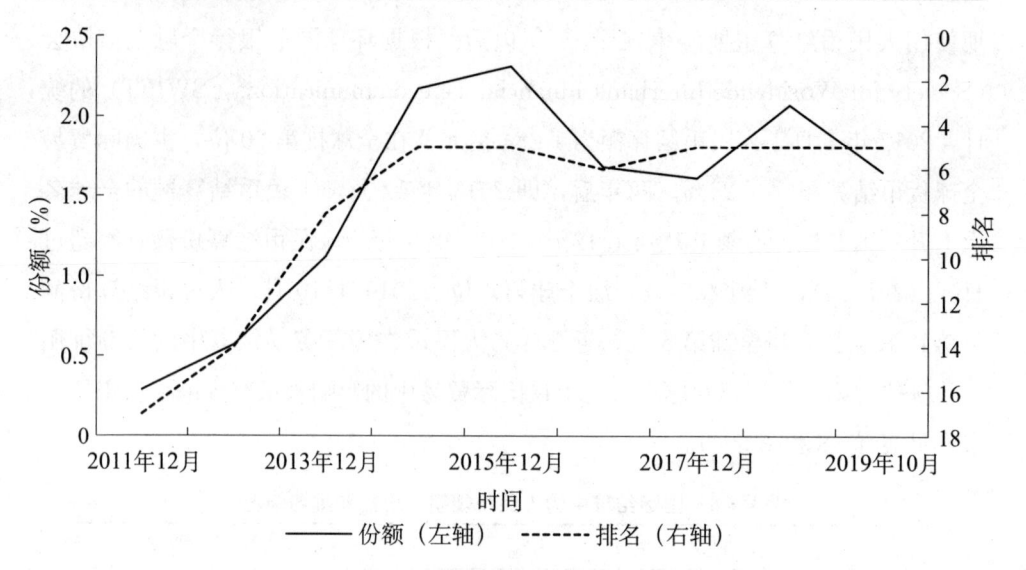

图导-4　2011—2019年国际结算中人民币所占份额和排名变动情况

资料来源：环球同业银行金融电信协会；中国人民银行。

注：本国使用表导-8相应时间节点的数据制作。

（2）在IMF中SDR所占份额。如表导-9所示，在人民币加入SDR之前，IMF SDR货币篮子中只有4种货币，即美元、欧元、英镑和日元，其中美元份额为41.9%，欧元为37.4%，英镑为11.3%，日元为9.4%。基于中国在货币、外汇和金融体系改革方面所取得的进展，以及人民币在国际贸易中所发挥的作用，IMF董事会于2015年11月30日批准人民币加入SDR货币篮子，所占比例为10.92%，在SDR货币篮子的5种货币中，人民币超过英镑和日元，仅次于美元和欧元，排在第3位，2016年10月1日正式生效。

表导-9　SDR权重的历次变动情况（%）

	美元	欧元	德国马克	法国法郎	人民币	英镑	日元
1986年1月1日	42	—	19	12	—	12	15
1991年1月1日	40	—	21	11	—	11	17
1996年1月1日	39	—	21	11	—	11	18
2001年1月1日	45	29	—	—	—	11	15
2006年1月1日	44	34	—	—	—	11	11
2011年1月1日	41.9	37.4	—	—	—	11.3	9.4

续表

	美元	欧元	德国马克	法国法郎	人民币	英镑	日元
2016年10月1日	41.73	30.93	—	—	10.92	8.09	8.33

资料来源：IMF官方网站。
注：(1) IMF每五年评估一次SDR权重。(2) 1990年以前的德国马克指联邦德国马克。

人民币加入SDR货币篮子并占10.92%的份额对提升人民币的国际影响力具有重要而深远的意义，同时将有力地推进中国金融的市场化改革和人民币汇率机制的改革。但应看到，人民币在全球储备市场的份额远远低于SDR中10.92%的份额，人民币的实际市场影响力不足。

(3) 人民币离岸规模。离岸规模及其分布也是判断一国货币国际影响力的重要指标。改革开放以来的大多数时间中，人民币离岸规模很小。2010年后，离岸规模迅速扩大，为1.8万亿元～2.8万亿元。离岸规模与在岸规模比例悬殊，前者仅占后者的2%～5%，非居民持有的人民币存款离岸规模占全球离岸存款的1%～1.5%。这与美元的离岸与在岸规模各占50%，以及离岸美元在全球离岸存款中的比例有巨大差异。如表导-10所示，人民币离岸存款主要分布在中国香港、中国台湾，以及新加坡等地，分布区域相对单一。

(4) 与各国央行互换的规模。在改革开放前期，货币互换虽然存在，但规模小且发展缓慢。1997年亚洲金融危机爆发后，为稳定金融市场，在"10＋3"[即东南亚国家联盟（简称东盟）十国与中国、日本、韩国]框架内签署了《清迈协议》，中国人民银行与相应各国央行签署了一系列双边互换协议。2008年全球金融危机爆发，为防止重大危机的恶化与蔓延，以及推动人民币国际化，中国人民银行与相关国家的央行签订了一系列双边货币互换协议。

2008年12月12日，中国人民银行首先与韩国央行签订了1 800亿元/36万亿韩元的互换协议。到2019年10月，中国已与40多个国家签署了货币互换协议，货币互换协议总额达到34 687亿元的历史纪录。人民币互换协议规模变动情况见图导-5。人民币互换规模在一定程度上反映了人民币的国际影响力和信用度。央行间的货币互换除了可以增强我国与相关国家（地区）的流动性互助能力，推动与相关国家（地区）的贸易与直接投资，更重要的是在人民币完全实现自由兑换前，可为人民币在境外一定程度上实现商品计价、支付与结算手段、价值储备等国际货币功能创造条件，有助于人民币汇率机制的市场化改革。

表导-10 离岸人民币规模、分布及种类（总量及代表性地区分布）

时间	总量及占全球离岸存款的比重	非居民持有的人民币存款					离岸人民币债券（不含大额存单）余额	人民币债券、贷款及融资	人民币计入外储情况及占全球官方储备币种比重
		中国香港（绝对量及占比）	中国台湾（绝对量及占比）	新加坡（绝对量及占比）	韩国（绝对量及占比）	伦敦（绝对量及占比）			
2014年12月末	27 800亿元 1.09%	10 036亿元 36.1%	3 022亿元 10.87%	2 300亿元 98.27%	—	—	4 816亿元	1 800亿元（仅中国香港地区）	0.1%~0.3%
2015年12月末	22 200亿元 1.21%	8 511亿元 38.34%	3 182亿元 14.33%	1 890亿元 8.51%	—	—	5 400亿元	3 000亿元（仅中国香港地区）	—
2016年12月末	17 700亿元 1.09%	5 467亿元 30.89%	3 112亿元 16.47%	1 260亿元 7.12%	—	—	4 825亿元	3 000亿元（仅中国香港地区）	—
2017年12月末	18 900亿元 1.21%	5 591亿元 29.58%	3 233亿元 16.92%	1 520亿元 8.04%	74亿元 0.39%	—	3 877亿元	1 615亿元（中国香港及中国台湾地区）	1 228亿美元 1.23%
2018年6月末	18 700亿元 1.17%	—	—	1 360亿元 7.27%	72亿元 0.39%	683亿元 3.65%	3 711亿元	1 400亿元（中国香港及中国台湾地区）	1 933.5亿美元 1.84%
2019年月6末	18 400亿元 1.09%	6 042亿元 32.84%	—	1 150亿元 6.25%	93亿元 0.50%	613亿元 3.33%	4 077亿元	1 365亿元（中国香港及中国台湾地区）	2 167亿美元 1.97%

资料来源：2014—2019年中国银行离岸人民币指数。

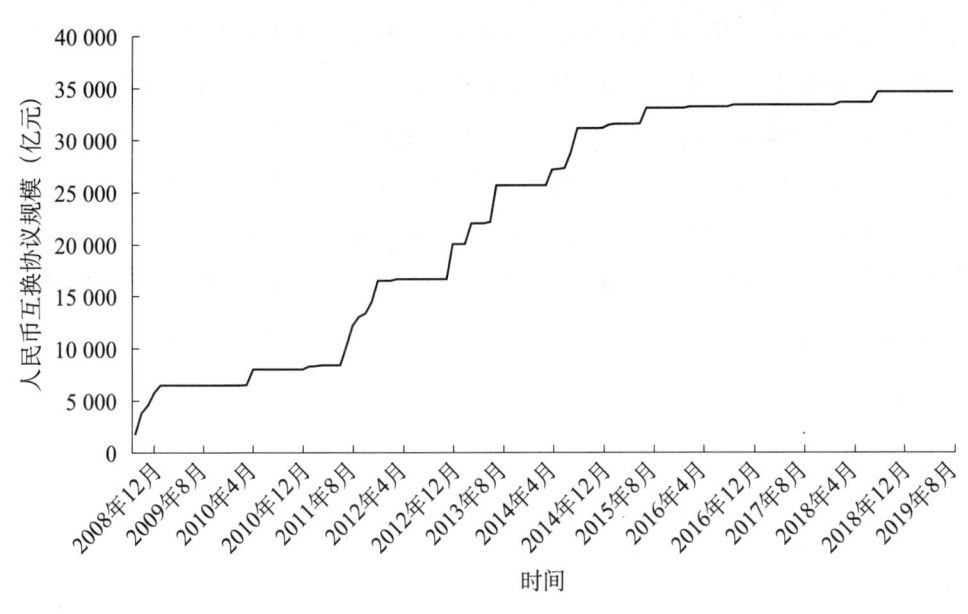

图导-5　人民币互换协议规模变动情况

资料来源：Wind。

2. 中国金融全面开放的路径模式

中国金融的开放程度比中国经济开放的程度低得多。2001年，中国加入WTO，中国经济全面融入国际经济体系。十几年来，中国经济快速发展，这种发展是实质性的增长。与此同时，中国金融体系则相对封闭。

金融开放主要有两个指标：一是外国投资者在中国资本市场的投资比例。在中国，这个比例目前只有3%左右，主要通过QFII、RQFII，以及沪港通、深港通等渠道进入中国市场。但这个比例与中国的国际地位不匹配，也表明中国金融市场目前仍处在一个半封闭的状态。二是货币是否可以自由兑换。人民币还没有完全实现可自由交易，虽然经常项目下已实现人民币自由兑换，但资本项目下的关键项目（包括非居民参与国内货币市场、基金信托市场以及买卖衍生工具）还没有实现人民币自由兑换，所以，中国金融的全面开放是未来一个时期的重要任务。

国际上衡量一个国家资本账户开放程度的常用指标是Chinn-Ito金融开放指数（KAOPEN）（Chinn和Ito，2005），我国Chinn-Ito金融开放指数与发达经

济体样本平均水平相比有较大差距,且在2002年之后落后于其他金砖国家的平均水平,见图导-6。我国Chinn-Ito金融开放指数自1993年开始一直为-1.21,在自1994年开始的大部分年份中低于其他金砖国家的平均水平。在其他金砖国家中,目前南非和巴西的Chinn-Ito金融开放指数与我国相同,均为-1.21,印度、俄罗斯的Chinn-Ito金融开放指数均高于我国水平。美国、英国、日本、韩国等发达经济体的Chinn-Ito金融开放指数均为2.35,远高于我国水平。因此,我国需要深入研究如何进一步推动金融开放,以及开放的路径模式。

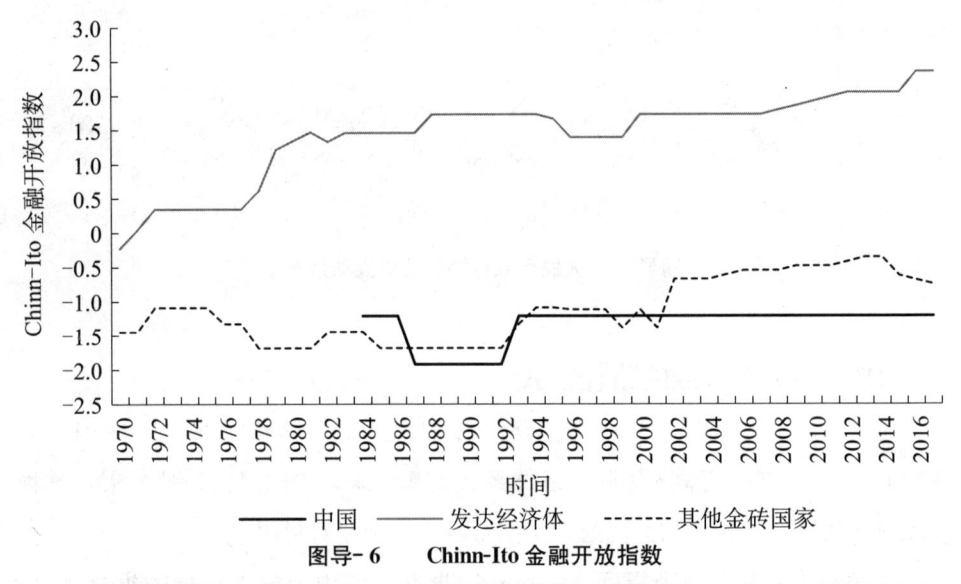

图导-6　Chinn-Ito金融开放指数

注：发达经济体样本以美国、英国、日本、韩国为例,其他金砖国家包括巴西、印度、俄罗斯、南非。

2.1　金融开放：国际一般模式与国别路径

金融开放带来增长的同时也会带来新的风险。就国际经验来看,部分国家推进金融开放取得了积极成效,同时,也有部分国家出现政策失误而爆发了严重的金融危机。由于美国是自由化的、开放的,欧洲联盟（简称欧盟）内部是经济一体化的,所以金融开放最重要的案例主要是日本、韩国、俄罗斯、印度和泰国,这五个国家是我们研究的重点。这五个国家在金融开放的策略、方法以及目标上虽有较大差别,但有一点是一样的,即都从本币的自由化开始,差别在于日本、韩国和泰国采取的是渐进式分阶段改革,俄罗斯采取的是激进式改革,印度居其中,但仍偏向于激进式。

2.1.1 日本

日本金融开放属于渐进式的,主要是先放开经常项目外汇交易管制,再逐步放开外商直接投资、证券市场、外汇市场、房地产市场等,后缓慢进行利率市场化,最后到日元国际化,实现资本项目自由兑换。其具体进程见表导-11。

表导-11 日本金融开放进程

阶段	时间	主要事件
第一阶段 (1964—1983年)	1964年	日本正式接受IMF第八条款,同年4月加入OECD,承诺履行对日元自由兑换的义务,正式打开经常项目下的外汇交易管制。
	1967—1976年	出台了5个开放方案,逐步取消外商直接投资的行业限制。
	1970年	允许非居民在日本发行以日元计价的外国债券("武士债"),并允许国内互助基金购买。
	1973年2月	日本从固定汇率制向浮动汇率制转变,开始推行有管理的浮动汇率。
	1975年	发行赤字国债,利率走向自由化。
	1978年	实现银行间市场利率自由化。
	1980年	放宽了对外借款,借用外债的制度由审批制改为备案制;放开了居民境外购买房地产,取消事前备案;同年12月,日本实施新《外汇法》,外汇原则由"原则禁止,例外许可"改为"原则自由,例外控制",取消了本国居民向国外提供日元贷款和外汇不能自由兑换成日元的限制。
第二阶段 (1984—1996年)	1984年5月	日本大藏省发布了《日元美元委员会报告书》,实现了资本项目的自由兑换。具体要求:(1)日本金融与资本市场自由化,主要涉及利率自由化,取消或放宽资本项目限制;(2)确保外国金融机构自由进入日本金融、资本市场,包括外国证券公司可以申请东京证券市场会员权,向外国银行开放信托业务、管理投资基金;(3)创设自由的海外日元交易市场,放开欧洲日元市场,允许日本企业发行欧洲日元债,允许外资证券商承销欧洲日元债。
	1985年9月	美国、日本、英国、法国、德国(简称G5)财长、央行行长在纽约举行G5会议,签订《广场协议》,要求日元升值,美元贬值,以使双边贸易更加平衡。
	1986年12月	正式建立东京离岸市场。
	1987年2月	日本签署《卢浮宫协议》,保持美元汇率的基本稳定。
	1989年	贷款利率已部分实现自由化。
	1994年10月	日本利率除活期存款利率以外已经完全自由化。

续表

阶段	时间	主要事件
第三阶段 （1997—1999年）	1997年5月	日本重新修订了《外汇法》，使国内外资本真正实现无约束的国际流动。
	1998年7月	大藏省大臣宫泽喜一设立了外汇和其他资产交易委员会。
	1999年	全面放开外汇管制。

资料来源：部分参考嘉盛集团官网。

由表导-11可以看出，在第一阶段，日本主要采取先开放资本流入、后开放资本流出的顺序。在资本流入方面，首先取消外商直接投资限制，逐步开放国内机构通过债券形式进行国外借款；在资本流出方面，先放开对外直接投资，再取消对外间接投资限制。通过第一阶段的稳步推进，日本资本项目可兑换程度逐渐提高，金融开放遵循整体审慎、渐进原则。

在第二阶段，日本金融开放的特点为迫于内外压力资本账户快速开放，相比之下，利率市场化滞后于资本账户开放。如先废除日元兑换限制，不仅在经常项目下可自由兑换，而且在资本项目下日元兑换也基本放开。利率市场化在1994年最终完成。在第三阶段，日本金融全面开放，主要是为了全面放开外汇管制，完全实现资本账户的自由兑换，进一步推进日元国际化的进程。

总结日本金融开放模式可以看到，主要存在以下两个问题：一是在国内金融体制还未实现有效改革的时候开放节奏错乱，资本账户开放进程远快于利率市场化，导致跨境资本流入、流出风险加剧累积；二是资本账户优先开放带来日元快速升值，日本政府长时间采取过度宽松的货币政策，通过连续下调贴现率政策对冲日元升值，刺激经济推高资产价格，使得资金投向房地产等行业，从而带来泡沫，埋下隐患。

2.1.2 韩国

韩国金融开放亦属于渐进式，主要通过国内前期大量金融改革、渐进式利率市场化，后进行金融市场开放，并在一段时间后加速推进。具体进程划分为如下几个阶段。[①]

---

① 资料来源于搜狐网。

第一阶段：在产业升级和加大开放的压力下，20世纪80年代的金融业改革。1981年初，韩国政府颁布了十年期金融改革一揽子计划，随后又陆续公布了多项金融自由化措施，其主旨是逐步放松管制，减少政府干预，以充分发挥市场机制的作用。主要措施包括对国有银行进行私有化改革、引进外资银行、放松金融管制、采取"渐进"的方式逐步实现利率的市场化、渐进地开放资本市场、外汇及汇率制度改革和货币政策从直接控制转向间接调节。1988年，韩国接受了IMF第八条款，实现经常账户自由兑换。1988年12月，韩国财政部宣布将放宽除政策性贷款和长期定期存款利率之外的银行贷款利率，并且放开企业债券收益率。1989年，韩国重新对利率进行管制，但收窄了干预的范围。

总的来说，韩国第一阶段的金融开放主要存在两个问题：一是资本项目开放不对称，短期资本项目限制放开，投机资本流入，导致短期外债迅速增长，风险暴露；二是汇率、利率制度改革滞后于短期资本项目自由化。韩元汇率刚开始由银行间外汇供求决定，每天波动限制在一定范围内，但由于韩国银行频繁入市干预，汇率仍不完全由市场决定。利率自由化进程一再推迟，为后期韩元大幅贬值埋下伏笔。

第二阶段：20世纪90年代的改革。1991年，八家短期投资和金融公司变身成证券公司和全国性商业银行；1993年，政府推出了利率自由化计划，将放松利率管制分为四个阶段；1994年，韩国开始加速开放资本市场。

第三阶段：1997年以来全面的金融改革。1997年12月，韩国修订《韩国银行法》，整合了四家金融监管机构（银行监管办公室、证券监督委员会、保险监督管理委员会与非银行监管局），建立了金融监督管理委员会及其执行部门——金融监督院。

韩国第二阶段、第三阶段的开放路径是继续推进金融服务业开放，在汇率、利率改革到位的前提下，大幅放开资本账户。总结韩国金融开放进程后不难看出，韩国国内结构性改革、金融监管、利率及汇率自由化滞后于短期资本项目开放。韩国在金融体系不成熟、利率及汇率自由化进程缓慢的背景下贸然大幅放开短期资本流动。同时，其自身经济结构性问题未解决，对外部资本过度依赖，为后期资本快速撤离韩国对国内经济产生巨大打击埋下了导火线。

2.1.3 俄罗斯

俄罗斯金融改革属于激进式的。1992 年，俄罗斯放开外汇管制及经常项目管制，卢布实行国内可兑换。1998 年金融危机期间，俄罗斯进行外汇管制。2006 年 7 月 1 日，卢布可自由兑换（罗英杰，2006）。

1992 年初，俄罗斯政府通过了向 IMF 提交的《俄罗斯联邦经济政策备忘录》，规定在 1992 年 4 月 20 日前，从现行的多种汇率制，即官方汇率、商业汇率、旅游汇率和黑市汇率等，过渡到双重汇率制，即在经常项目下实行统一浮动汇率制，在资本项目下实行个别固定汇率制。1992 年 7 月 1 日，价格放开，俄罗斯开始实行经常项目下的统一浮动汇率制，卢布正式实现了国内可兑换。1995 年 1 月开始，俄罗斯政府先后实施了外汇走廊（即对卢布与美元的汇率限制波动范围）和有管理的浮动汇率制。俄罗斯金融危机爆发后，卢布兑美元汇率跌幅达到 78％，政府于 1998 年 8 月底放弃外汇走廊和有管理的浮动汇率制，从 1998 年 9 月 4 日起改为自由汇率制，但加强了外汇管制措施，限制卢布兑换。在自由浮动汇率一时难以改变的情况下，俄罗斯政府采取了加强进出口外汇管理（出口企业必须出售的外汇收入比例由 50％提高到 75％）、严格限制外汇投机等一系列限制外汇流动的措施，卢布自由兑换的进程因此受阻。2006 年 6 月 13 日，俄罗斯中央银行宣布，从 2006 年 7 月 1 日起，俄罗斯将完全取消 1998 年金融危机后紧急实施的针对卢布自由兑换的所有限制，对俄罗斯公民放开卢布自由兑换的数量，提高允许出境携带卢布的数量，允许俄罗斯公民在国外银行开设账户。2006 年 6 月 29 日，俄罗斯政府通过了联邦《外汇调节和外汇监督法》修正案草案。2006 年 7 月 1 日，俄罗斯政府宣布卢布可自由兑换。

俄罗斯金融开放虽然取得了一定成效，但存在一些问题。一是俄罗斯金融体制在"震荡休克疗法"的改革方案下，以货币主义理论为指导，忽视国家的经济调节作用。二是新设立的商业银行特别是外资银行，都享有存贷款利率上浮的自由，对国有银行产生巨大压力，对老商业银行构成严重的威胁。三是俄罗斯实际推行的"货币可兑换"改革使本币大幅贬值，从而使商品更加短缺，国内通货膨胀加剧，本国公民降低了对本国货币的信心，进而诱发了抢购外币的风潮，国内经济陷入"恶性循环"中，而汇率波动又导致国际收支恶化，严重影响国家对外贸易和国际结算的正常进行。

可以看出，俄罗斯金融开放过程激进而且缺乏连贯性，在国内经济结构尚处于初期阶段就贸然进行大胆金融开放。俄罗斯经济改革的起步比中国晚，但是金融改革走在中国之前。俄罗斯金融改革的结果是灾难性的，政府不能制定和实施一个连贯的经济政策；公共管理如同虚设；制度框架要么不存在，要么无法实施；一些法律和制度基础几乎完全缺位等，这些都造成俄罗斯经济的动荡和脆弱，对我国的金融改革可谓前车之鉴。

2.1.4 印度

印度自1991年开始了金融自由化进程，该进程属于激进式的改革路径。印度在金融自由化前将银行国有化，1991年后进行利率自由化、减少信贷管制、发展资本市场等改革。具体进程如下。

(1) 1991年以前的情况。印度于1969年将14家大银行国有化，1980年再将6家银行国有化，1988年建立印度证券交易委员会（Securities and Exchange Board of India，SEBI）。

(2) 1991年之后的金融改革进程。第一，利率自由化。印度于1992年放开所有45天以上存款利率，1997年全面放开。第二，放开私人银行进入管制，到1993年全面自由化。第三，资本市场改革。印度于1988年建立印度证券交易委员会，1992年建立印度证券国家交易所（National Stock Exchange of India，NSE），1995年建立孟买证券交易所（Bombay Stock Exchange，BSE）。第四，对外账户开放。1992—1993年，卢比在经常项目上部分可兑换。1994年，卢比在贸易账户上完全可自由兑换，但资本账户不完全可兑换。第五，放开信贷管制。该项管制自1992年开始。

印度金融开放虽然取得了成效，但也获得了教训。例如，在没有实现有效监管的情况下过早开放金融市场，不但不能促进经济更快增长，反而会带来更大的金融风险。

2.1.5 泰国

泰国金融改革开放的关键时点主要有：1992年1月取消存款的利率上限；

1992年6月取消所有贷款利率上限；1990年5月成为IMF第八条款国，放松了对支付和经常账户交易的限制；1993年建立曼谷国际金融中心（BIBF），以提供离岸金融市场，目标是成为区域金融中心；1994年，泰国资本账户基本实现完全开放。

具体而言，泰国在对国有银行进行私有化改革的基础上，不断放松对金融机构的业务限制及信贷管制。1984年，泰国取消了国内信贷总规模的最高限额，并允许银行自由经营；1988年，泰国放宽了银行设立分行的条件，并允许外资银行开设更多的分行。

在利率市场化上，泰国于1985年将曼谷银行间同业拆借利率（BIBOR）作为浮动利率贷款定价参考；1989年6月放开一年期以上定期存款的利率上限；1990年3月放开所有定期存款的利率上限；1992年1月取消存款的利率上限；1992年6月取消所有贷款利率上限，同时放宽了国内商业银行等金融机构的经营范围。

在资本账户的自由化方面，20世纪70年代以来，泰国的经常账户存在逆差，并且实施严格的外汇管制和资本管制。20世纪80年代末，一些资本项目逐渐开放。1989年，外汇管制开始放开，外国投资者汇出外汇上限提高到50万美元。1990年，泰国实现经常账户开放的同时取消部分外汇管制，接受IMF第八条款。1991年，泰国进一步放松资金流动的管制，政府开放海外直接投资，允许企业对外借款，非居民可以在国内外开立泰铢账户，进行存款、借款。另外，泰国也对证券市场进行开放，同时降低外国金融机构进入泰国市场的标准。1993年，泰国成立曼谷国际银行离岸机构以促进国际借贷业务。1994年，泰国资本账户基本实现完全开放。

在汇率制度方面，1984年，泰国实行了钉住一篮子货币浮动政策，美元的权重占80%~82%，使得泰国与美元的兑换币值相当长期维持在25∶1左右。泰国于1997年7月宣布实行浮动汇率，放弃实行13年之久的固定汇率制度。

总体而言，泰国对外金融开放快于对内金融开放，但仍属于渐进式开放。其先实现经常账户开放，同时取消部分外汇管制，在利率市场化的同时，逐步开放了资本账户。泰国金融开放存在的主要问题有两点：第一，资本项目过早开放。泰国实行资本项目开放的条件远未成熟，为时尚早。泰铢与美元挂钩的固定汇率不能真实反映实际汇率水平，无法起到汇率调节经济金融的作用。同时，泰铢存贷款利率居高不下，平均达到15％，超过国际资本市场利率平均水平2倍，使泰国股市、汇市极易遭受国际短期投机性资本套汇、套利性冲击。第二，汇率制度缺乏弹性，盯住美元的固定汇率制有其先天的缺陷，如货币政策难以独立，随着经济、金融形势的变化，一些缺陷可能给国民经济带来极为严重的后果。

表导-12归纳总结了日本、韩国、俄罗斯、印度以及几个亚洲有代表性国家的金融开放模式与路径。韩国刚刚完成韩币的自由化，就爆发了亚洲金融危机，韩币出现了严重的贬值。虽然韩国相比日本要激进一点，但仍属于渐进式改革的范围。俄罗斯的金融改革是非常激进的，2001年实现了卢布完全可自由兑换，改革一步到位。中国在金融开放和人民币自由化改革的措施、路径选择上，要认真研究这些国家的案例及之后的市场效应。

表导-12 金融开放模式与路径比较

国家	模式	路径
日本	渐进式	先放开经常项目外汇管制，再放开外商直接投资、证券市场、外汇市场、房地产市场等，后缓慢进行利率市场化，最后实现日元国际化，以及资本项目自由兑换；资本账户开放进程快于利率市场化。
韩国	渐进式	前期进行大量金融改革、渐进式利率市场化，后期进行金融市场开放；利率及汇率自由化滞后于短期资本项目开放。
俄罗斯	激进式	直接进入国内可兑换，危机期间实行外汇管制，最后实现可自由兑换。缺乏连贯性，而且经济改革落后于金融改革。
印度	激进式	自由化前将银行国有化，1991年后进行利率自由化、减少信贷管制、发展资本市场等改革。
泰国	渐进式	对外金融开放快于对内金融开放的渐进式开放。先实现经常账户开放，同时取消部分外汇管制，在进行利率市场化的同时，逐步开放资本账户。
新加坡	渐进式	先建立盯住一篮子货币的浮动汇率制，实现利率自由化；设立亚洲美元市场，带动金融自由化和国际化；逐步放开外汇管制，并按经济发展需要，在不同时期将外资引向不同行业；最后逐步开放银行业、证券业和保险业等。

续表

国家	模式	路径
印度尼西亚	渐进式	资本账户开放先于国内金融自由化，对外金融开放快于对内金融开放。先进行货币可兑换方面的调整，迅速开放资本流出，再进行对资本流入的自由化改革，最后带动经常账户的可兑换。
菲律宾	渐进式	先放宽资本流动管制，接着进行本币贬值，再实现资本项目可兑换，放宽进口，最后进行经常项目可兑换的调整。
马来西亚	渐进式	对外金融开放快于对内金融开放的渐进式开放，先放松外汇管制，进行利率市场化，再实现经常项目下的货币可兑换，逐步消除资本流动中的限制。

可以看到，这些国家的共同特点都是从货币自由化到金融市场的全面开放。全面开放之后有一些共同特征。韩国、俄罗斯、印度开放之后，本币出现了较大幅度贬值。与这三个国家相比，日元没有出现过危机，虽然中间有一些波动，然而是一个收敛的趋势。也就是说，日本作为一个经济大国，即使全面开放之后，日元也是相对稳定的。这里面隐含了一个道理，经济大国在金融全面开放后，本币的波动可能呈现出某种收敛的趋势。对较小经济体来说，通常存在着汇率稳定与资本自由流动的内在冲突；但是对大国来说，冲突是短期的，长期趋势或许是两者可以并存。

2.2 中国金融的进一步开放：一般模式与特殊路径

中国经济是大国经济，从历史上看，任何一个大国的金融都是开放的，没有一个大国的金融是封闭的，或者是半封闭的。大国金融一定是开放性的金融，中国也不例外。中国对金融的全面开放持非常谨慎的态度，但是开放的趋势是明确的。中国金融改革采取的是渐进式改革，这与日本、韩国等国家的模式相似。

除一般性规律外，中国金融的开放正在走一条相对特殊的道路。其主要特点之一是将引进外资金融机构放在首要位置，引进外资金融机构支持国内金融机构改组、改造，弥补原有金融服务的短板，通过发挥外资金融机构的示范作用和"鲶鱼效应"，倒逼本土金融机构改革，对探索符合一般规律和我国国情的金融改革发挥重要作用。

让外资金融机构进入中国市场以实现中国金融的开放，是总结历史经验教训的结果，这与俄罗斯、印度、韩国和日本早期通过实现本币自由化进行金融开放的路径不同。国务院于2019年11月7日发布《关于进一步做好利用外资工作的意见》，提出2020年取消证券公司、证券投资基金管理公司、期货公司、寿险公司外资持股比例不超过51%的限制。从金融机构对外资的开放程度来看，中国显然走在多数国家的前列。

1997年，东南亚金融危机导致东南亚国家的金融体系和金融市场至今都难有起色。虽然有大规模外资流入的国家的经济会出现短期繁荣，但这种短期繁荣过早地透支了未来的经济增长。然而，经济增长是一个持续性的问题，而不是短期繁荣的现象。这些国家的经济增长对外资的依赖程度决定了这个国家经济的脆弱性。换言之，一旦经济增长的预期消失，外资大规模撤离，就极有可能出现以货币危机为先导的金融动荡。例如，俄罗斯在货币完全开放之后经历了发散式的市场波动，而韩币自由化之后虽然出现了大幅波动，但是由于创新能力的发展，这种波动出现了缓慢收敛的趋势。反观日本，由于经济的竞争力和规模性的影响，日元在自由化过程中不仅未出现大幅度、持续性的贬值，而且整体呈现升值趋势，具有较高的稳定性。

中国金融开放的第一步没有走货币自由化的道路，这可能与我们对世界各国金融危机的历史理解有密切关系。在过去一段时期中，我们过度地解读了人民币自由化给金融体系稳定带来的潜在破坏性。我们一直将思维停留在小国经济模式的研究上。实际上，大国经济增长的空间很大、韧性很强，足够吸引大量的外资长期留在国内。由于经济市场化程度的不同，对风险的收敛时间和路径也不同，即使中国进行人民币自由交易的市场化改革，实行浮动汇率，中国也不会出现东南亚国家的那种状况，而可能更接近于日本的情况，市场状况会好于韩国和印度。

中国金融开放和中国经济开放的方法和理念是一致的，走的都是渐进式改革道路。在金融改革和开放中，除了渐进式特征外，还叠加了试错式方法。什么是试错式方法？就是先往前走一大步，发现问题后再回退半步。2015年的"8·11"汇改是一次大踏步式改革，实行一段时间后，发现外汇储备减少得很快，有压力了，汇率也承受不了了，于是回退半步，在一篮子货币中做了一些调整，在资本

自由流动上适当紧一点，但是市场化改革的大方向没有实质性变化。

人民币自由化虽然采取的是一种试错式改革，但市场化仍是中国汇率机制改革中坚定不移的方向，只不过我们不像俄罗斯那样，改革一步到位。因为我们知道，金融的开放是大事，对整个经济有全局性的影响。

2.3 人民币自由化改革：中国金融全面开放无法绕开的坎

在实践中，中国金融开放首先实现的是金融机构的开放。这是日本、韩国、俄罗斯和印度等国家所没有走过的金融开放路径，是中国金融开放谨慎的重要表现。但无论走什么路，有一个坎是绕不开的，就是人民币自由化改革。如果本币不是完全可自由交易的货币，最后的开放是完成不了的，国际金融中心也不可能建成。

货币自由化是一个国家金融开放的基础和前提，但是过往的国别经验表明，货币自由化有可能带来金融市场的动荡和金融体系的脆弱性，从而引起本币的不稳定和汇率的大幅波动。这是三元悖论的基点。

三元悖论原则指出，一国不可能同时实现货币政策独立、汇率稳定以及资本自由流动三大金融目标，只能同时选择其中的两个。三元悖论原则可以用图导-7来直观表示。三元悖论是指图导-7中的灰色三角形，即在资本完全流动情况下，如果实行严格的固定汇率制度，则没有货币政策的完全独立；如果要维护货币政策的完全独立，则必须放弃固定汇率制度；如果要兼得固定汇率制度和货币政策独立性，则必须实行资本管制。也就是在灰色三角形中，三个角点只能三选二。

在货币政策独立、汇率稳定以及资本自由流动这三项目标中，三元悖论认为一个国家只能选择其中两项，后续研究重点转为对以上三项政策改革的组合搭配效果进行经验研究，对三项改革的顺序问题进行系统的定量分析。陈中飞，王曦和王伟（2017）将格兰杰因果思想应用于离散型数据，分析了1970—2005年全球66个国家（地区）利率市场化、汇率自由化和资本账户开放三项改革相互促进的一般规律，并进一步考证了三项改革对货币危机爆发的影响。研究发现，汇率自由化与利率市场化互为因果、相互促进，二者共同促进了资本账户开放进程，因此二者应先于资本账户开放；汇率自由化不仅有利于利率市场化、

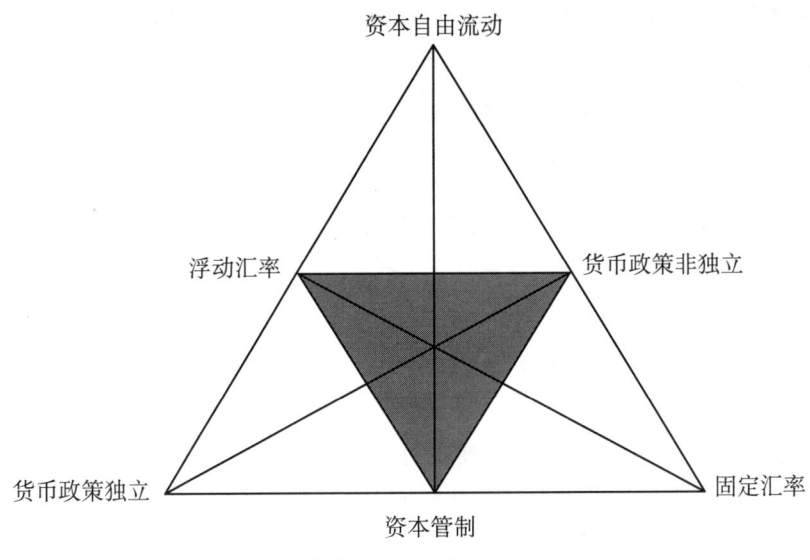

图导-7 三元悖论

资本账户开放改革的实现，而且相对于利率市场化、资本账户开放等改革，汇率自由化将显著降低货币危机爆发的概率，更应首先推进。因此，三项改革的顺序应该是汇率先行，利率跟随，资本账户最后。

在不同国家三大金融改革及其顺序安排方面，张春生和蒋海（2015）发现，采取利率市场化→资本项目开放→汇率自由化模式往往风险极大，最终导致不得不重新调整汇率制度，而汇率先行的模式往往更加理想。

Aizenman，Chinn 和 Ito（2008）通过建立三元悖论指数，从三个维度对全球170多个国家（地区）进行定量评分，包括货币政策独立性、汇率稳定性和资本自由流动性，一个国家（地区）的资本自由流动性也衡量了该国（地区）的金融开放程度，从而对不同国家（地区）之间的发展目标提供了建议和参考。

图导-8展示了中国、发达经济体和新兴经济体从1970年到2017年在三元悖论三个维度上的得分时间序列图。可以看出，一是发达经济体金融开放程度越来越高，中国金融开放指数甚至低于新兴经济体；二是发达经济体从20世纪90年代初期开始降低了货币独立性，作为对比，新兴经济体以提高货币独立性为主要路径，放弃汇率稳定性。

总而言之，根据三元悖论原则，一国只能同时选择货币政策独立性、汇率稳定以及资本自由流动中的两个。三元悖论指数中三项得分之和为一个常数，中国金融全面开放是一个既定目标，为了提高资本自由流动性，中国有必要尽快实施人民币自由化改革，为金融全面开放奠定基础。

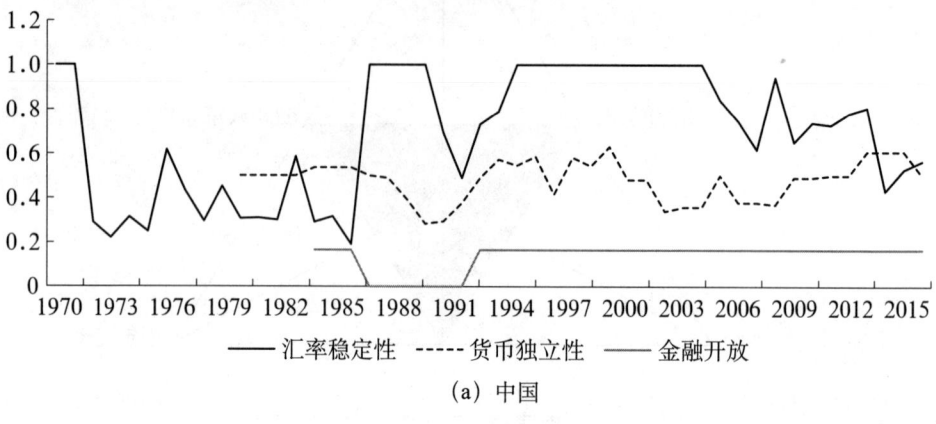

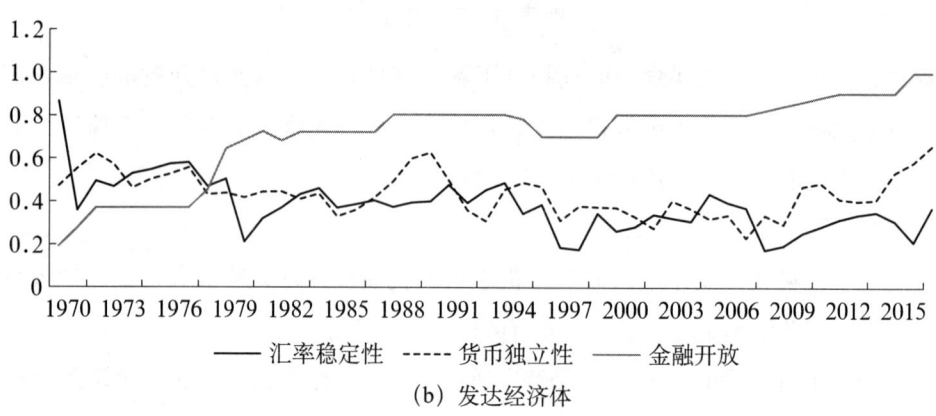

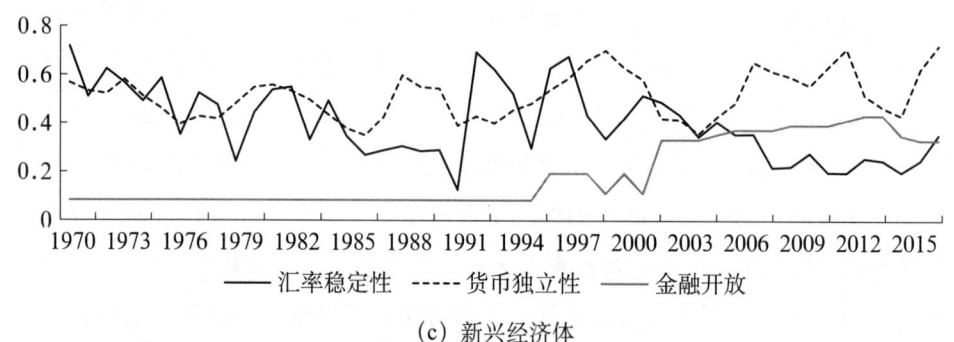

(a) 中国

(b) 发达经济体

(c) 新兴经济体

图导-8 三元悖论指数

资料来源：Aizenman, Chinn 和 Ito（2008）。

2.4 中国金融全面开放的彼岸在哪里？

中国金融全面开放的彼岸就是建设新的国际金融中心，成为人民币计价资产的交易中心和财富管理中心。中国金融市场或资本市场的功能应近似于纽约市场的功能，即成为全球重要的财富管理中心。

金融政策和金融开放的程度将决定国际资本流动规模，以及国际金融中心建设的深度。一国经济最后的竞争点主要体现为金融能力的竞争、全球资源配置能力的竞争，以及化解金融风险能力的竞争。

中国金融全面开放的目标或彼岸，主要体现在以下几个基本要点上：

第一，构建21世纪新的国际金融中心。历史上看，周期性大国的金融都是国际金融中心，以美国为例，通过纽约国际金融中心，美国一定程度上控制了国际资本的流动、定价与交易主动权，有效推动了美国本土产业的升级与经济发展。无论是现在的美国还是过去的英国，都是如此。中国金融开放的目标当然是要构建新的国际金融中心，这个目标不会变（吴晓求等，2018）。

十九大报告指出，到2035年我国要基本实现社会主义现代化。现代化国家的金融一定是开放的，金融市场是国际性金融市场。到那个时候，或者提前一些，中国的资本市场包括上海、深圳两个市场，应该与纽约市场、伦敦市场相并列，其影响力要超过现在的东京市场，这是中国金融改革和开放的重要目标。目标的确立很重要，如果不知道开放的目标是什么，即彼岸在哪里，我们就难以制定有效的开放对策。

第二，人民币自由化和国际化。这是中国金融开放的重要标志，也是建设国际金融中心的重要基础。这个目标的实现对我们来说有点漫长。实际上，人民币国际化的第一步就是实现人民币可自由交易，这是我们通过主动改革就能完成的。人民币国际化是基于人民币长期信用和中国经济竞争力的。人民币国际化能走多远，在国际上，无论是贸易结算市场，还是储备市场占有多大份额，取决于我们的硬实力和软实力。但是，人民币可自由交易的改革通过制度和机制改革就能完成。人民币自由交易是中国金融改革的近期目标。

第三，人民币计价资产全球配置和交易中心。我们所要构建的新的国际金融中心是人民币计价资产全球配置和交易中心，以及人民币计价资产的财富管理中心。

3. 中国金融全面开放的基础条件

中国金融全面开放的基础条件，即人民币的"锚"，既来自硬实力，也来自软实力。硬实力主要指经济规模及其竞争力、国际贸易规模及结构、制度创新和技术创新能力、监管能力等。软实力主要指金融的基础设施和金融开放的法治和契约精神等。

中国金融开放是中国经济持续稳定增长的基础，也是中国成为全球性大国的基础。维护人民币的长期信用是中国金融具有竞争力的基石和前提。一个国家的货币若没有长期信用的制度和经济基础，这个国家的金融则是没有国际竞争力的。金融基础设施建设是我国金融业发展和对外开放的必要条件。《中共中央关于全面深化改革若干重大问题的决定》（简称《决定》）明确指出，要加强金融基础设施建设，保障金融市场安全高效运行和整体稳定。《决定》从战略高度明确了加强金融基础设施的重要性与必要性。近年来，我国金融改革在硬实力方面取得了显著成就，但金融基础设施领域等软实力方面的改革明显落后于硬实力的发展。大国竞争力的一个方面是金融的竞争力。金融开放的前提和必要条件是有可自由交易的货币。法治的完善、透明度、契约精神、政策的连续性、完善的监管、高品质的资信评估机构、公允的会计师事务所等，都是金融开放所需的软条件。虽然中国金融开放的彼岸是构建新的国际金融中心，但实际上我们在软条件上还存在相当大的差距。

3.1 法律体系的调整和完善

法律体系的完善、法治水平的提高，以及依法治国是中国金融全面开放的重要基础。要建设完整的与国际金融中心相匹配的法律体系，则要有严格的契约精神，并保持市场的高度透明。虽然中国的法治建设在不断取得进步，但与国际金融中心的要求还有相当大的差距。

2012年，国际支付结算体系委员会（CPSS，2014年9月更名为CPMI）和国际证监会组织（IOSCO）联合发布的《金融市场基础设施原则》指出，持续高效的运营需要从整体上做好风险防控，在推进金融国际化的进程中，必须完善立法。瑞士率先制定了综合立法——《金融市场基础设施法》。该法的特点是精细化以及极强的可操作性。针对个别授权立法条文，瑞士还颁布了《金融市场基础设施和证券及衍生品交易市场行为条例》对其予以细化。

我国应借鉴国际上最新立法，逐渐向综合立法演进，以构建清晰透明且具有可操作性的法律基础。中国是大陆法系国家，如何完善我们的法律体系，是否纳入英美法系一些必要元素以满足中国金融及资本市场的全面开放，是我们面临的一大挑战。

3.2 法治水平与能力

法律体系建设好后如何有效执行，即法治的力量与法的权威如何更好地体现，是软实力建设的关键。中国金融的法律体系和规则体系处于逐渐完善过程中，但是执行能力相对较差，社会和市场的法治水平低。我们经常是高标准、低执行，我们必须做到高标准、高执行。中国的法治能力和水平亟待提升。

3.3 严格的契约精神和完善的信用体系

契约精神是一种自由、平等、守信的精神。随着经济的快速发展，社会越来越需要一种捍卫约定的契约精神。金融从业者的契约精神就是恪守承诺。美国的《统一谨慎投资人法》和英国的《受托人法》都要求受托人遵守契约、恪守承诺、谨慎履责。2015年11月13日，国务院办公厅发布了《关于加强金融消费者权益保护工作的指导意见》，首次从国家层面对金融消费者权益保护进行具体规定。如果金融从业者不严格按照合同约定恪守契约内容，谨慎履行契约精神，就很难真正履行好代人理财的职责。

若社会信用体系不完善、信用意识淡漠、社会信用风险评价体系不够健全、国家信用建设滞后，金融业的发展就将面临社会环境风险。因此，现代金融业的发展需要契约精神，任何时候都不应该有人拥有超越契约的特权。有了契约精神，履行承诺，才能有效维护市场和社会秩序，提升金融市场参与者信心。

3.4 市场透明度和客观、独立的中介机构

金融和资本市场的发展以及国际金融中心的建设要依靠客观、公平、高水平的信用中介完成。投资者主要从会计师事务所、律师事务所、资信评估机构以及各种金融中介处获取有效信息，金融中介机构是信息的过滤者和发布者。

如果没有一大批合格的、客观的、公正的中介机构，中国金融的开放和建设国际金融中心的目标是不可能实现的。信息披露和市场透明度是国际金融中心有效运行的基石。

3.5 政策和规则的连续性和稳定性

中国的金融监管政策波动反复，缺乏连续性和预期性（吴晓求等，2018）。这样的政策不利于中国金融的开放，客观上阻碍了中国金融的改革和发展。在推进中国金融开放和构建国际金融中心的过程中，政策的连续性和预期性非常重要。

中国金融的开放要考虑其基础设施的约束，中国金融的开放也会推进中国金融基础设施的完善。应把人民币的"锚"搭建扎实，硬实力在于进一步提升市场化的竞争力，软实力侧重于强化法治能力和契约精神。这是中国金融全面开放的基石。

4. 中国金融全面开放的市场效应评估

在对中国金融开放的历史与现状、国际金融开放的一般模式与国别路径，以及人民币的"锚"进行分析后，有必要对国际上其他国家金融全面开放后的市场效应进行评估，从而对中国金融全面开放后的市场效应做出预判。

4.1 大国的金融全面开放后的市场效应分析：以日本为例

日本经济在第二次世界大战后经历了一段快速增长时期，并保持了50多年的世界前列地位。1967年，日本国内生产总值（GDP）超过英国、法国，成为世界第二大经济体。后虽被超越，但1972年，日本超过联邦德国，回到世界第二，直到2010年被中国超过，其GDP规模至今一直保持在世界前三。自1964年日本正式接受IMF第八条款开始，日本加快了金融市场对外开放和日元国际化进程。日本金融开放对其经济的影响既给日本经济带来了快速发展的机会，又造成了日元在短期内的大幅波动。整体而言，日本经济和日元兑美元汇率呈现上升趋势，相对于一些新兴国家开放后货币大幅贬值以及经济倒退的情况，日本的经济增长和日元币值逐渐趋于稳定，即使是2007—2008年金融危机期间波动也相对较小，这说明日本金融全面开放后的经济韧性在不断增加，日元也成为币值比较稳定的国际储备货币之一。因此，无论从经济规模还是金融开放程度来看，日本的金融开放进程无疑是一个值得中国研究和学习的大国案例。

从开放进程来看，日本的金融开放模式属于渐进式，有两个重要的时间节点：第一，1964年，日本正式成为IMF第八条款国，开始放开经常项目的管制，并逐步推进资本项目的开放，完善了相应的制度和法律手段，为后期的加快开放做了充分的前期准备。第二，1984年，日本与美国成立日元美元委员会，随后日本大藏省发表了题为《关于金融自由化、日元国际化的现状和展望》的政策报告，此后日本金融市场对外开放和日元国际化步伐不断加快。由于日元并未升值，日本对美国的顺差继续扩大，美国从而寻求其他手段，如1985年9月签订的《广场协议》和1987年2月签订的《卢浮宫协议》。前者的目的是要求日元升值、美元贬值，以改善美国国际收支不平衡状况，后者则是为了阻止美元币值下滑，保持美元汇率的基本稳定。经过一系列改革措施，直到1999年，日本才全面放开外汇管制，实现资本账户完全可自由兑换。因此，日本金融市场的对外开放和日元国际化是由慢到快地朝着资本自由兑换的方向不断完善。

前文已经总结出日本金融开放的主要进程，下面将重点分析日本金融开放后日元币值、GDP规模、产业结构、进出口规模和FDI净流入规模变化情况。

首先，从日元兑美元的汇率变化情况看，1971年12月，日本调整汇率，从1美元兑360日元升值为1美元兑308日元；1973年2月13日，日本从固定汇率制向浮动汇率制转变，开始推行有管理的浮动汇率；1985年，日元汇率经历了两次大幅上升以及随后小幅振荡回落的过程。从《广场协议》到20世纪80年代末，日元开始大幅升值。20世纪90年代初至今，日元一直处于振荡阶段，且近几年振幅逐渐收窄，具体如图导-9所示。

其次，我们来分析日本GDP规模变化情况，见图导-10。整体上看，日本GDP规模变化分为两个阶段：一是在1964—1995年期间，日本延续战后经济快速增长的趋势，加上日元的不断升值，日本的GDP规模迅速上升；二是1995年至今，日本GDP规模一直与日元汇率水平一样，保持着一定范围内的振荡状态，其间遇到过1997年的亚洲金融危机和2008年的全球金融危机，其中，影响较大的当属亚洲金融危机。自1996年开始，包括银行在内的大量金融机构倒

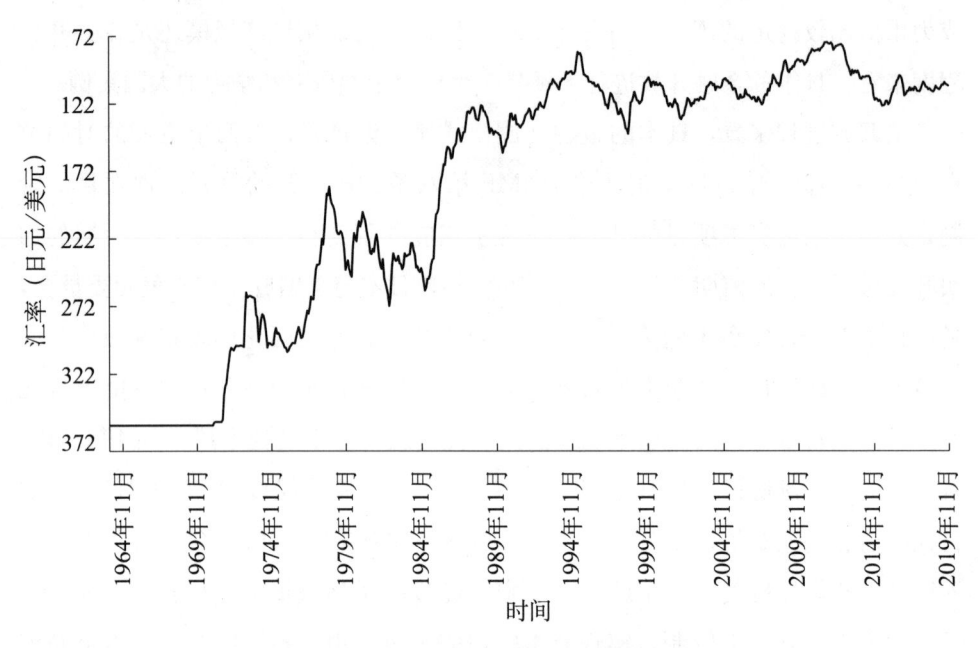

图导-9 日元兑美元汇率变化情况

资料来源：环亚经济数据有限公司（CEIC）数据库。

闭，导致日元汇率大幅下跌。日本经济自1997年第四季度起，到1998年第三季度，连续四个季度下降。1998年，日本GDP增长率为-1.13%。1998年，日元汇率最低时跌破147日元/美元，日经指数跌破13 000点。但是，日本GDP能够在2008年全球金融危机中幸免于难，主要得益于日元的升值，其后的下降也主要因为日元的贬值（吴晓求等，2016）。

具体地，从1994—2017年日本产业结构变化情况看，日本服务业一直是支柱产业，占GDP比重长期保持在63%～72%，整体呈现微增趋势。其次是工业，一直保持在27%～35%，整体呈现微减趋势，其中制造业一直维持在22%左右，见图导-11。农业则对经济贡献十分微小，占GDP比重一直低于2%。因此，日本的第一、第二、第三产业结构一直比较稳定，第二产业长期占据日本经济的三分之一，加上日本庞大的经济总量，足以说明日本是工业强国，这为日本经济抵御外部冲击提供了坚实的后盾，也间接说明了日本以美元计价的GDP规模受汇率波动影响较大。

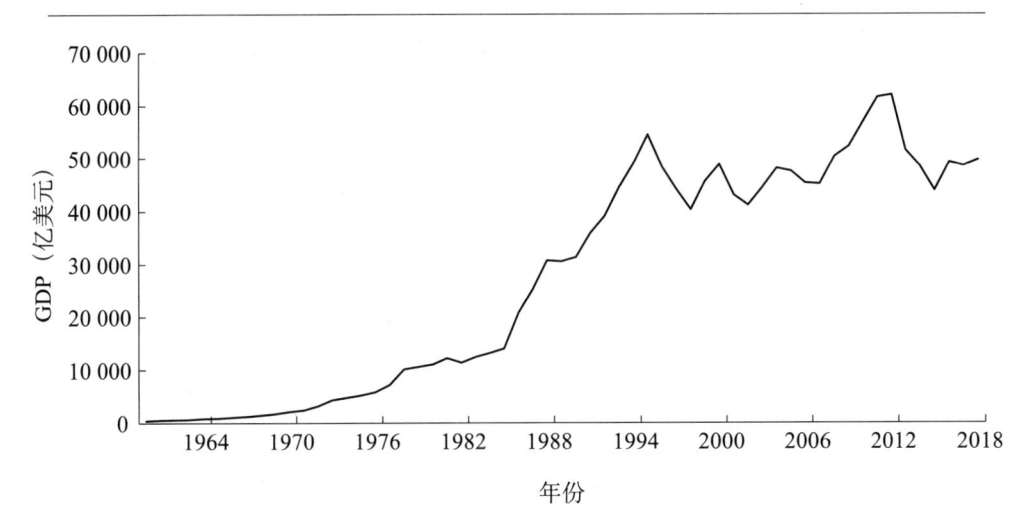

图导-10 日本 GDP 变化情况

资料来源：世界银行。

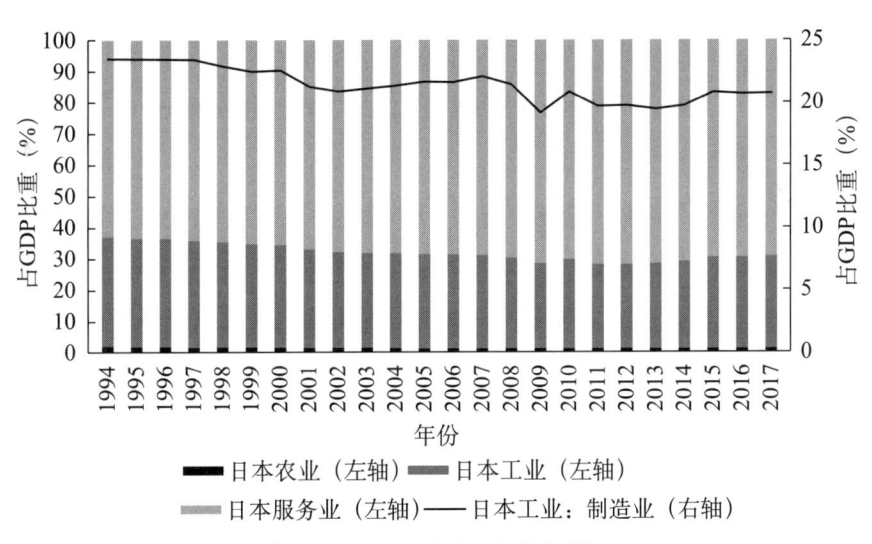

图导-11 日本产业结构变化情况

资料来源：世界银行。

再从日本商品和服务进出口占 GDP 比重变化情况看，日本商品和服务进出口规模占日本 GDP 比重维持在 15% 左右，且进出口规模很接近，说明日本商品和服务净出口净额较低，见图导-12。自 20 世纪 90 年代低迷的日本经济慢慢恢复以来，日本商品和服务进出口规模占 GDP 比重也在缓慢上升，接近 18%，且进出口差额也在不断收窄。日本经济整体较为庞大的规模说明日本国内经济一直占据主要地位，对进出口的依赖程度较小，能够很好地对外部冲击进行缓冲。

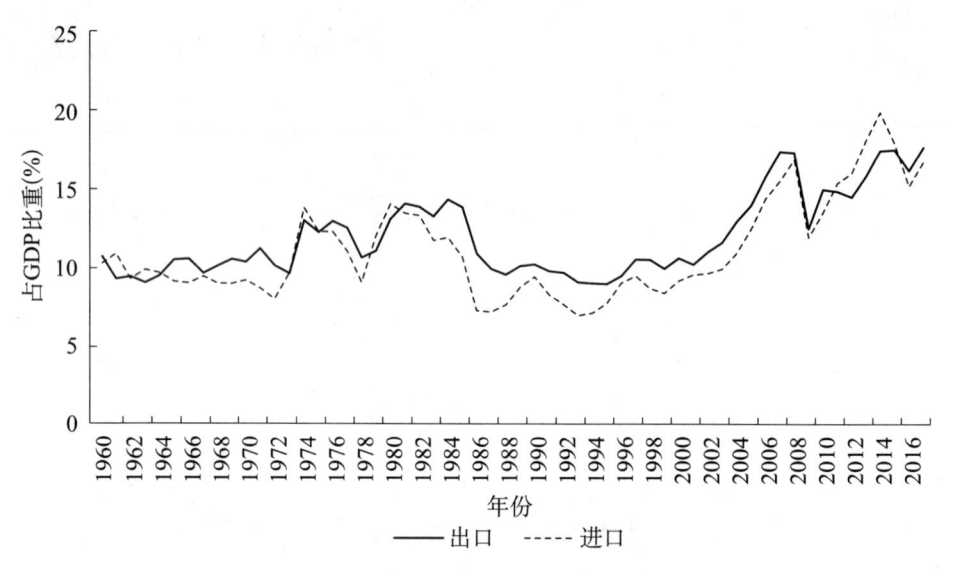

图导-12　日本商品和服务进出口占 GDP 比重变化情况

资料来源：Wind。

最后，我们来分析日本金融开放后 FDI 净流入规模及其占 GDP 比重的变化情况，见图导-13。整体上看，日本的 FDI 净流入规模呈现较大幅度的增加。1995 年以前，主要受汇率大幅上升的影响，FDI 净流入规模整体处在较低的水平，占 GDP 比重相对较低。1995 年之后，FDI 净流入规模及其占 GDP 比重大致处于上升趋势，尤其是最近三年日元币值稳定，FDI 净流入规模能够保持在 GDP 规模的 0.5% 左右。

从日本金融开放对经济的影响效应来看，金融开放过程必然伴随着波动和不确定性。随着开放的不断深入，制度和法律等手段得以加强和完善，经济韧性也相应增强，经济增长过程中的不确定性所产生的冲击也会相应收敛。随着开放进程的不断推进，本币币值逐渐趋于稳定，这时可以获得更多的外来资本支持。因此，金融开放能为一国带来较好的财富效应，既吸引了较多的外来资本，也可以满足本国对外扩张的需求以及实现本国国际竞争力的提升。在本币币值大幅上升阶段，本国财富能够获得较大的提升，但也存在资本外流的风险。

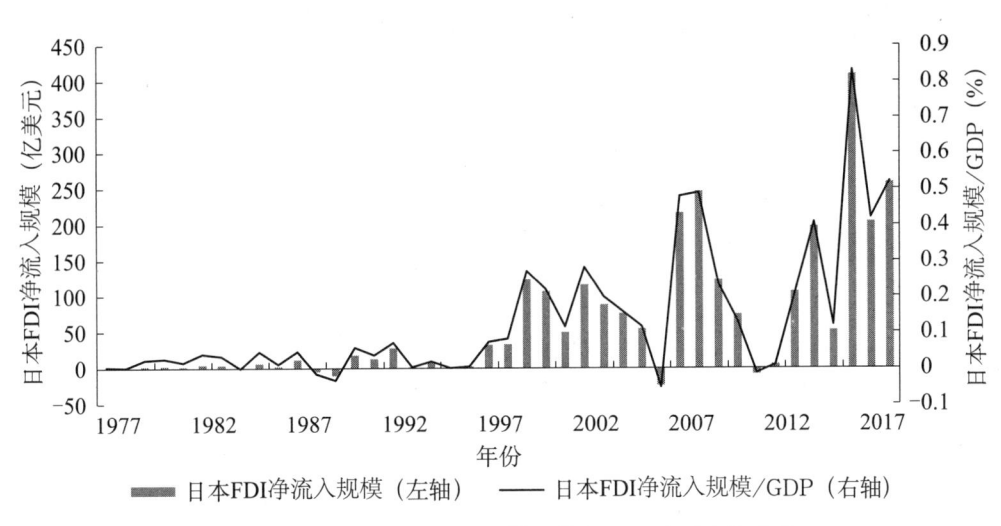

图导-13 日本 FDI 净流入规模及其占 GDP 比重变化情况

资料来源:CEIC 数据库。

在金融全面开放过程中,只有保持国内经济的长期稳定增长,才能在充分利用外资和加大对外投资的同时减少对进出口的依赖程度,对外部冲击进行有效的缓冲。

4.2 新兴经济体金融全面开放后的市场效应分析

日本作为经济大国,金融全面开放后在经济增长和日元自由化上取得了一定成就,表现为经济增长稳定、经济韧性增强,以及日元币值经历长期振荡上升后日渐趋于稳定。相比之下,一些新兴经济体,如韩国、俄罗斯、印度和泰国等,在金融开放后的经济规模、经济结构和币值稳定等方面,均与日本存在很大差距。这四国之间既存在共同点,又存在差异。参照前文中对日本的大国经济效应分析,接下来我们对韩国、俄罗斯、印度和泰国的汇率、GDP 规模、进出口规模和 FDI 净流入规模的变化情况进行比较,找出新兴经济体金融全面开放后市场效应的一些基本特征。

各新兴经济体的金融开放都是从 20 世纪 80 年代末或 90 年代初开始的。韩国于 1988 年接受了 IMF 第八条款,实现经常账户自由兑换,在 20 世纪 90 年代初开始实现利率自由化,加速开放资本市场,实现资本账户大幅放开。俄罗斯于 1992 年放开外汇管制和经常项目管制,卢布实行国内可兑换,1998 年金融危机期间进行外汇管制。2006年7月1日，卢布可自由兑换。印度自1991年开始金融自由化进程，进行利率自由化改革、资本市场改革、放开私人银行进入管制、放开信贷管制和开放对外账户，实现了卢比在经常账户自由兑换及资本账户部分可兑换。泰国在20世纪80年代末先放宽了银行设立分行的条件，放开外汇管制，提高外国投资者汇出外汇上限，1990年5月成为IMF第八条款国，放松了对支付和经常账户交易的限制。

首先，从各新兴经济体的汇率变化情况看，进入20世纪90年代以后，随着金融开放的推进，俄罗斯卢布、印度卢比、泰国泰铢和韩国韩元兑美元的汇率都经历了剧烈的波动，整体呈现大幅贬值趋势，见图导-14。其中，卢布贬值最快、幅度最大；卢比次之；韩元和泰铢在1997年亚洲金融危机期间大幅下跌后，币值相对稳定，但一直低于亚洲金融危机前的汇率水平。2008年全球金融危机期间，卢布、卢比和韩元都出现了较大幅度的下跌，其中韩元跌幅最大，泰铢则在全球金融危机中较为稳定；危机之后，韩元和泰铢均呈现小幅上升趋势，而卢布和卢比出现持续性大幅下跌。

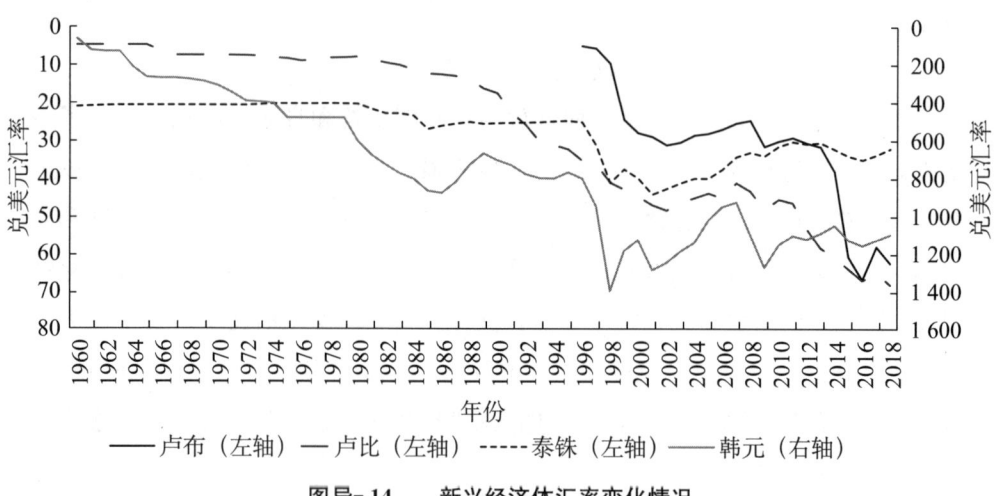

图导-14　新兴经济体汇率变化情况

资料来源：世界银行。

其次，从韩国、俄罗斯、印度和泰国这四国GDP规模变化情况来看，各国的GDP规模均呈现上升趋势，见图导-15。其中，印度经济增长最快、增速较稳定；韩国经济增长较快、增速相对稳定；俄罗斯经历快速上升后，因卢布大幅贬值而大幅下降；泰国经济增长最平稳，一直保持缓慢增长状态。20世纪90年代以前，韩国、印度和泰国的GDP规模均呈现缓慢上升趋势，其中，韩国在20世纪80年代的经济增速较快，且经济规模在20世纪90年代到21世纪初频繁超过印度。亚洲金融危机其间，韩国和俄罗斯的经济规模下降较多，印度和泰国则相对稳定，随后韩国、俄罗斯和印度均大幅上升。全球金融危机期间，韩国和俄罗斯经济出现大幅回落，印度经济稍做调整后稳步上升。全球金融危机后，四国经济表现分化明显。印度增长最快、增速稳定；韩国增长较快、增速也较稳定；泰国依旧保持缓慢增长状态；俄罗斯则经历了过山车式增长，先加速上升后迅速回落，可能是因为俄罗斯经济过于依赖能源出口，因而受原油价格波动影响较大。

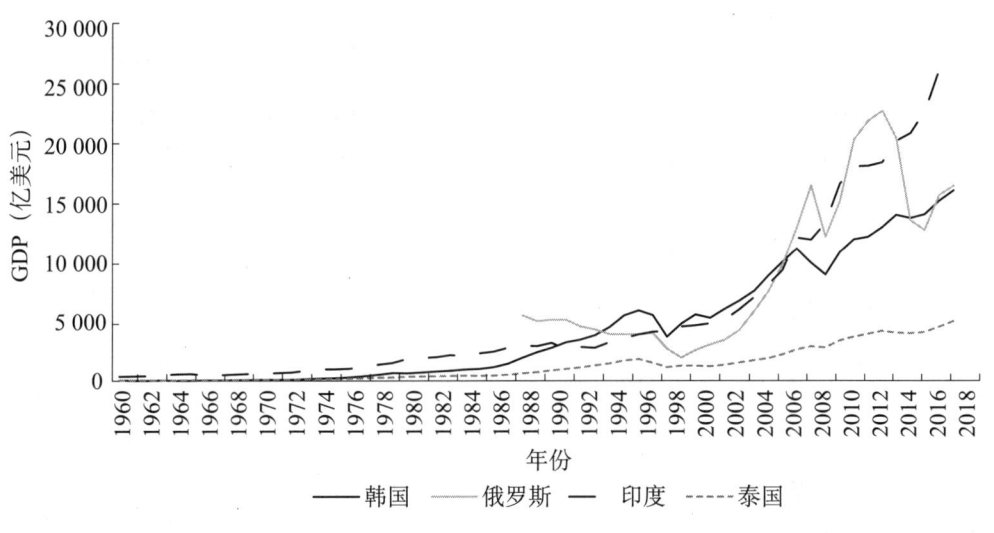

图导-15　新兴经济体GDP规模变化情况

资料来源：世界银行。

具体地，从韩国、俄罗斯、印度和泰国产业结构变化情况看，各国服务业占GDP比重都很高，见图导-16。其中，韩国、俄罗斯和印度的服务业占GDP比重至少为1/3，甚至超过50%；泰国则保持在50%左右。印度的农业占GDP比重最大，从1/4下降到1/6，泰国次之；韩国和俄罗斯农业占GDP比重则相对较小。韩国工业在这四个国家中最为发达，一直保持在约 1/3 的水平，其中制造业占比不断增加。俄罗斯工业占比从约 1/2 下降到约 1/3，制造业占比近年相对稳定，在 12％左右浮动。印度工业占比一直保持比较稳定，约为 1/4，其中，制造业占比也很稳定。泰国工业占比整体比较稳定，保持在 35％左右，制造业占比为 28％左右。因此，这四个新兴经济体金融开放后的服务业都比较发达，但是工业相对比较薄弱。

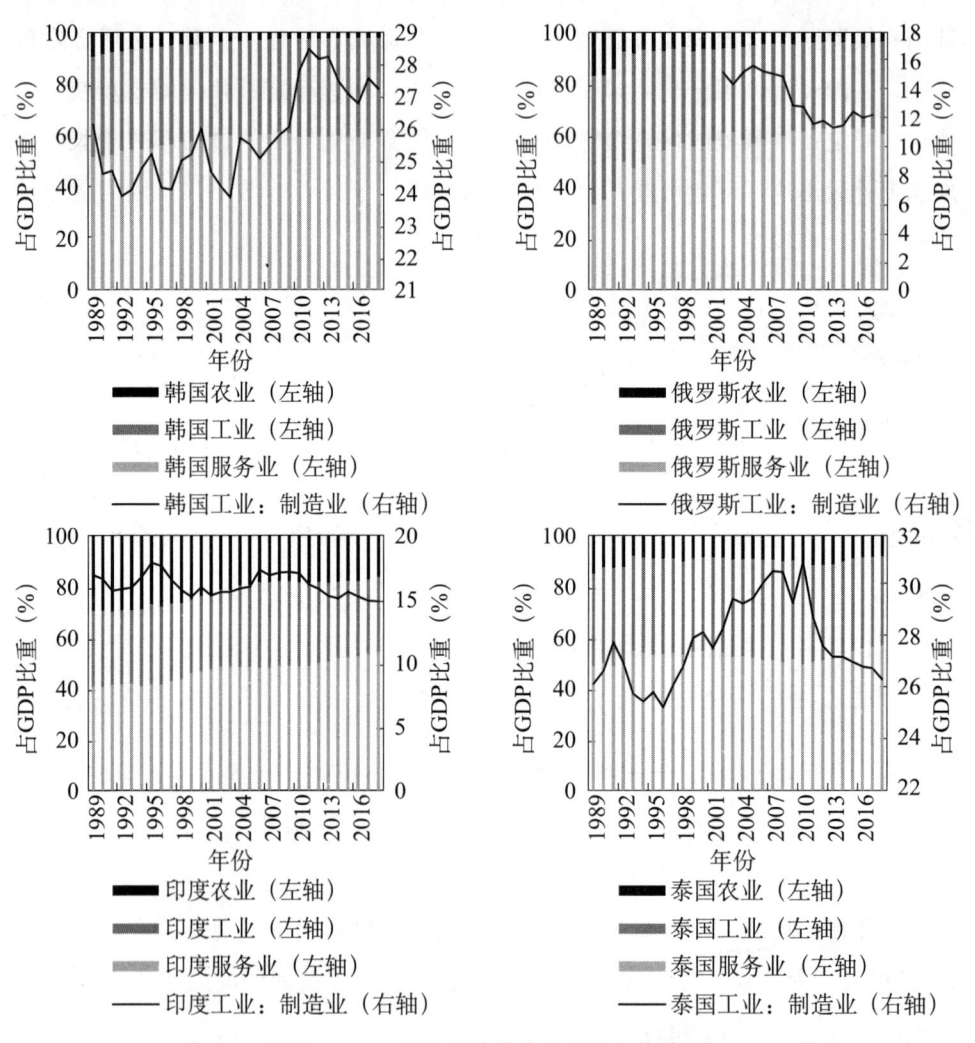

图导-16 新兴经济体产业结构变化情况

资料来源：世界银行。

再次，从新兴经济体商品和服务进出口占GDP比重变化情况看，韩国、印度和泰国的商品和服务进出口规模占各自GDP比重均呈现上升趋势，俄罗斯在1992年放开外汇后出现短暂的上升，随后下降，且一直保持在较低水平，见图导-17和图导-18。其中，泰国的上升趋势最为明显，近年来出口占GDP比重在70%左右浮动，进口占比浮动较大，维持在55%和70%之间。韩国的进出口占比也提升较多，进出口占比曾一度超过50%，后回落至40%左右。印度进出口占比则增长较缓，从10%左右上升到20%左右。俄罗斯进出口占比自进入21世纪后，一直保持在比较稳定的区间，其中出口占比在28%左右浮动，进口占比在20%左右浮动。由此看出，韩国和泰国的经济对进出口依赖较为明显，俄罗斯次之，印度则凭借较强的国内经济，对进出口的依赖程度较低，只有印度在卢比大幅贬值的情况下，其以美元计价的经济规模呈现高速且稳定的增长。

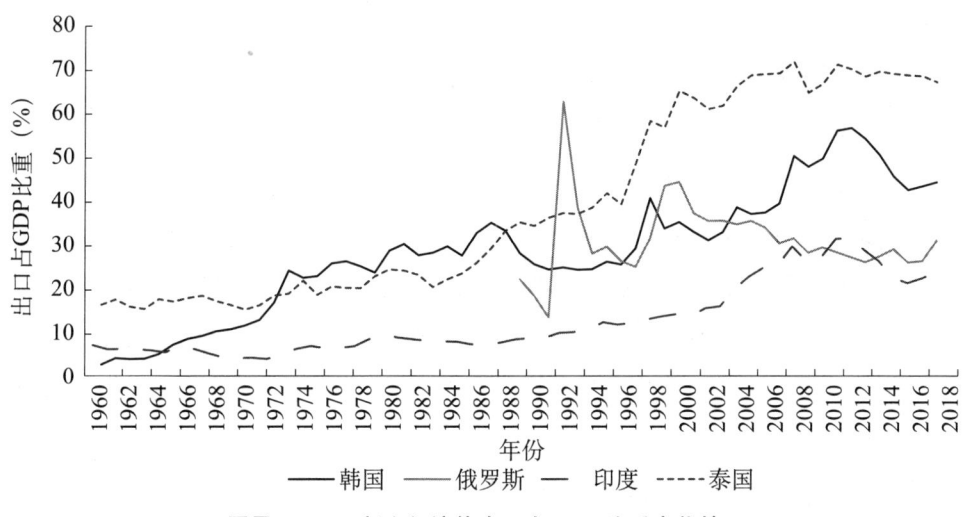

图导-17　新兴经济体出口占GDP比重变化情况

最后，从新兴经济体金融开放后FDI净流入规模及其占GDP比重的变化情况看，新兴经济体与日本不同，FDI净流入规模一直为正，占GDP比重一般不超过7%，多数情况在2%左右浮动，见图导-19。从趋势上看，四国大致都经历了FDI净流入规模先上升后下降的过程，其中俄罗斯最为明显。规模上，印度和俄罗斯的FDI净流入规模较大，这与两国经济总量有关，也可能是两国货币贬值的原因之一。新兴经济体处于快速增长阶段，金融开放后外商直接投资

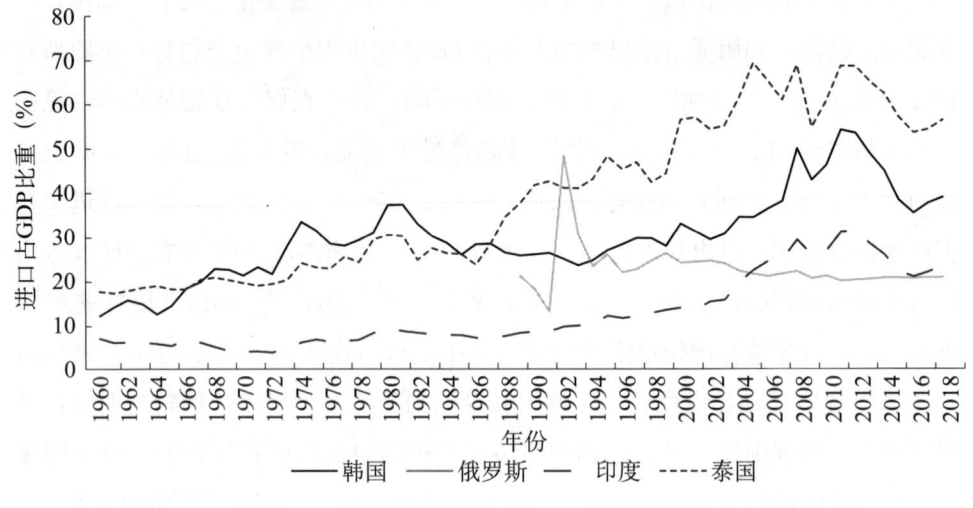

图导-18　新兴经济体进口占GDP比重变化情况

资料来源：Wind。

不断增加，分享新兴市场的改革红利，并且能够持续较长时间，这与日本FDI净流入规模占GDP比重在-0.5%和1%区间浮动不同。

从新兴经济体金融开放对经济的影响来看，新兴经济体的货币会出现大幅贬值现象，但其经济会在波动中快速上升。一方面，新兴经济体存在较多投资机会，吸引大量外资进入，特别是服务行业会取得较大程度的发展机会，有利于经济的快速增长。另一方面，由于工业基础相对薄弱，规模相对较小，对进出口依赖较多，所以国际竞争力有限，币值不稳定且贬值幅度大，经济受外部冲击后波动较为剧烈。

4.3　中国金融全面开放：市场效应评估

结合日本、韩国等国家金融全面开放后市场效应的综合分析，中国金融全面开放可能会产生什么样的效应？

中国金融全面开放应包括人民币国际化和资本市场开放，我们首先评估人民币自由化市场效应。总体而言，我国现阶段世界格局和宏观情况与20世纪80年代初期的日本和20世纪80—90年代的韩国较为类似，因此，日本和韩国金融改革开放后的效应对中国有很强的借鉴意义。

第一，从世界格局来看，中国目前是仅次于美国的第二大经济体，中美贸

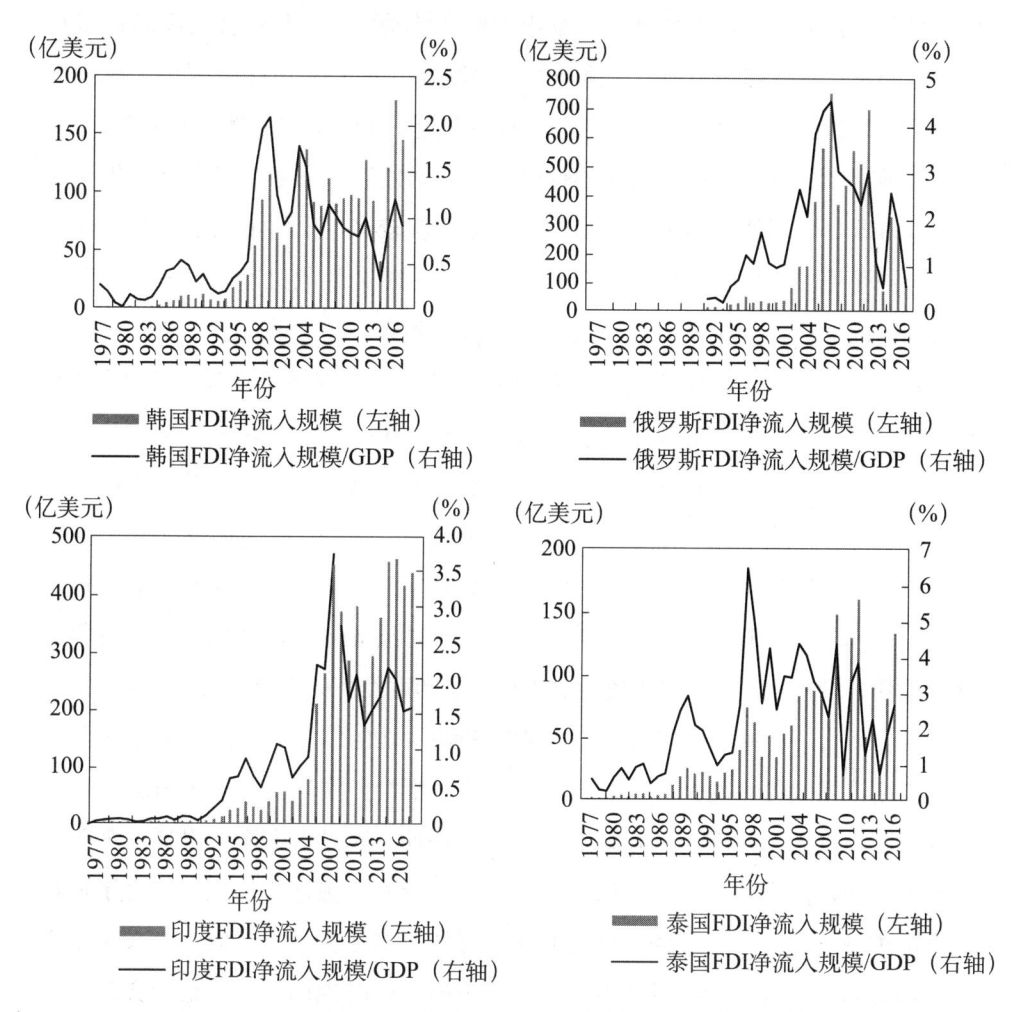

图导-19 新兴经济体 FDI 净流入规模及其占 GDP 比重变化情况

资料来源：世界银行。

易摩擦可能会扩大到金融、经济领域的深层次较量，这点与日本相似。前文中我们分析到，日本自20世纪70年代从固定汇率制转向浮动汇率制，开始推行有管理的浮动汇率。从1985年的《广场协议》到20世纪80年代末，日元大幅升值。20世纪90年代初至今，日元一直处于振荡阶段，且在近年内的振幅逐渐收窄。

第二，从宏观经济来看，经济去杠杆、去产能等结构性改革、金融开放进程进入加速期，这点与韩国类似。1997年亚洲金融危机的出现导致韩元大幅贬值，韩国央行无力通过干预外汇市场维护汇率波动区间，只能被迫废除汇率每日波幅限制，自此韩国走向自由浮动的汇率制度。韩元在1997年亚洲金融危机期间大幅下跌后，币值保持相对稳定，但一直低于亚洲金融危机前的汇率水平。我们在前文中提到，韩国国内结构性改革、金融监管、利率及汇率自由化滞后于短期资本项目开放，韩国对短期外债投资依赖较多，币值不稳定且贬值幅度大，经济受外部冲击后波动较为剧烈。2008年全球金融危机期间，韩元出现了较大幅度的下跌，并在亚洲新兴经济体中跌幅最大。在这一点上，中国与韩国有一定区别。首先，我国不过度依赖外资；其次，中国经济规模远大于韩国。只要在金融开放过程中把握好节奏，尤其是避免在国内金融改革未见成效时盲目放开短期资本项目，协调有序地推进金融改革开放措施，就可以有效地避免韩元所经历的风险。

第三，从经济体来看，可将中国与印度进行对比。虽然印度工业基础相对薄弱、规模较小，但全球金融危机后，亚洲新兴经济体表现分化明显，而印度增长最快、增速稳定，大量外资的进入促进了印度经济的大幅增长。

综合而言，中国的效应可能是一般性和特殊性的结合。中国金融全面开放后的汇率市场效应可能是日本、韩国和印度的混合。中国是一个经济大国，金融开放既具有大国效应，又有新兴经济体的特征。人民币汇率会出现一个时期的大幅波动，但人民币不会出现像东南亚国家或者韩国那样剧烈的、处于危机状态的市场效应。中国金融开放后的效应可能更多地像日本的效应，人民币大幅波动会趋于收敛。人民币自由化后可能出现一个时期的波动，最后会收敛于一个相对稳定值。这是由中国的大国经济模式决定的（吴晓求，2015）。

中国的经济规模、经济实力，以及市场化程度具有较强的竞争力。

接着评估资本市场开放的市场效应。全球金融中心指数（global financial centers index，GFCI）由英国智库Z/Yen集团和中国（深圳）综合开发研究院共同编制，显示了金融中心竞争力的变化，见图导-20。该指数着重关注各金融中心的市场灵活度、适应性以及发展潜力等。2019年9月19日，《第26期全球金融中心指数报告》在伦敦和深圳同时发布，纽约（790分）、伦敦（773分）和香港（771分）分别名列前三位。上海、北京和深圳均跻身全球金融中心指数排行榜前十位。中国上海（761分）和新加坡（762分）的评分差距由第25期的2分缩小为第26期的1分，上海与排名前四的金融中心差距也在进一步缩小。北京（748分）、深圳（739分）表现抢眼，排名较第25期各提升二位和五位，分别位列第七和第九。历史表明，在全球金融开放和资本市场的漫长发展过程中，新的国际金融中心正在向中国移动。从16世纪的威尼斯、17世纪的阿姆斯特丹，到18世纪的伦敦，再到19世纪后半叶的纽约，国际金融中心随着国际经济格局的变化而移动。国际金融中心的这种漂移过程与经济规模、经济竞争力、国际贸易有密切关系。100多年来，美国虽然经历了1929—1933年的经济危机，但整体来看，美国的经济是持续发展的。是什么力量在起作用？不可忽视的是金融的力量，即金融市场的力量和美元的力量。

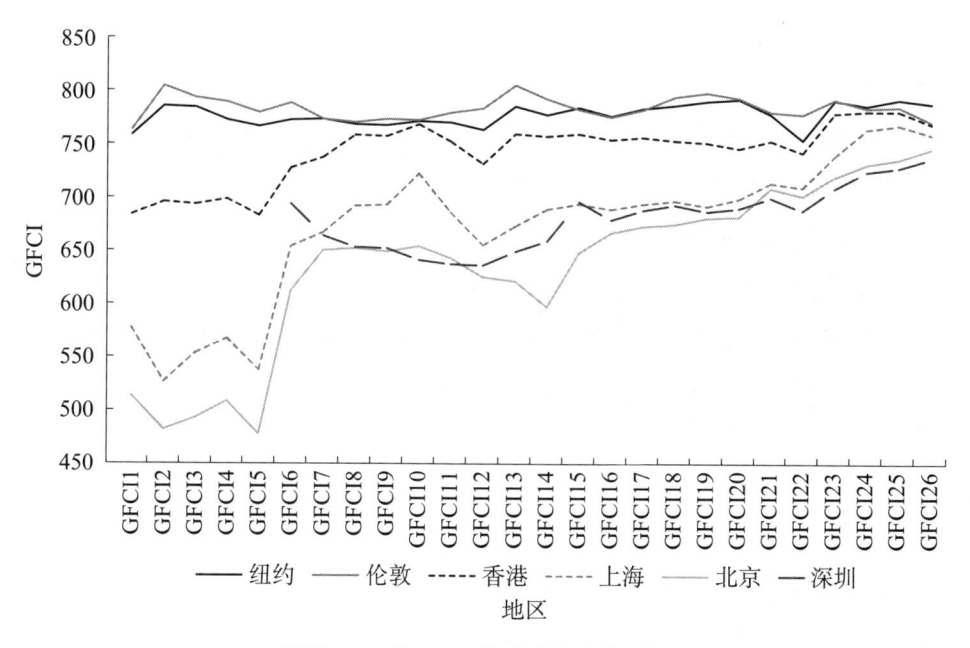

图导-20 第1-26期全球金融中心指数

资料来源：Z/Yen集团官网。

上海市场是中国新的国际金融中心的主体部分，深圳市场是中国新的国际金融中心的重要组成部分，是成长性资产的储备市场。从时间序列上看，我国的城市与金融指数排名靠前的中心城市差距越来越小；从历史周期看，这个新的国际金融中心已向中国转移。国际金融中心的这种漂移过程与经济规模、经济竞争力、国际贸易都有密切关系(许少强,2013)。外国投资者在中国市场的占比可能会在15%左右,这一比例与美国市场相似。

总之,中国金融开放的市场前景是相当乐观的。中国经济规模较大,国际贸易规模很大,而日本、韩国、俄罗斯、印度这四个国家在金融开放的时候比中国现在的经济实力要小得多,我们最大的不足是金融基础设施薄弱。在金融改革和发展过程中,基础设施没有跟上,给未来增添了很多风险,客观上会加大波动的幅度和发生危机的概率。需要进一步指出的是,中国金融的全面开放,人民币的自由化、国际化,以及国际金融中心的形成对中国社会的进步、法制的完善、经济的持续稳定增长和经济竞争力的提升无疑具有巨大的推动作用。

参考文献

[1] 陈中飞,王曦,王伟. 利率市场化、汇率自由化和资本账户开放的顺序. 世界经济,2017(6):23-47.

[2] 罗英杰. 卢布可自由兑换:俄罗斯的"金融革命". 银行家,2006(8):104-106.

[3] 唐双宁. 提升中国金融"软实力"问题. 银行家,2009(4):30-31.

[4] 吴晓求等. 股市危机:历史与逻辑. 北京:中国金融出版社,2016:28-40.

[5] 吴晓求等. 中国金融监管改革:现实动因与理论逻辑. 北京:中国金融出版社,2018:5-13,17.

[6] 吴晓求,互联网金融:逻辑与结构. 北京:中国人民大学出版社,2015:12-14.

[7] 吴晓求,陶晓红,张焞. 发展中国债券市场需要重点思考的几个问题. 财贸经济,2018(3):5-16.

[8] 吴晓求. 大国金融中的中国资本市场. 金融论坛,2015(5):28-35.

[9] 吴晓求. 改革开放四十年:中国金融的变革与发展. 经济理论与经济管理,2018(11):5-30.

[10] 吴晓求. 中国金融的深度变革与互联网金融. 财贸经济, 2014 (1): 14-23.

[11] 许少强. 国际金融中心建设的决定因素: 经济实力抑或金融政策——基于历史的思考. 上海金融, 2013 (6): 14-16.

[12] 余永定, 肖立晟. 论人民币汇率形成机制改革的推进方向. 国际金融研究, 2016 (11): 3-13.

[13] 张春生, 蒋海. 利率市场化、汇率自由化与资本项目开放的次序: 理论、经验与选择. 经济学家, 2015 (5): 52-61.

[14] 朱盈盈, 曾勇, 李平. 中资银行引进境外战略投资者: 背景、争论及评述. 管理世界, 2008 (1): 22-37.

[15] Aizenman, J., Chinn, M. D., and Ito, H. Assessing the Emerging Global Financial Architecture: Measuring the Trilemma's Configurations Over Time. National Bureau of Economic Research, 2008.

分 论

分论一　中国金融开放：试错式探索的历史

摘　要

改革开放是我国经济发展的根本动力。立足于具体国情，中国选择了符合新生事物发展规律、符合人类认知规律、阻力最小且容易取得成功的渐进式改革模式。在国有企业（简称国企）产权改革、民营经济壮大、要素市场蓬勃发展的基础上，我国大力引进外资，加入世界贸易组织，融入全球经济，经过坚定不移的中国特色社会主义经济建设，我国发展成为世界第二大经济体。改革与开放相辅相成，通过逐步取消外汇管制、人民币汇率市场化、金融市场有序开放、人民币国际化等制度改革，我国金融业在不断试错中实现渐进式开放，确立了在国际金融产业链、价值链中的大国地位，已从国际金融市场的被动参与者演变成重要治理者，正稳步迈向金融强国。

Abstract

Reform and opening-up are the fundamental driving force of China's economic development. Based on its national condition, China has chosen a progressive reforming model that is in line with the law of development of new things and the law of human cognition, as well as having the least resistance and is easy to succeed. Based on the reform of state-owned enterprises' property rights, the expansion of the private economy and the vigorous development of factor markets, China has worked hard to introduce foreign investment, joined the WTO and integrated into the global economy. After years of unswerving building of socialist market economy with Chinese characteristics, China has risen as the second largest economy in the world. Reform and opening-up complement each other. Through a series of institutional reforms, such as the gradual elimination of foreign exchange control, the marketization of RMB exchange rate, the orderly opening of financial market, and the internationalization of RMB, China's financial industry has gradually opened up in continuous trials and errors, and has established its position as a major player in the international financial industry chain and value chain. China has evolved from a passive participant to an important governor in the international financial market, and is steadily moving towards a financial powerhouse.

改革开放是中国经济发展的根本动力，十一届三中全会拉开了改革开放的序幕。在经济全球化背景下，市场由国内、国际两部分组成，走向市场经济无疑就是走向国际市场，即开放。因此，改革和开放是一个有机的统一体，二者不可分割、相互促进。新的制度、新的模式从产生到被认可、被接受进而在矛盾对立统一中占主导地位，需要一段时间，需要一个试错、容错和纠错的过程。因此，选择渐进式改革符合新生事物发展规律，符合人类认知规律，阻力最小，容易取得成功。政府一点点放权，一步步打破垄断，建立自由竞争、市场在要素配置中发挥决定性作用的机制。渐进式改革使得中国完成了从计划经济向市场经济的转型，建立起中国特色社会主义市场经济体制。改革的渐进模式决定了开放的渐进模式。通过逐步取消外汇管制、人民币汇率市场化、金融市场开放、人民币国际化等制度改革，我国金融业在不断试错中基本实现开放，在国际金融产业链、价值链中确立了大国地位，正从金融大国迈向金融强国。

1. 货币可兑换：从全面管制到资本账户可自由使用

党的十四大提出，我国经济改革的目标是建立社会主义市场经济体制。融入经济全球化浪潮，以及发挥劳动力比较优势，是实现这一目标的根本途径。前提条件是货币可兑换，确保国际经济活动不受支付限制，也就是要取消经常项目外汇管制，接受IMF第八条款。[①] 经过18年的改革开放，国际收支活动基本适应了市场经济环境，满足了人民币可兑换的条件。1996年，我国宣布接受IMF第八条款，成为货币可兑换国家。随后，我国有序开放资本项目，提高人民币在金融交易中的自由使用度。

1.1 经常项目可兑换：1994年外汇体制改革

1.1.1 外汇管制是20世纪80年代我国承接产业转移的客观要求

中华人民共和国成立以后，我国曾学习苏联的经验，通过指令性和指导性计划管理和调节国民经济。受到意识形态对立的影响，中国经济被排斥在西方主导的国际经济之外，不能像"亚洲四小龙"那样吸收和利用外资，技术鸿沟

---

① IMF第八条款规定，经常账户可自由兑换的货币就是可兑换货币。具体地要接受如下规定：(1)避免对经常性支付或转移的限制。会员未经国际货币基金组织的同意，不得对国际经常往来的付款和资金转移实施汇兑限制。(2)不得实施歧视性货币或多重汇率措施。(3)兑付外国持有的本国货币。

越拉越大，被打下了贫穷落后的烙印，见图分-1-1。在计划经济下，我国实行统收统支的外汇管理制度。外汇集中于中央，根据"以收定支，以出定进"原则，确保重点项目建设中设备和原材料的进口用汇，以及国家的公务用汇。1979年，中国和美国正式建交，我国开始与发达国家进行经贸往来。20世纪80年代是发达国家经济从重工业向信息产业升级转型的时期，我国迎来了大规模承接发达国家产业转移的机会。

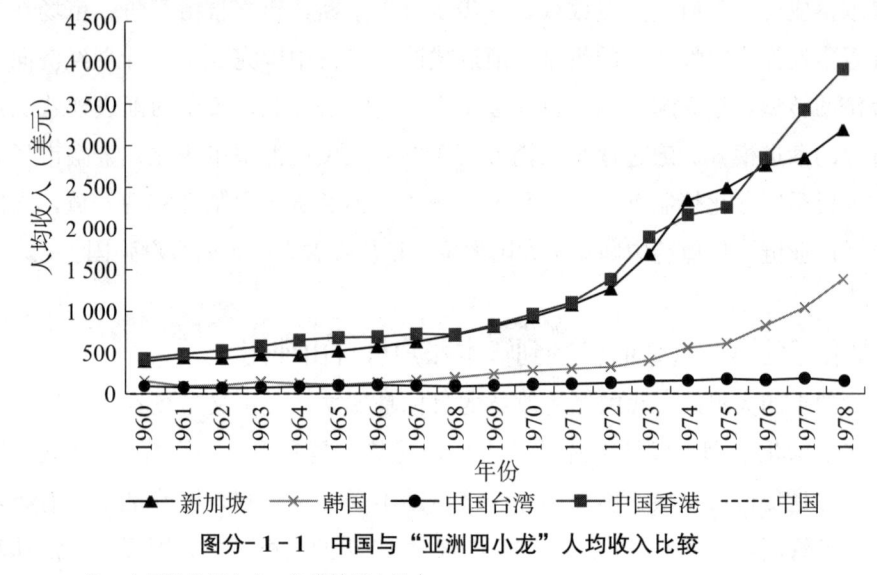

图分-1-1 中国与"亚洲四小龙"人均收入比较

注：中国的数据太小，与横轴基本重合。

在这一段时间，外国投资者缺乏对中国经济、制度的了解和信心，几乎不愿进行直接投资，迫使我国走上负债发展道路，由政府提供担保，通过中信国际信托、北京国际信托、广东国际信托等十大金融公司对外借债，然后转贷给国有企业，在重工业领域大量引进国外先进技术和设备，提高我国的生产能力。1978年，我国兴起了经济建设热潮[①]，从日本、美国和联邦德国等国家引进钢

---

① 1977年，全国计划会议形成了《关于经济计划的汇报要点》，国务院对1975年制定的《1976—1985年发展国民经济十年规划纲要（草案）》进行了修订，并于1978年提交五届全国人大一次会议审议，提出在20世纪末实现四个现代化的目标。在工业方面，新建和续建20个大项目，其中有30个大电站、8个大型煤炭基地、10个大油气田、10个大钢铁基地、9个大有色基地、10个大化纤厂、10个大石油化工厂、10个大化肥厂；新建和续建6条铁路干线，改造9条老干线，重点建设秦皇岛、连云港、上海、天津、黄浦5个港口。1985年，粮食产量要求达到8 000亿斤，钢达到6 000万吨，原油达到2.5亿吨。

铁、石油化工、化纤、化肥等大中型项目，资金总计 78 亿美元（剧锦文，2019）。当时我国创汇能力很低，主要依靠农产品和少数矿业原料出口以及华侨汇款，贸易顺差只有 7 亿美元。为了用好外汇，确保进口先进设备并按时还本付息，政府不得不实行严格的外汇管制。

1.1.2 构建功能性外汇管理框架制度

改革开放前，外汇管理工作由国家计划委员会、财政部、对外贸易部和中国人民银行承担，缺乏专门机构来统一负责外汇管理工作。为了适应对外开放的经济环境，解决外汇管理中出现的新问题，1979 年 3 月，国务院批准设立国家外汇管理局，并赋予其管理全国外汇的职能。1980 年，国务院发布了《中华人民共和国外汇管理暂行条例》，从法律上规范、指导经济主体的外汇收支行为。国家外汇管理局成立后，进行了增收节支的制度改革，为国际收支健康发展提供制度保障。一是控制外汇支出规模，1980 年停建、缓建 283 个重化工项目，遏制地方政府盲目引进设备、上项目的趋势。二是改变外汇统收统支模式，1979 年开始实行外汇留成制度，给创汇的地方和企业留下一定比例的外汇。留成外汇可在外汇调剂市场按照比官价更高的价格出售，给予出口创汇一定的补贴。这一市场导向的制度改革大大调动了企业出口创汇的积极性，促使我国出口快速增长，外汇储备持续出现几十亿美元的结余。国际收支状况改善不仅提升了我国对外筹措资金的能力，而且为人民币经常项目可兑换创造了条件。

1.1.3 培育能够参与国际市场竞争的经济主体

（1）农村、城镇经济体制改革。

从计划经济转向市场经济是中国改革开放的核心。首先要培育市场导向、追求利润、按照市场规律办事的市场经济主体。1982 年，中共中央发布《全国农村工作会议纪要》，将家庭联产承包责任制、统分结合的经营机制作为我国乡村集体经济的基本制度，乡镇企业在轻工业领域异军突起，有效弥补了我国轻重工业失衡的短板，农业产量、农民收入率先实现翻番。农村经营制度的市场化改革为城镇经济改革提供了经验，1988 年，我国开始实行国营企业厂长负责制，赋予企业更多经营自主权。各地政府将引进外资作为主要的业绩考核指标，三资企业①的经营模式和公司治理给我国企业提供了示范,加速了企业经营模式转型的速度。此外,被称作"价格闯关"的全面放开物价的改革使得企业在价格杠杆的引导下进行要素配置、组织生产和销售。为了培育在国际市场有竞争力的企业,我国对贸易领域、制造业的国企进行产权改革,抓大放小,推动企业股份制改造,明确产权,培育追求利润最大化的市场经济主体。当然,产权和价格制度的改革是对各方利益、各种关系的颠覆性调整,有得必有失,改革进程不会一帆风顺。20 世纪80 年代末期,我国出现了两位数的通货膨胀,工薪阶层实际生活水平下降,随后政府放慢了价格改革步伐。决策者意识到,一些关系国计民生的领域改革,例如能源、基础设施、医疗、电信、金融的改革,牵一发而动全身,需要方方面面的配套,市场化改革开放不能操之过急,应该以更加稳健的方式推进。

(2) 构建市场化金融机构体系。

如果金融机构不能按照市场规律配置资金,市场化改革就不可能成功。改革是从政府向企业放权让利开始的,此举改变了金融供给格局。1978 年,我国居民储蓄存款余额为 210.6 亿元,1990 年提高至 7 034.2 亿元。居民、企业、政府在储蓄中所占比例从 1978 年的 11.8%、14.9%、73.3%变为 1990 年的 40.1%、38.9%、21.0%,居民和企业成为资金供给的主体。国有企业的投资进行"拨改贷"制度改革后,银行成为企业的资金供给者。为了培育市场化的金融机构,1983 年 9 月 17 日,国务院正式颁发《关于中国人民银行专门行使中央银行职能的决定》,设立中国工商银行、中国农业银行、中国银行、中国建设银行(简称工、农、中、建)四家国家专业银行,经营存款和信贷业务,中国人民银行成为纯粹的中央银行。1986 年,国务院批准恢复设立交通银行。随后相继成立了招商银行、中信实业银行、深圳发展银行等股份制银行。股份制银行能够发挥制度灵活优势,为民营企业提供更多的金融服务。

(3) 建立同业市场和资本市场。

为了满足国有企业特别是乡镇企业旺盛的资金需求,1984 年,国家专业银

---

① 即在中国境内设立的中外合资经营企业、中外合作经营企业、外商独资经营企业三类外商投资企业。

行突破当时不得进行直接投资的限制，设立信托公司，地方政府也纷纷效仿，通过信托渠道初步形成了全国同业拆借市场，生成由市场供求决定的、统一的同业拆借利率。利率市场化打破了资金的计划配置，广东、浙江、江苏、福建等沿海地区通过同业拆借市场获得了大量资金，加速了经济增长。但是，银行尚未自负盈亏，资源配置和经营管理能力较差，无法满足企业的资金需求，催生了企业之间的商业信用问题。为了解决严重的互相拖欠债务的企业"三角债"问题，中国开始探索市场直接融资。1990年，上海证券交易所成立，八家公司首批挂牌发行股票，筹集资本金。随后深圳证券交易所成立。各地股票交易市场蓬勃兴起，证券公司成为金融界的生力军。

国际市场由西方国家主导，遵循的是市场经济规则，因此，要进入国际市场，中国就必须加快改革步伐，向市场经济转型，使企业成为自主经营、自负盈亏的主体，利用市场定价机制引导资源和要素配置。通过十多年大刀阔斧的改革，我国初步建立了市场经济制度，对外开放的条件基本成熟。

1.1.4 外汇体制改革与人民币可兑换

（1）偿债高峰亟须外汇体制改革。

1992年，邓小平南方谈话后，"发展才是硬道理"成为全国上下的共识。1993年11月，党的十四届三中全会通过《中共中央关于建立社会主义市场经济体制若干问题的决定》，构筑了社会主义市场经济体制的基本框架。各地投资热情高涨，进口增速超过30%。1993年，我国出现了改革开放以来第一次贸易逆差，而且逆差规模达到122亿美元。中国进出口贸易额见图分-1-2。尽管国际社会对中国信心大增，外商投资增加到258亿美元，创下FDI流入历史新高，但是我国国际收支形势不容乐观，偿债压力巨大。渐进式的物价改革导致我国出现了较长时期的高通货膨胀，人民币购买力持续下降。我国进行了三次较大幅度的汇率调整，人民币兑美元从1985年的2.8∶1变为1990年的5.7∶1，人民币贬值加重了外债负担，也使我国提前进入偿债高峰期。这一时期，我国外汇储备仅有约200亿美元，如果不能立竿见影地增加外汇收入，我国就有可能像墨西哥和拉丁美洲国家一样爆发债务危机。基于此，我国进行了外汇体制的重大改革，例如，开放经常项目，实现人民币可兑换，发挥汇率调节国际收支的作用，试图建立国际收支健康发展的长效机制。

图分-1-2 中国进出口贸易额

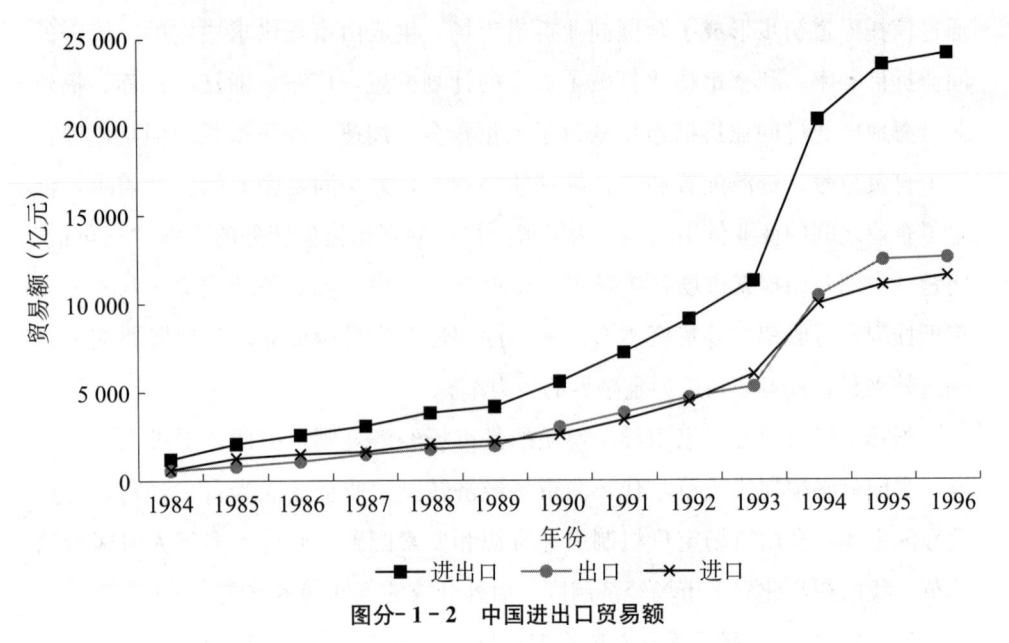

资料来源：国家统计局。

（2）国际压力倒逼改革。

当然，1994年的外汇体制改革也是开放倒逼改革的产物。第一，为了分享全球贸易自由化红利，1986年7月，我国正式向关税及贸易总协定（简称关贸总协定，GATT）提出恢复地位的申请。实行单一汇率制度是IMF和GATT对成员和缔约方在汇兑安排方面的基本要求。这就要求我国改变官方汇率与外汇调剂汇率并存的双重汇率制度。第二，20世纪90年代初，一些发展中国家和转轨国家普遍接受《华盛顿共识》[①]所倡导的自由化、私有化主张，取消外汇管制，开放资本市场，掀起了全球化浪潮。我国如果不想在新兴市场的国际化竞争中落后，就必须放松外汇管制。第三，以美国为首的发达国家以我国存在双重汇率体制为由，指责中国操纵汇率、获取不公平的贸易竞争优势，对我国采

[①] 《华盛顿共识》是指，20世纪80年代，位于华盛顿的IMF、世界银行和美国政府根据拉丁美洲国家减少政府干预、促进贸易和金融自由化的改革经验，形成的十个方面的政策主张。这些政策主张在20世纪90年代广泛传播，对一些发展中国家和转轨国家的政府产生了较大影响。

取反倾销、反补贴的"双反"措施。要维护与发达国家的正常经济贸易关系，我国也必须改革现行的汇率制度。

（3）1994年外汇体制改革的内容。

1994年的外汇体制改革是我国金融开放最重要且影响深远的一次改革。其核心内容包括：第一，取消外汇调剂价，实现人民币官方汇率和外汇调剂价格并轨，将官方汇率从5.7元/美元调至8.7元/美元。第二，建立以市场供求为基础的、单一的、有管理的浮动汇率制。中国人民银行根据银行间外汇市场前一天的收盘价，参照国际金融市场主要货币的变动情况，公布人民币汇率。第三，实行结售汇制度。除国家规定的外汇账户可以保留外，企业和个人必须将出口所得外汇卖给外汇指定银行，提交真实凭证后可向外汇指定银行购买进口所需外汇。第四，建立以银行为主体、统一、规范的外汇交易市场。从1994年1月1日起，禁止境内任何形式的外汇计价结算，禁止除外汇指定银行外的一切外汇交易。银行按照中国人民银行公布的汇率在银行间市场买卖外汇。

我国央行宣布，自1996年12月1日起接受IMF第八条款的义务，人民币成为可兑换货币。经常账户开放为中国经济国际化、市场化扫除了制度障碍，是中国经济走向开放的里程碑事件。

1.2 稳妥有序：资本与金融账户基本开放

1.2.1 渐进式资本账户开放及其逻辑顺序

（1）充分吸取国际经验教训。

资本账户开放是一柄"双刃剑"，在跨境优化资源配置的同时，也跨境快速传递风险。因此，资本账户开放需要在经济效益与安全之间保持平衡。从国际经验看，第二次世界大战后，除美国外的发达国家都实行了严格的外汇管制，在马歇尔计划的要求下，这些发达国家于1958年开放经常账户，此后它们花费了15～23年的时间，在金融市场、监管体系、经济抗风险能力等条件成熟后才陆续开放资本账户，允许资本自由流动。相比之下，新兴经济体开放资本账户的速度快得多。20世纪90年代，在《华盛顿共识》的引导下，东南亚经济体、东欧转型国家争先恐后开放了资本账户，以债券、货币市场基金的方式大规模引进外资，增加资本积累，推动产业升级和经济增长。得益于巨额资本流入，泰国、马来西亚、印度尼西亚（简称印尼）、菲律宾实现了经济快速增长，被国际社会称为"亚洲四小虎"。

1996年，我国开放经常账户后，开始考虑以适当的方式开放资本账户。由于我国资本市场刚起步，处于初级阶段，占金融市场主导地位的银行还不是真正的市场经济主体，无法与国际金融机构竞争，我国实际上缺乏开放资本账户的市场基础。此外，在这一时期，为了保证香港回归后的稳定，我国需要继续严格控制资本流出。

事实证明，这样的审慎考虑和安排是明智的。1997年7月4日，就在香港回归3天之后，以索罗斯为首的国际机构投资者狙击泰铢，只拥有近400亿美元储备的泰国央行无力对抗，被迫放弃盯住汇率制度。泰铢迅猛贬值，泰国爆发了货币危机。泰国金融危机暴露出该国过早开放资本市场的弊端。为了吸引外资，泰国长期实行高利率和盯住汇率制度，金融机构资产负债的货币严重错配，能够承受高利率的只有股市、楼市等高风险投资。一旦资本流动逆转，金融脆弱性就暴露无遗，出现金融危机在所难免。由于"亚洲四小虎"具有相同的经济发展模式，存在相同的金融体系脆弱问题，在国际资本迅速撤退的压力下，马来西亚、菲律宾、印尼很快爆发了货币危机。这场金融危机不仅使东南亚国家数十年奋斗的成果付之东流，还深刻改变了东南亚国家的政治环境。其余波在1998年继续发酵，韩国被迫向IMF求助，俄罗斯爆发了金融危机。我国则因为没有贸然开放资本账户，拥有一道"防火墙"，从而避免了来自资本渠道的风险传染。

（2）资本账户开放需要满足的条件。

从我国国情出发，资本账户开放至少需要满足以下四个条件：第一，强大的经济金融综合实力，在全球经济、贸易、金融市场、储备等方面具有竞争力；第二，宏观环境顺畅，财政及国家外债等具体宏观经济指标健康；第三，有科学的监管架构和协调机制，监管行之有效；第四，利率、汇率市场化基本到位，价格信号机制能够顺畅调节经济主体的行为。要满足这四个条件，我国必须保持经济稳健发展，加强国家治理能力建设，完成利率、汇率市场化改革。毫无疑问，这是一个漫长的过程，需要耐心、智慧和不懈的努力。

(3) 我国资本账户开放的逻辑顺序。

我国选择了资本账户渐进式开放模式，根据改革和经济发展的需要，把握好资本项目开放的节奏和尺度。条件成熟一项开放一项，条件不成熟的就继续管制。总结我国40多年的经验，我国资本账户开放遵循的主要原则是：第一，坚持金融服务实体经济原则；第二，坚持管住风险，不发生金融危机原则；第三，坚持有序开放原则，根据国内经济发展需求和国际形势变化，科学把握开放节奏。

基于上述原则，我国制定了资本账户开放的逻辑顺序：从内容看，先开放直接投资，后开放证券投资和金融衍生工具；从期限看，先开放长期资本，后开放短期资本；从主体看，先开放法人机构，后开放个人；从方向看，先开放资本流入，后开放资本流出。

1.2.2 资本账户开放的特色与实践

(1) 将直接投资放在开放的优先位置。

第一，以吸引华侨、华人资本为起点和重点。邓小平曾指出，海外华侨、华人分布在世界100多个国家和地区，总资产达3 000亿美元，而其控制的流动资本则高达1.5万亿美元~2万亿美元，如此庞大的经济实力，已经是世界经济一支不容忽视的力量。[①] 为了充分发挥海外华侨、华人的积极作用，1979年7月，我国颁布了《中华人民共和国中外合资经营企业法》，随后出台了所得税、登记管理等配套法规，营造良好的外资环境。1980年，我国设立深圳、珠海、汕头和厦门经济特区，打造外资企业基地。1984—1985年，我国进一步开放上海、天津等14个沿海城市和长三角、珠三角等区域。1988年，我国将沿海经济开放区扩展到北方的辽东半岛、山东半岛等，批准设立海南经济特区。1990年，我国决定开发和开放上海浦东新区。我国逐步构建起"经济特区—沿海开放城市—沿海经济开放区—沿江和内陆开放城市—沿边开放城市"的梯度式开放格局。在经济特区和开放区，外商直接投资不受任何限制，资本流入、流出都很自由，并享受税收、土地使用等方面的政策优惠。在我国加入WTO之前，我国

---

① 国务院侨务办公室，中共中央文献研究室.邓小平论侨务.北京：中央文献出版社，2000.

实际利用外资 2 000 多亿元，其中，港、澳、台同胞，以及海外华侨、华人资金占 70%。

第二，扩大吸引外资范围，打造世界加工厂。我国加入 WTO 之后，制度性贸易壁垒被拆除，大大拓宽了我国融入全球经济的渠道。数以亿计的廉价劳动力及十几亿人口的庞大市场对国际资本产生了巨大的吸引力。世界 500 强企业纷纷在我国设立分支机构，将中国纳入全球产业链和价值链中。2002—2008 年，我国外商直接投资规模年均增速达到 66%，见图分-1-3。我国已成为名副其实的"世界加工厂"，拥有全球工业门类最齐全的制造体系，"中国制造"遍及全球各个角落。

图分-1-3 中国实际利用外商直接投资额

资料来源：国家统计局。

第三，实行负面清单制度，FDI 限制越来越少。2008 年以来，国际经济格局发生了深刻变化，人工智能、区块链、大数据、云计算等新一轮技术革命蓬勃兴起，我国亟须转换经济发展模式，从"中国制造"转向"中国创造"，吸引高质量外资、发展新兴产业是实现这一转型的前提。深化改革再次对开放提出了新要求，优化外资营商环境成为现阶段改革开放的工作重点。我国于 2012 年赋予银行资本项下结算更大权利；2015 年取消直接投资项下的外汇登记核准，提高 FDI 便利化。2014 年，我国试点对外资实行准入前国民待遇加负面清单的管理模式。2017年，外资负面清单管理模式从自贸区试点推广至全国。2019年，负面清单从开始时的190多项减少到131项。自2010年以来，我国每年吸引的外商直接投资超过1 000亿美元，成为发展中国家吸引直接投资最多的国家。

第四，鼓励企业"走出去"，在全球范围内配置资源。在经济全球化进程中，跨国公司是贸易的发起者、组织者。没有属于本土的跨国公司，就没有国际贸易的定价权、话语权。为了提高我国在贸易中的地位，摆脱严重依赖加工贸易的局面，2002年，我国开始鼓励企业"走出去"。最初的投资主要集中在中国香港、东南亚地区，重点在商贸零售行业，立足于扩大贸易网络。2003年，我国取消了对外直接投资的审批制，转向核准制和备案制。2006年，我国敞开对外直接投资的外汇供应，实现按需供汇。2008年，我国再次修订《中华人民共和国外汇管理条例》，明确企业和个人可以按规定保留外汇或者将外汇卖给银行，实行自愿结汇制度，结束了自1994年以来的强制结售汇制度；同时取消了个人每年购汇额不得超过5万美元的限制。这一改革为企业和个人对外投资提供了资金保障。2011年1月，温州颁布《温州市个人境外直接投资试点方案》，允许个人进行除股市和房地产以外的任何境外直接投资。随后这一政策被推广到全国，掀起民营企业对外投资高潮。"一带一路"倡议提出后，我国以设施联通为抓手，以跨境产业园区为平台，再次加大了对外投资力度，广泛开展国际产能合作。2015年，我国对符合规定、10亿美元以下的境外投资项目，只要不涉及敏感国家和地区，只要不是敏感项目，一律实行备案制。《进一步推进中国（上海）自由贸易试验区金融开放创新试点 加快上海国际金融中心建设方案》（简称金融改革新40条）的出炉启动了合格境内个人投资者境外投资试点，放宽了个人投资境外资本市场的限制。我国在2014年超过日本，成为世界第二大对外投资国。

为了更好地服务实体经济"走出去"，我国也鼓励金融机构"走出去"，通过投资或并购设立分支机构。2008年，中国工商银行收购非洲最大的银行——标准银行20%的股份，成为其最大股东，将金融服务扩大至非洲。2009年，中国银行在巴西圣保罗设立分行，在拉丁美洲地区实现了中资机构的零突破。我国金融机构的国际化程度逐步提升。2002—2018年中国对外直接投资见图分-1-4。

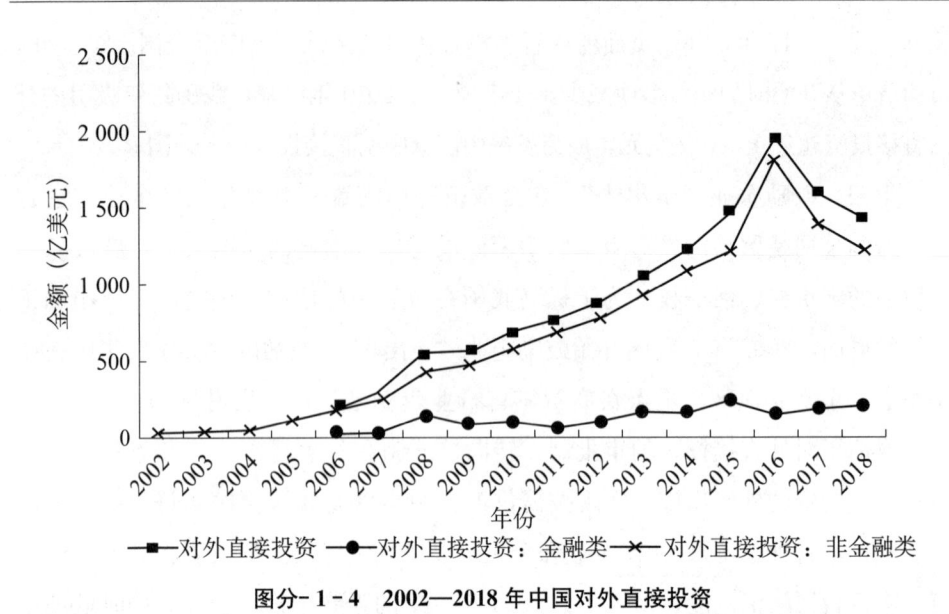

图分-1-4 2002—2018年中国对外直接投资

资料来源：《中国对外直接投资统计公报》。

(2) 先流入后流出的债权和权益市场开放。

第一，从逐笔审批转向全口径余额管理，逐步放开债权市场。1979年11月，我国接受比利时提供的为期30年的无息贷款，走上负债发展道路。1978年，中国外债余额仅为6.23亿美元，到1996年增加1 162.8亿美元，外债年均增长率为33.7%，负债率上升明显，见图分-1-5。在人民币可兑换前，中国已连续5年成为世界银行第一大借款国，是仅次于墨西哥和巴西的第三大债务国。为了维护国际信用，防范债务危机，有必要实施严格的外债管理制度。1980年颁布的《中华人民共和国外汇管理暂行条例》规定，任何机构的外币借款都需要审批，实行外债登记制度，对借款金额、用途、还款来源进行全面管理。为了适应20世纪90年代盛行的金融证券化，增加我国对外借债的渠道并有效降低融资成本，国务院对《中华人民共和国外汇管理条例》进行了修改，除了借款外，允许金融机构发行外币债券融资。鉴于公开市场融资规模大，投资者众多，违约的负面影响较大，因此当时只允许金融机构和大型国企在境外发行外币债券。

2001年，中国加入WTO后，随着贸易规模扩大和贸易融资急剧上升，对企业外债进行逐笔审批的管理制度日益成为我国融入经济全球化的羁绊，必须放松外债管理。2003年，我国制定《外债管理暂行办法》，从全口径角度进行外债管理，商业银行、企业外债实行余额管理，方便企业和金融机构根据资金成本自由选择融资币种和市场，节约融资成本。尤其是2007年美国次贷危机爆发后，发达国家实行量化宽松政策，国外利率比国内利率低3～5个百分点，扣除人民币升值带来的汇兑溢价，企业和机构举借外债的实际融资成本几乎为零。为了抓住机遇，降低企业的融资成本，2008年，我国再次修订《中华人民共和国外汇管理条例》，外债管理从审批制改为登记制，取消对金融机构、个人进行境外有价证券、衍生产品发行、交易的限制，除了少数按照规定需要事先经有关主管部门批准或者备案的外，办理登记就可从事相关业务。在市场力量驱动下，我国外债规模从2008年的3 901亿美元快速增长到2014年的17 799亿美元，负债率陡增，见图分-1-5。

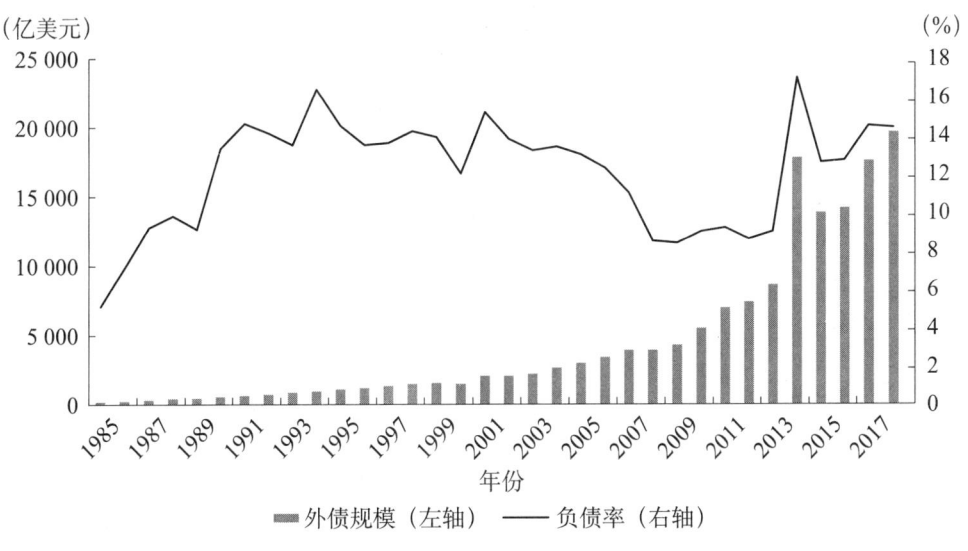

图分-1-5　1985—2018年中国的外债规模和负债率

资料来源：国家外汇管理局。

国际金融危机后，国际并购市场出现了难得的价值洼地。一方面，企业跨境并购、进行国际产能合作需要资金支持；另一方面，大量避险资本流入我国，推高我国外汇储备，适当鼓励资本流出有利于我国国际收支平衡。2009年，我国允许符合条件的企业在一定限额内进行境外放款，拓宽"走出去"企业的融资渠道。

我国于2012年进一步扩大了境外放款资金来源；2014年放宽了境外放款主体资格要求，允许境内企业向与其有直接或间接持股关系的境外关联企业放款。

第二，开放债券市场，拓宽人民币回流机制。为了履行我国加入WTO时的承诺，2005年10月，我国允许国际金融公司（IFC）和亚洲开发银行（ADB）进入银行间债券市场发行11.3亿元和10亿元人民币债券，向合格外资机构开放债券市场。由于人民币资本项下不可兑换，外资机构很少开展业务。2009年开启的人民币国际化改变了这一局面。为了满足国际社会对人民币资产的需求，构建多渠道人民币回流机制，2010年，央行批准10家三类机构（境外央行、人民币清算行、人民币业务参加行）进入银行间债券市场。2016年，央行制定了备案管理实施细则，宣告中国银行间债券市场正式对境外机构投资者全面开放。目前银行间债券市场有300多家包括境外中央银行、国际金融机构、主权财富基金、保险机构、RQFII和QFII等在内的境外机构。2018年，交易规模已超过6万亿元；而2010年，交易规模仅有3 000多亿元。外资机构在银行间债券市场的交易规模见图分-1-6。

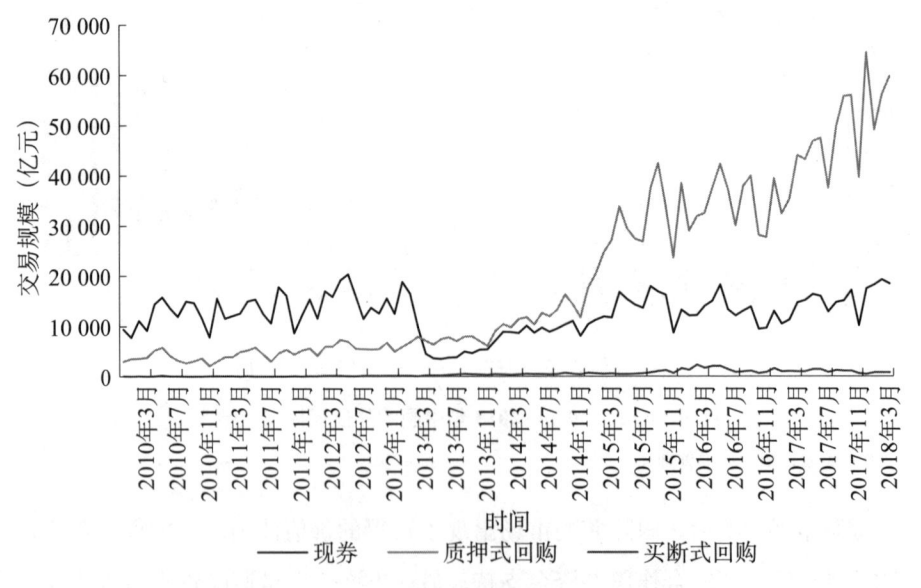

图分-1-6 外资机构在银行间债券市场的交易规模

资料来源：中国外汇交易中心暨全国银行间同业拆借中心（CFETS）。

第三，设立QFII和QDII，逐步建立境内外资本市场联通机制。我国股票市场起步较晚，具有新兴市场国家的高成长性和不完善特征。2002年，我国颁布《合格境外机构投资者境内证券投资管理暂行办法》，形成相对完善的QFII监管框架。基于防范风险的考虑，我国对QFII资格标准、外汇额度管理、账户管理、经纪商、资金汇出入等方面进行较为严格的限制。QFII不仅实现了境内外资本市场的初步对接，提高了我国资本市场的国际影响力，而且在增加资金供给、应用成熟投资理念和先进投资风险管理技术、促进上市公司完善治理结构等方面发挥了积极作用。2005年，我国颁布《关于上市公司股权分置改革的指导意见》，推动股权分置改革，按照市场规律建设我国资本市场，大大提高了股市的融资功能和国际吸引力。

2006年8月，证监会公布《合格境外机构投资者境内证券投资管理办法》，鼓励境外长期资本进入股市。2012年，我国提高了QFII的投资额度，并降低了投资门槛，此后QFII规模增长迅猛，见图分-1-7。实践证明，QFII是成熟的机构投资者，增加QFII的规模有利于改善我国以散户为主的股市结构，降低投机性。我国因2015年的熔断风波出现股灾后，于2016年取消了对QFII持股比例的限制。2019年10月，QFII规模达到1 114亿美元，与2003年的8亿美元相比增长了138倍，表明资本市场开放取得了较大成绩。

证券市场开放应该是双向的，2006年4月，央行宣布实施合格境内机构投资者（QDII）制度。允许符合条件的境内银行、基金公司、保险公司等金融机构投资境外固定收益类产品、股票证券及货币市场。QDII还可开办境外代客理财业务，为居民个人投资境外证券市场提供渠道。

破除制度障碍并促进人民币的国际使用是最近十年我国资本账户开放的重点。2011年，我国设立了RQFII试点地区，并在2013年全面推广，鼓励境外金融机构将离岸市场人民币引入国内金融市场，拓宽人民币投资渠道。2015年，人民币加入SDR后，我国将RQFII试点地区拓展到11个国家和地区，允许境外人民币清算行和参加行进入银行间债券市场发行人民币债券。2018年，我国对QFII和RQFII实施新一轮改革，取消QFII每月资金汇出不超过上年末境内总资产20%的限制，同时取消QFII和RQFII的本金锁定期要求，进一步简化

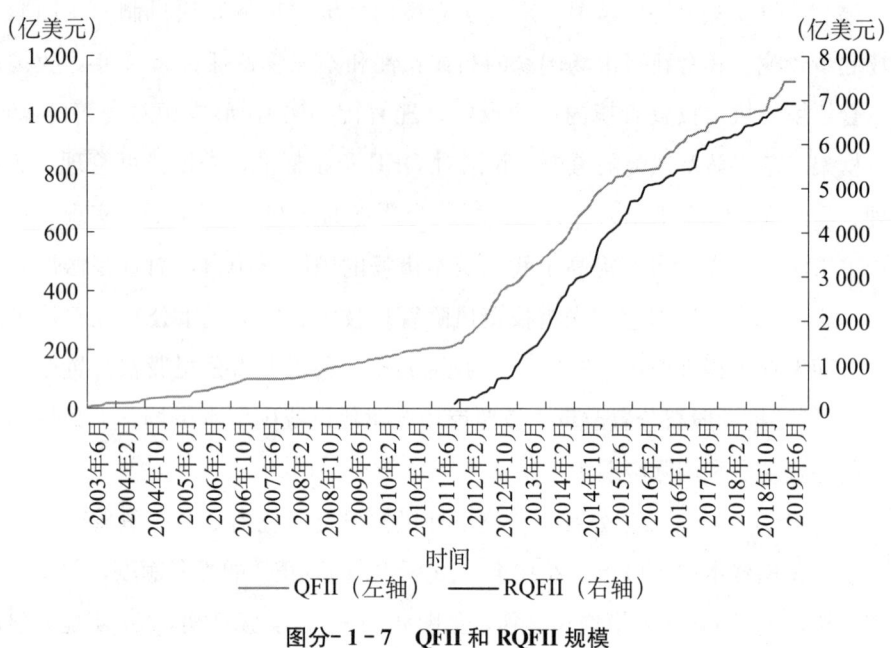

图分-1-7　QFII 和 RQFII 规模

资料来源：国家外汇管理局。

管理、便利操作。截至 2019 年 10 月，RQFII 规模接近 7 000 亿元，成为人民币回流的有效渠道。

（3）开放金融衍生工具，为金融开放提供市场化风险管理机制。

金融衍生工具的主要功能是管理利率、汇率波动造成的市场风险。随着利率、汇率市场化，市场风险管理需求急剧上升，有必要发展衍生品市场，引进国外成熟的金融衍生工具和机构。2004 年 10 月，我国进行重大的利率市场化改革，形成了"贷款利率管下限、存款利率管上限"的管理制度。通过借鉴伦敦、东京、中国香港和新加坡等国际金融中心基准利率形成机制，2007 年 1 月 4 日，上海银行间同业拆放利率（SHIBOR）正式上线。我国以 SHIBOR 为短期基准利率，以国债收益率曲线为中长期基准利率，建立了利率基准体系。有了市场基准利率，利率衍生品市场很快发展起来。2008 年，全国银行间同业拆借中心推出以 SHIBOR 为基准的人民币利率互换、利率远期业务。为了对冲长期资产的利率风险，2013 年，中国金融期货交易所重新启动了被叫停 18 年的国债期货，为人民币债券市场提供有效的风险管理工具。

2005年7月的人民币汇率形成机制改革扩大了主要货币围绕中间价上下浮动的幅度，例如，英镑、欧元浮动幅度扩大到6%，美元浮动幅度扩大到3%。进出口企业的外汇风险增加，汇率风险管理的需求强烈。2005年8月，中国外汇交易中心推出了外汇远期交易，针对美元、欧元、日元等主要货币提供1年以内多个品种的远期交易。由于SHIBOR在各家银行进行资产管理和定价时被普遍作为利率基准，期权也在住房、基础设施等资产证券化产品中得到应用，这就为推出人民币外汇期权提供了必要条件。2011年4月，中国外汇交易中心推出了人民币对外汇期权交易。2019年8月，为进一步扩宽外汇市场深度，满足机构的多元化要求，我国新一代外汇交易平台CFETS FX2017还推出欧元对美元（EUR/USD）、美元对日元（USD/JPY）、英镑对美元（GBP/USD）、澳元对美元（AUD/USD）和美元对港币（USD/HKD）五个货币对的普通欧式期权交易，可为非居民提供新的交易平台，促进上海离岸金融市场发展。

1.3 人民币国际化稳步推进

人民币充当国际货币是我国金融开放的重要标志。自2009年开启跨境贸易人民币结算试点以来，经过多年的发展，人民币国际化取得了巨大进展，2015年，IMF将人民币纳入SDR货币篮子，目前已有60多个国家在外汇储备中持有人民币资产。人民币在国际贸易计价、金融市场交易、官方储备中得到越来越多的使用，其国际货币功能更强，正在成为一些亚洲国家的"锚"货币。

1.3.1 多功能驱动人民币贸易结算份额提升

人民币国际化起步于跨境贸易。2008年国际金融危机后，美元大幅贬值。为了规避美元、欧元等主要货币贬值的汇率风险，我国采取了1967年英镑贬值时曾经使用过的措施，在贸易计价结算中鼓励使用本币。鉴于2015年"8·11"汇改前人民币升值预期强烈，贸易伙伴大多乐意接受人民币，以谋求人民币升值红利。尽管很多贸易商没有选择人民币计价，但都乐意使用人民币进行结算。在投机动机驱使下，人民币贸易结算规模迅速增长，并于2015年达到顶峰，人民币结算份额约为30%，见图分-1-8。此后，人民币汇率形成机制更加市场化、更加透明，遵循人民币对一篮子货币稳定的定价规则。人民币兑美元双向波动且弹性加大，混杂在人民币贸易结算中的投机水分很快被挤掉，人民币贸易结算份额大幅下滑后企稳，反映了贸易企业的真实需求。2019年上半年，人民币贸易结算份额达到20%。在主要国际货币中，出口商选择哪种货币来计价结算，主要考虑三个因素：一是币值稳定性，坚挺的货币更受欢迎；二是交易成本，交易成本越低的货币越有优势；三是惯性，路径依赖使得出口商倾向于以往使用的货币，例如国际上大宗商品习惯于使用美元计价结算。

自2008年以来，我国成为世界经济的新引擎，为人民币币值稳定和长期坚挺奠定了基础，使得人民币在计价结算中具有一定的优势。人民币国际化是我国贸易发展对货币稳定的内在要求，也是国际金融稳定发展的客观要求。

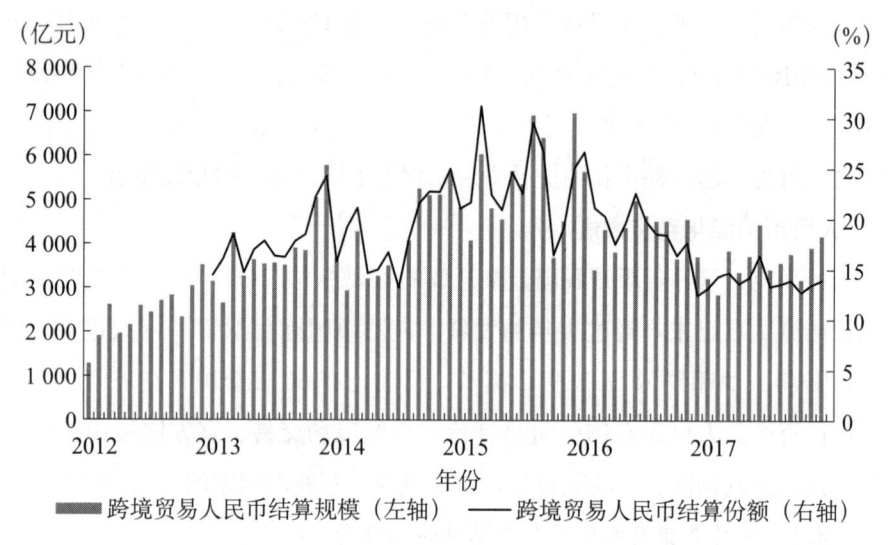

图分-1-8 跨境贸易人民币结算规模和份额

资料来源：中国人民银行；商务部；国家外汇管理局。

为了让国际社会更方便地使用人民币计价，以及更好地发挥人民币贸易结算功能，我国致力于维持人民币的相对币值稳定，降低人民币交易成本，构建人民币国际使用网络。第一，党的十八大提出新发展理念，推动经济升级转型，将创新作为最重要的发展动力，标志着我国经济发展进入新时代。富有效率、稳健、共享的高质量发展，为人民币币值坚挺提供了强有力的支撑。第二，建设人民币跨境支付系统（CIPS），提供安全、便捷、高效的基础设施，与美元、欧元的支付体系合作竞争。随着交易规模的扩大，人民币的交易成本逐渐下降。

第三，建立大宗商品期货交易所，推出以人民币计价和结算的黄金、原油、铁矿石期货以及乙二醇掉期。以"一带一路"建设为抓手，以市场力量为推手，构建以人民币计价和结算的大宗商品网络和平台。我国70%以上的大宗商品贸易来自"一带一路"沿线国家，卡塔尔、尼日利亚、阿拉伯联合酋长国（简称阿联酋）、伊朗、俄罗斯、安哥拉、哈萨克斯坦等国已决定，在与中国进行原油或石油副产品的贸易中使用人民币进行结算。第四，在国内实行"互联网＋"战略基础上，推动跨境电子商务，运用区块链、大数据、云计算和人工智能技术及我国具有领先优势的电子支付，构建电子商务和电子支付国际网络，在线上将人民币计价结算推广至境外的中小微企业和个人。

1.3.2 将金融交易作为人民币国际化的加速器

充当国际金融交易货币，是人民币国际化不可或缺的另一个重要功能。根据BIS的统计数据，外汇市场每五天的交易规模相当于全球贸易总额。因此，对于实现人民币国际化目标而言，仅仅注重人民币的贸易计价和结算功能是远远不够的，必须在提高人民币金融交易的全球份额方面深耕细作，下足功夫。自2015年人民币加入SDR以来，人民币在直接投资、证券投资交易中的使用出现了明显的增长。2018年，我国金融开放提速，无疑为增强人民币的金融交易功能、推进人民币国际化提供了加速器。

第一，扩大人民币直接投资规模，是发挥人民币金融交易功能的"压舱石"。2011年，我国允许境内外机构使用人民币开展双向直接投资。2013年，允许境外投资者使用人民币在境内设立、并购和参股金融机构。2014年，我国进一步简化直接投资跨境人民币结算业务办理流程，在上海自贸区试点开展跨境双向人民币资金池业务。"一带一路"建设及国际产能合作成为我国对外直接投资的亮点，也是人民币直接投资的重点。2018年，在总结试点经验的基础上，我国进一步完善跨境人民币资金池业务政策，对宏观审慎调节系数实行动态调整，促进贸易投资便利化，提升资本项目兑换程度。自"一带一路"倡议提出以来，我国对外直接投资迅猛增长，带动人民币直接投资快速增长，2016年超过万亿元大关。2018年，以人民币结算的对外直接投资为8 048亿元，同比增长76.2%，见图分-1-9。

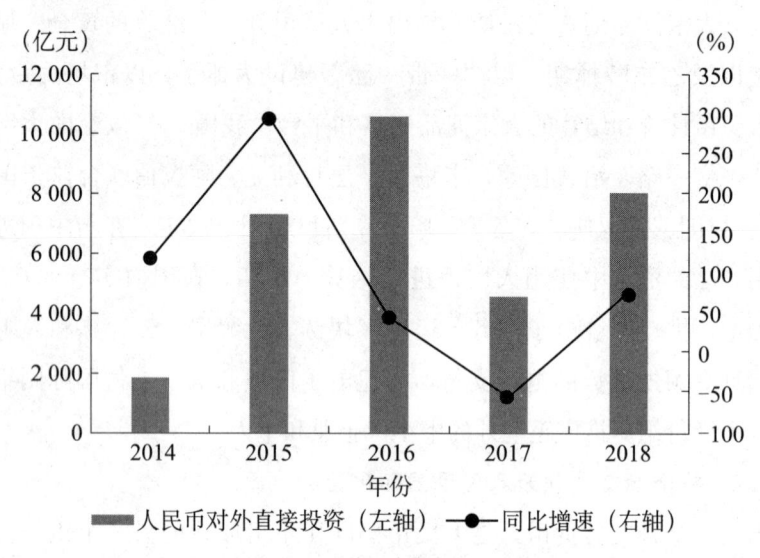

图分-1-9 人民币对外直接投资

资料来源：中国人民银行。

第二，放宽限制，鼓励人民币跨境借贷。我国是银行主导的金融体系，间接融资比重较大。要提高人民币金融交易份额，发挥我国金融机构优势，信贷无疑是十分重要和有效的渠道。2011年，我国开启了境内银行境外项目人民币贷款业务。2013年，我国允许境内银行开展跨境人民币贸易融资资产跨境转让业务，以及境内非金融机构开展人民币境外放款业务和对外提供人民币担保；放宽境内代理行对境外参加行的人民币账户融资期限和限额。2014年，我国明确了境外非金融企业在境内银行间债券市场发行人民币债务融资工具的跨境人民币结算措施。自2015年2月起，我国在上海自贸区试点全口径跨境融资宏观审慎管理，对本外币跨境融资实行一体化管理，2016年5月推广至全国。2017年1月，我国调整跨境融资参数，进一步便利境内机构利用境外资金，降低融资成本，提高跨境融资的自主性和境外资金利用效率。

第三，高水平开放金融市场，将上海打造成人民币资产管理的国际金融中心。金融证券化是国际金融的主流特征，强化人民币的金融交易功能，证券市场应该是主战场。由于债券是国际资本流动最重要的工具，我国在开放金融市场时优先发展人民币国际债券市场，然后推动股票市场国际化。2010年，我国开放债券市场，允许境外央行（货币当局）、境外人民币清算行和境外参加行等境外机构进入设在上海的全国银行间债券市场投资。2011—2013年，我国先后设立了RQFII和RQDII制度，为境内外投资者使用人民币双向投资提供便利。2015年，我国允许进入银行间债券市场的境外人民币清算行和参加行开展债券回购交易。2017年6月，中国人民银行发布《内地与香港债券市场互联互通合作管理暂行办法》，债券通拓宽了境外机构投资者投资境内银行间债券市场的渠道，提高了我国债券市场对外开放度。2017年7月，中国债券市场被纳入花旗世界国债指数-扩展市场，2018年3月，彭博巴克莱推出"全球综合＋中国指数""新兴市场本地货币政府债券＋中国指数"两项固定收益指数，将人民币债券纳入其中。截至2018年末，境外投资者通过直接入市和债券通渠道参与银行间债券市场，持有各类境内债券1.51万亿元，同比增长50.26%。其中，国债持有量占国债托管量比重超过8%，人民币债券逐渐成为国际认可的避险资产。中国国际债券规模及全球占比见图分-1-10。

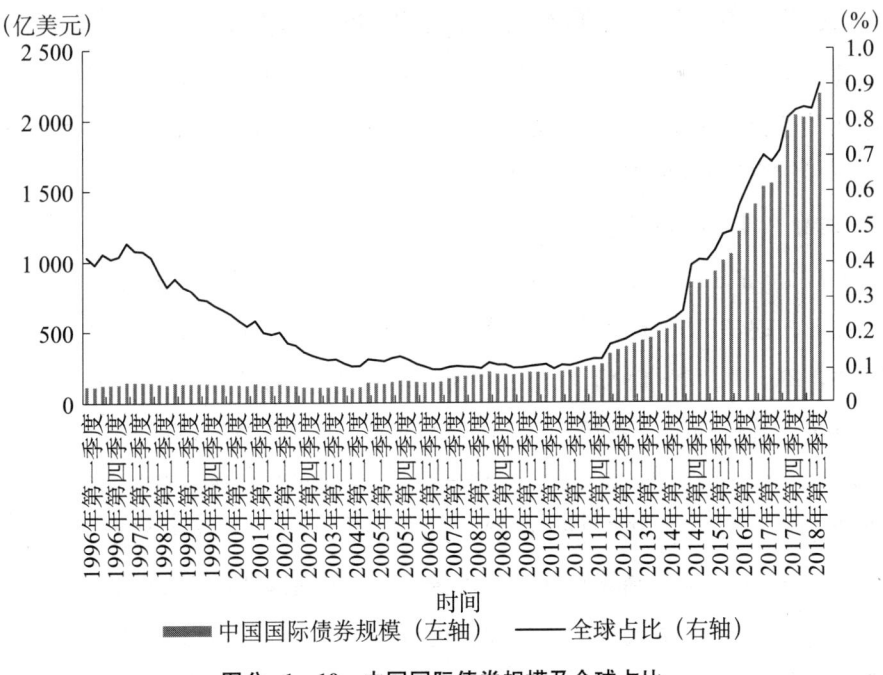

图分-1-10　中国国际债券规模及全球占比

资料来源：BIS。

股票市场是提供企业长期资本及全球优化资源配置最有效的渠道。虽然我国股市规模位列全球第二，但是国际化程度较低，在全球资源配置中缺乏影响力，没有发挥应有的积极作用，这成为制约人民币国际化的一个短板。因此，国际化成为我国大力发展资本市场的主要任务之一。2014—2016年，我国陆续开通了沪港通和深港通，增加境内市场的资金来源和投资主体多样性，提高资本市场配置资源的效率，这是中国资本市场双向开放的一个重要里程碑。为了在全球范围内调动和配置资源，2019年6月17日，沪伦通正式启动，允许符合条件的两地上市公司，以发行存托凭证（DR）的方式，在对方市场上市交易。伦敦是全球最大的金融中心，沪伦通既提升了我国股市的国际化水平，彰显了我国开放资本市场的决心，又将境外最大人民币离岸市场与国外资本市场紧密联系在一起，构筑起一个完善的人民币国际循环机制，为扩大人民币的国际使用奠定了坚实的市场基础。

2. 人民币汇率：从盯住汇率到市场定价的管理浮动

建立与我国经济发展阶段相适应的、科学的汇率制度，关系到我国金融开放的成败。受宏观经济、国际收支、国际政治等多种因素约束，人民币汇率制度从盯住汇率发展到管理浮动，汇率形成机制不断完善。

2.1 转轨时期实行双重汇率制度

2.1.1 官方汇率与贸易内部结算价并存，实行人民币高估政策

改革初期，我国与绝大多数发展中国家一样，实行盯住汇率制度。政府公布官方汇率，并负责维护汇率稳定。为了承接发达国家制造业的对外转移，我国实施进口替代战略，并配以人民币高估的汇率政策，将官方汇率确定为1.5元/美元，以降低进口成本。官方汇率严重低于企业的出口换汇成本，导致外贸公司普遍亏损。1981年，我国借鉴欧洲国家的做法，实行双重汇率制度，非贸易结算使用官方汇率，贸易结算使用2.8元/美元的贸易内部结算价。双重汇率制度安排调动了出口企业的积极性。1984年，进出口贸易总额达到497.7亿美元，外汇储备年末累计余额的170.42亿元特别提款权为中华人民共和国成立以来的最高水平。但是，双重汇率的弊端很明显。一方面，双重汇率打击了非贸易部门增收的

积极性，出口企业互相压价造成更多亏损；另一方面，IMF将双重汇率视作出口补贴，其他国家可以对我国进行"双反"报复。1984年，我国恢复IMF席位后，应IMF的要求，我国取消了贸易内部结算价，将官方汇率调整到2.8元/美元。

2.1.2 官方汇率与外汇调剂市场汇率并存，人民币不断贬值

为了鼓励外资流入，1985年底，深圳、珠海等经济特区陆续设立外汇调剂①中心，允许外商投资企业通过调剂市场买卖外汇，调剂价格自由协商确定。此举大大刺激了外资流入及出口创汇的积极性。随后，各省、自治区、直辖市都设立了外汇调剂中心。全国外汇调剂中心得以设立。参与外汇调剂市场的主体扩大至地方、部门和个人。1987年，外汇调剂市场成交量激增42亿美元，全国外汇收入超过700亿美元。1988年，上海借鉴发达国家外汇市场的经验，建立我国第一家公开的外汇调剂市场，集中全国的外汇供求，公开竞价成交，提高了外汇交易的透明度和市场化程度。在1994年外汇体制改革之前，我国超过80%的外汇交易是在外汇调剂市场完成的，官方外汇市场逐渐萎缩。外汇调剂价成为引导外汇资源配置的决定性力量，这就为1994年的汇率体制改革、官方汇率与外汇调剂价并轨创造了必要条件。

1984年，城镇经济改革全面展开后，我国学习"亚洲四小龙"的经验，放弃了进口替代战略，发展外向型经济，以充分发挥我国的劳动力比较优势。为了鼓励出口，1985—1990年，人民币官方汇率不断下调，共进行了4次大幅度的贬值，贬值幅度累计超过70%。为了避免大幅冲击，自1991年4月起，官方汇率采取了经常性小幅调整的方式，直到1994年1月实行浮动汇率制。值得一提的是，尽管人民币贬值一定程度上体现了鼓励出口的政策愿望，但是最根本的原因是我国经济转轨和"价格闯关"改革带来的通货膨胀。1989年2月，我国通货膨胀率达到28.4%，远高于美国的通货膨胀水平。根据购买力平价，人民币必然大幅贬值。

2.2 不断完善的有管理的浮动汇率制度

2.2.1 从盯住汇率转向管理浮动

布雷顿森林体系崩溃后，根据《牙买加协议》，各国可以根据自身需要选择

---

① 1979年，我国实行外汇留成制度，允许企业留下一定比例（30%左右）的外汇收入。1980年，中国银行开办外汇调剂业务，允许调剂价格在贸易外汇结算价10%的范围内波动。

浮动汇率制度、钉住汇率制度以及形式多样的居中安排。我国在经济转轨时期，持续多年有较高的通货膨胀，选择盯住美元的汇率制度是明智的，有利于约束货币投放和政府的投资冲动，有利于降低汇率风险和扩大贸易。

然而，随着我国改革开放的进一步推进，盯住汇率制度的弊端凸显，对我国经济发展、宏观管理的不利影响越来越大。一是易受国际价格波动传染，加剧物价波动。1985年，《广场协议》签订后，美元软着陆，对日元贬值幅度超过30%。人民币盯住美元，使得我国的进出口商品价格跟随美元大幅波动。美元贬值的时期与我国价格市场化改革重叠，进口品价格大幅上涨并传递到上下游产品，恶化了通货膨胀的局面。二是加重了债务负担。由于遗留的对外债务问题没有解决，中国改革开放初期无法进入英美市场融资，外债主要来自日本。人民币盯住美元，美元对日元大幅贬值，导致中国对外债务负担陡增，加速了偿债高峰的出现。三是削弱了货币政策独立性。在沿海开放、大进大出的出口导向和鼓励外资的政策下，我国的外汇收入有较快增长。1988年，我国外汇储备接近180亿美元。为了维护人民币汇率的稳定，央行必须购入外汇，向市场投放基础货币，因此不利于央行控制通货膨胀。因此，1994年外汇管理制度改革后，我国建立了以市场供求为基础的、单一的、有管理的浮动汇率制度，并取消外汇调剂市场，在上海建立中国外汇交易中心。由于汇率由市场确定，当汇率波动过大、不利于经济发展时，央行有必要进行干预。

2.2.2 建立参考一篮子货币的人民币汇率形成机制

第一，贸易收支是决定人民币汇率的基准。在资本账户管制下，外汇市场供求主要由贸易决定，贸易收支状况是人民币中间价涨跌的决定性因素。我国以加工贸易为主，虽然附加值不高，但贸易收支总是顺差，导致人民币具有不断升值的趋势。在亚洲金融危机爆发前，人民币汇率已经从1994年初的8.7元/美元降至8.3元/美元，人民币累计升值5%。

第二，面临重大不确定性时人民币汇率保持稳定。我国贸易顺差具有内在脆弱性，因为2/3的贸易来自三资企业，一旦遇到国际、国内环境巨变，国际资本就会外逃，贸易顺差很容易发生逆转。例如，1997年亚洲金融危机爆发后，我国以负责任的姿态宣布人民币不贬值，将部分出口品市场让给了东南亚国家，帮助稳定地区局势，于是1998年第一季度就出现了贸易逆差。1997—1998年，发生了香港金融保卫战和俄罗斯金融危机，国际资本大规模撤出新兴经济体，使得我国的外汇供求状况前景不明。在这样的背景下，我国政府果断采取措施，在1997—2001年新兴经济体金融动荡期，将人民币汇率牢牢稳定在8.28元/美元，降低了市场恐慌，打消了资本外逃的动机。2001年，我国加入WTO，被要求大幅削减关税，开放服务贸易，金融业过渡期也只有5年。融入全球经济，失去关税保护，与国外实力雄厚的跨国公司同台竞技，对我国企业而言是生死攸关的重大考验。为了减轻企业加入WTO后的不确定性，帮助企业尽快适应全球化，在2005年7月汇率形成机制改革前，我国一直维持8.28元/美元的汇率水平。长达8年的币值稳定使得IMF将人民币汇率列为实际上的盯住汇率，见图分-1-11。

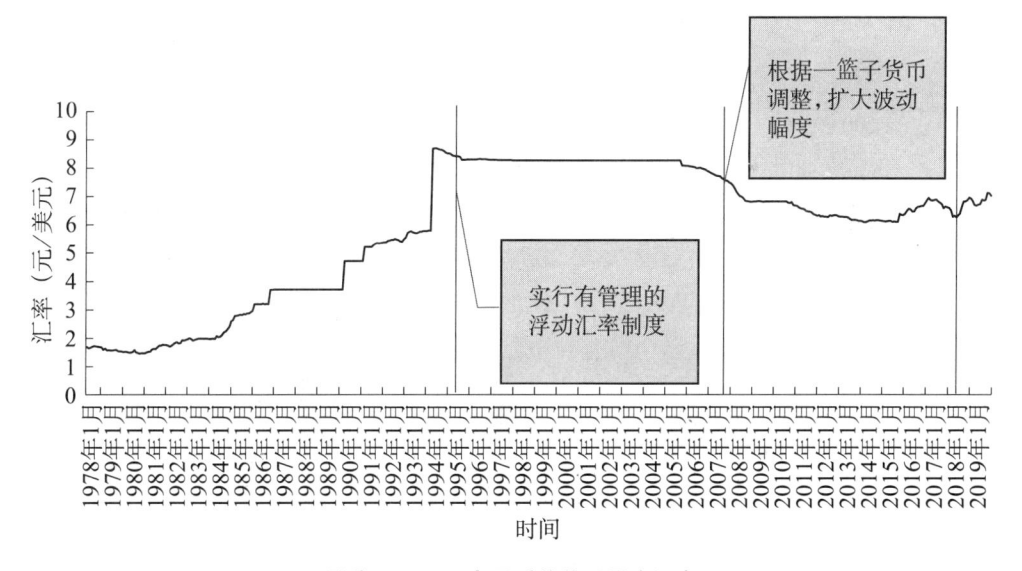

图分-1-11 人民币兑美元月度汇率

资料来源：IMF。

第三，改由一篮子货币决定人民币汇率中间价，增加弹性。中国庞大的廉价劳动力优势吸引了越来越多的外资企业，外资来源和贸易伙伴开始多元化。2003—2005年，直接投资年均流入额超过600亿美元，贸易顺差也从2002年的400亿美元飙升至2005年的1 200多亿美元。双顺差使得我国外汇储备增加了

2 089 亿美元。2005 年，我国外汇储备存量达到 8 189 亿美元，仅次于日本，居世界第二位。央行继续维持人民币稳定面临越来越大的压力，外汇占款增加和货币投放过大使得 2005 年我国 M2/GDP 升高到 1.6，出现了流动性过剩，通货膨胀管理压力巨大。国际上，日本、美国、欧盟等发达经济体联合向中国施压，指责人民币被低估，威胁加征高额的反倾销税。自 2001 年欧元正式流通以来，欧盟国家对外贸易大多使用欧元。欧盟是我国最大的贸易伙伴，我国贸易结算中欧元的比例逐渐提高。另外，"9·11"事件之后，美国联邦储备系统（简称美联储）大幅降息，导致美元贬值，外资企业倾向于选择欧元、英镑、日元等货币进行结算。总之，人民币继续盯住美元，既不符合我国贸易结算货币多元化需求，又违背了外汇市场供求关系，容易激化贸易摩擦，因此，亟须改变人民币汇率形成机制，扩大人民币汇率的波动幅度。1998—2005 年中国经常账户差额与资本和金融账户差额见图分-1-12。

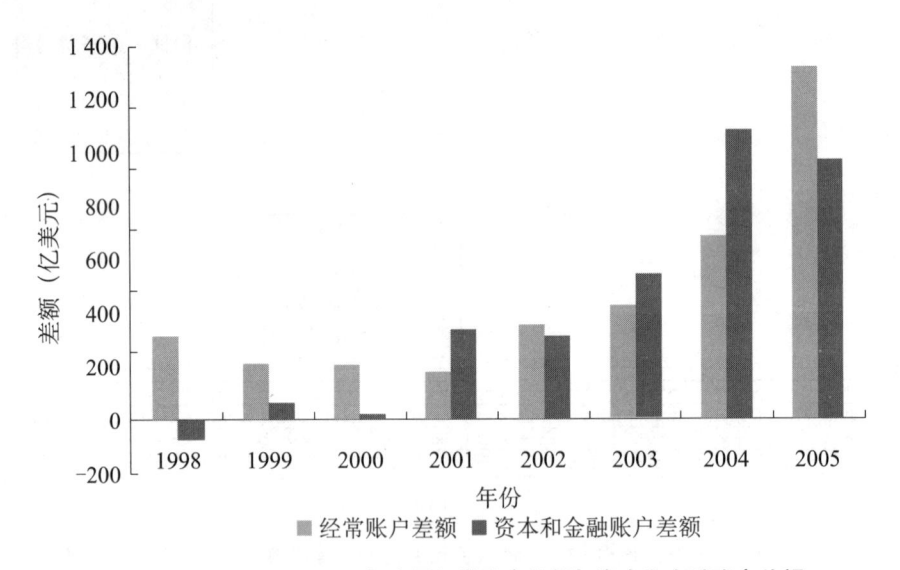

图分-1-12　1998—2005 年中国经常账户差额与资本和金融账户差额

资料来源：国家外汇管理局。

注：资本和金融账户差额为扣除外汇储备后的净流入额。

2005 年上半年，我国 GDP 增长超过 9.3%，居民消费价格上涨 2.3%，处于"高增长、低通胀"的最佳时期；外汇储备增量空前，达到 1 160 亿美元。中国银行、中国建设银行和中国工商银行完成了股份制改造,中国银行和中国建设银行成功上市,中国金融体系的风险管理能力增强,这就意味着,中国经济完全有条件、有能力适应人民币汇率更加灵活、更有弹性的冲击。

2005年7月21日,中国人民银行宣布我国实行以市场供求为基础的、参考一篮子货币进行调节的、有管理的浮动汇率制度。人民币汇率不再盯住单一美元,每日银行间外汇市场美元汇率在中间价上下3‰的幅度内浮动,非美元货币在中间价上下15‰的幅度内浮动。通过这轮汇率形成机制改革,人民币汇率弹性增加,进入了长达十年的升值区间。人民币升值使得国际收支失衡问题得到有效纠正,贸易顺差占GDP的比重在2007年达到9.2%的峰值后一路下降。

2.2.3 构建高度市场化、透明的人民币汇率形成机制

第一,人民币重新盯住美元,应对百年不遇的金融危机。2005年7月21日至2009年9月15日,人民币汇率从8.28降至6.82,升值了约18%。主要发达国家陷入百年不遇的金融危机,经济萧条,对外需求严重萎缩,纷纷实行量化宽松。金融危机通过资本渠道和贸易渠道给我国造成了重大冲击。为了应对金融危机冲击,2008年10月,我国调整了汇率政策,暂停人民币浮动,重新盯住美元。2009年,推出四万亿元经济刺激计划,拉动内需,成功实现GDP增长"保八"目标。为了从根本上降低汇率风险,摆脱汇率对贸易的人为干扰,2009年,中国开始在深圳、珠海、厦门、汕头、上海五个城市试点,实行跨境贸易人民币计价结算。

第二,恢复汇率浮动,扩大汇率的日间波动幅度。2010年,美国经济开始复苏。2010年6月初,美元汇率指数上涨至88,比金融危机爆发时增长了14%。受欧洲主权债务危机影响,欧元对美元持续贬值。盯住美元,意味着人民币相对欧元大幅升值,不利于我国对欧盟出口。此外,在国际资本大规模流入我国的情况下,盯住美元不利于保持货币政策独立性,削弱了货币政策效力。基于上述原因,2010年6月,我国结束了过去两年人民币盯住美元的做法,重新恢复人民币浮动。同时扩大人民币汇率弹性,人民币兑美元汇率的日间波幅从3‰扩大到5‰,兑欧元、日元等其他主要货币汇率的日间波幅扩大到1%~

3%。2012年和2014年，我国继续将人民币兑美元汇率的日间波幅扩大到1%和2%。在市场供求关系作用下，人民币一直小幅升值，汇率对进出口、资本流动的调节作用得到发挥。2015年，经常项目顺差占GDP的比重回落至3%的国际公认合理水平，我国对外依赖度大幅降低，经济稳定性增强。

第三，明确规则，实行人民币汇率做市商定价制度。十八届三中全会提出全面深化改革的方针政策，要求充分发挥市场在资源配置中的决定性作用。人民币加入SDR货币篮子后，国际社会也希望中国实行更加规范的浮动汇率制度，以便更多了解和使用人民币。在这样的背景下，2015年8月11日，央行再次完善人民币汇率形成机制，强调以市场供求为基础，明确做市商要按照"收盘价＋一篮子货币汇率变化"原则进行中间价报价。中国外汇交易中心将全部做市商报价作为人民币兑美元汇率中间价的计算样本，加权平均后得到当日人民币汇率。[①]"8·11"汇改标志着人民币汇率市场化改革目标基本完成。

为了增加人民币定价的透明度，让市场了解人民币汇率形成的程序和规则，2015年11月30日，中国外汇交易中心推出CFETS人民币汇率指数，并参考BIS货币篮子以及SDR货币篮子报出人民币汇率指数，确定一篮子货币的组成货币以及各货币在篮子中的权重。央行在2016年第一季度的《中国货币政策执行报告》中进一步阐释了人民币汇率中间价形成机制，即 T 日中间价 $=(T-1)$ 日收盘价 $+$ 风险过滤系数 $\beta \times [T$ 日隐含中间价 $-(T-1)$ 日中间价]，公式中，收盘价由市场供求决定，隐含中间价则是在保持人民币兑一篮子货币汇率稳定时所要求的人民币兑美元汇率的调整幅度。如果出现异动，央行就会通过选择不同的 β 值进行波动过滤，降低汇率过度波动的风险。做市商可以参考CFETS货币篮子、BIS货币篮子以及SDR货币篮子的汇率变化报出人民币汇率中间价。

第四，加强汇率预期管理，维持长期汇率稳定。国际环境复杂多变，英国脱欧、中美贸易摩擦等不断出现，使得人民币面临较大的贬值压力。截至2019

[①] 参见中国外汇交易中心网站的中间价形成机制。

年11月，CFETS人民币汇率指数与推出时相比下降了11%，见图分-1-13。在这一时期，国际资本流动的汇率弹性增强，汇率预期管理是进一步完善人民币汇率制度的关键。值得注意的是，人民币短期汇率波动容易强化外汇市场、货币市场和资本市场的价格联动性和风险传染性，对进出口、资本流动等实体经济活动的影响并不显著。因此，我国政府必须通过货币、财政和收入政策的合理搭配，加强技术性管理工具的运用，维持长期汇率在均衡水平上的基本稳定。一旦出现外汇市场投机性冲击，应该果断进行必要的外汇干预和资本管制，引导短期汇率市场预期，守住不发生系统性金融风险的底线。

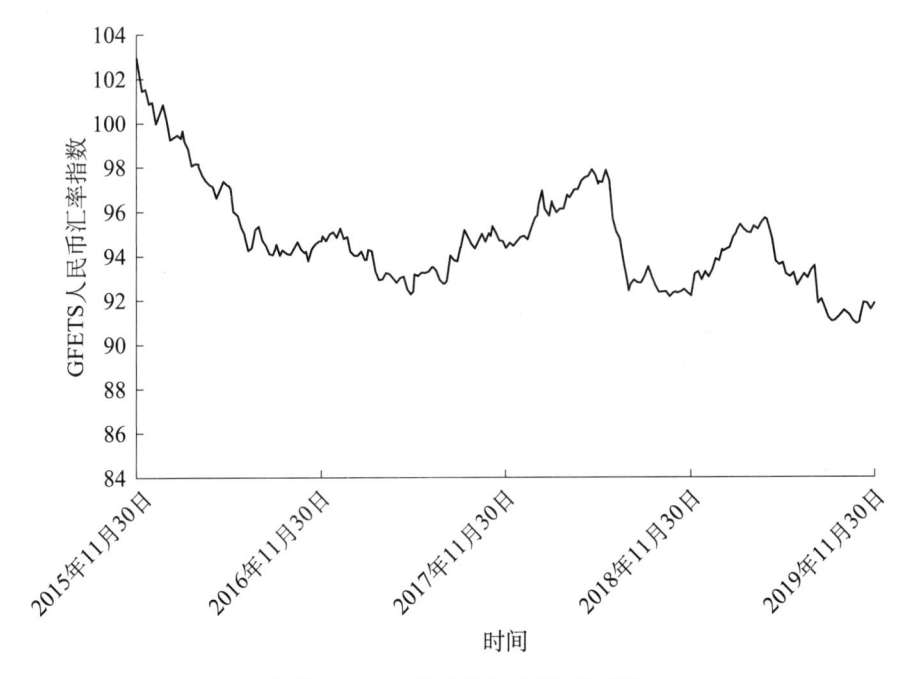

图分-1-13 CFETS人民币汇率指数

资料来源：中国外汇交易中心。

3. 金融市场开放：多元主体同台竞争

在经济全球化进程中，国际竞争十分激烈，各国都希望在全球产业链、价值链中占据有利地位。金融是现代经济的核心，如果外资控制了金融系统，本国经济就会变成外国经济的附庸。因此，金融市场开放应该审慎。发达国家大

多通过立法对金融服务业实行形式不同的保护,在特定的金融领域限制外资进入,因此金融业是服务业中开放较晚的行业。借鉴国际经验,我国金融市场开放比较审慎,目前外资的市场份额大约为 2%,大大低于我国实体经济的开放度,也不符合高质量发展的要求,需要进一步实施金融开放。

3.1 以加入 WTO 为契机主动开放金融市场

3.1.1 以金融开放倒逼金融改革

从国有银行到股份制银行、城市商业银行(简称城商行)、民营银行共同发展,从单一银行中介到银行、证券公司、保险公司、信托公司并存,我国金融市场参与主体越来越多元化;从信贷市场到资本市场、保险市场、衍生品市场、资产管理市场,金融市场的层次越来越丰富。金融深化对我国经济稳健增长发挥了积极作用。开放是推动我国金融市场发展的根本途径。让更多的外资金融机构进入金融市场,促使国内金融机构在产品设计、市场建设、业务模式、管理经验等方面实现了较大提高,同时为会计准则、监管标准等政策制定带来了改革的压力。

以开放促改革,通过学习借鉴国际先进管理模式、技术和规则,我国不断完善金融发展模式,金融市场效率得到较大提升,国际竞争力进一步增强。

随着市场化改革开放步伐的推进,如何有效配置资源成为一个亟待解决的问题。引进外资金融机构和市场化的金融模式,以及促进金融改革提效,是非常必要的探索和尝试。1979 年,我国批准日本输出入银行在北京设立第一家外资银行办事处,打开了外资银行设立营业性分支机构的大门。20 世纪 80 年代末,我国沿海地区建立了一批出口加工基地。三资企业发展需要财产、海运保险的支持,1992 年,美国友邦保险在上海设立第一家外资保险公司,随后我国批准多家外资保险来华设立分公司。20 世纪 90 年代初,上海证券交易所和深圳证券交易所成立后,资本市场迅速发展。1995 年,我国颁布了《中外合资投资银行类机构管理暂行办法》,设立了我国第一家中外合资投资银行——中国国际金融股份有限公司,高盛、美林等华尔街著名投行开始进入我国开展业务,帮助企业进入国际资本市场融资。

在我国加入 WTO 前,金融开放滞后于实体经济开放。在我国渐进式经济改革过程中，金融体系在一定程度上承担了国企改制、价格扭曲、资源错配带来的经济代价，发挥着经济稳定器的作用。20世纪90年代中期，银行业整体不良率超过20%，很多权威国际媒体唱衰中国金融，认为中国的商业银行已经"技术性破产"，中国的金融业将拖累中国经济的增长。人民币实现可兑换后，我国向外资开放了本币市场，允许符合条件的外资金融机构经营人民币业务，还颁布了《关于股份有限公司境内上市外资股的规定》，开启了B股市场，迈出了我国资本市场对外开放的第一步。东南亚金融危机的一个重要教训是，金融机构风险管理薄弱，资产负债货币严重错配，贷款过多投向高风险、高回报的股市和房地产，一旦遇到较大的外部冲击，就无力自保生存。如何健全金融机构的经营机制并建立有效的风险管理制度？决策者以坚定的决心继续推进金融开放，希望开放倒逼改革，加快我国金融改革的步伐。

主动引进外资银行、保险、证券机构的意义重大。第一，这可以增加外资流入，有助于缓解我国的资本瓶颈约束。第二，大多数外资机构是跟随本国企业进入我国的，可为三资企业提供更多信贷、证券、保险服务，壮大了我国的出口主力军，使我国与国际市场的联系更加紧密。第三，外资银行的市场化经营模式、风险管理技术、公司治理为我国金融机构建立现代经营制度提供了样板，通过近距离观察学习，我们获得了"干中学"效应，银行、证券、保险业均取得了显著成效。

3.1.2 明确金融开放时间表

2001年12月11日，在经历了15年艰辛曲折的谈判后，中国终于正式成为WTO第143位成员。2001年，我国明确以发展中国家身份加入WTO。根据WTO在1997年12月达成并于1993年3月生效的《金融服务协议》，成员需要履行以下开放义务：允许外国在国内建立金融服务公司并按竞争原则运行；实施国民待遇，外国公司享有与国内公司同等的进入国内市场的权利；向进入国内金融市场的外国资本公布一切有关的法律、法规或行政命令，不得对外国资本进行规模、数量限制。作为发展中国家，我国可享受WTO在服务市场开放方面的特殊待遇，根据自身的特殊需要确定金融业发展目标，本着积极、审慎的原则扩大金融服务的对外开放。

改革开放以来的实践表明,金融稳则经济稳,金融乱则经济乱。尽管我国金融开放的决心坚定不移,但是金融开放的路径、节奏仍需要审慎把握。因此,我国将2001—2006年作为金融业对外开放的过渡期,制定了非常详细的金融领域开放时间表。在过渡期内,我国进行了大刀阔斧的一系列重大金融改革,例如成立资产管理公司,剥离不良资产,完成国有银行股份制改造并上市,引进外国战略投资者;进行股权分置改革,按照市场规律发展资本市场;治理整顿信托公司,规范信托的理财主业。开放倒逼改革,通过上述紧锣密鼓的金融改革,我国初步建立了现代金融体系,金融市场的稳定性和竞争力大幅提高,从而为我国履行承诺、按时开放金融市场创造了必要条件。

我国根据金融开放时间表,积极履行金融开放承诺。2001年12月11日,即中国正式成为WTO成员当天,美国大都会人寿保险公司获准在中国筹建合资保险公司,美国友邦保险则获得四张独资营业牌照。保险业开放曾经是谈判中最难啃的"硬骨头",然而,实践表明,保险业是我国金融领域中开放最早、发展最迅速的行业。通过与外资同台竞技,我国保险业实现了长足发展,整体实力、体制机制、监管能力、产品和服务发生了质的飞跃。我国保险业迅速成为全球最大的新兴保险市场。2004年12月11日,中国保险业提前结束入世过渡期,在金融领域率先实现全面开放。在我国对资本账户进行严格外汇管制的背景下,2002年12月,我国推出QFII制度,允许符合条件的境外投资者通过中方授权的境外机构,在一定的额度内投资境内市场。2003年7月,瑞银集团买入宝钢股份、上港集箱、外运发展、中兴通讯四只股票,拉开了QFII投资A股的帷幕。QFII提供了外国机构投资者进入我国证券市场的渠道。

我国金融体系的特点是银行占主导地位,因此银行业开放的影响较大。银行业对外资开放选择了较为安全的渠道,在国有银行股份制改造和上市中引入外资战略投资者,让渡一部分股份给外资金融机构。尽管许多人批评政府将占有垄断地位的国有银行的巨大资产溢价给外国资本,但是,引入境外战略投资者并支付一笔不菲的入门学费无疑是国内银行完善公司治理结构、强化银行经营约束机制、增加上市成功概率的现实选择,这有利于尽快弥补国内银行与国际著名银行之间的鸿沟。随后股份制银行、城商行也纷纷引进外资战略投资者,通过这样的银行业开放路径,让外资机构分享中国金融市场的发展成果。过渡期结束后,2006年,《中华人民共和国外资银行管理条例》《中华人民共和国外资银行管理条例实施细则》开始施行,允许更多外资银行来华设立分支机构,并向外资银行开放对中国境内公民的人民币业务,取消开展业务的地域限制以及其他非审慎性限制,给予外资银行国民待遇。

3.2 国际金融危机以来金融开放的新特点

3.2.1 外资银行规模扩张放缓,市场份额下降

2008年爆发的金融危机改变了金融格局和规则,增加了不确定性,我国金融开放的步伐随之放缓,外资在我国金融市场的份额下降,占比为2%左右。首先,发达国家的金融业受到沉重打击,花旗银行、美国银行、苏格兰皇家银行等多家国际著名银行出现数以亿计的坏账和巨额损失,需要政府救助。它们的资产大幅缩水,无力继续对外扩张,有的甚至关闭、缩减国外分支机构。最近十年,全球大约1/3的系统性重要银行收缩了境外资产,国际化程度下降。其次,巴塞尔委员会颁布了新的监管规则,对国际银行的资本金、杠杆比例、流动性提出更高要求;IMF金融稳定委员会也提出了《总损失吸收能力原则及条款》,增加了系统性重要银行的合规难度,促使这些银行更加注重海外布局的优化和资产质量,放慢了资产扩张的速度。再次,自2013年以来我国经济进入新常态,结构性调整和经济下行不利于顺周期的金融业扩张。最后,我国金融领域风险增多,出现了温州民间融资资金链断裂、主要城市房价过高、地方债规模增长迅速、互联网金融混乱、银行不良率上升等突出问题,防范系统性风险尤其是金融风险被列为打赢三大攻坚战之首。2015年以来实行的宏观审慎和穿透式管理加大了金融机构的监管成本,降低了外资银行在我国扩张的动机。外资银行的资产份额由2007年达到峰值时的2.36%降至2017年的1.29%,见图分-1-14。

资产证券化在这场金融危机中扮演了导火索角色,证券市场受到的打击较大。各国也将证券市场、衍生品市场的资本流动作为防范金融风险的重点。我国对流动性较强的证券市场开放更加审慎,将短期资本流动纳入宏观审慎管理范畴。直到2016年9月,证监会才取消对QFII和RQFII的股票投资比例限制,

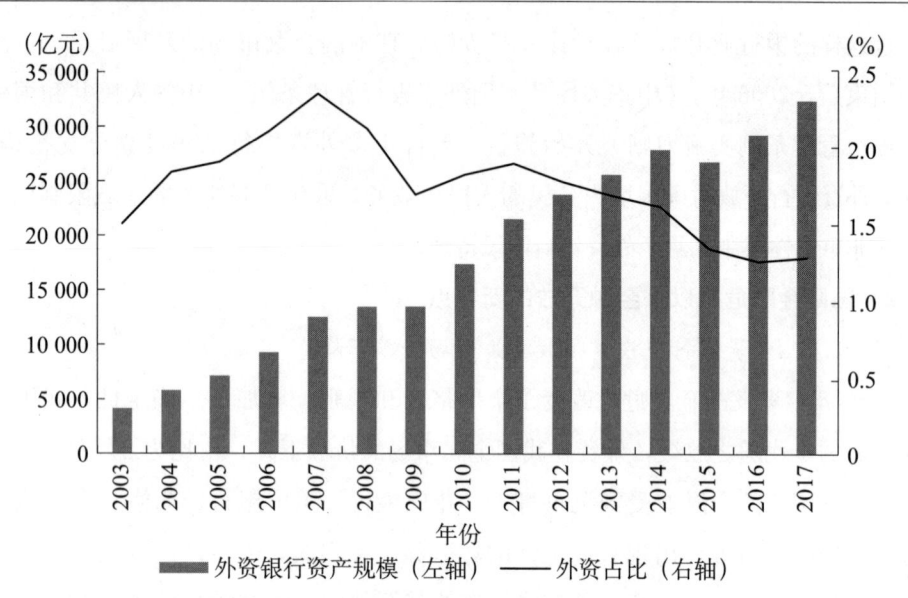

图分-1-14 我国外资银行资产规模及在银行业中的占比

资料来源：中国银行保险监督管理委员会。

银行间债券市场也对 QFII 完全开放。根据国家外汇管理局的统计，截至 2019 年 11 月 29 日，共有 292 家 QFII 获批，合计 1 113.76 亿美元。目前，外资主要通过 QFII、RQFII 渠道进入中国资本市场，整体份额较小，对我国资本市场的影响微不足道。QFII 持股数量占 A 股的比重不超过 1.5%，沪股通、深股通占市场总成交额的比重也未超过 2%，境外机构在国债和金融债市场占比不到 2.5%。QFII 和 RQFII 的获批数量见图分-1-15。

从准入政策来看，保险业是金融业各行业中开放程度相对较高的，允许设立外资独资保险公司、合资保险公司。但从实际开放程度来看，目前仅有一家外资独资保险公司（友邦保险），其他合资保险公司持股上限为 50%。截至 2016 年底，有 16 个国家和地区的境外保险公司在华设立了 57 家保险公司，占全国保险公司总数的 31%。中外合资保险公司省级分公司机构达 304 家。外资人险公司保费收入从 2001 年的 1 422 亿元增加到 2018 年的 26 261 亿元，占人险市场收入的份额由 1.97% 上升至 8.10%。相比之下，外资财险公司的保费收入较低，2018 年为 228 亿元，占财险市场收入的份额为 1.94%。中国外资保险公司保费收入及数量见图分-1-16。

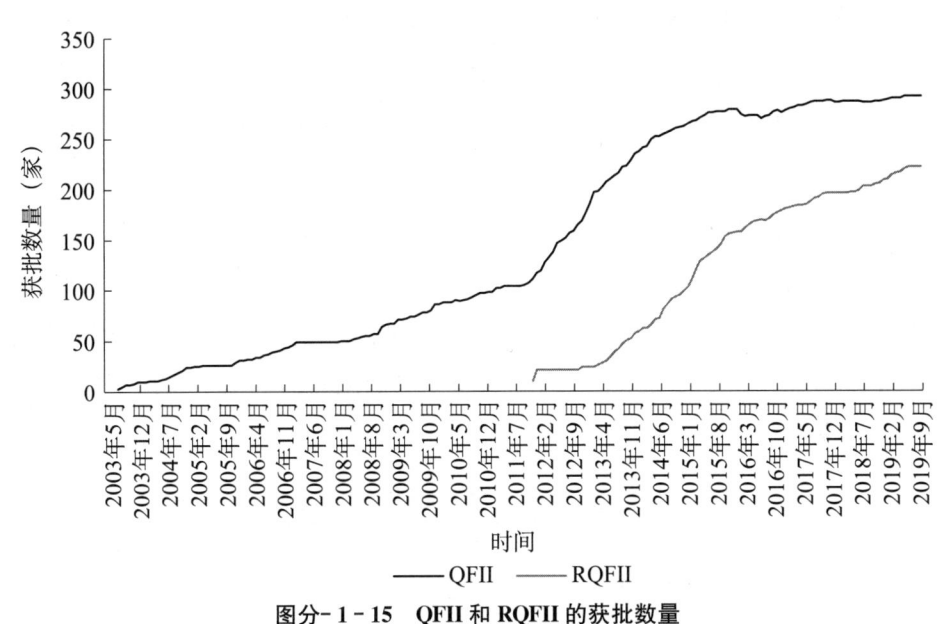

图分-1-15 QFII 和 RQFII 的获批数量

资料来源：国家外汇管理局。

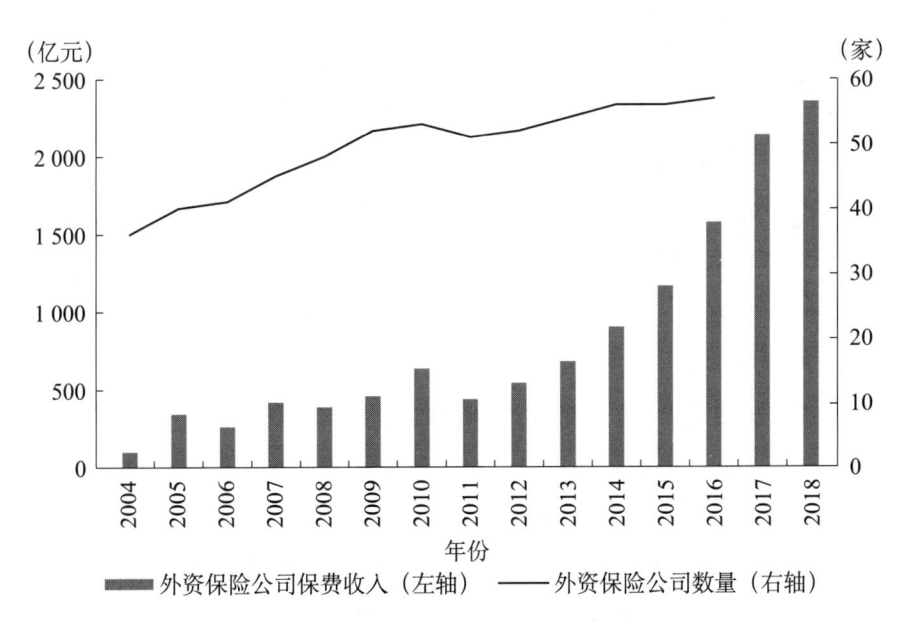

图分-1-16 中国外资保险公司保费收入及数量

资料来源：中国银行保险监督管理委员会。

3.2.2 中资银行地位上升，国际化步伐加快

在 2001—2006 年的过渡期中，国有商业银行通过注资、剥离上万亿元不良资产、引入境外战略投资者、股份制改造并上市等重大改革，实现了"蝶变"。我国银行以信贷业务为主，受 2008 年金融危机冲击较小，充足的资本金、稳健的公司治理，以及较高的利润使得我国商业银行的国际地位不断上升，并具备较强的国际竞争力。根据英国《银行家》杂志发布的 2019 年全球银行 1 000 强榜单，我国四大国有银行占据全球领先位置，我国共有 136 家银行上榜，中资银行的利润总额达到 3 120 亿美元，占全球利润总额的 28%，位居全球第一，见表分-1-1。

表分-1-1 中国银行业在全球 1 000 家大银行中的排名情况

	2000 年	2005 年	2010 年	2016 年	2019 年
进入前 1 000 名的银行数量（家）	9	19	84	119	136
进入前 25 名的银行数量（家）	3	2	3	5	9
进入前 10 名的银行数量（家）	1	0	1	4	4
最高排名位次	10	11	7	1	1

资料来源：英国《银行家》。

与外资银行放缓进入我国市场相反，我国金融机构加快了国际化进程，扩大了海外布局，以适应实体经济企业"走出去"的需求，并在非洲、拉丁美洲设立了网点。党的十八大以来，在"创新、协调、绿色、开放、共享"理念的指导下，我国加强了国际产能合作，满足"走出去"企业的多元金融需求，对金融机构的海外布局、跨境经营提出了更高要求。"一带一路"倡议提出后，国家发展和改革委员会（简称国家发改委）、外交部、商务部联合发布了《推动共建丝绸之路经济带和 21 世纪海上丝绸之路的愿景与行动》，明确政策沟通、设施联通、贸易相同、资金融通、民心相通的总体要求，打造互利共赢的利益共同体和共同繁荣发展的命运共同体。金融机构是"一带一路"建设的主力军。2017 年，我国银行的境外资产规模超过 2 万亿美元，在全球主要的国际金融中心、"一带一路"沿线主要国家开展业务。在 2019 年第二届"一带一路"国际合作高峰论坛资金融通分论坛上，央行行长易纲指出，截至 2018 年底，11 家中资银行在 28 个沿线国家建立了 76 家一级机构。中国银行和中国工商银行是我国境外资产规模和国际化程度排于最前列的两家银行,其中,中国银行是资产规模进入全球前十名的唯一的发展中国家银行。然而,与发达国家的系统性重要银行相比,我国银行的国际化水平不足它们的1/3,还有很大的差距。

3.2.3 组建新型国际机构,形成金融机构之间的合作机制

金融危机后,国际金融格局发生了深刻变化。一方面,世界经济在GDP、贸易、投资、物价、人口等多方面出现长期下降趋势,标志着全球经济进入一个新的调整期,世界经济需要新的引擎和增长动力。另一方面,美联储的量化宽松政策以及退出政策具有显著的溢出效应,加剧了国际流动性波动,给新兴市场国家带来了较大的金融风险,需要增加应对金融风险的手段。2014年,我国积极参与国际金融治理,贡献中国智慧和中国方案,组建了三个影响深远的新型国际金融机构,推动我国金融开放迈上新的台阶。第一,2014年7月15日,为了满足本国及其他新兴市场和发展中国家的基础设施投资需求,中国、俄罗斯、巴西、印度、南非五个金砖国家发表《福塔莱萨宣言》,宣布正式成立金砖国家新开发银行(简称金砖银行)。该行初始资本为1 000亿美元,由五个创始成员平均出资,总部设在中国上海。与现行发达国家主导的国际性开发组织不同,金砖银行探索并创新多边开发银行模式,在提供贷款与融资时更多尊重各成员的主权,针对不同的采购、环保、社会影响等贷款要求制定措施,而且更多使用本币贷款,本币占贷款总额的20%,以减轻汇率风险。第二,发起成立亚洲基础设施投资银行(简称亚投行),这是我国金融开放的又一个重要里程碑。2014年10月24日,包括中国、印度、新加坡等在内的21个首批意向创始成员的财长和授权代表在北京签约,共同决定成立亚投行。2015年12月25日,全球首家由中国倡议设立、57个创始成员共同筹建的亚投行成立,总部设在北京,法定股本为1 000亿美元(其中,中国股本金占30.34%,为第一大股东)。亚投行的宗旨是通过在基础设施及其他生产性领域的投资,促进亚洲经济可持续发展、创造财富并改善基础设施互联互通;与其他多边和双边开发机构紧密合作,推进区域合作和伙伴关系,应对发展挑战。越来越多的国家申请加入亚投行,截至2019年7月,亚投行的成员已超过100个,国际影响力越来越大。第三,成立国家对外投资基金——丝路基金。2014年12月29日,中国外

汇储备、中国投资有限责任公司、国家开发银行（简称国开行）、中国进出口银行共同出资，在北京注册设立丝路基金。2017年，我国向丝路基金新增资金1 000亿元。丝路基金按照"市场化、国际化、专业化"的原则开展运营，以"共商、共建、共享"的方式投资参与基础设施、能源资源、产业合作、金融合作等领域。截至2018年底，丝路基金共签约项目28个，承诺投资金额110亿美元，其中人民币签约投资额达180亿元。

3.3 高质量发展推动金融高水平开放

高质量发展是我国当前经济发展的基本特征。这就要求进行金融供给侧改革，解决金融大而不强和深层次结构性矛盾，解决金融发展不充分、不平衡问题，满足创新企业的金融需求，满足中小微企业的融资需求，满足人民对美好生活的需求。高质量发展所蕴含的高效、稳健、普惠特征对金融体系提出了适配性要求，即要求我国建立一个富有适应力、竞争力和普惠性的现代金融体系。推动金融高水平开放是实现这一目标的捷径。如上所述，我国金融市场的开放度较低，外资的市场份额大约在2%，远小于许多新兴经济体20%～30%的水平。只有扩大金融开放的深度和广度，全方位引进外资，特别是引进发达国家历史悠久、竞争力强的金融机构，才能在金融市场产生"鲶鱼效应"，倒逼国内各类金融机构在更加激烈的竞争中锐意进取，弥补产品创新、定价能力、客户服务、风险管理等短板，提高金融服务实体经济、服务人民生活的能力。

3.3.1 扩大金融开放的措施和时间表

在逆全球化思潮泛滥、中美贸易摩擦升级的情况下，我国以更加开放的姿态向国际社会宣示，坚持多边主义，维护国际规则。2018年4月11日，在博鳌亚洲论坛上，我国公布了金融开放2.0的具体措施和时间表。央行行长易纲宣布六项扩大开放的措施：一是取消银行和金融资产管理公司的外资持股比例限制，内外资一视同仁，允许外国银行在我国境内同时设立分行和子行；二是将证券公司、基金管理公司、期货公司、人身险公司的外资持股比例上限放宽至51%，三年后不再设限；三是不再要求合资证券公司境内股东至少有一家是证券公司；四是为进一步完善内地与香港两地股票市场互联互通机制，从2018年

5月1日起把互联互通每日额度扩大4倍,即沪股通及深股通每日额度从130亿元调整为520亿元,港股通每日额度从105亿元调整为420亿元;五是允许符合条件的外国投资者来华经营保险代理业务和保险公估业务;六是放开外资保险经纪公司经营范围,与中资机构一致。

与此同时,易纲行长还宣布了金融开放新的时间表:到2018年6月30日落实大部分上述措施。到2018年底以前,还将落实另外五项金融开放措施:鼓励在信托、金融租赁、汽车金融、货币经纪、消费金融等银行业金融领域引入外资;对商业银行新发起设立的金融资产投资公司和理财公司的外资持股比例不设上限;大幅扩大外资银行业务范围;不再对合资证券公司业务范围单独设限,内外资一致;全面取消外资保险公司设立前需开设2年代表处的要求,并将争取于2018年内开通沪伦通。

新的金融开放时间表发布后,银行、证券、保险监管部门积极采取行动,将开放措施落到实处。例如,2018年6月,银保监会允许境外投资者来华经营保险公估和代理业务。2018年8月,取消中资银行和金融资产管理公司外资持股比例限制,实施内外资一致的股权投资比例规则。2018年4月,证监会发布《外商投资证券公司管理办法》,允许外资控股合资证券公司,扩大合资证券公司业务范围。2018年5月,互联互通的每日额度扩大了四倍。金融开放掀起一轮高潮。

3.3.2 高水平金融业开放"11条"

自2018年4月宣布新的金融开放时间表以来,我国对金融开放的利益、紧迫性认识越来越清晰,在金融开放中追求动力与效益成为共识,思想统一后,金融开放的步伐就不断"调快"。2018年,美国对华加征关税,我国出口贸易面临较大压力,提高服务业的国际竞争力尤其是金融服务业的国际竞争力对我国的国际收支平衡、人民币汇率稳定和人民币国际化意义重大。2019年7月20日,国务院金融稳定发展委员会办公室宣布,按照"宜快不宜慢、宜早不宜迟"的原则,推出了11条金融业进一步对外开放的政策措施,要求中国人民银行、银保监会和证监会负责尽快落实,见表分-1-2。

表分-1-2 金融业开放"11条"

1. 允许外资机构在华开展信用评级业务时，可以对银行间债券市场和交易所债券市场的所有种类债券评级。
2. 鼓励境外金融机构参与设立、投资入股商业银行理财子公司。
3. 允许境外资产管理机构与中资银行或保险公司的子公司合资设立由外方控股的理财公司。
4. 允许境外金融机构投资设立、参股养老金管理公司。
5. 支持外资全资设立或参股货币经纪公司。
6. 人身险外资股比限制从51%提高至100%的过渡期，由原定2021年提前到2020年。
7. 取消境内保险公司合计持有保险资产管理公司的股份不得低于75%的规定，允许境外投资者持有股份超过25%。
8. 放宽外资保险公司准入条件，取消30年经营年限要求。
9. 将原定于2021年取消证券公司、基金管理公司和期货公司外资股比限制的时点提前到2020年。
10. 允许外资机构获得银行间债券市场A类主承销牌照。
11. 进一步便利境外机构投资者投资银行间债券市场。

为了推动金融开放，2019年10月，国务院发布了《关于修改〈中华人民共和国外资保险公司管理条例〉和〈中华人民共和国外资银行管理条例〉的决定》，降低外资银行的准入门槛，允许外国银行同时设立外商独资银行、合资银行和外国银行分行。2019年11月，国务院印发《关于进一步做好利用外资工作的意见》，将于2020年取消证券公司、证券投资基金管理公司、期货公司、寿险公司外资持股比例不超过51%的限制。随着金融业开放"11条"的全面落实，我国将给予外资在征信、信用评级、支付等领域国民待遇，基本形成覆盖信贷、证券、保险、基金、衍生品等金融市场和金融机构的高水平金融开放。

总之，确立渐进式改革开放模式是符合我国国情、符合经济发展规律的英明决策。在长达40多年的改革开放历程中，改革为开放指明方向、创造条件，开放则倒逼改革，加速改革进程。二者相辅相成、相互促进，使得中国经济创下40多年持续较快增长的奇迹，改革开放的"中国模式"开始成为许多发展中国家学习借鉴的榜样。

参考文献

[1]《径山报告》课题组．中国金融开放的下半场．北京：中信出版

社，2018.

［2］李朴民.1994年我国外汇外贸管理体制改革的跟踪分析.经济研究参考，1995（4）：29-36.

［3］秦池江.两岸金融体制改革比较及合作展望研讨会发言稿.北京：中国人民大学国际货币研究所，2016.

［4］中国人民大学国际货币研究所.人民币国际化报告2019.北京：中国人民大学出版社，2019.

分论二　金融开放的国别研究：大国模式

摘　要

　　本分论梳理了主要大国的金融开放模式，总结出美国的"水到渠成"式开放、日本在美国支配下的激进开放，以及印度和俄罗斯在内外部政策纠结中的金融开放三种大国开放模式。美国的金融开放除利用了有利的国际形势，还具备国内经济的有利条件，并受到了科技创新和金融创新的推动。日本激进的金融开放进程受美国把控，过快的开放使日本面临"三元悖论"的选择，这削弱了日本控制泡沫、应对风险的能力。印度和俄罗斯的开放面临内外政策平衡的纠结，金融开放进程依旧充满变数。主要大国金融开放模式给中国金融开放带来了启示。我国要完善金融基础设施，对国际、国内环境趋利避害，有节奏地系统推进本币国际化、国际金融中心建设与资本账户开放。

Abstract

This chapter compares the financial opening-up history of some major international economies and summarizes three approaches, in which the US opens up with assured success when conditions are ripe; Japan opens up radically, dominated by the US; and India as well as Russia opens up in the difficult dilemma of domestic and foreign policies. The opening up of the US benefited from both favorable international situation and domestic economy, and boosted by the technology and financial innovation. Dominated by the US, the rapid opening-up of Japan traps the country into the trilemma of financial opening-up, and cripples it in the capacity to control the bubbling. The opening-up of India and Russia precedes with uncertainty, as the balance of domestic and foreign policies troubled the two. The three approaches of major powers provide some implications for China's financial opening up: China should perfect its financial infrastructure, draw on the advantages of the international and domestic situation while avoid the harm, internationalize RMB, build an international financial center and open up the financial account in a systematic and gradual manner.

分论二将选取美国、日本、印度和俄罗斯四个有代表性的大国，分析梳理这些国家的金融开放模式。这四个国家金融开放的历程总共跨越了一个世纪，我们将从如此长的历史跨度中，寻求大国金融开放的基本模式，以及这些模式给当下中国金融开放带来的成功经验和失败教训。

金融开放所处的历史时期、国内外环境，以及开放政策的选择使得四个国家的金融开放过程充满了个性。美国的"水到渠成"式开放是成功的，日本在美国支配下的激进开放总体实现了既定目标，印度和俄罗斯在内外部政策纠结中的金融开放则依旧充满了变数。主要大国模式的经验带来了很多启发，这些启发又可以归纳为一条根本的行动法则，即执行有节奏的渐进式金融开放。

1. 美国的金融开放：科技与金融的创新

美国实质的金融开放进程完成于两次世界大战期间，并伴随着美国从新兴工业国到世界强国历史角色的演变过程，因此，美国的金融开放甚至早于金融开放这一概念的流行。流行语境下的金融开放通常指的是在第二次世界大战以后的全球化背景下，新兴市场国家实施货币自由兑换、开放资本账户和资本市场等政策，特别是向以美国为主的发达国家开放。当我们谈及美国自身的金融开放时，就必须在很大的特殊性中寻找能启示当下的共通性。

美国的金融开放模式可以用"水到渠成"来概括，即美国采取的金融开放政策受不利国际环境的影响极小，是否选择开放与选择开放的节奏都是依据美国自身利益需要而独立做出决定的。整个金融开放过程平缓有序，与美国的发展步调协调统一，最终确定了美国在世界范围内的金融优势地位。本节将从美国对外金融开放的国际环境、国内基础条件和创新的力量三个方面，详细描述美国金融开放的特征。

1.1 在有利的国际环境下顺势而为

（1）第一次世界大战后英镑衰落，美国成为欧洲债权人。

在第一次世界大战之前，虽然美国已经崛起成为新兴的工业国家，但是英国仍然是世界第一经济强国，英镑的世界货币地位以及伦敦的全球贸易和金融中心地位不可撼动。全球贸易几乎全部以英镑计价结算，伦敦金融中心具备充裕的流动性，能为贸易提供完善的保险、信贷等金融支持。第一次世界大战把英国卷入其中，英国经济开始滑坡，欧洲其他国家的工业生产也遭到严重破坏；美国远离战火，向协约国大量出口战争物资，出口贸易额激增。激增的出口需求拉动了美国国内钢铁、船舶汽车制造业、交通通信等多个行业的快速发展。第一次世界大战还没有结束时，美国已经完全取代了欧洲世界工厂的地位。战争外因给美国带来的贸易盈余，是美元能够参与领导国际货币体系的重要基础条件。美国的净出口变化见图分-2-1。

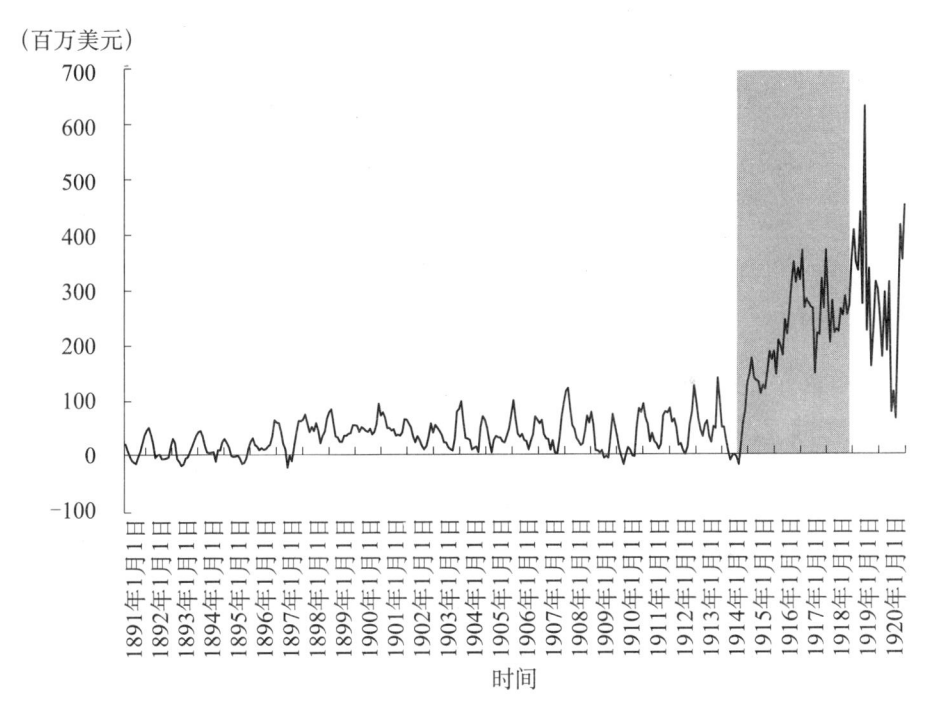

图分-2-1 美国的净出口变化

资料来源：美国经济研究局。

在金融领域，英国黄金储备大量流失。美国黄金储备却大大增长，见图分-2-2。在当时以金本位为主的汇率体制下，货币币值必须由黄金储备支撑。由于大量黄金储备流出，英国不得不依赖美国的帮助，并一度实行资本管制以暂时维持英镑的汇率稳定。但是这种稳定没有维持多长时间，人们对英镑的信心早已下降，在战争结束且美国撤出援助后，英镑出现大幅贬值。尽管在1922

年热那亚会议后,英国努力重建的金本位制度又支撑了10余年,但大萧条的到来使得英国的尝试彻底失败。1931年,英国放弃金本位制度,英镑再度大幅贬值。欧洲投资者需要一种币值稳定的新货币进行贸易结算,保存财富,因此有充足黄金作为支撑的美元成为首选。

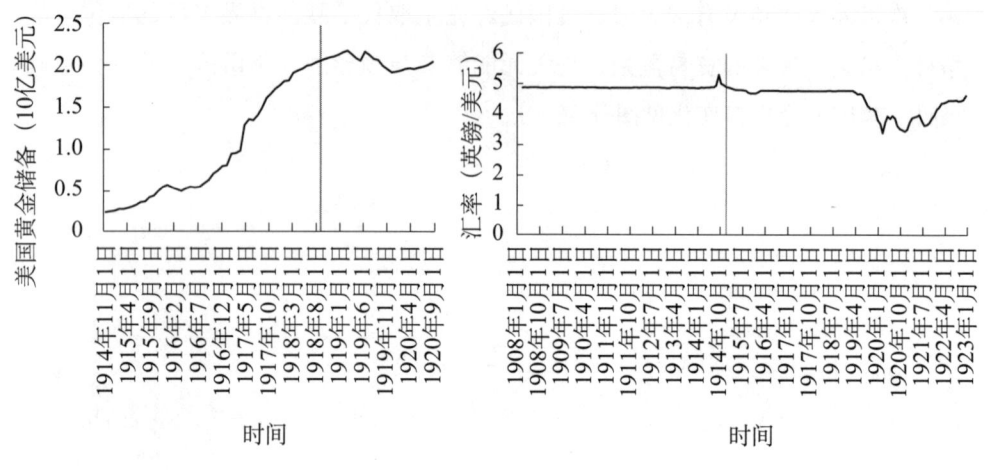

图分-2-2 美国黄金储备变化和英镑/美元汇率

资料来源:美国经济研究局;英格兰银行。

美国金融资本和政界抓住英镑衰弱的时机,迅速通过一系列活动使美元接替英镑履行一些职能。1913年起,美国国民银行获得了在美国境外开设分支机构的权限,美国国民银行开始和私人银行一起活跃在欧洲金融市场,提供贸易金融服务,更多以美元为单位的银行票据在市场上被认可和使用。刚刚诞生的美联储在纽约银行董事会主席本杰明·斯特朗的建议下积极降低银行汇票的贴现率,培育美国本土票据市场,增强纽约金融中心的国际流动性。

欧洲参战国的举债行为使得美国由一个债务国变成债权国,向全世界大量输出资本。美联储和华尔街的私人金融机构出于各自的政治和经济目的,纷纷向交战的欧洲国家贷款,为这些国家筹集战争资金。在英国债务节节攀升的情况下,美国的债权反而不断累积。1919年,欧洲17国欠美国债务总额超过100亿美元。美国的海外投资从1913年的20亿美元增长到1930年的150亿美元。[1]

---

[1] 徐鸿. 货币政治:美元霸权的式微和人民币国际化的兴起. 北京:中国经济出版社,2018.

从结构上说，美国的对外贷款对象以协约国为主，英国则有很多贷款贷给了同盟国，这导致英国的海外资产因为战争极大贬值，而美国的海外资产被保证偿付。美国从债务国向债权国的演变不仅从经济实力上增强了美国金融业对外开放的底气，而且让这些以美元计价的资产遍布欧洲主要国家，自然地迈出了美元资本"走出去"的一步。

（2）布雷顿森林体系建立，国际环境宽松和平。

尽管第一次世界大战使美国正式融入国际金融秩序，并且美元成为能与英镑抗衡的世界货币，但是美国的政治文化里有深刻的"孤立主义"传统。这一由华盛顿总统提出的外交政策对美国国策的影响从其建国延续到两次世界大战期间。第二次世界大战后，美国政策在罗斯福、杜鲁门等人的主导下转向多边主义，美国开始凭借在两次世界大战期间积累的实力构建世界秩序。美国金融开放在极为有利的国际条件下顺利完成了最后的工作。

布雷顿森林体系的建立是美国金融国际化、美元成为支配性世界货币的里程碑。在经历大危机的衰退后，美国金融国际化的进程略有停滞。第二次世界大战后，美国实力空前增强，继续推进金融国际化的条件再次成熟。事实上，布雷顿森林会议前，美国和英国各自提出了对战后国际金融体系的构想，分别称为怀特计划和凯恩斯计划，见表分-2-1。怀特计划和凯恩斯计划都主张实行可调整的盯住汇率体系，进行国际资本流动管制，建立统一的国际清算机构以解决短期收支不平衡问题。但是两个计划分别代表了美国和英国的利益，怀特计划更多强调黄金在国际收支平衡和汇率稳定中的作用，显然更有利于持有大量黄金储备的美国；凯恩斯计划更多强调贸易盈余的作用，更有利于黄金储备处于弱势的英国。

表分-2-1 怀特计划与凯恩斯计划对比

	怀特计划	凯恩斯计划
对黄金态度	重视黄金，国际基金以黄金出资	削弱黄金作用，希望黄金尽快退出
引入国际货币	"尤尼塔斯"，本质是美元的等价物	"班克"，超国家货币用以稳定国际收支
汇率变动	坚持固定汇率	相对灵活
国际基金角色	各国财政部间的国际组织	全球中央银行

续表

	怀特计划	凯恩斯计划
国际基金的信贷条件	从紧,偏向贷出成员国	宽松,偏向借入成员国
国际基金投票权	按缴纳的现金、黄金、证券分配	按战前贸易余额占国际贸易总额比例分配
国际基金的权威	有强制效力,可禁止成员国采取某些政策	仅有建议效力
国际基金总部	纽约	伦敦
外汇管制	国际基金成立一年内完全取消	各国自行决定取消日程
资本管制	国际基金成员国合作限制资本流动	各国自行限制资本流动
多边清算	需要国际基金成员国审批	允许(可以在英联邦集团成员国内使用英镑结算)
贸易壁垒	严厉削减壁垒,不允许出口补贴	各国承诺不采取极端壁垒,保留特定形式的出口补贴

资料来源:本·斯泰尔. 布雷顿森林货币战. 符荆捷,陈盈,译. 北京:机械工业出版社,2019.

布雷顿森林会议召开时,美国已经由第一次世界大战的强国进一步发展壮大。美国的失业率因为战争经济生产需求的拉动,反而降低到1929年以来的最低点,见图分-2-3。1945年,美国占西方世界工业总产量的60%、对外贸易的25%、黄金储备的75%。[①] 而且,美国国内民意在战争动员下,已经走出了"孤立主义"的自我限制,并积极参与国际金融体系重建。欧洲的经济实力则被大幅削弱,以受到较小破坏的英国为例,第二次世界大战使英国的实际GDP严重下滑(见图分-2-4),战后的伦敦一片废墟,与经济欣欣向荣的美国形成了鲜明的对比。在美国有能力、有意愿主导国际金融体系的情况下,布雷顿森林会议的结果是新的国际货币体系更多采用美国的计划,美国期望的美元单一世界货币的目标最终达成。同时,美国在国际货币基金组织、关税及贸易总协定、国际复兴开发银行三大多边组织中享有最大的话语权。

然而布雷顿森林体系显然不是美国金融全球化的结束。在随后的近百年时间里,美国进一步借助美元的优势地位,借助贸易自由、资本流动自由等相关国际协定,向欧洲、拉丁美洲、亚洲、独联体国家输出美元资本,成为世界金融开放最积极的倡导者。

[①] 徐鸿. 货币政治:美元霸权的式微和人民币国际化的兴起. 北京:中国经济出版社,2018.

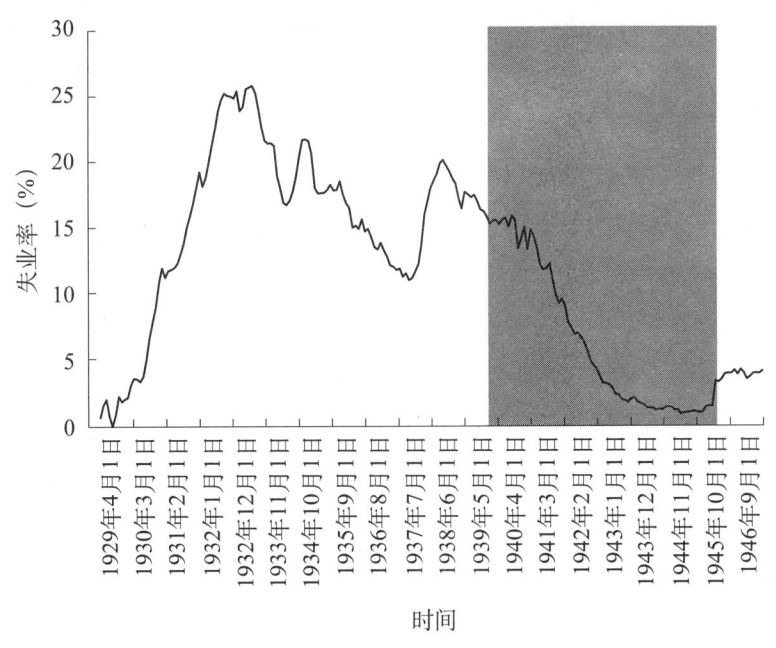

图分-2-3 美国就业状况改善

资料来源：美国经济研究局。

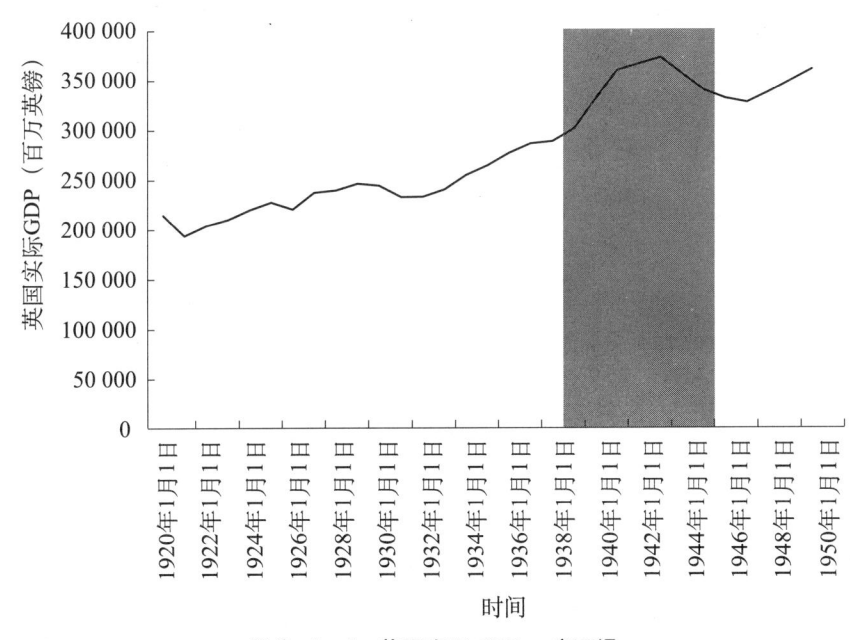

图分-2-4 英国实际GDP一度下滑

资料来源：英格兰银行。

(3) 推动金融自由化，美元资本在全球强势逐利。

从 20 世纪 70 年代起，主要发达国家陷入"滞胀"的经济状态，美国长达 13 年的经济停滞挑战了尼克松、福特、卡特、里根四任政府。布雷顿森林体系崩溃，美元信誉受损，美国处于一个相对较差的国际经济环境。但是，美国逐渐调整经济政策方向，趋利避害，稳定了美元秩序，并推动了新一轮金融自由化浪潮。当美国经济再度复苏，创造"新经济"增长奇迹时，美国资本已经在世界范围内任意游走，强势推动新兴市场国家金融开放，把美国在金融国际化中的利益空前最大化。

战后的世界在布雷顿森林体系下运行到 20 世纪 70 年代，美国贸易赤字、通货膨胀等新的变化和冲击使得布雷顿森林体系陷入"特里芬难题"，美元币值稳定与美元足额供给存在不可调和的矛盾，黄金供应无法与产出增长匹配，单一美元和固定汇率体制无法继续维持。1971 年，尼克松政府正式宣布美元与黄金脱钩，放弃了布雷顿森林体系。布雷顿森林体系的崩溃给美元的实力带来了负面影响，也让失去国际货币秩序的西方各国的货币币值剧烈波动。直到 1976 年，11 个主要发达工业国家和 9 个发展中国家签署《牙买加协议》，新的货币体系才再度建立。牙买加体系彻底推行黄金非货币化，将一些非美元货币纳入储备货币体系，允许固定汇率与浮动汇率自由选择，允许多种手段纠正国际收支不平衡，并增强了国际货币基金组织的调节作用。

虽然看起来美元在世界货币体系中的重要性被大大削弱，但是美国的安排使美元依然保持着统治性的国际货币地位。1971 年，石油输出国组织（OPEC）成员开始谋求摆脱美元石油计价的局面，美国与在中东地区的紧密盟友沙特阿拉伯签署秘密协定，沙特阿拉伯同意继续将美元作为单一的石油计价货币。由于沙特阿拉伯的石油生产影响力，石油美元计价在 OPEC 国家推行。美元没有从原来计价石油的多币种中退出，反而成为单一的计价货币。战后的石油定价权自此归属美元，主要产油国的石油出口以美元计价，以美元结算，产油国因石油出口而持有美元资产。事实上，除了石油，世界贸易的许多结算最终都使用了美元。OPEC 的美元资产在满足国内消费投资需求后仍有盈余（见图分-2-5），这些美元储备被直接投入以美元计价的金融市场，主要是欧洲离岸美元市场和美国本土资本市场。投入欧洲市场的美元被再贷款给石油进口国，并重新支付给产油国，构成了石油美元循环（petrodollar cycle）。回流到国内的美元购买了大量美国发行的债务，满足了美国的国内投资需求，构成了美元债务循环，支持美国多年账户逆差下的经济增长。

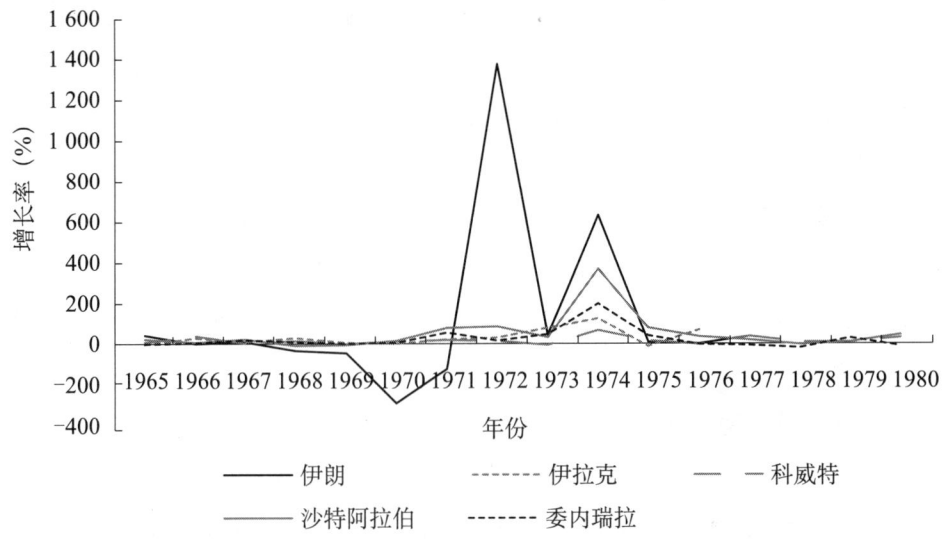

图分-2-5　OPEC 创始会员国海外净资产增长率

资料来源：国际货币基金组织《国际金融统计》。

在建立了美元的石油-债务环流后，美国开始配套推进自身资本账户开放。这一时期也是欧洲离岸美元市场快速发展的阶段。欧洲美元市场兴起的国际环境给美国货币政策和美元资本回流都带来了挑战。20世纪60年代，美国银行业在Q条例的限制下，形成了比离岸市场更低的市场利率。美国政府一度通过加强资本管制的方式防止外汇储备过度消耗，维持布雷顿森林体系下美元币值稳定。从这个意义上说，美国曾经面临过在"三元悖论"下保持币值稳定与开放资本账户之间的两难选择。当布雷顿森林体系崩溃，美国无须维持美元固定汇率时，为了与海外美元资产回流美国、国内美元资产向世界配置的资本流动需求相适应，以及提高美国对欧洲美元市场的联动控制能力，美国在1973年全面开放资本账户。资本账户开放的过程建立在美元资产有充分回流需求的基础上，因此美国的开放过程并没有出现很多国家所遭遇的资本大量流出及汇率不稳定的情况。充分开放

资本账户的美国国内金融市场与欧洲离岸市场并轨，美元全球环流更加顺畅，国内外金融创新受到激励，因此在接下来的20多年，美国经济全面复苏。在这次改革中，尽管有一些不利的国际环境，但是美国充分地趋利避害，利用了已有的美元回流优势，原本固定汇率崩溃的负面事件反倒对改革有了积极影响。

在充分实现金融开放和自由化后，世界范围内的金融开放规则再次由美国主导。在这一时期，新兴经济体快速增长，美国公共部门和私人部门通过培育新兴货币离岸市场，敦促新兴经济体，如阿根廷、新西兰、澳大利亚、日本等国家进行汇率可自由兑换及开放资本账户的一系列改革。有些改革措施是新兴经济体根据自身需要主动采取的，有些改革措施是美国以双边谈判的形式要求的。总的来说，美元的稳定性和美国金融机构的成熟特点使得美国一直是各国金融开放的受益方，而新兴经济体要想收获金融开放的改革成果，则会经历许多弯路和障碍。

1.2 国内经济金融基础条件合宜

（1）20世纪早期，美国国内经济建设出现高潮，金融托拉斯形成。

美国在第一次世界大战前后的金融开放不仅受益于有利的国际条件，而且受美国国内经济增长热潮的推动。受第二次工业革命推动及南北统一市场形成的影响，美国在19世纪末、20世纪初经历了一段跨越式建设发展的时期。在这一段时期，以基础设施建设需求拉动的煤炭、钢铁行业快速发展，全国铁路建设进入高潮，见图分-2-6、图分-2-7、图分-2-8、图分-2-9。经济基本面的强劲给尚被排除在发达国家俱乐部之外的美国参与国际金融体系提供了坚实的基础。

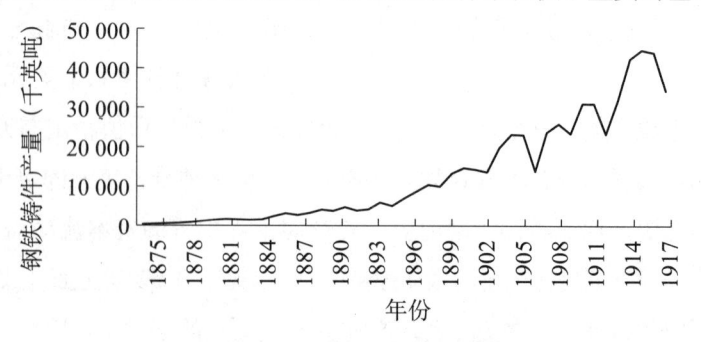

图分-2-6 美国钢锭铸件产量

资料来源：美国经济研究局。

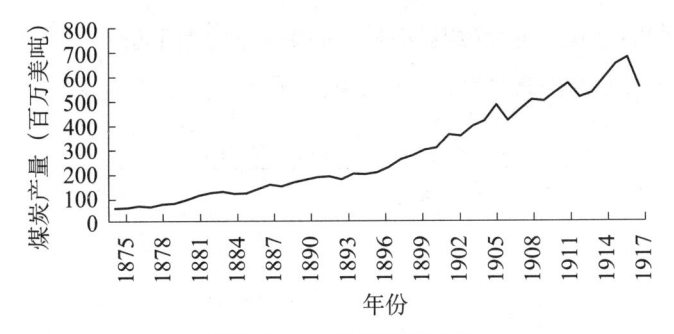

图分-2-7　美国煤炭产量

资料来源：美国经济研究局。

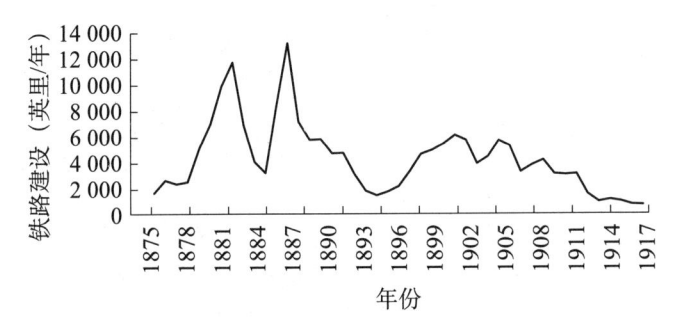

图分-2-8　美国铁路建设

资料来源：美国经济研究局。

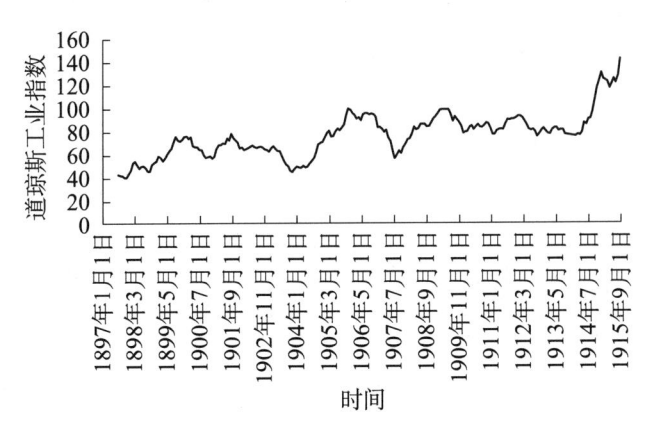

图分-2-9　美国道琼斯工业指数

资料来源：美国经济研究局。

美国的商业和金融领域出现了一批实力雄厚、跨行业垄断经营的企业集团，它们的背后站着的是代表美国私人资本的财团势力，见表分-2-2。财团通过控制、联营合营的方式，将金融与实业、重要行业的上下游，以及不同行业联系起来，组成大型垄断经营势力，一度支配着美国社会经济的多个方面。

表分-2-2　美国十大财团

	主要领域	旗下组织
洛克菲勒财团	石油、金融、工矿、交通	大通曼哈顿银行 纽约化学银行 大都会人寿保险公司 麦克唐纳·道格拉斯公司 马丁·马里埃塔公司 洛克菲勒基金会
摩根财团	金融、电气、公用事业	摩根大通银行 摩根士丹利 国际商业机器公司（IBM） 通用电气公司（GE） 国际电话电报公司 美国钢铁公司 通用汽车公司
花旗银行财团	金融、军火、石油	花旗银行 波音公司 联合飞机公司 大西洋里奇菲尔德石油 菲利普斯石油公司 施乐公司 明尼苏达矿业及制造公司 履带拖拉机公司
杜邦财团	化学、军火、工矿	杜邦公司 通用汽车公司
波士顿财团	金融、轻纺、宇航、电子	波士顿第一国民银行 约翰·汉科克互惠人寿保险公司 特克斯特隆公司
梅隆财团	金融、工矿、石油、钢铁、军火	梅隆国民银行 美国铝公司 海湾石油公司 阿姆科钢铁公司 国民钢铁公司 威斯汀豪斯电气公司 固特异轮胎橡胶公司 罗克韦尔公司

续表

	主要领域	旗下组织
克利夫兰财团	煤炭、钢铁、金融、化学、交通	共和钢铁公司 莱克斯-杨斯顿钢铁公司 阿姆科钢铁公司 国民钢铁公司 固特异轮胎橡胶公司 费尔斯通轮胎橡胶公司
加利福尼亚财团	金融、军火、工矿	美洲银行 西方银行公司 安全太平洋公司 洛克希德飞机公司 利顿工业公司 诺斯罗普公司
芝加哥财团	金融、农业、机械、零售	大陆伊利诺伊公司 第一芝加哥公司 哈里斯银行公司 北方信托公司 美国银行公司 埃斯马克公司 联合食品公司 国际收割机公司 履带拖拉机公司 西尔斯-娄巴克公司 联合百货公司
得克萨斯财团	天然气、军火	达拉斯第一国民银行 休斯敦第一城市国民银行 达拉斯共和国民银行 得克萨斯商业银行 坦尼科公司 LTV公司 得州仪器公司

20世纪初，金融财团的壮大对美国国内金融市场对外开放有着重要的意义。美国本土金融财团的实力不逊于欧洲金融机构，能在本土市场和国际市场的竞争中站住阵脚，甚至能主动在欧洲市场开展业务，以贷款人身份向欧洲交战国提供金融支持。成熟的金融机构还能发挥稳定国内金融市场的作用。1907年，美国出现流动性危机。部分投资者利用杠杆操纵美国联合铜业公司股价失败，

配资方尼克伯克信托投资公司破产，纽约市场流动性枯竭。美国出于对权力的畏惧，先后取消了代行中央银行职能的第一国民银行和第二国民银行，关键时刻没有最后贷款人出来解决市场流动性危机。JP 摩根作为行业领头人自愿注入 2 500 万美元流动性，避免了流动性恐慌进一步蔓延。

（2）美联储的诞生和运作。

美国金融市场能在第一次世界大战期间融入世界，还有另一个重要的国内推力，那就是美联储的诞生和运作。托马斯·杰斐逊和詹姆斯·麦迪逊将中央银行控制国家经济命脉进而威胁民主的理念刻进了美国的历史传统，加上美国金融财团抵制监管的利益诉求，直到 1913 年，美国都没有正式、稳定的中央银行。1791 年建立的第一国民银行和 1816 年建立的第二国民银行被赋予的职能十分有限，不能有力地对金融市场进行调节。而且第一国民银行和第二国民银行不是永久的，它们都在国会授权的 20 年运行期满后被终止运行。1836 年，美国再次回归到金融无政府状态。金融无政府状态使得美国的金融市场完全依赖市场参与者的自发调节，十分不稳定，各种规模的金融危机频发。而同时期英格兰银行早已成为英国的中央银行，参与伦敦票据市场的流动性调节，稳定金融秩序。这使得纽约金融市场对国际投资者的吸引力降低，不具备成为国际金融中心的条件。

1907 年的金融危机使得美国下决心做出改变。在美国总统威尔逊的支持下，1913 年《联邦储备法案》在国会两院获得通过，最终建立的美联储为了调和设立中央银行的现实需求和美国传统派别的利益诉求，具有政府和私人的双重属性。

美联储诞生不久后，第一次世界大战就拉开了大幕，美元和美国本土金融市场的机会随之而来。美联储立即在增强纽约金融中心流动性、提高美元票据安全性，以及稳定市场利率方面发挥了明显的作用。战争期间，美联储大量购买纽约市场的票据，降低市场贴现率，使得纽约的汇票市场得以良好发展。持有美元资产的外国金融机构乃至外国中央银行开始参与纽约的票据市场。伦敦金融中心受战争威胁，安全性有所下降，世界贸易金融的重心开始偏向纽约。1916 年，美元已成为能在拉丁美洲、欧洲、远东地区等广大范围内进行贸易结算的主要世界货币。

(3) 美国跨国金融机构"走出去"的自发需求。

美国的金融开放部分是美国国内金融机构开展跨境经营的结果。这一特征在两次世界大战和20世纪70年代美国金融自由化这几个金融开放的阶段都有鲜明的体现。

第一次世界大战前美元计价结算不受国际认可的原因之一是美国的金融机构没有国际化。受限于美国有关法律的制约，国民银行不能跨境甚至跨州开设分支机构。这提高了跨国投资者的风险和交易成本，降低了跨国投资者对美国金融机构的信任程度，于是跨国投资者偏好与欧洲金融机构合作，不愿将资产换成美元形式与美国金融机构交易。美国金融机构跨境限制的阻碍作用还表现为金融机构无法与欧洲客户保持密切的联系，长期来看不能收集必要的信息以支持自身跨境业务的开展。

这一窘境同样在《联邦储备法案》中得到解决。《联邦储备法案》基本取消了国民银行的跨境经营限制，国民银行可以像私人银行一样开设境外分支机构。以美国国民城市银行为代表的一批美国金融机构纷纷带着业务到欧洲开展经营活动。1915年，美国国民城市银行并购国际银行公司，在欧洲、亚洲设立分行；在没有分行的地区也设立办事机构，收集当地的商业活动信息。1920年，美国金融机构已经在国外开设了181家分支机构，其中100家分支机构是银行业金融机构的分行。[1] 美国金融机构走向欧洲，反过来增多了以美元计价的金融产品的交易流通，同时促进美元的国际化。机构国际化与货币国际化形成了良好的正反馈调节机制。

从20世纪60年代起，美国国内金融机构跨境投融资需求越来越多。美国财政赤字使得发行政府债券筹资的需求增加，资本市场迎来并购重组热潮。这些需求拉动了跨境融资业务，激励着美国国内金融机构进一步拓展全球业务。与此同时，第二次世界大战后的和平给亚洲、非洲、拉丁美洲创造了良好的发展条件，新兴市场国家连年以两位数的速度增长，投资回报率丰厚，这又拉动了

---

[1] 徐鸿. 货币政治：美元霸权的式微和人民币国际化的兴起. 北京：中国经济出版社, 2018.

美国国内金融机构资本向新兴市场的投资。因此，美国向新兴市场国家提出的汇率自由兑换及对开放资本账户的诉求扫清了美国金融业机构全球化经营的部分障碍。美国资本净流入、美国对外直接投资及外国人持有美国资产见图分-2-10、图分-2-11及图分-2-12。

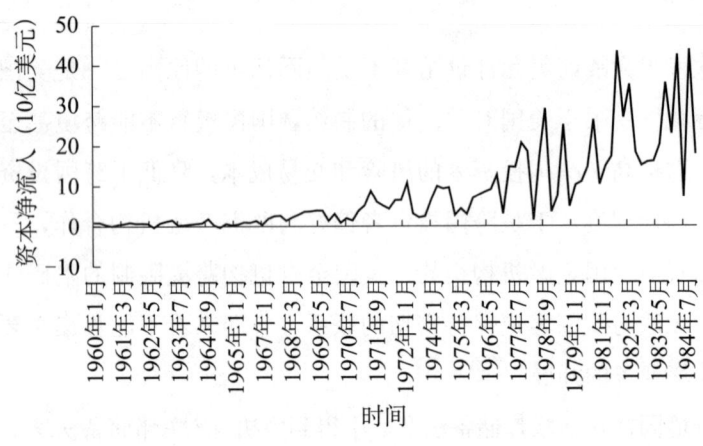

图分-2-10 美国资本净流入

资料来源：美国经济研究局。

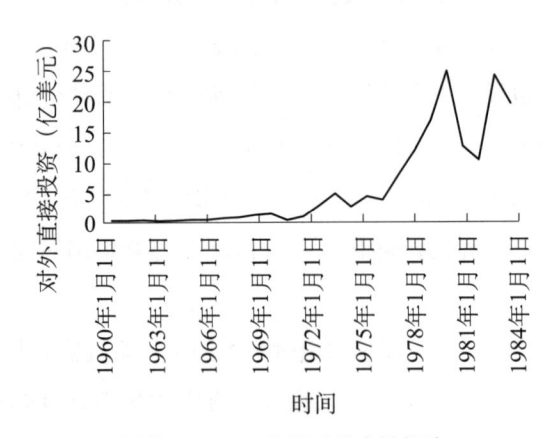

图分-2-11 美国对外直接投资

资料来源：OECD。

1.3 越创新，越开放

（1）科技创新带来的资本流动。

美国是当今世界创新最为活跃的地区之一。美国作为成熟发达国家，无论

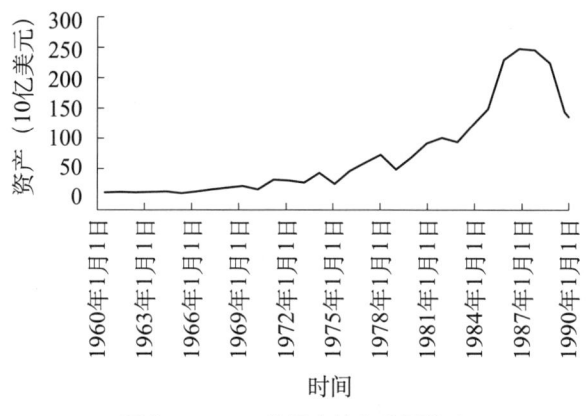

图分-2-12　外国人持有美国资产

资料来源：美国经济研究局。

在理论上还是实际中，都依赖内生的技术进步推动经济增长。当技术创新乘着第三次科技革命的东风成为美国经济增长的新引擎时，金融开放和自由化的进程也被驱动向前。可以说，在美国战后金融开放的进程中，创新扮演着推进器的作用。

在里根政府减少政府干预的经济政策下，美国经济逐步实现了新旧动能的转换，高科技企业的增长代替了传统行业成为美国经济的主要推动力，并使美国摆脱经济"滞胀"的状况。加利福尼亚的硅谷从一个小镇变成世界科技公司云集的科技创新中心。高成长的技术创新企业需要长期大量的资本投入。1971年，纳斯达克市场诞生，为美国的高科技企业提供直接融资市场。大批国际投资者通过纳斯达克市场投资美国的科技创新企业，纳斯达克指数在1971—1989年呈现持续上涨的态势，见图分-2-13。科技创新企业急切地希望美国开放资本自由流动，让全球的投资者参与美国市场。国际学术界也反复论证过，提高金融开放和自由化程度促进了美国及世界许多其他国家企业的技术创新融资。

科技创新也带来了跨国科技公司并购的对外投资需求。美国高科技企业通过收购的方式在全球捕捉先进的科技成果，与自身已有的技术和商业相结合。根据贝克·麦坚时（Baker McKenzie）对亚太地区科技创新企业的一项调查（见图分-2-14），各国科技创新企业除了在国内和临近的东南亚地区进行融资外，北美地区是科技创新企业获得资金的主要来源之一。其中，印度作为信息

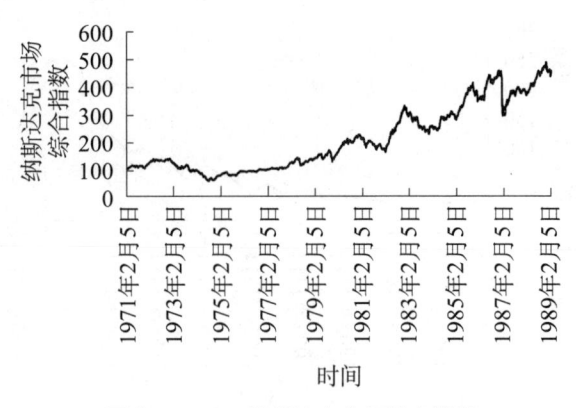

图分-2-13 纳斯达克市场综合指数

资料来源：纳斯达克。

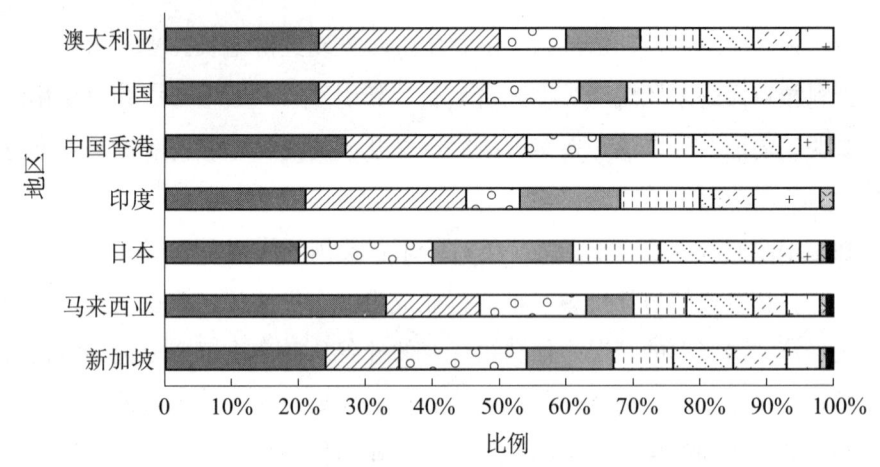

图分-2-14 亚太地区科技企业意向融资来源地调查

资料来源：Baker McKenzie。

技术产业基础较好、人力成本较低的亚太新兴国家，已经是美国硅谷公司收购的主要目标国之一。

美国科技创新带来的资本流动的益处要远远大于开放资本账户、放弃固定汇率带来的益处，在一定区间内美元币值波动带来了弊端，科技创新是促使美国选择完全放开资本账户的原因之一。我们可以看到，虽然美元币值的不稳定是暂时性的，但是通过国际资本流动促进科技创新和经济增长是世界所有发达国家和发展中国家重要的发展模式,金融开放改革的正效应十分明显。

(2)金融创新带来的深刻变革。

美国的金融创新与科技创新一样蓬勃发展。20世纪后半期,出现了很多金融的新业态。金融混业经营的趋势一再加强,金融业通过全能银行、银行母公司、金融控股(美国适用)的形式,综合经营银行、证券、保险等业务。金融业务的复杂性显著提高。美国银行同业市场兴起,与欧洲离岸市场一起形成了国内金融体系内部资金更大的往来流动、跨境金融体系资金更大的往来流动。美国衍生品创新层出不穷,结构化产品推陈出新,金融市场里错综复杂的连接和结构嵌套增多。这些金融创新的意义是,尽管美国政府能通过政策限制的方式控制显性的资本流动,但无法明察到在金融创新复杂多变的环境下隐藏在合规金融产品背后的资本流动。国际货币基金组织的报告对美国在20世纪60年代采取的短暂的资本管制政策的评价是,即使资本流动受到一定限制,但是限制的作用是微弱的。[①] 首先,国内资本通过法规允许的形式进行跨境流动,合规资本流动的规模是受限资本的6倍。其次,金融创新使得国内资本通过产品设计隐形地越过资本管制变得更加容易,美国资本管制政策的效果被削弱。在金融创新的背景下,美国采取自由化政策和资本开放是一种不可阻挡的趋势。

1.4 模式总结:水到渠成式的金融开放模式

美国的金融开放历程横跨整个20世纪,既有国际环境的有利形势,又有国内经济的有利条件,还有科技创新和金融创新的推动。综合来看,美国金融开放这三个方面的特点可归结为"水到渠成"式的金融开放模式。即英镑衰落、第二次世界大战后建立新货币体系、金融自由化等国际环境的变化,经济增长热潮、纽约金融中心建设、美联储运作等国内经济条件,以及科技和金融创新的力量,都必然地、自发地、内在地要求美国一步一步推进金融开放进程。于是,美国实现了货币国际化、浮动汇率、金融机构国际化,以及资本账户开放等金融开放目标。这些水到渠成的因素是经济基础对上层建筑的要求,是发展的动力对改革的要求。正因为如此,美国的金融开放每次都最大化了改革收益,

---

[①] Age Bakker,Bryan Chapple. Advanced Country Experiences with Capital Account Liberalization. IMF,2002.

最小化了改革风险，以顺流而下的轻松姿态完成。

金融开放是一项系统工程，货币国际化、汇率自由浮动、资本账户开放，以及金融机构开放等因素相互作用并复杂交织，对开放顺序的选择成为一大难题。美国的经验是要"水到渠成"。综观各方面条件，成熟一个开放一个，需要什么改革什么，使开放进程与金融发展充分适应，这样的简单规则比起复杂的计划少了人为的误判，多了对基本现实的尊重，有利于提高采取有关开放政策后金融体系的稳定度。

美国的金融开放过程不是没有担忧和反对的声音。美国的孤立主义传统及对中央银行的不信任等使得美国一些群体担忧开放改革对美国利益的损害。历史表明，这些担忧有合理之处，但是权衡利弊之后，显然金融开放对美国的益处更大，而且由于对开放节奏的良好把握，开放过程几乎没有遇到重大风险。这对中国的金融开放具有很强的启示意义，也许今天向以美国为主导的国际金融体系开放具有一些潜在风险，但是实现金融开放带给中国的益处或许更大。过于保守的改革观可能会使中国失去一些历史机遇。我们需要仔细地进行收益-成本分析，结合现实条件趋利避害，把握好开放节奏，稳步驶向中国金融开放的彼岸。

2. 日本的金融开放：金融体系功能的缺失

日本的金融开放集中在 20 世纪 80 年代到 90 年代，是同时期新兴经济体实行金融开放和自由化的代表国家。日本的金融开放进程偏向激进，开放力度很大，速度很快。日本的金融开放受美国的影响十分明显，大部分金融开放政策都契合美国的要求。日本的金融开放取得了一些成果，它使日本建成了东京金融中心，日元的国际地位一度提升，日本的海内外资产配置更趋合理。然而，日本金融开放的代价也不容忽视，过快的金融开放给日本国内金融业带来了难以适应的冲击，泡沫破裂后日本经济长期低迷不振。

日本进行金融开放的国内、国际环境，以及开放的措施都和目前中国金融开放进程有相似性。日本的经验教训值得中国思考借鉴。

2.1 激进地与西方国际金融体系融合

（1）开放从主动有序到被动激进。

日本的金融开放经历了不断加速的过程，从结束布雷顿森林体系的"尼克松冲击"开始,日本已经自主地开始了金融开放的进程。但是日元美元委员会的设立和《广场协议》的签订是日本金融开放的转折点,自此之后,金融开放的速度明显加快。日本在4~5年的时间内激进地推行了一系列政策,这使得其金融体系发生了激变。

第二次世界大战以后,日本在美国的保护下成为其盟友,美国为战败的日本单方面地制订了道奇计划,以稳定其经济体制,日元与美元保持固定的1美元兑360日元的汇率。日本在道奇计划下,以长期被低估的日元币值参与国际贸易分工,一跃成为新兴的制造业中心。20世纪70年代,日本的经济已经具备支撑日元逐步迈向国际货币的实力。在1971年布雷顿森林体系的固定汇率结束后,日元在国际上面临的环境出现了三大变化:尼日利亚、马来西亚、沙特阿拉伯等国家纷纷把日元纳入储备货币;以日元计价的国际贸易增多,日本的汽车、船舶重型装备出口使用日元计价的比例相对提升;日元离岸市场兴起。基于这些变化,日本开始了日元浮动汇率改革的尝试。

1980年,日本修改了《外汇及对外贸易管理法》,实现了日本经常项目的可兑换。资本账户上的日元兑换从"原则上禁止"变为"原则上自由"。这一时期是日本金融开放的初始阶段,开放的进程还能由日本政府自主掌控。日本国内舆论也对日本的金融开放持保守态度,日本学者表达了对日本金融开放带来的货币政策失灵及外汇市场波动的担忧。

随着美国的介入,日本金融开放的原有节奏被打乱。在日元美元委员会的干预下,日本对美国的要求做出了很多让步,开始了以全面金融自由化为主的改革。这些金融改革措施包括利率市场化、日本金融市场和金融机构对外开放、促进欧洲日元市场发展和直接投资四大方面举措。在利率市场化方面,日本在国内市场引进大额存单,实行市场化利率,见表分-2-3。大额存单的发行最低额度逐步减小,日本最终取消最低限制,存款利率从大额到小额完全地实现了市场化定价机制。从1984年到1994年10月,日本只用了10年就完全实现了存款利率市场化。存款利率市场化后,日本的市场利率并非美国预计的那样有上升趋势从而让日元升值,见图分-2-15。美国只能另寻他法使日元升值。不过市场化后,存款利率的波动的确加大了。

表分-2-3　日本利率市场化过程中大额存单发行门槛　　　单位：万日元

年份	大额存单发行门槛	年份	大额存单发行门槛
1984	30 000	1990	<1 000
1985	10 000	1991	<1 000
1986	10 000	1992	<1 000
1987	10 000	1993	0
1988	5 000	1994	可以活期
1989	1 000		

资料来源：泷田洋一．日美货币谈判：内幕20年．李春梅，译．北京：清华大学出版社，2009．

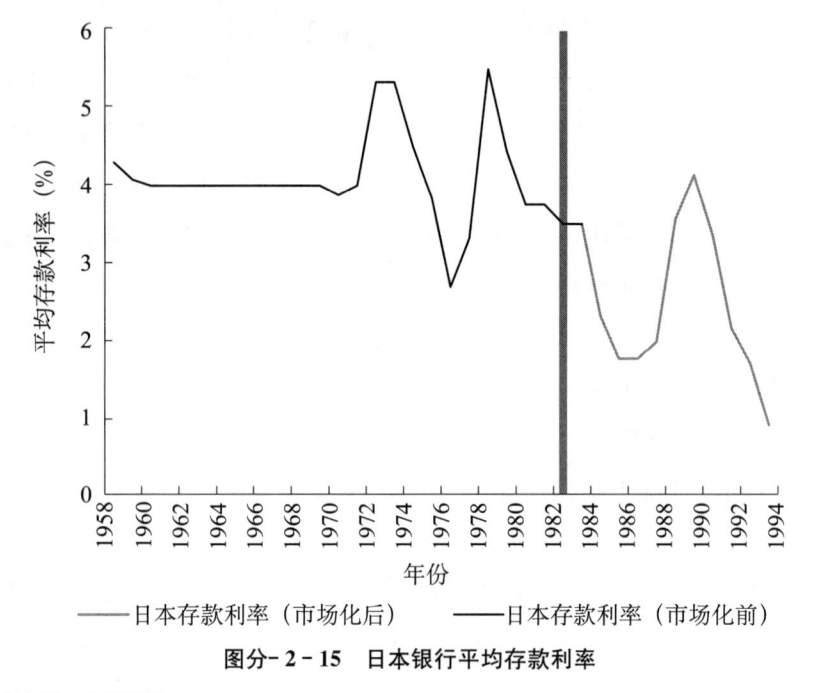

图分-2-15　日本银行平均存款利率

资料来源：世界银行。

日本金融市场和金融机构的开放主要是将东京证券交易所的交易席位开放给外国机构。此前日本不允许外资金融机构拥有东京证券交易所的会员资格，而从1984年到1985年12月，摩根、美林等6家外国券商获得了会员资格。日本还快速放开了外国信托进入日本的限制，允许外国机构采用与日本合资的方式设立境内信托。1985年6月，在9家合资信托中，6家外资来自美国，1家来自英国，2家来自瑞士。

日本在离岸日元的市场化改革方面也是迅速的。1984年底，日本企业在海外发行离岸债券的限制被解除，日本银行也可以在国际市场上自由发放日元贷款，或者发行日元大额存单。离岸债券市场的快速发展倒逼日本国内债券市场降低发行门槛，出现了降低发债门槛的市场化竞争。海外日元债券市场一直迅速扩容到1991年泡沫彻底破裂的时候。日本海外债券融资规模见图分-2-16。

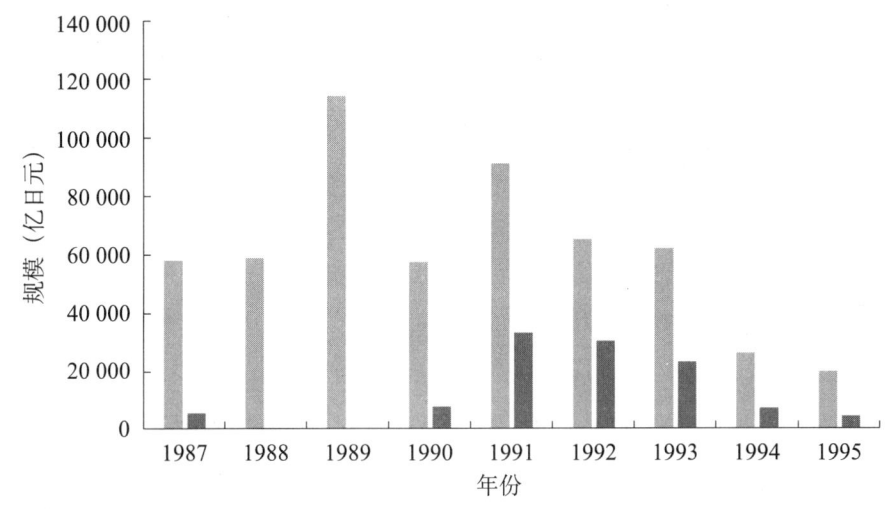

图分-2-16 日本海外债券融资规模

资料来源：日本财务省。

日元美元委员会成立后，日本的金融开放和金融自由化进程变得激进，这其中既有美国的施压，也有日本出于国家利益的主动取舍。1985年末，日本的金融开放进程已经完成了一大半。这个时候，激进开放带来的"三元悖论"冲突开始显现。日本金融体系出现的内外部潜在风险使得陷入完全开放与完全封闭中间地带的日本处于两难境地。如果继续开放，则没有有效应对风险的经验；如果回退，则开放成果灭失，而且回退的执行难度本身就很大。

在日元升值最厉害的1987年，日元外汇投机交易活跃，进一步强化了日元升值的顺周期。日本政府为了控制日元快速升值的势头，曾希望重新施加投机外汇管制。重新施加管制的提议因为难度过大，最终变成日本大藏省对日本主要金融机构的自律性要求，主要金融机构遵从自律性要求，不从事投机交易。即便是这样的行政性指导，也被市场上的金融机构和美国方面视为对金融自由

化的破坏。最终自律性要求的执行力很弱，日元的升值依然持续。这个事件反映了日本汇率稳定与资本管制的矛盾。

1987年也是日本经济泡沫不断累积的时期，此时泡沫的累积要求日本低利率的货币政策有序退出。然而1987年10月19日，美国股市出现了"黑色星期一"，道琼斯30种工业股票下跌了22.8%。"黑色星期一"波及欧洲等主要发达国家。各国央行开始向市场注入流动性以救市。在日元已经成为国际货币，日本还被要求作为债权国以低利率向世界提供资本的背景下，日元加息被搁置，日本的货币政策进程中断，低利率继续吹大了经济泡沫。这个事件反映了日本资本项目可兑换与货币政策独立性的矛盾。

这些矛盾最终演变为1990年后日本经济泡沫的破裂，日本陷入增长停滞的泥潭。自此以后的日本金融开放显得谨慎有序得多。美国也由对日本金融自由化和开放的要求，转向重点督促日本国内经济结构改革，日本金融开放的外部压力降低。20世纪90年代，日本依次完成了1997年银行信托、银行证券混业经营，1998年金融控股合法化和股票市场费率自由化，以及1998年的资本账户全面放开等改革。日本还在日元国际化方面继续努力，包括在1997年亚洲金融危机后提出以日元为中心向危机国家和地区提供金融援助的亚洲货币基金构想（被美国否决），1997年向危机国家和地区提供300亿美元援助替代品的"新宫泽构想"，2000年清迈亚开行年会上日本主导的一系列东亚货币互换协议等。这一时期日本金融激进开放的风险已经得到释放，新的开放政策也是在一个较高的开放水平上推出，开放的过程基本较为平缓。

（2）缺乏战略规划，造成政策失误。

如果将日本激进的金融开放过程与美国进行比较，还能发现除了开放节奏以外其他方面的不同。日本金融开放的顺序缺少深思熟虑的权衡，开放哪些、不开放哪些，以及以多快的步伐开放更多服务于日本与美国谈判的短期利益，而不是某个长远目标或者经济现实需求。最明显的是日本向外资券商开放东京证券交易所的会员资格问题。20世纪80年代，日本希望借助经济谋求更大的国际话语权。1982年，中曾根康弘出任日本首相，提出日本要有"大国思维"，通过国际多边机制参与世界事务。中曾根康弘公开发表的有关日本促进自由贸易、维持汇率稳定及增进国际协调等内容都从国际大国的视角出发。日本积极融入国际秩序，谋求政治大国的一系列举措也被称为"中曾根主义"。

急于谋求国际话语权的需求绑架了金融开放的正常速度，使金融开放成为一项与美国谈判的筹码。20世纪80年代，日本希望通过世界银行增资的方式，使日本的投票权从第五位升至第二位。美国在世界银行增资问题上的态度以东京证券交易所的开放作为交换条件。提出这一要求与时任美国财政部长唐纳德·托马斯·里甘曾任美林总裁的个人经历密切相关。里甘充分地将华尔街投行的利益要求体现在美国与日本在金融开放的谈判上。面对更大投票权的诱惑，日本显然在开放国内证券交易所方面更多考虑了国家政治地位的提升，更少考虑了金融开放的渐进性规律和系统性把握。1986年，日本在世界银行的投票权如愿上升到第二位，外资券商进驻东京证券交易所。

在国内资本市场尚不成熟的情况下，开放证券市场无疑放大了日本金融市场的顺周期性。从1985年到1989年，日经225指数一路高歌猛进，逼近40 000点大关，金融体系高度泡沫化，见图分-2-17。国际投资银行凭借其在国际上的影响力，在日本国内使用融资融券、期货期权等工具建立日经空头仓位，再发布报告高调唱空日本股市，见图分-2-18。国际投资者纷纷恐慌离场，本来已经泡沫化严重的日本股市迅速崩溃。国际投资银行则在空头交易中赚得盆满钵满。

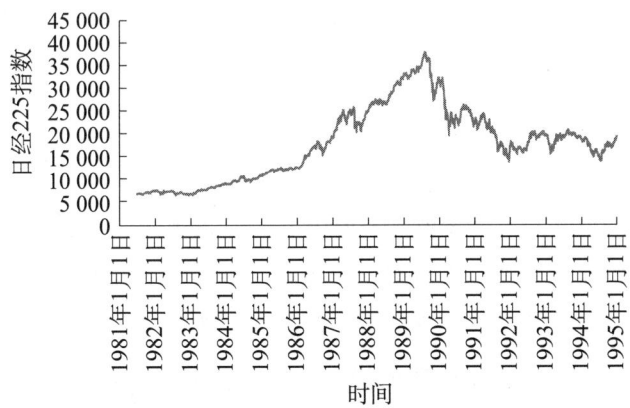

图分-2-17　日经225指数的泡沫与崩溃

资料来源：东京证券交易所。

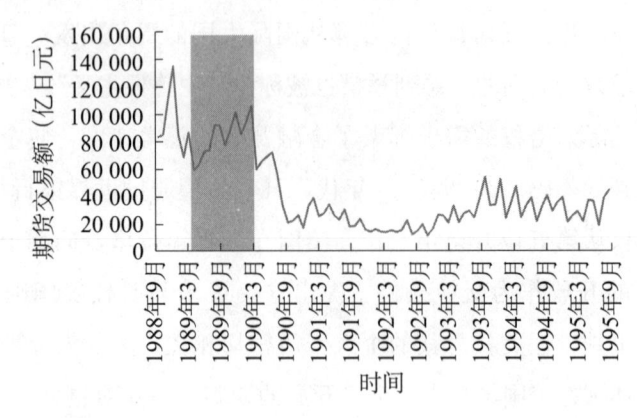

图分-2-18 日本东证股价指数（TOPIX）期货交易额

资料来源：东京证券交易所。

注：阴影部分为泡沫破裂前期货交易额明显抬升的一段时期。

日本在开放证券交易所和世界银行投票权之间的权衡显然缺少战略统筹，在没有充分的市场应对机制下，盲目引入外资机构给日本金融体系带来了动荡的隐患。日本的经验显示，金融开放与国家其他政策的协调性是值得重视的。

（3）经济政策独立性弱，美国可以对日本施加重大影响。

日本的金融开放绕不开美国的影响。日本在政治上是美国的盟友，经济上依赖于美国。整个金融开放的内容、速度都受制于美国的利益要求。美国对日本的要求大致划分为三个阶段。这三个阶段层层递进，但都围绕着日元升值以改善美国贸易逆差，以及打开日本国内商品服务和金融市场的核心利益目标展开。

第一阶段（1983年，日元美元委员会）。日元美元委员会成立于1983年，是美国、日本双方协调日本金融自由化改革的双边机构。日元美元委员会成立后，日本原有的金融开放节奏被大大加快了。20世纪80年代，美国经常账户逆差严重，日本则有大量的经常顺差。日本制造业企业在全球建立起相对美国企业的竞争优势。美国开始将美日的贸易问题归结为日元低估问题。1983年，一份由摩根发布、斯坦福大学的艾斯拉·所罗门和霍雷·塞蒙斯律师事务所的迪比特·马切逊撰写的《美元日元的矛盾——现存问题和解决方案》的报告吹响了美国干涉日本金融开放进程的舆论号角。美国与日本经常账户余额对比见图分-2-19。

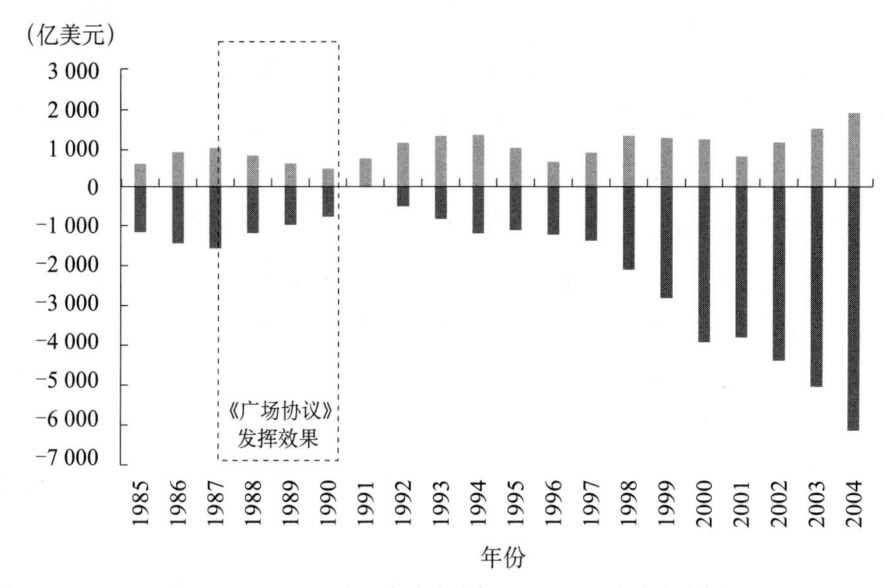

图分-2-19　美国与日本经常账户余额对比

资料来源：美国经济研究局；日本财务省。

注：根据年末汇率折算。

舆论导向使美国官方认为，必须通过日本金融市场自由化和扩大开放的方式促进日元贬值、美元升值，改善美国的收支不平衡。美国借助里根总统和中曾根康弘首相会谈的良好氛围，成立磋商机制——日元美元委员会，推动日本金融自由化的进程。这一机制最开始在日本大藏省内部遭到了抵制。大藏省官员普遍认为，金融自由化应当是日本的国内事务，并且银行局、证券局、国际金融局已经在有序地推行金融开放和自由化，美国对这一进程的外部干预毫无道理。最后，日元美元委员会经过1984年的6次工作会议，还是在美国的主导下达成了一系列日本加速金融开放和自由化的协议。美国和日本分别发布了关于改革措施的声明——美国的《日元美元委员会报告书》和日本的《金融自由化和日元国际化的现状和展望》。尽管日本想尽了办法以减少对其不利的条款，但最终基本都满足了美国的要求。在接下来短短的1~2年时间内，利率市场化、开放金融市场和金融机构、放开离岸市场限制改革密集推出。

第二阶段（1985年,《广场协议》）。严格意义上说，虽然日元美元委员会的大部分工作完成于1983年和1984年，但后续会议一直延续到1993年。因此,《广场协议》阶段与日元美元委员会有一定重合。1985年以后，美国对日本金融开放的干涉以《广场协议》为主。一系列的金融自由化改革并未有效扭转美国贸易逆差的趋势。美国希望日本采取更主动的措施以帮助美元实现贬值。1985年，在纽约广场饭店的G5会议（简称广场会议）上，美国要求英国、联邦德国、法国、日本四国联合干预外汇市场，实现美元贬值，调整经常账户的不平衡，联合反对贸易保护主义。会议确定了1985年9月到10月、为期6周、规模总计102亿美元的多国联合外汇干预。美国出资32亿美元，日本出资30亿美元，联邦德国、英国、法国各出资20亿美元，其他G10成员共同出资20亿美元。在广场会议上，美国借助国际舆论优势对日本施压，日本面临多国对其大量贸易盈余的指责，最终接受了日元升值的要求。《广场协议》签订后，日元自此患上了"升值综合征"，升值幅度远远大于协议设计，极大地打击了日本的出口。美元兑日元汇率见图分-2-20。

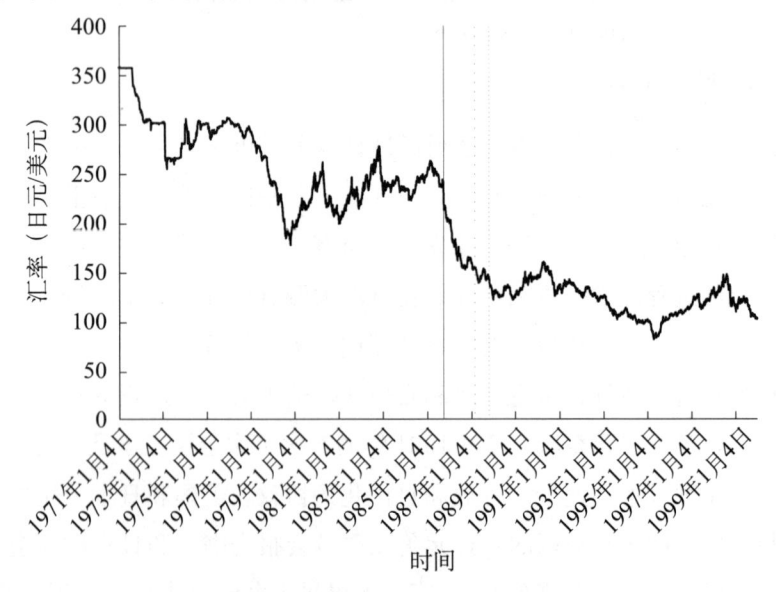

图分-2-20　美元兑日元汇率

资料来源：美联储委员会。

注：该图中的三条垂线依次表示《广场协议》《卢浮宫协议》及"黑色星期一"带来的影响。

日元升值的势头一直延续到1987年。日本出口企业饱受升值之苦，不断向日本政府施压。日元升值产生了"J曲线"效应，美国的贸易赤字不但没有减小，反而出现了扩大趋势。国际社会也开始担忧美元贬值过快给世界经济带来负面影响。美国开始下决心反向干预美元汇率，这就有了后来G5扩容到G7的卢浮宫会议。日本对美国的反向干预充满了期待，想象着日元能借此适当贬值，舒缓制造业的出口压力。最终日本对美国的期待再次落空。美国在G7卢浮宫会议上最终的决定是保持日元汇率在目前的水准附近，日本期待的日元重新贬值并没有发生。从某种意义上说，《卢浮宫协议》关于日元的安排是美国又一次发挥对日本的影响力以服务美国自身经济利益的结果，可以称之为《广场协议Ⅱ》。

在《卢浮宫协议》后，美元的汇率得到了很好的稳定，日元的汇率稳定过一段时间，但仍处在一个较高的水平。为了应对出口迅速下滑给日本经济带来的冲击，日本在国内实施了财政刺激计划和低利率政策。开放资本账户和美国施加的目标币值使日本在"三元悖论"中无法有效动用紧缩货币政策以收缩泡沫，这些政策一直延续到日本泡沫破裂的前夕，酿成了日本经济转入10年停滞的灾祸。

从《广场协议》到《卢浮宫协议》，美国一直在支配着日本的汇率政策，干预日元汇率，指定日元在国际化体系中扮演何种角色。

第三阶段（1989年，《日美结构协议》）。经历了日元美元委员会对日本金融开放和自由化的改革，以及通过《广场协议》和《卢浮宫协议》对日元汇率的干预性升值，美国发现美国与日本贸易不平衡背后是美国与日本两国经济深层次的差异。于是美国给日本开出了新的"药方"，试图从金融跳出，转而重点改革日本的经济结构。美国对日本传统上的一系列社会经济制度进行了否定，要求日本推动经济制度改革，与美国制度接轨，从而实现美国企业与日本企业"平等贸易竞争的地位"。这些改革的具体措施包括扩大日本政府投资以提振日本国内需求，增强日本土地利用，修改《关于调整大型零售商店零售业务活动的法律》（简称《大店法》）以减轻对欧美零售企业的店面规模限制，强化反垄断调查，改变日本公司治理模式等。美国使用了"胡萝卜加大棒"的政策，逼

迫日本接受这些改革措施。

美国使用的一大撒手锏就是对日本使用"301条款"。"301条款"是《1988年综合贸易与竞争法》第1301—1310节的内容，授权美国贸易代表办公室（USTR）对外国立法或行政上违反贸易协定、损害美国利益的行为采取单边行动。"301条款"分为"普通""特别""超级"三类，贸易报复等级逐步上升。1989年，美国将日本、印度、巴西三国列为超级"301条款"的重点谈判国。日本只能与美国开展关于《日美结构协议》的磋商，避免被超级"301条款"制裁。最终，美国大部分的诉求被满足，这些协议被美国写进《日本年度改革愿景》，督促日本落实改革。

这一时期美国对日本经济政策的影响主要集中在实体经济结构改革方面，日本的金融开放不再以美日协议的形式被激进地加速。

2.2 实体强势，金融虚胖

（1）出口导向经济，世界制造业中心。

尽管日本的金融开放偏向激进，但是长期的实体经济增长基础仍是日本走向金融开放道路的基础条件。刚刚结束第二次世界大战的日本负担着战争赔款、赈救灾民，以及恢复重建的多重压力，看不到经济发展的希望。然而，当美国在朝鲜战争的军需使日本经济有了复苏基础后，日本经济接连创造了"神武景气""岩户景气""奥林匹克景气""伊奘诺景气"，一跃成为世界第二大经济体，经常账户常年盈余，成为世界最大债权国。

朝鲜战争带领日本走出通缩，日本迅速复兴。1945年，战后的日本被盟军司令部占领，盟军司令部在日本推行改革，彻底根除日本发动战争的经济社会因素，肢解三菱、三井、住友、安田等日本财阀集团，推行《禁止垄断法》，改革主仆式雇佣关系，进行农地所有权公共化等。1948年，美国对日本政策逐渐由"改革"转向"复兴"，拆分财阀的措施大打折扣，战争赔款大额减免。但是复兴日本经济困难重重，此时的日本面临恶性通胀，生产资本消耗殆尽，生活物资极度短缺，经济运行高度依赖无偿援助。美国期望日本能够在不依赖战后无偿援助的情况下独立实现复兴。1949年，道奇计划推出，其目标为控制通货膨胀。道奇计划提出要编制超平衡财政预算，废除各项补助金，全面停止新增复兴金融债券，统一多元汇率到固定的 1 美元兑 360 日元。道奇计划最大地满足了美国减轻自身对日本的援助负担，拉拢日本进入资本主义经济体系的愿望，但是对日本"复兴"的作用似乎相当有限。道奇计划使日本从通胀转入全面通缩，日本经济出现了"稳定恐慌"的萧条。

日本真正的复兴缘于朝鲜战争的历史机遇。美国军需的大量订单被派给日本企业，涉及钢材、油桶、卡车、飞机等物资需求，还有美军士兵的消费性需求，见图分-2-21。这些特需使以汽车行业为代表的日本企业从濒死状态中迅速复活。1955 年，日本各项经济指标已经全面超过战前水平。

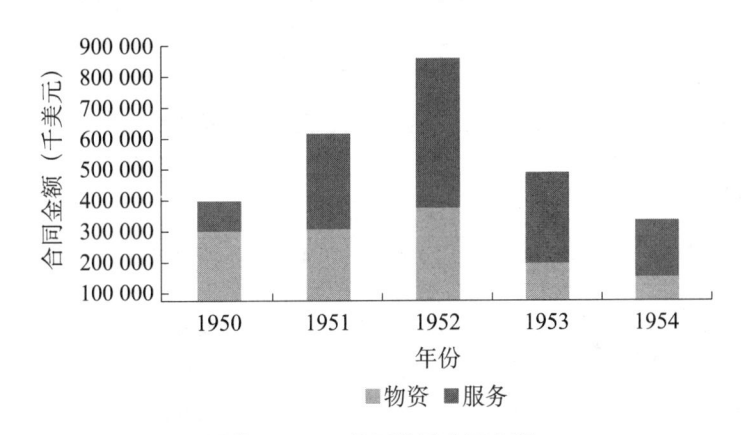

图分-2-21 美军特需合同金额

资料来源：浜野洁等.日本经济史.彭曦等，译.南京：南京大学出版社，2010.

战争特需还给日本带来了更深远的经济影响。这些军需订单以美元计价支付，日本在物资出口过程中积累了大量美元储备。1949—1951 年，日本的外汇储备在 3 年时间里从 2 亿美元增加到 9 亿美元，增长到 4.5 倍。这些外汇储备使日本摆脱了资本存量不足的约束，可以通过企业设备投资实现生产扩张。

民间投资接力，技术逐渐进步，消费需求得以激活。1956 年，日本经济恢复到战前水平，日本《经济白皮书》以"已经不是战后了"作为结语，这也被看作日本结束战后复兴的标志。当人们刚刚开始担忧朝鲜战争结束后日本经济如何继续增长时，日本民间企业投资对经济的拉动已经开始接力。日本的私人设备投资高涨被公认为日本战后经济高速增长的主要原因，特别是在 1960 年池田勇人内阁为转移抵制《美日安保条约》的政治矛盾提出国民收入倍增计划后，民间投资达到了空前高涨的程度。日本还存在明显的"投资带动投资"的效应。战后早期，日本经济的支柱产业是重化工业，这些产业的上下游联动很强，某一环节的生产扩张必然要求邻近环节的协同扩张，因此，日本金属、化学、石油、电力等行业的设备投资呈现层层叠加的特点。国际上长期稳定低廉的"1美元"石油也给日本重化工业的投资发展创造了有利条件。日本各部门对经济的贡献度见图分-2-22。

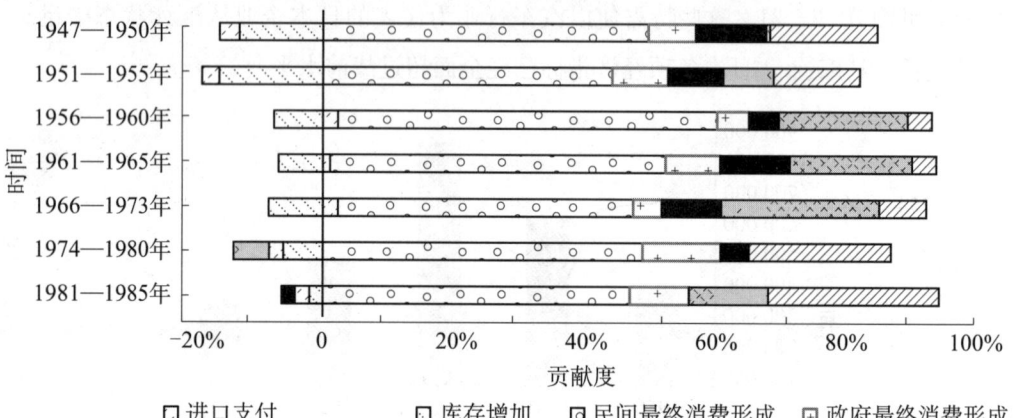

图分-2-22 日本各部门对经济的贡献度

资料来源：日本经济企划厅。

日本的民间投资还伴随着企业生产技术的不断改进。这一时期日本企业的生产技术改善有两方面源泉。一方面，军需生产培育了军用技术民用化。美国为了能让日本快速地生产美军使用的合格物资，向日本企业转移了许多技术。战争结束后，军用技术民用化开始，投资企业抓住机会使军用技术为己所用。另一方面，日本进入关贸总协定和国际货币基金组织的资本主义经济体系，便利了日本从欧美发达国家学习引进技术。

私人投资扩张的同时，日本国内的消费需求伴随着人口流动和城市化被激活，这些因素构成了日本这一时期经济强劲的增长动力。随着日本工业部门的快速增长，用工需求增加，工资上升，这吸引了农村地区的日本青年来到环太平洋地区的东京、名古屋、大阪三大都市圈务工，形成了大规模的人口流动，见图分-2-23。人口流动从20世纪50年代开始，在1961—1963年达到高峰。

人口流动使得日本居民收入增加，家庭数量增加。这拉动了日本国内的消费需求。日本曾兴起家用电器热潮，20 世纪 60 年代，日本"三大件"（彩电、空调、小轿车）普及。这一波消费动力有日本特色，消费的增加主要源于企业生产率的提高，以及消费品价格的下降，而不是通过透支消费形成的。事实上，日本国民把提高的收入大部分用于储蓄，储蓄支撑了企业投资增长，企业投资增长和技术革新带来了消费品价格的下降和普及。"收入—储蓄—投资—消费—收入"的循环模式是日本消费动力的显著特点。

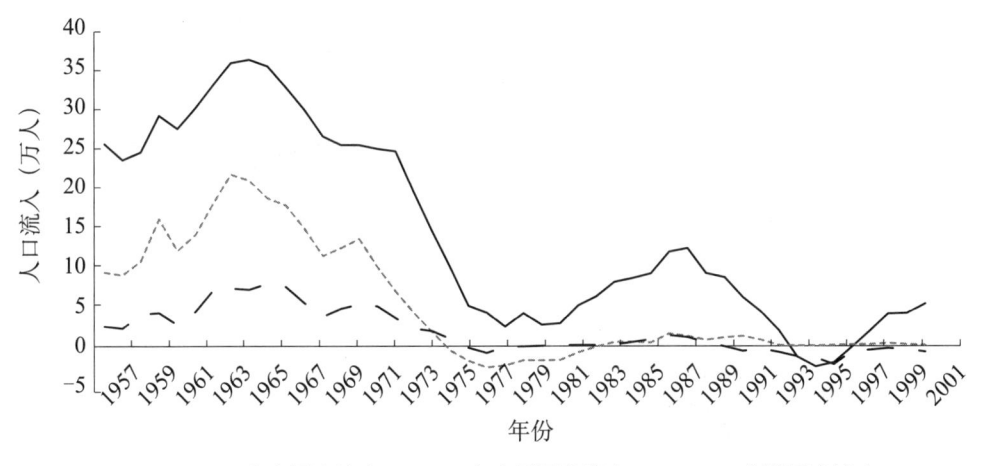

图分-2-23　日本环太平洋都市圈人口流入

资料来源：日本国立社会保障和人口问题研究所. 一般人口统计——人口统计资料集. 2007.

日本的企业和工作文化也促进了日本经济的高增长。日本企业沿袭了一些日本战前的企业文化，也结合了现代企业治理的优势，充分调动了企业员工的积极性。员工享受终身雇用制，劳动工会和企业保持着良好的关系，综合商社制度下的日本企业整体实力提升。此外，日本国民的工作勤勉程度世界知名，工作成为日本人大半生所做的事情，努力工作的日本企业员工被称为"拼命三郎、企业战士"。[①]

[①] 石原享一. 战后日本经济的成败启示. 肖燕，梁憬君，译. 北京：世界图书出版有限公司北京分公司，2019.

"收入—储蓄—投资—消费—收入"的循环模式支持了日本长达20年每年10%左右的高速增长,相继创造了"神武景气""岩户景气""奥林匹克景气""伊奘诺景气"的日本经济繁荣时代,奠定了日本经济大国的世界地位。

日本产业转型升级,出口驱动增长。20世纪70年代,"伊奘诺景气"结束后,日本经济开始出现较大下行压力,原材料行业的增长下降,两次石油危机使油价大幅上涨,冲击了日本的重化工产业,结束了日本企业设备投资高涨的热情。劳动力成本上升,使得日本的轻纺工业形势严峻。家庭消费饱和,无法创造新的增量需求。日本政府出台了产业政策,引导产能从萧条产业向新兴产业转移。① 尽管传统的原材料行业负增长严重,但是日本的机械制造业技术水平迅速提升,国际竞争力提高,成为通过出口支持日本经济中速增长的动力。以汽车行业为例,在美国汽车企业深陷经济滞胀时,日本汽车企业迅速打开了美国市场,在石油危机期间也稳定增长,成长为能和美国企业在世界范围内正面竞争的汽车厂商。日本各产业对实际GDP贡献变化见图分-2-24。

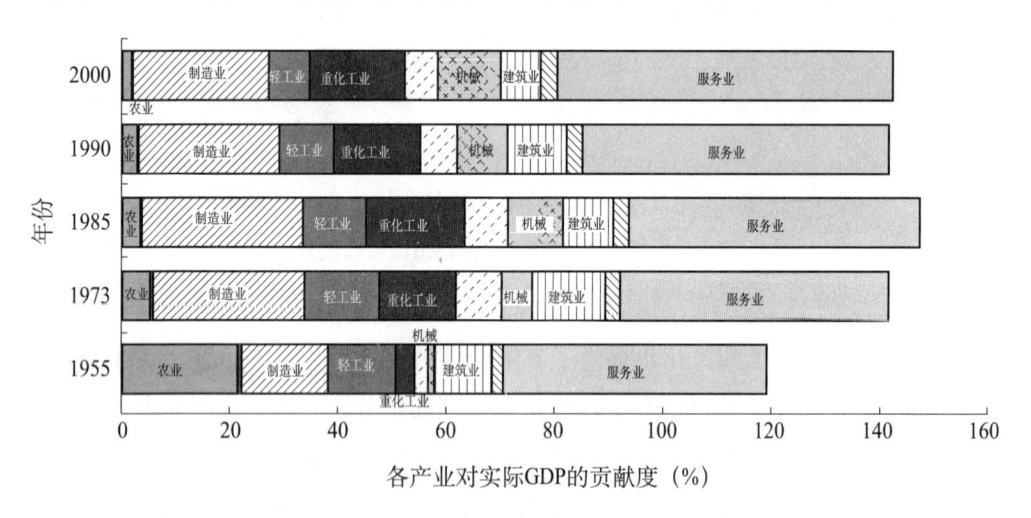

图分-2-24 日本各产业对实际GDP贡献变化

资料来源:日本经济企划厅内阁府经济社会综合研究所。

注:行业分类有交叉。因占比太小,矿业、基础原材料和电力煤气自来水的数据未在图中显现。

---

① 见《特定萧条产业安定临时措施法》、《特定萧条产业离职者临时措施法》及《特定萧条地区中小企业对策临时措施法》。

日本经历的从设备投资驱动向出口驱动的转变，本质反映了日本完成工业基础建设后，产业实现纵深发展，新旧动能切换的过程。良好的工业基础使日本制造业得以参与国际分工，在比较优势的基础上培育竞争优势。当国内投资消费需求增长放缓时，借助固定汇率下日元相对低估的特点，具备优势的制造业以对外出口的方式支撑了日本经济的持续增长。成为世界制造业中心的日本常年贸易盈余，这也成为美国与日本出现贸易摩擦，美国强烈要求日本进行金融改革的原因之一。

贸易因素、投资因素和技术因素使日本战后的实体经济经历了飞跃式发展，日元的国际货币职能有所加强，日本金融市场在全球的比重不断提升。在这样的实体经济发展形势下，日本实行金融开放的大趋势是必然的。直到泡沫破裂前，日本金融开放已经基本完成，日本的实体经济依然是十分强势的，实体经济给了金融开放充分的支撑。但是我们也看到，当日本金融开放操之过急从而出现金融风险时，过快开放、风险不可控的金融体系反而严重拖累实体经济的增长，给实体经济带来沉重打击。

(2) 国内资产泡沫化，日元大幅升值后资产泡沫破裂。

日本金融开放过程中关键的特征是资产泡沫的累积和破裂。日本的资产泡沫有美国施加的外部因素，也有日本国内经济运行的内部因素。《广场协议》的签订使日元一路升值，出口受到重挫。日本转而刺激国内需求，在货币政策方面执行被称为"金融大缓和"的 2.5% 的低利率，在财政政策方面推出 6 兆日元的公共投资和 1 兆日元的减税政策。长期的低利率政策使日本资产的泡沫化越来越严重。

1986 年，日本经济泡沫已经显现，但是日本政府的经济政策转换滞后太多。日元的持续性升值使降价的进口品抵消了部分通货膨胀率的上涨，使得日本银行以消费者价格指数（CPI）作为监测指标衡量资产泡沫具有误导性。"黑色星期一"的全球股灾使日本在基本放开资本管制后的对内货币政策受到制约。在内因和外因的综合作用下，日本的股票市场和房地产市场在投资热潮的推动下屡创新高，见图分-2-25 和图分-2-26。

泡沫破裂后，日本进入被称为"平成萧条"的持续低迷时期。日本经济深

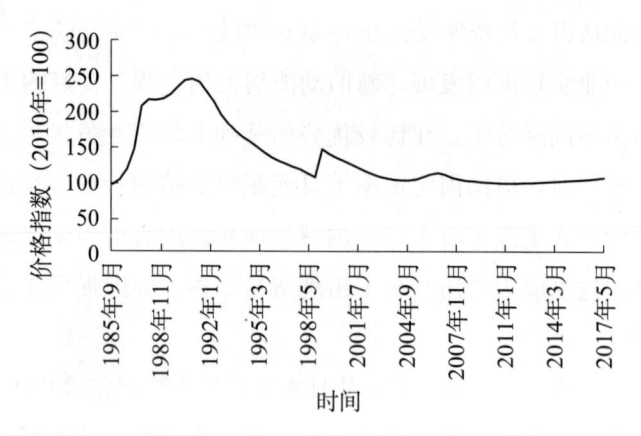

图分-2-25 东京土地价格指数

资料来源：日本不动产研究所。

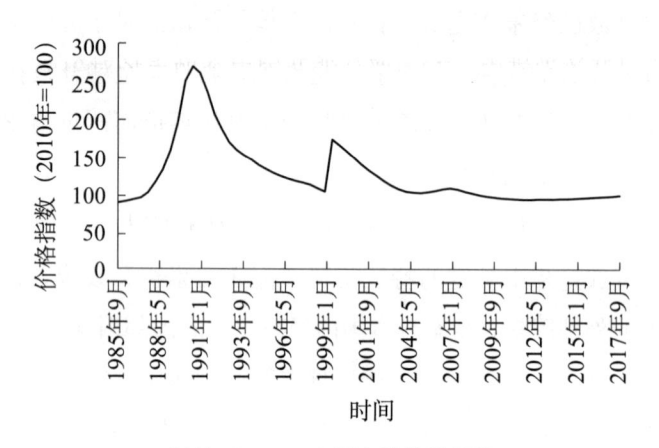

图分-2-26 大阪土地价格指数

资料来源：日本不动产研究所。

受不良债权、投资不足、就业信心低落，以及消费萎靡等问题困扰，陷入通缩循环。日本经济泡沫于1991年破裂，1995—1996年有小幅回升迹象，1998—1999年又受亚洲金融危机和国内消费税下调再次滑坡。1999年，日本在美国信息技术泡沫的支撑下小幅复苏，泡沫破裂后再次衰退。直到2002—2006年，日本经济才略微出现长期增长的趋势，这次增长还没有带来物价和工资的上涨，就被2008年全球金融危机扑灭。持续的通货紧缩严重地影响了日本国民的心态，今天的日本社会老龄化严重，对储蓄的偏好强于消费。年轻人中流行"佛系"心态，结婚率、生育率在低位徘徊。截至2019年9月，日本新生儿数量为67.38万人，已经是连续第4年下降。[①] 已经可以确定地说，日本经济从"失落的十年"延续到"失落的二十年"。

毫无疑问，日本金融开放及自由化与日本经济泡沫累积和破裂有关。金融开放放开了资本流动，放开了外资机构参与日本国内金融市场的限制，泡沫的累积过程更持久，泡沫的破裂过程更猛烈。金融开放也使日本应对泡沫的政策出现了失灵。日本需要综合平衡金融开放改革、美国对日元币值的要求，以及使用货币政策应对经济泡沫。显然日本没有很好地调和金融开放和应对泡沫的矛盾，导致泡沫破裂后日本经济出现萧条。金融开放促进了欧洲日元债券市场和国内债券市场的竞争，债券发行量快速攀升，加高了经济整体杠杆。

（3）国内金融机构实力较弱，外资机构带来挑战。

在日本金融开放举措中，有一部分涉及国内金融市场对外资金融机构的开放。金融市场的开放给本土金融机构带来了挑战。得益于日本主银行制度体系，外资银行业通过开放进入日本市场，并没能给本土银行业带来很大的冲击。外资投行在开放过程中则收益很大。外资投行打破了日本本土投资银行在国内的承销业务垄断，在离岸融资业务上，外资的市场份额超过了日本本土投行。

即使外资机构因为渠道劣势丧失了零售资产管理市场，但其凭借高水平的管理能力和高信誉水平，成功打开了批发资产管理业务的局面。而在日本国内的衍生品市场方面，外资机构占据了绝对优势。

美国在推动日本国内金融自由化改革时，总是希望日本能加入一些美国金融机构更为熟悉的元素，以提升美国金融机构在开放后的竞争力。如培育离岸日元市场，引入衍生金融工具等。这些金融业务只要在日本金融市场上出现，就立即被外资金融机构占据了优势。本土的金融机构在国际化业务和金融创新业务方面往往处于劣势地位，很难在平等的先天禀赋下与美国金融机构进行正面竞争；而日本金融体系中的固有板块还掌握在日本金融机构手中。日本金融市场开放后的竞争格局对中国的金融市场和金融机构开放也有启发意义。

---

① 资料来源：日本厚生劳动省。

2.3 模式总结：激进改革，金融开放最终完成却成本高昂

主要大国的金融开放都是在实体经济实力充分增强的基础上，自然地开始谋求这一进程，日本在这一点上也不例外。第二次世界大战后，日本的经济高速复苏，贸易、投资、技术三大因素推动日本成为世界第二大经济体、制造业中心，以及常年的贸易盈余国和债权国。经济地位的显著提升必然要求货币国际化与可兑换及金融市场开放等改革。在特定的金融开放窗口期，实行开放政策是进一步完善市场体制，激发经济活力的必由之路。

日本开放模式的最大特点是，日本的开放进程在美国的干预下，呈现"大步快走"的特点。日本最开始拥有自己独立的金融开放计划，但是这个计划很快在美国的利益施压下被打乱。《日元美元委员会报告书》、《广场协议》、《卢浮宫协议》及《日美结构协议》这些由美国主导的日本金融开放和金融自由化措施更多基于美国自身的利益，日本的金融开放则被美国"绑架"不断加速，激进开放的主体工作在1983—1993年间完成。完全的开放的确使日本建成了区域国际金融中心，日元国际化水平显著提高，然而日本为此付出的成本是极其高昂的。金融开放的进程必须与金融形势相适应，不能操之过急，更不能将开放轻易作为外交谈判的筹码，最终将开放进程与外国利益诉求绑定。正如大藏省官员在内部争论中所说，金融开放应该是一国自己的事，要由本国人决定开什么、何时开、怎么开。

在开放的过程中，日本确实面临"三元悖论"的选择，这削弱了日本控制泡沫、应对风险的能力。在《广场协议》后，日元不断升值，在已经实行了基本自由的资本流动的情况下，日本政府无法再通过资本管制的方式抑制日元的投机性需求，只能执行低的政策利率以抵消部分升值压力。然而，长期的低利率不一定是国内经济所需的。事实上，日本国内的经济泡沫逐渐累积，低利率的退出受"防止日元不再猛升"目标的制约，执行不够果断。日本在"三元悖论"中艰难地平衡，最终还是跌进系统性风险的深坑里。"三元悖论"确实是对实施金融开放国家内外部政策的一大考验。日本的经验显示，当陷入"三元悖论"中时，汇率政策和货币政策往往难以平衡，必须有超越这两个维度的其他有效机制，才能在"三元悖论"中有效应对开放带来的金融风险。

3. 印度和俄罗斯的金融开放：对内和对外开放的抉择

印度和俄罗斯两国的金融开放始于20世纪90年代，是转型时期的大国对外金融开放的典型例子。印度和俄罗斯的金融开放过程显然没有主要西方发达国家那样顺利，国内外的矛盾冲突更为剧烈，兼顾国内外金融稳定和金融开放的平衡更难实现。金融开放的不平衡趋势遭遇国内外环境的重大变化时，往往引发了危机。

3.1 国内矛盾不缓和，制度脆弱

（1）通胀、失业、经济不稳定因素多。

印度和俄罗斯的金融开放并不像西方发达国家那样处在一个经济稳定、社会缓和的时期。这两国的金融开放一开始就发端于经济形势复杂的时期。俄罗斯的金融开放从苏联解体后的"休克疗法"就已经开始。然而这一时期的俄罗斯刚刚转轨，大量的私有化过程给俄罗斯的经济带来了阵痛式下滑，联邦政府赤字逐年攀升，经济处在极不稳定的状态。印度的金融开放伴随着自1991年开始的经济改革开放。这一时期的印度进行了国有企业改革和对外贸易体制改革，产业结构得到调整，国有企业活力有所增强，经济外向型特征显著增强，然而印度政府的财政赤字、发展不平衡，以及通货膨胀问题导致其经济不稳定。经济脆弱放大了金融开放后的潜在风险。印度和俄罗斯金融开放以来的通胀率见图分-2-27和图分-2-28。

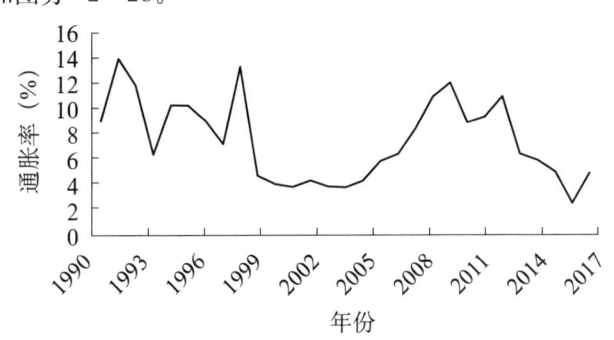

图分-2-27　印度金融开放以来的通胀率

资料来源：世界银行。

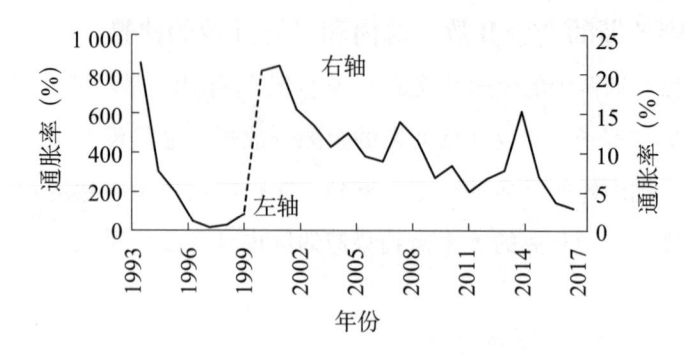

图分-2-28　俄罗斯金融开放以来的通胀率

资料来源：世界银行。

注：该图虚线左边的数据刻度为左纵轴；虚线右边的数据刻度为右纵轴。

(2) 外汇储备有限，资本账户开放风险高。

转型大国的金融开放经验已经表明，当资本管制解除，国际资本对转型大国的投资兴趣往往是高涨的。国内经济向好时国际资本就争相涌入，国内经济出现下行的苗头时国际资本就迅速离开。这样的流动给印度和俄罗斯都带来了困扰。印度从20世纪90年代开始逐步放松汇率管制，开放经常项目兑换，并从1997年开始在资本账户可兑换委员会的领导下开始资本账户开放的尝试。其实早在1991年，印度就已经因为卢比大幅贬值和经常账户状况恶化发生过一次外汇危机。印度政府不得不以67吨黄金作为抵押向国际货币基金组织申请紧急援助以度过危机。1997年资本账户逐步开放以来，受印度强劲经济增长势头的支撑，印度一直吸引着国际投资者的资本流入，货币贬值压力不大。但在1997年亚洲金融危机和2008年全球金融危机中，当印度资本账户出现逆差的时候，印度卢比的贬值压力很大。2018年以来，印度卢比再次出现大幅贬值的趋势，给外汇储备带来冲击。印度的外汇储备主要来自出口和国际务工的侨汇收入，在贸易逆差状态下脆弱性更明显。

俄罗斯在1991年时就开放了资本账户，国际资本一度涌入俄罗斯证券市场。但是1997年受亚洲金融危机冲击，俄罗斯财政赤字不可持续，国际投资者对俄罗斯的信心大幅降低。当俄罗斯宣布违约时，卢布快速贬值。俄罗斯的外汇储备不足以应对这么大规模的贬值，于是俄罗斯放弃外汇干预，并重新实施资本管制。这一次资本管制在实际效果上并没有有效阻止资本外逃，却形成了俄罗斯金融开放的一次倒退。直到2006年，俄罗斯经济受油气出口拉动从而形势转好时，资本账户才再度放开。

既然存在通胀、赤字、外汇储备有限、不平衡等一系列国内金融不完善的问题，那么有节奏地开放资本账户及保持货币政策独立性以应对风险或许对转型时期的大国来说更为重要。

(3) 国内投资环境需改善，国别风险高。

印度和俄罗斯还有一个共同的特点，尽管两国都是国际资本追求超额收益的热土，但是两国国内投资环境的改善空间还很大。印度保持着对国际投资的严格安全审查和较高的贸易壁垒。通货膨胀压力大，卢比贬值压力大，国内政党林立，社会结构复杂，基础设施还需改善，腐败现象普遍，宗教、等级、地域不平衡及假币盛行等问题给国际投资带来了难度。俄罗斯寡头势力强大，经济被寡头企业垄断，国有资本实力强大，且有主权违约的信用历史，投资环境的不确定性很高。这些因素都是潜伏着的威胁，随着金融开放程度的加深，会越来越敏感地影响跨国资本的流向。国内风险发生后，不仅风险本身给当局施加了压力，而且金融开放造成的外汇危机给当局施加了额外的压力。

3.2 国际环境不容乐观

(1) 金融危机的冲击。

在国内经济脆弱的条件下，金融开放受国际金融危机的冲击更加明显。亚洲金融危机期间，印度的出口额下滑，资本账户顺差开始缩水。2008年的金融危机使得印度贸易逆差加速扩大，资本大规模流出。金融危机的冲击同样会影响俄罗斯。仅在2008年第四季度，俄罗斯资本流出规模就达到1300亿美元（约占全年GDP总量的8%）。俄罗斯的经济形势还受国际油气价格的影响。俄罗斯经济依赖于石油、天然气出口，油气价格影响着俄罗斯经济的景气程度。当油气价格大幅跳水的时候，俄罗斯的经济状况通常会随之恶化。

与西方发达国家较为宽松的开放国际环境相比，20世纪90年代以后启动金融开放的国家往往面临着动荡的国际经济环境，1997年亚洲金融危机、2000年科技泡沫破裂、2001年"9·11"事件、2008年全球金融危机，以及欧洲主权债务危机等接连发生，给世界经济的稳定增长蒙上了阴影。与20世纪80—90年代全球经济的平稳运行相比，国际经济环境确实是总体上朝着不利的方向演变。这考验着转型大国进行金融开放时对风险的管控能力和危机应对能力。

(2) 政治因素为金融开放添上包袱。

国际政治因素也像悬在印度、俄罗斯头顶的"剑"，阻碍着印度、俄罗斯稳步有序的金融开放进程。多年来，俄罗斯与美国开展政治博弈，尽管在某些地缘上俄罗斯能在军事政治方面略占优势，但是在经济领域屡受美国制裁，俄罗斯金融体系被排斥在国际金融体系之外。2014年，俄罗斯和美国在克里米亚问题上的利益冲突导致北约成员对俄罗斯的联合经济制裁。俄罗斯金融机构和集团企业在国际金融市场上的融资受限，信贷从紧，主权评级被下调，俄罗斯金融市场陷入流动性短缺。制裁不仅从物理上使俄罗斯的金融开放难以同国际金融市场对接，而且间接地给俄罗斯的金融体系带来了动荡，金融开放的政策不得不让位于风险防控。

印度虽然没有面临像俄罗斯那样紧张的国际政治环境，同美国和英国保持着友好关系，但是局部的冲突成为印度金融开放的不利因素。印度与巴基斯坦领土纷争常常演变为武装冲突，印度国内地域、党派、宗教分野严重，社会离心力强。不稳定因素使印度无法在开放的金融环境中保持卢比币值的稳定。政治矛盾和金融开放本身的矛盾交织在一起，使得金融开放的工程变得更棘手，更需要智慧。

(3) 非国际货币的弱势。

印度和俄罗斯的金融开放还欠缺一个优势条件，那就是本国货币的国际化。在实行金融开放的发达国家中，美国、英国、德国、日本等国家货币国际化程度很高，被世界各国纳入储备货币。持有国际货币的国家在金融开放过程中，能将出现的金融风险转嫁给使用这些世界货币的国家。其他国家被迫为拥有国际货币的国家共担金融开放的风险。

印度卢比和俄罗斯卢布的使用范围则相当有限，基本以满足国内使用需求为主，很少在国际贸易和计价中使用，国际化程度很低。非国际货币缺少世界范围内的使用基础，对这些货币的需求单一地取决于和印度、俄罗斯的贸易或投资，不存在国际流通与计价、国际储备的需求。这就导致当印度、俄罗斯的经济出现问题时，卢比和卢布没有国际市场需求的支撑，必须依靠两国央行的外汇储备维持汇率。这使得两国的金融开放没有捷径可走。

3.3 模式总结：金融开放的内外冲突明显，风险频发

印度和俄罗斯的金融开放一直摆脱不了对内扫除经济发展障碍与对外谋求稳定开放的矛盾。两国的经济虽然有一定的基础，但是隐藏的经济不稳定因素有很多，制约经济发展的制度性因素没有消除。两国本来就需要更强的财政政策和货币政策以稳定国内经济发展。当两国走上金融开放的道路时，内外部矛盾的冲突更加明显。经常项目与资本项目全面可兑换，金融市场对外开放的举措使印度和俄罗斯的币值稳定与国内经济、国际环境错综联结在一起，整个金融体系波动加大。在国内经济不成熟、当局应对经验不足的条件下，金融体系的抗风险能力显著下降了。频发的金融风险又反过来打击了国内外市场参与者的信心，增添了金融开放道路上需要克服的阻力。

印度和俄罗斯的金融开放模式较为单一地集中在汇率自由化和资本账户的开放上，在货币国际化、建设区域金融中心等方面长期没有明显的成果。这是一种危险的模式，它意味着本国金融开放的意义仅在于为国际资本提供了一个新的投资目的地，印度和俄罗斯的货币仅是投资中介工具，资产定价权不在本土，国际资本也不会停留在本土进行交易。一旦出现风险，国际资本就会迅速撤出，导致印度和俄罗斯出现凋敝的市场景象。印度、俄罗斯近20年来出现的货币危机基本都是这一套路的重演。只有资本账户开放、货币国际化和国际金融中心建设等金融开放的举措齐头并进并相互缓释风险，金融开放才不会沦为国际资本逐利的"跑马场"，才能真正有益于开放国的金融国际化和现代化。

4. 经验教训

美国、日本、印度和俄罗斯代表了主要大国的不同金融开放模式，美国的金融开放模式是"水到渠成"式的，国内外条件的相继成熟自然地推动着金融开放过程的深化；日本的金融开放受美国控制不断激进化，最终实现了金融开

放,却也付出了高昂的成本;印度、俄罗斯的金融开放则面临着内外部政策的冲突和撕裂,屡屡暴露在风险和危机之下。总结三种不同的金融开放模式,结合中国金融开放的实际情况,我们要充分吸取一些经验教训。

4.1 加强以市场为核心的金融基础设施建设

国内金融基础设施的完善对金融开放后内外金融稳定发挥着"锚"的作用。从大国经验来看,金融基础设施的完善有市场化机制的建立、金融市场和金融机构的成熟,以及宏观审慎监管的完善三个维度的内容。

市场化机制要求金融体系的行为以市场化原则为主,利率、汇率形成要以市场化机制为基础。单纯地依赖管制等行政手段,只能暂时维持一个目标值,当市场压力超过阈值,管制则难以为继,短时间内的压力释放很有可能产生风险。我们看到美国也无力在自身贸易发生巨额赤字的情况下仍然维持布雷顿森林体系及美元的固定汇率,美国施加的管制措施并不能有效地发挥作用。市场化的机制充分利用了金融体系的价格调节机制,使得金融体系更富有弹性,即便有风险也能通过价格信号较早地识别出来。日本的存款利率市场化帮助日本有效规避了风险。离岸市场和日本国内市场存在利差,如果日本政府在没有实施国内存款利率市场化的情况下与离岸市场接轨,那么开放资本账户后资本的流动可能不再是资本净流入日本,非市场化机制下的利差本意是保护本土金融机构,但是当日本走上金融开放的道路时,它反而成为一枚需要拆除的"定时炸弹"。

金融市场和金融机构要在逐渐激烈的竞争中成熟。欧美国家的金融市场有成熟的经验,金融机构拥有丰富的经验和国际影响力,这是本土金融机构所不能比的。因为金融市场和金融机构对外开放的目的是增强本土机构的竞争力,所以开放本土市场和机构的过程要以本土参与者能适应为基本原则。市场对外开放要先从已经成熟的市场开始,同时培育不成熟的市场,时机到了再继续开放。机构的开放要先从本土机构有优势的领域开始,同时在开放过程中向外资机构积极学习没有优势的领域。这样的开放顺序给本土金融机构留出了更多成长学习的空间,避免了一次性开放造成本土市场被外资机构完全控制的情况。

宏观审慎监管的完善是金融开放过程中防范、化解风险的保障。金融开放带来的"三元悖论"通常使货币政策和汇率政策处在两难之中，应对风险的能力有所下降。宏观审慎监管政策是独立于"三元悖论"的，这时候它能在防范、化解风险时发挥关键作用。美国的金融市场吸引了全世界的投资者和企业，得益于美国成熟的市场监管体制，如证券市场的信息披露、交易申报、熔断，银行业的资本充足监管，外汇市场中美联储对美元汇率的绝对控制能力等，美国金融市场的规范性和稳定性获得提升，人们对美国市场的信心一直坚挺，风险发生的可能性和风险发生后的损失都降低了。这也是美国即使经历了金融危机，其金融市场的热度依然没有衰减的原因。

这三个维度的金融基础设施完善最终都指向渐进式开放。只有在金融基础条件准备充分的时候，才可以采取开放措施。

4.2 趋利避害，金融开放需要与全球经济格局、货币体系相适应

三种模式的经验还告诉我们，金融开放需要与全球经济格局和货币体系相适应，任何短期内改变国际经济格局和货币体系的想法都是不切实际的。美国运用国际格局服务于自身金融开放进程，两次世界大战使得美国的实力大大增强，美元借机代替英镑成为世界第一货币。当布雷顿森林体系难以为继时，美国又充分利用与产油国家的友好关系建立美元全球循环，使得美元地位不动摇，美国实行金融自由化和资本账户开放的收益更大。俄罗斯则因为与欧美国家保持对抗，金融体系被国际社会排斥，在金融开放的道路上困难重重。金融开放的本质是世界各国对本国金融设施（货币、市场、机构）的公允认可。这样的认可不是在短期内可以达成的，必须在稳中有变的全球经济格局中把握机遇，趋利避害，逐步实现金融开放的目标。

4.3 加强本币的国际化与国际金融中心建设

本币国际化与国际金融中心建设其实包含在广义的金融开放范畴中，它能提高资本账户开放过程中市场的抗风险能力。本币国际化创造了国际社会对本币的交易和储备需求，使得本币币值能够获得受本国金融动向影响小的国际需求的支撑。国际金融中心建设加强了本国对资产的定价权，国际资本更愿意在本国金融中心进行交易结算，资本枢纽的地位保证了不会出现如印度、俄罗斯发生的大面积资本外逃事件。从美国成功和日本总体成功的金融开放经验看，

同步推进本币可自由兑换、本币国际化和国际金融中心建设，能在降低重大风险的基础上获得更大的开放收益。

参考文献

[1] 陈卫东，钟红，边卫红等．美国在岸离岸金融市场制度创新与借鉴．国际金融研究，2015（6）：35-43.

[2] 邓常春．WTO金融服务协议与印度金融业的开放．南亚研究季刊，2001（S1）：75-79.

[3] 杜娟．俄罗斯经验对中国推进资本项目开放的启示．学术交流，2016（8）：220-220.

[4] 贵丽娟，胡乃红，邓敏．金融开放会加大发展中国家的经济波动吗？——基于宏观金融风险的分析．国际金融研究，2015（10）：43-54.

[5] 李远．二战后日本对外贸易政策的变迁．经济体制改革，2005（6）：148-151.

[6] 宁叶，王一鸣．日本宏观经济政策选择及其对通货膨胀的影响——基于"三元悖论"视角的分析．亚太经济，2015（1）：65-70.

[7] 牛薇薇．欧洲美元市场对于香港人民币离岸市场的启示．西南金融，2014（3）：25-28.

[8] 沈军，吴晓敏，胡元子．扩展三元悖论视角下的印度汇率制度改革对中国的启示．国际金融研究，2015（3）：88-96.

[9] 吴婷婷，高静．自由化改革、金融开放与金融危机——来自阿根廷的教训及启示．拉丁美洲研究，2015（5）：55-63.

[10] 伍戈，杨凝．离岸市场发展对本国货币政策的影响——一个综述．金融研究，2013（10）：85-104.

[11] 雪小白．金融开放对转型国家货币政策有效性的影响——匈、波、捷和俄罗斯的比较．复旦大学硕士学位论文，2006.

[12] 张永升，杨伟坤，荣晨．金融开放与经济增长：基于发达国家与发展中国家的实证分析．财政研究，2014（3）：80-82.

[13] Ang, J. B. Financial Development, Liberalization and Technological Deepening. *European Economic Review*, 2011 (5): 688-701.

[14] Awokuse, T. O. Export-led Growth and the Japanese Economy: Evidence from VAR and Directed Acyclic Graphs. *Applied Economics Letters*, 2005 (14): 849-858.

[15] Bakker, A., Chapple, M. B. Advanced Country Experiences with Capital Account Liberalization. International Monetary Fund, 2002.

[16] Eichengreen, B. Capital Account Liberalization: What Do Cross-country Studies Tell Us? *The World Bank Economic Review*, 2001 (3): 341-365.

[17] Friedman, M. The Euro-dollar Market: Some First Principles. Graduate School of Business, University of Chicago, 1969.

[18] Henry, P. B. Capital Account Liberalization: Theory, Evidence, and Speculation. *Journal of Economic Literature*, 2007 (4): 887-935.

[19] Mauro, P. Stock Returns and Output Growth in Emerging and Advanced Economies. *Journal of Development Economics*, 2003 (1): 129-153.

[20] Quinn, D. P., Inclan, C. The Origins of Financial Openness: A Study of Current and Capital Account Liberalization. *American Journal of Political Science*, 1997 (41): 771-813.

[21] Spiro, D. E. *The Hidden Hand of American Hegemony: Petrodollar Recycling and International Markets*. Cornell University Press, 1999.

[22] Umutlu, M., Akdeniz, L., Altay-Salih, A. The Degree of Financial Liberalization and Aggregated Stock-return Volatility in Emerging Markets. *Journal of Banking & Finance*, 2010 (3): 509-521.

分论三　金融开放的国别研究：新兴国家模式

摘　要

随着经济全球化和金融一体化的不断发展，金融开放已经成为各国热议的话题。中国作为全球最主要的新兴市场国家之一，针对金融开放问题的研究具有重要的意义。本章以金融开放的新兴国家模式为切入点，利用65个新兴市场国家近20年的数据研究其开放进程与经济效应，旨在为中国金融开放模式的选择提供参考对象和历史经验。首先，本章回顾了全球主要新兴市场国家金融开放的历史，并从理论和实证角度讨论了金融开放的内外部条件、顺序，以及与本国经济特征的关系；其次，本章通过面板数据模型系统地检验了新兴市场国家金融开放同经济增长与稳、金融发展与稳定之间的关系，以及宏观政策的差异对金融开放经济效应的异质性影响；最后，本章结合具体的案例再次论证了金融开放的经济效应依赖于国家特征。

Abstract

Following the development of economic globalization and financial integration, financial liberalization has become a popular topic in the international community. Since China is becoming a leading emerging economy, researches on financial liberalization issues could provide valuable international experience. This chapter uses data from 65 emerging economies to study different patterns of financial liberalization and their economic effects. First, we review the history of major emerging economies' financial liberalization, discuss the conditions and sequences of financial liberalization and their relationship with local economic characteristics. Second, we study the relationship between financial openness, economic growth and stability, financial development and stability, and the impact of different macroeconomic policies on the economic consequences of financial openness. Finally, this chapter uses a case study to show that the economic effects of financial openness depends on country characteristics.

本分论中，我们利用1996—2017年65个新兴市场国家的数据研究这些新兴市场国家开放的模式对其金融开放经济绩效的影响。第1节总体上描述新兴市场国家金融开放的进程。第2节利用计量模型对新兴市场国家金融开放的经济效应展开实证分析。我们综合考虑了经济增长、经济稳定、金融发展和金融稳定四个方面的经济绩效。在估计金融开放对这些绩效指标的平均效应的基础上，我们引入不同国家之间的异质性，以便分析不同国家在其他经济金融条件不同的情况下，金融开放对经济绩效的影响是否有显著的差别。该节中，我们考虑的国家间的异质性主要包括贸易开放度、经济规模、经济发展水平、金融发展水平（股市发展水平和信贷市场发展水平）、人力资本水平、股市和汇市的波动水平①等。第3节进一步考察不同国家在财政、货币、宏观审慎等宏观政策层面的差别是否对金融开放的经济效应有显著影响。第4节重点考察金融开放经济效应较好和较差的两个国家的具体案例。第5节给出了结论。

1. 新兴市场国家金融开放进程

1.1 新兴市场国家金融开放简史

本节将对新兴市场国家的金融开放历史进行描述性统计。在新兴市场国家的划分上，本文结合了世界银行对中高等收入国家的划分，以及国际货币基金组织、明晟公司、富时罗素指数对新兴市场国家的划分②，最终选取了65个国家作为研究对象，具体样本国家见表分-3-1。

表分-3-1 本文选取的新兴市场国家样本

阿尔巴尼亚	智利	格鲁吉亚	黎巴嫩
阿尔及利亚	哥伦比亚	希腊	马来西亚
安哥拉	哥斯达黎加	格林纳达	马尔代夫
阿根廷	克罗地亚	危地马拉	毛里求斯

---

① 在研究金融开放的金融稳定效应时，因为股市和汇市波动是被解释变量，因此不再考虑它们的异质性对金融开放效应的影响。

② 国际货币基金组织定义了中等收入国家和新兴市场经济体，将中等收入国家和新兴市场经济体放在一起。本文借鉴该做法，将世界银行中高收入国家也纳入样本。

续表

亚美尼亚	捷克	匈牙利	墨西哥
阿塞拜疆	多米尼克	印度	摩洛哥
白俄罗斯	多米尼加	印度尼西亚	纳米比亚
伯利兹	厄瓜多尔	伊朗	北马其顿
波斯尼亚和黑塞哥维那	埃及	牙买加	阿曼
博茨瓦纳	赤道几内亚	约旦	巴基斯坦
巴西	斐济	哈萨克斯坦	巴拉圭
保加利亚	加蓬	科威特	秘鲁
乌克兰	阿拉伯联合酋长国	乌拉圭	委内瑞拉
菲律宾	圣卢西亚	圣文森特和格林纳丁斯	土库曼斯坦
波兰	沙特阿拉伯	苏里南	
卡塔尔	南非	泰国	
俄罗斯	斯里兰卡	土耳其	

注：本章主要借鉴国际经验，样本不包括中国。

在历史开放水平的度量上，本文以 Chinn 和 Ito（2006）提出的标准化后的 KAOPEN 指标衡量各个国家的金融开放水平。国际货币基金组织发布的外汇安排和外汇限制年报（AREAER）中包含衡量资本管制强度及广泛程度的各个指标。KAOPEN 指标则是根据 AREAER 中的各个指标构造的二元哑变量进行编制的。其中涉及的变量包含表示是否存在多种汇率的二元哑变量、是否对经常账户进行限制的二元哑变量、是否有资本账户限制的二元哑变量的五年窗口平均，以及代表是否有出口收益上缴要求的二元哑变量。KAOPEN 指标则是以上四个变量的第一个标准化主成分。在数值上，KAOPEN 指标越大，代表金融开放水平越高。本文采用的是标准化后的 KAOPEN 指标。该指标处于 0～1 之间，金融开放水平最高的国家标准化后的 KAOPEN 指标为 1，而金融开放水平最低的国家标准化后的 KAOPEN 指标为 0。该指标的主要优势在于，其较为全面地衡量了各个国家在政策层面的金融开放程度，并且其覆盖国家范围广，数据可

获得性高。

不同新兴市场国家的金融开放程度有所不同，如卡塔尔、阿拉伯联合酋长国维持着较高的开放水平，苏里南则采取了较封闭的金融政策。根据各个国家的开放程度，将国家按照开放程度的三等分位数分为金融开放水平较低的国家（简称低开放国家）、中等金融开放水平的国家（简称中等开放国家）、金融开放水平较高的国家（简称高开放国家）三组。这三组国家的具体分类情况见表分-3-2。

表分-3-2 对新兴市场国家按照金融开放水平分组

金融开放水平较低的国家	中等金融开放水平的国家	金融开放水平较高的国家
苏里南	哥伦比亚	秘鲁
土库曼斯坦	波兰	阿拉伯联合酋长国
伯利兹	墨西哥	亚美尼亚
乌克兰	圣卢西亚	沙特阿拉伯
摩洛哥	斯里兰卡	捷克
赤道几内亚	黎巴嫩	乌拉圭
巴基斯坦	俄罗斯	马尔代夫
斐济	克罗地亚	科威特
伊朗	阿塞拜疆	约旦
泰国	埃及	牙买加
印度	印度尼西亚	匈牙利
哈萨克斯坦	马来西亚	危地马拉
圣文森特和格林纳丁斯	厄瓜多尔	哥斯达黎加
纳米比亚	多米尼克	格鲁吉亚
土耳其	巴西	阿曼
格林纳达	多米尼加	希腊
南非	巴拉圭	智利
白俄罗斯	阿尔巴尼亚	毛里求斯

续表

金融开放水平较低的国家	中等金融开放水平的国家	金融开放水平较高的国家
加蓬	菲律宾	保加利亚
委内瑞拉	波斯尼亚和黑塞哥维那	卡塔尔
阿尔及利亚	北马其顿	博茨瓦纳
安哥拉	阿根廷	

我们对各组国家的金融开放水平求平均值。图分-3-1描绘了低开放国家、中等开放国家、高开放国家的平均金融开放水平随时间的变化。

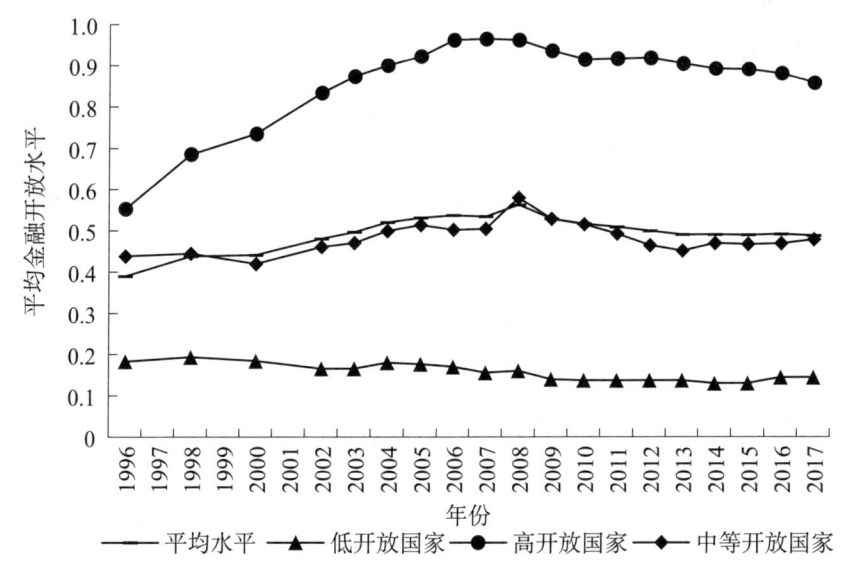

图分-3-1 按金融开放水平分组的各组国家的平均金融开放水平

资料来源：采用 Chinn-Ito 网站数据计算。

图分-3-1中新兴市场国家的平均金融开放水平是所有新兴市场国家每年的 KAOPEN 指数的平均值，新兴市场国家的平均金融开放水平从1996年的0.39逐渐上升至2008年的0.56，之后逐年下降至0.49。金融开放水平较高的国家的 KAOPEN 平均值在2007年之前具有较快的平均增长速度。该组国家的平均金融开放水平由1996年的0.55上升到2007年的0.96，年化增长率约为5.2%。2007年之后，该组国家的平均金融开放水平出现下降趋势，到

2017年该组国家的平均金融开放水平下降至0.85。类似地，中等金融开放水平的国家的平均金融开放水平也在2008年之前具有缓慢上升的趋势，之后则出现了下降。以上两组国家的平均金融开放水平均出现先上升后下降的趋势，可能是由于2007—2008年席卷全球的金融危机使得一些选择了相对开放金融政策的新兴市场国家受到了危机的影响，在此次危机之后，这些国家对金融开放的态度变得更加谨慎，进而加强了资本管制，降低了本国的金融开放水平。金融开放水平较低的国家的平均金融开放水平在1996—2017年一直呈现缓慢下降的趋势。1996年，该组国家的平均金融开放水平从0.18下降至0.14。金融开放水平较低的国家一直以来都保持着较为严格的资本管制，并且具有资本管制不断加强的趋势。

接下来，我们将国家按照金融开放水平年化增长率的三等分位数分为金融开放较快的国家（简称高增长国家）、金融开放速度处于中间水平的国家（简称中等增长国家）、金融开放较慢的国家（简称低增长国家）三组，这三组国家的具体分类情况如表分-3-3所示。

表分-3-3　将新兴市场国家按照金融开放水平年化增长率分组

金融开放较快的国家	金融开放速度处于中间水平的国家	金融开放较慢的国家
南非、印度尼西亚、阿尔及利亚、卡塔尔、伯利兹、哈萨克斯坦、赤道几内亚、斯里兰卡、加蓬、白俄罗斯、埃及、格林纳达、纳米比亚、苏里南、沙特阿拉伯、黎巴嫩、马来西亚、阿拉伯联合酋长国、土库曼斯坦、菲律宾、斐济、圣文森特和格林纳丁斯、委内瑞拉、乌克兰、科威特、巴西、波斯尼亚和黑塞哥维那、伊朗、阿尔巴尼亚、牙买加、马尔代夫、摩洛哥、印度、巴基斯坦、泰国、墨西哥、安哥拉	乌拉圭、危地马拉、俄罗斯、阿曼、秘鲁、阿根廷	保加利亚、匈牙利、克罗地亚、多米尼克、希腊、多米尼加、约旦、阿塞拜疆、哥斯达黎加、毛里求斯、捷克、厄瓜多尔、巴拉圭、北马其顿、博茨瓦纳、波兰、圣卢西亚、格鲁吉亚、土耳其、哥伦比亚、智利、亚美尼亚

图分-3-2展示了金融开放速度不同的三组国家平均金融开放水平随时间的变化。

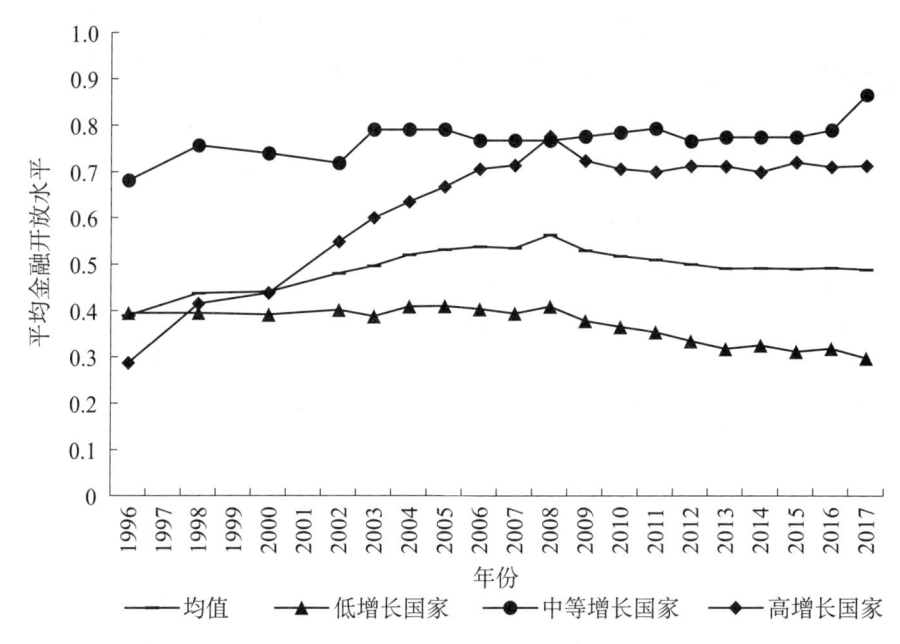

图分-3-2 按金融开放水平增长率分组的各组国家的平均金融开放水平

资料来源：采用 Chinn-Ito 网站数据计算。

总体而言，除去金融开放速度较慢的一组国家之外，其他两组国家的金融开放水平增长主要集中在2008年金融危机之前，而在金融危机之后，开放较慢和较快的国家的金融开放水平有下降的趋势；而具有中等开放速度的国家的平均金融开放水平持续较高。具体来说，具有较高金融开放增长率的国家在1996年具有最低的金融开放水平，为0.29。该组国家的平均开放水平在1996—2008年间的年化增长率为8.6%，其平均金融开放水平在2008年达到峰值，为0.77，之后则缓慢下降。中等增长国家的平均金融开放水平则在0.77左右波动，没有明显的趋势。而具有较低金融开放增长率的国家的平均金融开放水平在2008年之前基本保持稳定，在2008年后则呈现下降趋势，金融开放年化增长率为-3.4%。

1.2 开放的步骤与条件

大量学者对金融开放的顺序进行过讨论。McKinnon（1973）认为金融开放应当遵循一定的顺序，以确保一国可以从金融自由化中获利。McKinnon

(1991) 还指出,在金融机构自由化之前,应首先对本国财政状况进行稳定,并以本国财政、经济状况的稳定为基础进行金融开放,而资本流动管制的放松则应该在金融系统自由化之后进行。Chinn 和 Ito (2006) 以亚洲国家为研究样本指出,只有在金融开放水平达到一个法律综合发展水平的门槛值之后,金融开放才能起到刺激一国股票市场发展的作用,尤其是在新兴市场国家;而在贸易开放与金融开放的顺序上,贸易开放是通过资本账户自由化促进金融发展的前提条件。也有学者认为,金融开放的顺序取决于每一个经济体的性质和基本情况,可以因国而异。总体而言,大量研究认为,金融开放的顺序依次为财政状况及经济状况的稳定、外汇及利率政策的改革、贸易开放及资本流动的放松管制。基于此,本文针对新兴市场国家的金融开放水平与本国经济、金融发展水平,贸易开放水平,金融账户各子项目开放水平,以及世界外部环境的相关性进行了研究。

1.2.1 金融开放水平与经济、金融发展水平

理论上金融开放对经济、金融发展水平的作用并不明确。金融开放对一国金融发展有着正、负两方面的潜在影响。一方面,金融开放可以促进一国金融市场与国际金融市场的联系更加紧密,国外资金的流入也有助于本国金融市场充分竞争,更好地发挥调节资源配置的作用,改善市场结构;另一方面,国际"热钱"的进入也可能会让本国金融市场更加不稳定,产生资源错配并进一步扭曲金融市场。接下来本文对新兴市场国家金融开放与经济、金融发展水平的相关性进行初步研究,用就业人均实际 GDP 水平衡量经济发展水平,以信贷规模占实际 GDP 比例、股票市场总市值占实际 GDP 比例衡量金融发展水平。

我们根据新兴市场国家的金融开放水平与就业人均实际 GDP、信贷规模占实际 GDP 比例、股票市场总市值占实际 GDP 比例计算简单相关系数矩阵,见表分-3-4。其中,金融开放水平与就业人均实际 GDP 的相关系数约为 0.3,与信贷规模占实际 GDP 比例的相关系数约为 0.04,与股票市场总市值占实际 GDP 比例的相关系数约为 0.003 9,后两者均不显著。总体而言,金融开放水平与一国经济、金融水平相关性较低,或者说与样本国家无统一正、负关系。

表分-3-4 各国金融开放水平与经济、金融发展水平的相关系数

变量名称	金融开放水平	就业人均实际GDP	信贷规模占实际GDP比例	股票市场总市值占实际GDP比例
金融开放水平	1.000 0			
就业人均实际GDP	0.314 8 (0.000 0)	1.000 0		
信贷规模占实际GDP比例	0.036 4 (0.251 4)	0.135 6 (0.002 0)	1.000 0	
股票市场总市值占实际GDP比例	0.003 9 (0.914 5)	0.216 4 (0.000 0)	0.667 2 (0.000 0)	1.000 0

资料来源：Chinn-Ito 网站；世界银行世界发展指标（WDI）数据库。

注：括号内为 P 值。

接下来我们考察横截面上各国金融开放水平与就业人均实际GDP、信贷规模占实际GDP比例、股票市场总市值占实际GDP比例的相关系数，表分-3-5计算了样本内各年横截面相关系数的平均值、标准差、最小值和最大值。

表分-3-5 各国金融开放水平与经济、金融发展水平的横截面相关系数

变量名称	平均值	标准差	最小值	最大值
金融开放水平与就业人均实际GDP的相关系数	0.316	0.109	0.116	0.508
金融开放水平与信贷规模占实际GDP比例的相关系数	−0.018	0.051	−0.091	0.097
金融开放水平与股票市场总市值占实际GDP比例的相关系数	−0.015	0.120	−0.163	0.241

资料来源：Chinn-Ito 网站；佩恩表；世界银行 WDI 数据库。

在横截面层面上，1996—2017年各国的金融开放水平与各国就业人均实际GDP的相关系数平均值约为0.3，说明就业人均实际GDP小的国家更倾向于放松资本管制，但这种趋势并不显著。金融开放水平的国别差异与金融发展水平的相关性也不显著。

此外，为考虑国别差异，本文分国家计算了金融开放水平与就业人均实际GDP、信贷规模占实际GDP比例、股票市场总市值占实际GDP比例的相关系数，各统计量的平均值、标准差、最小值、最大值见表分-3-6。

表分-3-6　各国金融开放水平与经济、金融发展水平的时间序列相关系数

变量名称	平均值	标准差	最小值	最大值
金融开放水平与就业人均实际 GDP 的相关系数	0.154	0.635	−0.907	0.950
金融开放水平与信贷规模占实际 GDP 比例的相关系数	0.131	0.530	−0.879	0.873
金融开放水平与股票市场总市值占实际 GDP 比例的相关系数	0.198	0.471	−0.863	0.827

资料来源：Chinn-Ito 网站；佩恩表；世界银行 WDI 数据库。

一国金融开放水平与该国就业人均实际 GDP、信贷规模占实际 GDP 比例、股票市场总市值占实际 GDP 比例的相关系数的变化范围较大。金融开放水平与本国就业人均实际 GDP、信贷规模占实际 GDP 比例、股票市场总市值占实际 GDP 比例的相关系数的最大值均在 0.8 以上，最小值均小于−0.8，相关性水平差异大，说明一国金融开放水平与本国经济、金融发展水平的相关性可能具有较强的国别差异。金融开放水平与不同国家经济、金融发展水平的关系可能具有异质性。这种异质性是否真的存在，以及异质性的可能来源将是后文中重点讨论的内容。

1.2.2　金融开放的外部环境

近年来，世界经济在波动中逐步上行，世界实际 GDP 从 1985 年的约 29.9 万亿美元增长至 2017 年的 111 万亿美元，见图分-3-3。世界人均实际 GDP 从 1985 年的 6 669 美元增长至 2017 年的 15 002 美元，见图分 3-4，世界人均实际 GDP 的年化增长率也达到了 2.6%。世界经济在长期中不断地增长和发展，为各个国家的金融开放提供了良好的外部环境。另外，经济全球化、金融一体化不断加深，使得各国经济的依存度、跨国商品与服务交易总量、各国之间的技术传播，以及国家间资本的流动规模和形式增加。世界经济与国际贸易的快速发展成为金融开放的推动力量。

各国金融市场的完善和发展也为本国的金融开放提供了机遇。根据国际清算银行提供的数据，进行 HP 滤波分析后各国信贷总量与本国 GDP 的比值的趋势成分的中位数在 1985—2017 年具有缓慢上升的趋势（见图分-3-5）。各国信贷水平总体上处于缓慢增长中。但是可以看出，各国信贷总量与本国 GDP 的比值的趋势成分的极差也在逐年扩大，这表明世界各国的信贷市场规模不断分化。

图分-3-3 世界实际GDP

资料来源：佩恩表。

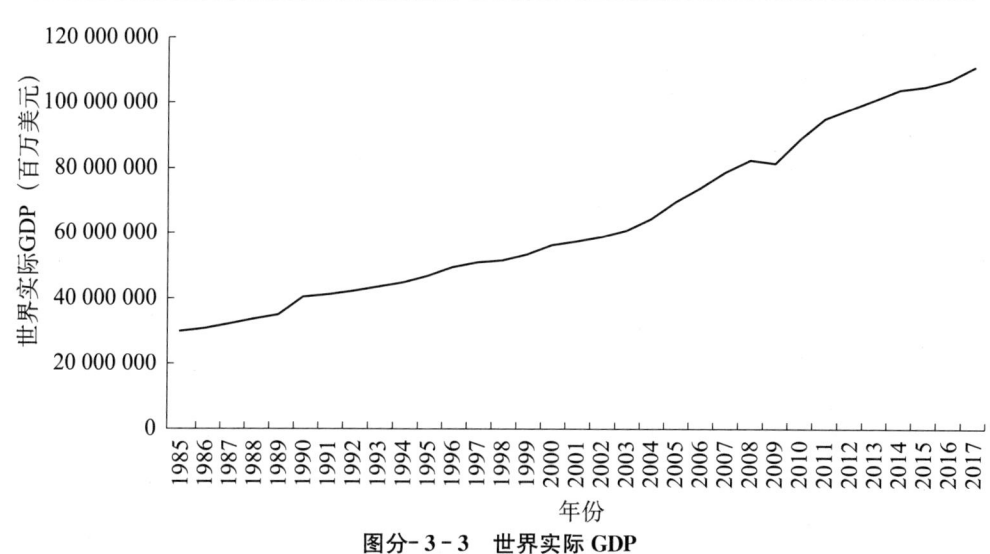

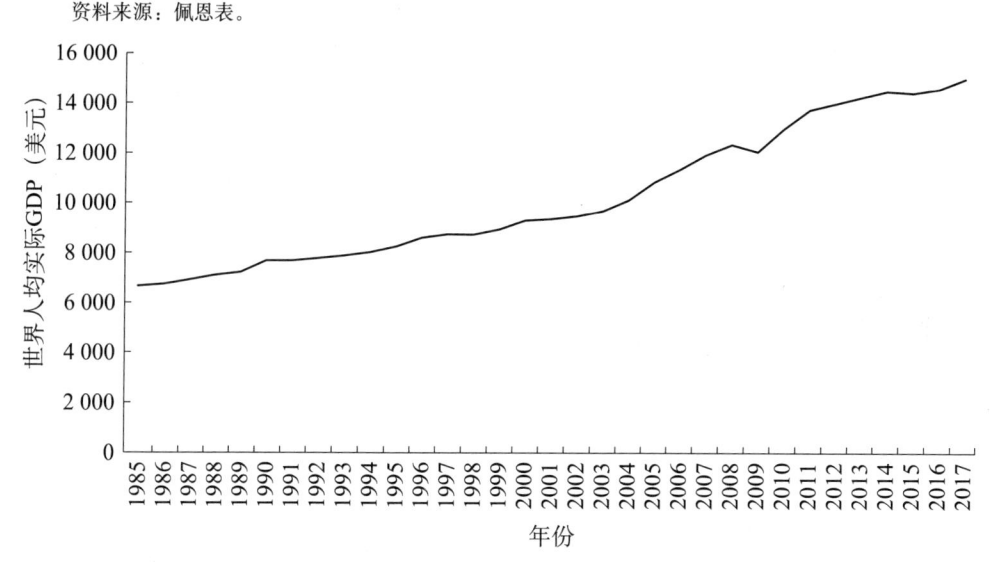

图分-3-4 世界人均实际GDP

资料来源：佩恩表。

此外，1985—2017年，股票市场总市值以及总信贷水平也出现了上升趋势。股票市场总市值由80.3万亿美元增长至516万亿美元（见图分-3-6），年化增长率达到6.0%。股票市场总市值与世界GDP的比值也在不断扩张中（见图分-3-7）。

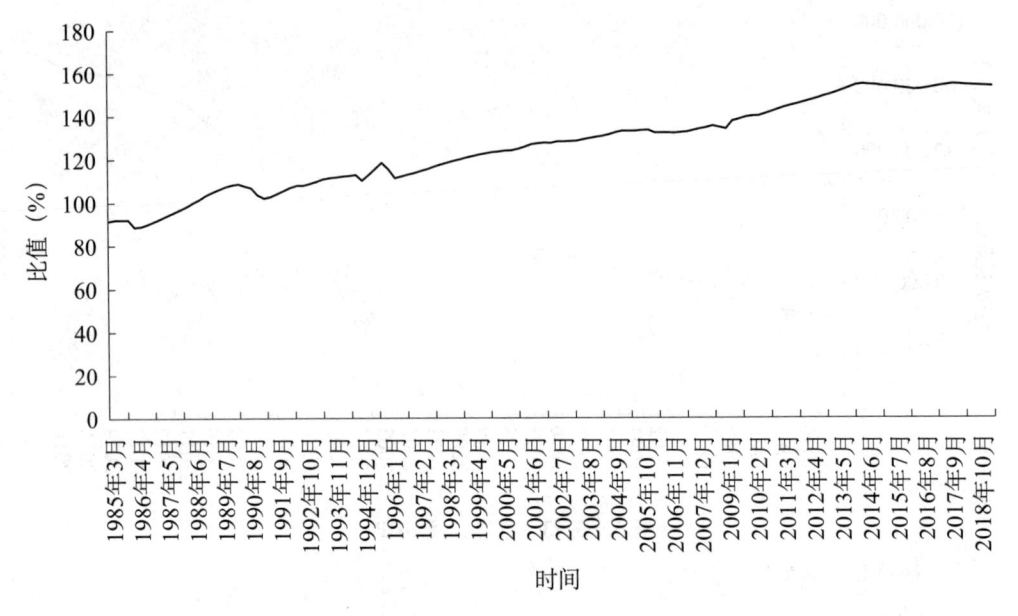

图分-3-5　各国信贷总量与本国 GDP 的比值

资料来源：佩恩表；世界银行 WDI 数据库。

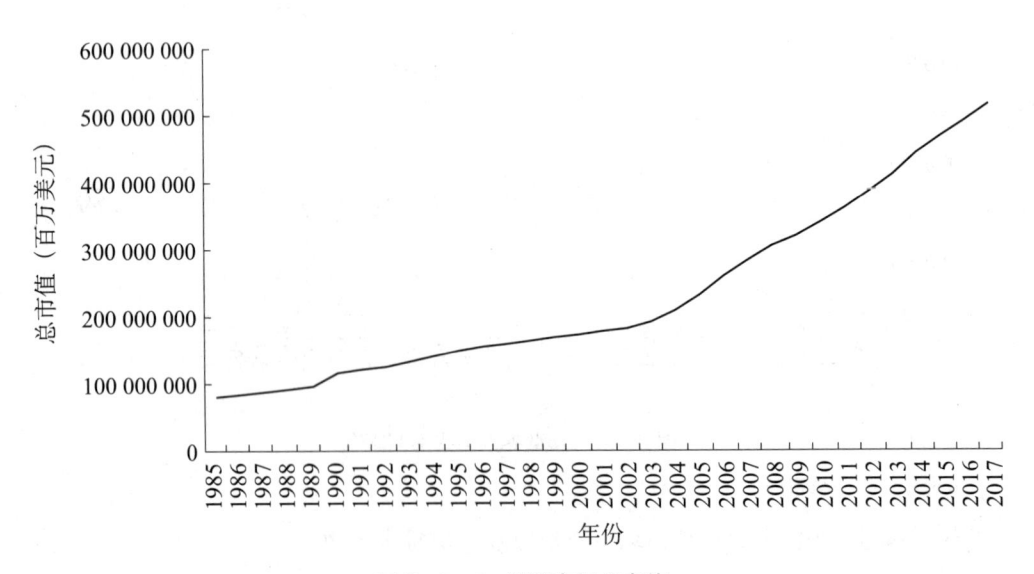

图分-3-6　股票市场总市值

资料来源：佩恩表；世界银行 WDI 数据库。

除此之外，信息技术以及金融科技的创新为金融开放提供了技术层面的支

图分-3-7　股票市场总市值与世界 GDP 的比值

资料来源：佩恩表；世界银行 WDI 数据库。

持，而相对较为友好的国际政治环境，以及部分发展中国家和发达国家对金融管制的放松，同样为各国的金融开放提供了良好的契机。

1.2.3　贸易与金融的开放顺序

大量文献指出，一国的金融开放与贸易开放都可以促进一国的经济增长，也有部分文献讨论了二者的互动关系及开放顺序。

在金融开放以及贸易开放的顺序上，部分理论指出贸易开放应当先于金融开放，如麦金农（McKinnon）的金融自由化次序理论。McKinnon（1991）认为，一国的贸易开放必须先于金融开放的进程。伊托（Ito）指出，在贸易开放与金融开放的顺序上，贸易开放是通过资本账户自由化促进金融发展的前提条件。Hauner 等（2008）通过对 43 个新兴市场国家的金融开放与贸易开放数据进行实证检验，认为贸易自由化事实上是一国金融自由化的重要标志，并且贸易自由化先于金融开放的实证结果符合麦金农的金融自由化次序理论。但是也有学者认为，金融开放的顺序取决于每一个经济体的性质和基本情况，可以因国而异。

在二者的相互作用上，大量文献指出，金融开放与贸易开放之间存在着单向且不可逆的相互作用。其中，金融开放对贸易开放的影响途径主要包括金融

开放通过外商直接投资流动和纵向一体化、风险规避、专业化生产,以及出口信贷支持等对贸易开放发挥作用。而关于贸易开放对金融开放的影响,学者普遍发现,贸易开放通过进出口伪报、增加资本监管成本、金融服务贸易等影响金融开放。大量的实证检验基本上得到了较为一致的结论,即一国金融开放与贸易开放之间存在正向的互动性。

本文用一国出口总额与进口总额的加总对贸易的开放水平进行度量,进口总额与出口总额的和越大,代表一国的贸易开放水平越高。这种对贸易开放水平进行度量的方法是目前被普遍使用的方法。为了考察样本国家贸易开放和金融开放的关系,本文首先计算了一国贸易开放与金融开放度量指标的相关关系,并初步估计了各国金融开放与贸易开放的相关顺序。仅从二者的相关系数考虑,二者具有较弱的正相关性,相关系数为0.143。同时,本文粗略估计了新兴市场国家金融开放时点以及贸易开放时点,计算方法如下:对于一国的贸易开放水平,可计算每年世界范围内贸易开放指数的中位数,将贸易开放指数大于中位数的国家定义为在当年处于贸易相对开放状态的国家。在定义开放时点时,为了减少结果的偶然性,将连续三年处于贸易相对开放状态的国家确认为贸易开放国家,贸易开放时点为这三年中的第一年。金融开放的年份也采取同样的计算方法。比较各国贸易开放以及金融开放的时点,进行假设检验。假设检验的原假设为金融开放与贸易开放时点相同,其 P 值为 0.239 9,因此不能拒绝原假设(见表分-3-7)。在新兴市场国家中,贸易开放时点早于金融开放的国家和金融开放早于贸易开放的国家的数量基本相同。

表分-3-7 对金融开放和贸易开放时点的假设检验

变量名称	备择假设	P 值
贸易开放	金融开放与贸易开放不是同时进行	0.239 9

资料来源:Chinn-Ito 网站;世界银行 WDI 数据库。

1.2.4 金融账户各子项目的开放顺序

由于世界范围内部分国家数据不易获得,本节将所有新兴市场国家的各个金融子项目中位数作为衡量子项目开放水平的参考,并利用金融与贸易开放顺序中的方法定义金融账户各子项目的开放时点。本分论以 FDI 流入和流出的总额占 GDP 比值对一国 FDI 账户开放水平进行衡量，以证券投资资产和负债的总额占 GDP 比值对一国证券投资账户开放水平进行衡量。在计算 FDI 账户开放时点时，须计算每年所有新兴市场国家国外直接投资占 GDP 比值的中位数，将比值中大于中位数的国家定义为当年处于 FDI 账户相对开放状态的国家。本部分仍然将连续三年处于 FDI 账户相对开放状态的国家确认为 FDI 账户开放国家，确定 FDI 账户开放时点为这三年中的第一年。对于金融开放的年份及证券投资账户的年份，也采取同样的计算方法。

本部分通过比较金融账户国外直接投资以及证券投资的开放时点与金融开放指标处于开放状态的时点来讨论金融账户子项目的开放顺序，结果见表分-3-8。

表分-3-8 对金融账户各子项目开放时点的假设检验

变量名称	备择假设	P 值
FDI 总额占 GDP 比值	金融开放时点不同于 FDI 账户开放时点	0.287 7
证券投资总额占 GDP 比值	FDI 账户开放晚于证券投资开放	0.000 1

资料来源：世界银行 WDI 数据库。

在对 FDI 总额占 GDP 比值进行检验时，其假设检验的 P 值是 0.287 7，金融开放时点与 FDI 账户开放时点的关系并不确定。同时，FDI 账户显著晚于证券投资开放，这可能由于一些国家在金融开放的初期具有较高的风险，而直接投资有较高的固定成本，撤资损失较大，导致海外投资者不希望在这些国家进行直接投资。

1.3 金融开放与本国经济特征的关系

参考杜尔劳夫（Durlauf）等对经济增长相关变量的实证研究，本文采用实际 GDP 及其增长率、人口及就业相关数据、股票市场总市值占 GDP 比重、信贷总额占 GDP 比重、全要素生产率、投资占 GDP 比重、政府购买占 GDP 比重、家庭消费占 GDP 比重、通货膨胀率综合描述一国的经济特征，见表分-3-9。其中，新兴市场国家人力资本指数与一国金融开放水平存在弱正相关关系，相关系数为 0.271。全要素生产率与金融开放在 0.229 的水平上呈现正相关关系，这说明一国的金融开放可能为该国带来了技术的引进以及人力资本的提升，或者人力资本水平更高的国家更加倾向于选择金融开放政策。金融开放水平与实际 GDP、人口负相关，约为-0.2，但是实际 GDP 增长率在 0.030 的水平上与金融开放正相关。这似乎说明了实际 GDP 低的国家更容易选择金融开放的政策，金融开放对 GDP 增长率可能存在正向影响。除此之外，金融开放还与新兴市场国家的就业率呈现 0.119 的正相关关系，家庭消费占 GDP 比重也与金融开放水平存在 0.152 的正相关关系，这说明金融开放水平的提高可能对一国提高家庭消费比例与就业率有促进作用，或者就业率较高及家庭投资意愿较低的国家更加倾向于选择金融开放政策以吸引国际资本进行投资。后文中我们将对这些国家的经济特征与金融开放之间的关系展开系统性的实证检验。

表分-3-9　金融开放水平与本国经济特征的相关系数

变量名称	与金融开放的相关系数
实际 GDP	-0.260
人口	-0.285
就业率	0.119
人力资本指数	0.271
股票市场总市值占 GDP 比重	0.002
信贷总额占 GDP 比重	-0.018
全要素生产率	0.229
投资占 GDP 比重	-0.022
政府购买占 GDP 比重	-0.060
家庭消费占 GDP 比重	0.152
实际 GDP 增长率	0.030
人口增长率	0.067
通货膨胀率	-0.034

资料来源：佩恩表；世界银行 WDI 数据库。

2. 新兴市场国家金融开放的影响

在上一节中，我们对新兴市场国家金融开放的历史和背景进行了简要的描述，并对国别特征与金融开放绩效指标的关系做了一些简单相关分析。然而，简单相关分析既没有控制除了金融开放之外的其他因素对经济绩效的影响，又没有控制经济绩效对金融开放的内生影响。本节中我们采用计量模型对新兴市场国家金融开放的经济效应展开更加严谨的实证分析。

本部分采用固定效应面板数据模型研究金融开放与经济绩效的关系。我们考虑四个方面的经济绩效指标：经济增长、经济波动、金融发展和金融稳定。经济增长用实际 GDP 增长率（growth）度量。经济波动用三年滚动实际 GDP 经济增长率标准差（flu）度量。金融发展用股票总市值占 GDP 的比重（stock_gdp）和私人部门信贷占 GDP 的比重（credit_gdp）度量。股市回报率（又称股市收益率）并不充分反映金融发展，我们仍考察了金融开放与股市回报率（stock_re）的关系。金融稳定指标包括股市波动率（三年滚动股市收益率标准差 stock_vol）和汇市波动率（三年滚动兑美元汇率变化率标准差 xr_vol）。具体模型如下：

$$y_{it}=\alpha_0+\alpha_1 fo_{it}+\alpha_2 control_{it}+\lambda_i+f_t+\mu_{it} \quad (分-3-1)$$

其中，y 为被解释变量，在回归中依次设为经济增长、经济波动、金融发展、金融稳定。fo 为金融开放水平（ka_open）。control 为控制变量，控制国别异质性的干扰。i 代表不同国家，t 代表不同年份。λ_i 为国家固定效应，以控制不随时间变化的国别因素对经济绩效的影响。f_t 为时间固定效应，以控制全球性的经济金融冲击对经济绩效的影响。建模数据采用 2004—2017 年 65 个新兴市场国家和被世界银行列为中等收入国家的时间序列数据。

考虑到经济绩效与金融开放之间存在相互影响，从而会产生内生性问题，本文使用核心解释变量（金融开放、金融发展指标），以及金融开放指标与其他经济特征交互项的滞后一期作为工具变量，用工具变量法进行回归分析。

控制变量包括人口、宏观政策、地理环境、国家治理等指标。除研究金融开放对金融发展影响的模型之外，我们还控制了金融发展指标对经济绩效的影响。

理论上讲，一国的人力投入对经济增长影响颇大。本文将人口总量的自然对数（lnpop）与人口增长率（pop_growth）作为人口相关的控制变量。我们也控制了人力资本水平，用佩恩表中的人力资本指数（hc）度量。该指数越高，人力资本水平越高。

宏观经济环境包括资本形成总额占 GDP 的比重（csh_i）、政府公共支出占

GDP 的比重（csh_g）、通货膨胀率（inflation）等因素。资本形成总额占 GDP 的比重部分反映一国的经济增长模式，政府公共支出占 GDP 的比重和通货膨胀率反映一国的财政货币状况。

国家治理指标采用世界银行的世界治理指标，包括话语权与问责制（vae）、法治程度（rle）、政局稳定性（pve）、腐败管控（cce）、政府效率（gee）以及监管质量（rqe）六个子指标估计值，取值区间为［-2.5，2.5］，2.5 为水平最高。良好的制度环境有利于经济和金融的发展，但在本国市场发展受到严重限制的情况下，较弱的政府治理可能为私人部门创新和发展提供了更多的空间。因此，政府治理对经济金融绩效的影响是不确定的。

此外，本文还控制了贸易开放度（trade_open）、前一期的全要素生产率增长率（tfpgrowth）和汇率变化率（xr_ch）。在地理环境方面，本文控制了农业用地与适宜耕种土地占比（agri_land）。

2.1 金融开放对经济增长的影响

关于金融开放对经济的作用和传导机制，已有研究的结论可归结为以下几点：第一，金融账户下对国际直接投资的开放可以通过引进先进的外国技术、管理技能和其他专门知识来促进经济增长；第二，金融开放也可以通过国际竞争影响国内的改革和创新，从而促进增长；第三，金融开放可以调动全球储蓄来支撑本国的资本积累和经济增长（Estrada 等，2015）；第四，金融开放可以进一步吸引外资金融机构和境外投资者进入，降低资本成本，增加资本配置效率；第五，金融开放也可能增加了金融"传染病"发生的可能性，增加一国的系统性金融风险，阻碍金融发展和经济发展。从理论上讲，金融开放对经济增长的作用既可以是正向的，也可以是负向的。其净效应可能与金融开放时一国的其他状态有关。换言之，金融开放的经济效应可能在国家之间存在异质性。

表分-3-10 为金融开放对经济增长的回归结果。

表分-3-10 中列（1）至列（2）显示了无交互项的全部样本国家的回归结果。列（1）无控制变量，列（2）加入了控制变量。回归结果表明，平均而言，金融开放对经济增长的影响不显著。

表分-3-10 金融开放对经济增长的回归结果

变量	(1) growth	(2) growth	(3) growth	(4) growth	(5) growth	(6) growth	(7) growth	(8) growth	(9) growth	(10) growth
ka_open	0.003 77 (0.026 2)	0.018 8 (0.021 9)	0.008 37 (0.106)	0.230 (0.173)	0.171 (0.124)	0.030 7 (0.026 7)	−0.008 65 (0.029 5)	0.222* (0.130)	0.019 6 (0.028 9)	0.016 2 (0.024 8)
kopen_tradeopen			−0.133 (1.277)							
kopen_gdp				−0.016 7 (0.013 7)						
kopen_gdpper					−8.94e−06** (4.24e−06)					
kopen_stock						−0.000 299 (0.000 391)				
kopen_credit							0.000 549 (0.000 466)			
kopen_hc								−0.074 7 (0.047 9)		
kopen_stockvol									0.000 271 (0.001 05)	
kopen_xrvol										−0.000 391 (0.000 272)

续表

变量	(1) growth	(2) growth	(3) growth	(4) growth	(5) growth	(6) growth	(7) growth	(8) growth	(9) growth	(10) growth
stock_gdp		0.000 223 (0.000 203)	0.000 228 (0.000 226)	0.000 201 (0.000 204)	0.001 56 (0.001 05)	0.000 441 (0.000 324)	0.000 265 (0.000 199)	0.000 163 (0.000 212)	0.000 192 (0.000 201)	0.000 193 (0.000 220)
credit_gdp		−0.000 478* (0.000 253)	−0.000 496* (0.000 298)	−0.000 500** (0.000 249)	−0.000 306 (0.000 191)	−0.000 497** (0.000 256)	−0.000 671** (0.000 303)	−0.000 592** (0.000 264)	−0.000 434 (0.000 334)	−0.000 376 (0.000 281)
tfpgrowth		1.352*** (0.299)	1.315** (0.626)	1.304*** (0.296)	1.170*** (0.225)	1.363*** (0.305)	1.288*** (0.285)	1.378*** (0.301)	1.479*** (0.221)	1.219*** (0.304)
csh_i		0.226*** (0.078 1)	0.210 (0.168)	0.220*** (0.076 9)	0.220 (0.327)	0.233*** (0.079 1)	0.225*** (0.076 6)	0.226*** (0.079 3)	0.204** (0.089 0)	0.298*** (0.103)
csh_g		0.016 0 (0.115)	−0.018 2 (0.385)	−0.005 06 (0.115)	−0.682 (0.960)	0.023 4 (0.117)	−0.001 63 (0.112)	−0.004 38 (0.118)	0.019 2 (0.164)	−0.027 3 (0.130)
vae		−0.021 0 (0.018 4)	−0.018 9 (0.033 2)	−0.021 4 (0.018 2)	0.155 (0.105)	−0.021 2 (0.018 6)	−0.020 3 (0.018 0)	−0.021 9 (0.018 7)	−0.013 6 (0.018 8)	−0.014 9 (0.022 6)
pve		0.003 55 (0.008 77)	0.003 01 (0.011 7)	0.003 54 (0.008 65)	−0.082 3 (0.072 1)	0.003 24 (0.008 78)	0.002 46 (0.008 54)	0.003 48 (0.008 90)	0.003 89 (0.008 54)	0.006 61 (0.009 53)
gee		−0.017 7 (0.021 6)	−0.017 9 (0.022 2)	−0.015 9 (0.021 4)	0.029 4 (0.085 0)	−0.015 0 (0.022 6)	−0.023 6 (0.021 2)	−0.019 2 (0.022 0)	−0.018 3 (0.021 5)	−0.020 6 (0.023 6)
rqe		0.062 6*** (0.017 7)	0.063 7*** (0.022 8)	0.072 9*** (0.019 4)	0.111 (0.078 6)	0.060 6*** (0.018 3)	0.066 2*** (0.017 4)	0.063 9*** (0.018 1)	0.053 1*** (0.018 6)	0.048 4** (0.020 7)
rle		−0.027 9 (0.020 3)	−0.028 1 (0.020 4)	−0.030 8 (0.020 1)	−0.008 00 (0.117)	−0.028 2 (0.020 4)	−0.029 3 (0.019 9)	−0.027 9 (0.020 6)	−0.026 4 (0.021 4)	−0.023 1 (0.023 3)

续表

变量	(1) growth	(2) growth	(3) growth	(4) growth	(5) growth	(6) growth	(7) growth	(8) growth	(9) growth	(10) growth
cce		0.004 66 (0.015 4)	0.003 76 (0.016 5)	0.004 26 (0.015 2)	−0.073 5 (0.052 9)	0.004 26 (0.015 5)	0.007 05 (0.015 2)	0.006 69 (0.015 6)	0.009 48 (0.017 4)	0.007 69 (0.017 0)
lnpop		−0.063 3 (0.042 4)	−0.064 7 (0.048 6)	−0.056 7 (0.041 9)	−0.970 5** (0.463)	−0.069 5 (0.042 4)	−0.065 4 (0.041 4)	−0.064 7 (0.043 2)	−0.063 9 (0.065 5)	−0.072 8 (0.049 8)
pop_growth		1.340*** (0.299)	1.347*** (0.284)	1.343*** (0.294)	−2.962 (2.141)	1.311*** (0.299)	1.404*** (0.302)	1.222*** (0.320)	0.725 (0.447)	1.259*** (0.359)
trade_open		0.053 9 (0.112)	0.153 (1.041)	0.072 0 (0.111)	0.016 9 (0.314)	0.051 5 (0.113)	0.086 0 (0.108)	0.036 0 (0.112)	0.031 0 (0.102)	0.129 (0.123)
xr_ch		0.046 2 (0.068 5)	0.038 5 (0.127)	0.031 8 (0.068 7)	0.115 (0.192)	0.054 6 (0.071 9)	0.037 7 (0.066 4)	0.044 0 (0.069 7)	0.080 5 (0.066 4)	0.040 7 (0.072 5)
agri_land		−0.001 37 (0.001 17)	−0.001 51 (0.001 62)	−0.001 59 (0.001 17)	0.010 1 (0.007 14)	−0.001 28 (0.001 18)	−0.001 19 (0.001 15)	−0.001 64 (0.001 20)	−0.001 04 (0.001 37)	−0.001 19 (0.001 35)
hc		0.061 1 (0.038 4)	0.054 8 (0.080 2)	0.055 1 (0.038 2)	−0.127 (0.144)	0.060 3 (0.038 5)	0.064 1* (0.037 9)	0.104** (0.046 2)	0.051 5 (0.040 5)	0.036 2 (0.045 8)
inflation		0.134* (0.073 2)	0.123 (0.167)	0.121* (0.072 9)	0.210 (0.205)	0.139* (0.075 2)	0.127* (0.071 0)	0.132* (0.074 5)	0.166** (0.073 6)	0.127 (0.078 7)
常数项	0.057 4*** (0.015 7)	0.071 5 (0.171)	0.114 (0.508)	0.074 4 (0.169)	2.867* (1.519)	0.077 3 (0.171)	0.074 2 (0.167)	−0.015 7 (0.174)	0.099 1 (0.216)	0.144 (0.205)
观测量	975	443	443	443	103	443	443	443	402	410
样本国家个数	65	39	39	39	37	39	39	39	36	39

注：* 表示在10%的水平上显著，** 表示在5%的水平上显著，*** 表示在1%的水平上显著。括号内为标准误。后文同。

列（3）至列（10）分别加入了不同的交互项。我们分别考虑不同国家的贸易开放度（用 kopen_tradeopen 表示金融开放与贸易开放度的交互项）、经济规模〔用 kopen_gdp 表示金融开放与经济规模（GDP）的交互项〕、经济发展水平〔用 kopen_gdpper 表示金融开放与经济发展水平（人均 GDP）的交互项〕、金融发展水平（用 kopen_stock 和 kopen_credit 分别表示金融开放与股市和信贷市场发展水平的交互项）、人力资本水平（用 kopen_hc 表示金融开放与人力资本水平的交互项）和金融稳定水平（用 kopen_stockvol 和 kopen_xrvol 分别表示金融开放与股市和汇市波动性的交互项）是否对金融开放的经济增长效应产生异质性影响。我们看到，其中绝大部分国家特征对金融开放的经济增长效应没有显著影响。但是人均 GDP 即经济发展水平对金融开放的经济增长效应有显著影响。具体而言，人均 GDP 上升削弱了金融开放对新兴市场国家经济增长的促进作用，这与新古典增长理论一致。随着经济发展接近成熟的市场经济状态，资本对长期经济增长的作用是递减的。在这种情况下，金融开放通过调动全球储蓄拉动当地投资与经济增长的作用被显著削弱。

2.2 金融开放对经济波动的影响

一方面，金融开放提供了国际风险分担的渠道，使得一国的家庭和企业从总体上可以平滑其消费和投资，减小经济冲击对经济周期的影响。另一方面，金融开放增加了一国经济对世界经济金融冲击的风险敞口。因此，从理论上讲，金融开放对经济波动的影响是不确定的。

表分-3-11 总结了金融开放对经济波动的回归结果。这些结果显示，在过去 15 年内，金融开放对新兴市场国家的宏观经济波动没有产生显著影响。

2.3 金融开放对金融发展的影响

金融开放可从正、反两方面影响金融发展。一方面，金融开放可以扩大金融机构经营规模和范围，通过规模经济和范围经济降低成本，提高效率；还可以通过分散投资提高金融机构的风险管理和资产管理能力；金融开放产生的竞争效应也可通过促进金融创新来提高效率，从而促进金融体系的发展。另一方面，开放也可能扰乱本国金融秩序，增加发生金融"传染病"的可能性，进而阻碍金融发展。

表分-3-11 金融开放对经济波动的回归结果

变量	(1) flu	(2) flu	(3) flu	(4) flu	(5) flu	(6) flu	(7) flu	(8) flu	(9) flu	(10) flu
ka_open	2.732 (23.03)	−7.311 (8.698)	−60.53 (72.37)	47.00 (77.21)	−0.543 (8.170)	−1.556 (10.71)	−10.02 (11.87)	56.47 (52.67)	−1.366 (11.17)	−7.837 (8.941)
kopen_tradeopen			−657.9 (838.5)							
kopen_gdp				−4.266 (6.075)						
kopen_gdpper					−2.75e−05 (0.000 300)					
kopen_stock						−0.134 (0.151)				
kopen_credit							0.053 7 (0.192)			
kopen_hc								−23.76 (20.00)		
kopen_stockvol									−0.600 (0.411)	
kopen_xrvol										−0.051 4 (0.098 0)
stock_gdp		−0.028 1 (0.076 2)	−0.043 7 (0.122)	−0.039 5 (0.081 6)	−0.107 (0.073 1)	0.064 0 (0.121)	−0.024 3 (0.077 2)	−0.050 8 (0.078 7)	0.002 70 (0.076 5)	−0.038 7 (0.079 3)

续表

变量	(1) flu	(2) flu	(3) flu	(4) flu	(5) flu	(6) flu	(7) flu	(8) flu	(9) flu	(10) flu
credit_gdp		0.012 4 (0.100)	−0.075 8 (0.202)	0.007 53 (0.102)	0.098 9 (0.113)	0.010 9 (0.098 7)	−0.007 85 (0.129)	−0.017 8 (0.100)	0.176 (0.129)	0.014 8 (0.101)
tfpgrowth		−189.0* (108.2)	−363.0 (394.5)	−198.9* (112.7)	10.82 (14.22)	−181.5* (109.2)	−194.9* (105.9)	−185.0* (106.0)	−148.7* (81.01)	−190.0* (109.3)
csh_i		42.86 (31.10)	−27.10 (101.8)	44.14 (32.07)	88.18*** (23.05)	48.76 (31.23)	42.73 (31.58)	45.15 (30.94)	36.91 (33.01)	53.04 (37.07)
csh_g		−60.52 (46.40)	−255.6 (290.5)	−66.14 (48.56)	−17.16 (59.92)	−55.60 (46.67)	−62.42 (46.52)	−68.15 (47.09)	−82.10 (64.39)	−60.19 (46.78)
vae		8.043 (8.007)	18.73 (23.54)	7.877 (8.198)	−0.838 (7.886)	7.908 (7.918)	8.128 (8.087)	8.017 (7.895)	3.316 (7.441)	8.510 (8.145)
pve		−5.694* (3.397)	−7.919 (7.349)	−5.675 (3.480)	−3.945 (4.368)	−5.930* (3.331)	−5.770* (3.422)	−5.927* (3.378)	−4.799 (3.222)	−5.536 (3.429)
gee		−7.062 (8.341)	−7.813 (14.74)	−6.801 (8.552)	−0.488 (5.803)	−5.653 (8.609)	−7.661 (8.434)	−7.438 (8.265)	−6.459 (7.970)	−7.538 (8.483)
rqe		1.744 (7.298)	8.611 (17.49)	4.578 (8.572)	−14.48** (6.614)	0.500 (7.466)	2.083 (7.381)	2.305 (7.257)	−1.201 (7.228)	1.075 (7.443)
rle		−0.255 (7.980)	1.275 (13.59)	−0.800 (8.208)	8.660 (8.979)	−0.411 (7.858)	−0.227 (8.097)	−0.236 (7.872)	1.439 (8.125)	0.823 (8.378)
cce		0.435 (6.027)	−7.148 (14.43)	0.269 (6.187)	−0.078 7 (3.604)	0.310 (5.943)	0.547 (6.147)	1.373 (5.948)	−0.592 (6.530)	0.167 (6.117)

续表

变量	(1) flu	(2) flu	(3) flu	(4) flu	(5) flu	(6) flu	(7) flu	(8) flu	(9) flu	(10) flu
lnpop		−29.47* (17.41)	−38.15 (34.83)	−28.93 (17.78)	6.880 (34.09)	−33.58* (17.31)	−29.53* (17.64)	−31.56* (17.61)	13.50 (28.64)	−31.08* (17.93)
pop_growth		−191.0 (122.2)	−148.4 (206.4)	−197.9 (126.3)	−68.01 (162.4)	−216.6* (122.2)	−183.1 (129.0)	−241.1* (132.6)	55.43 (181.0)	−210.2 (129.2)
trade_open		99.08** (41.96)	586.7 (676.4)	104.1** (44.06)	35.82 (21.96)	98.47** (41.52)	102.1** (41.31)	95.47** (40.84)	105.0*** (38.48)	104.8** (44.27)
xr_ch		−31.39 (25.84)	−65.12 (78.20)	−34.13 (26.99)	−10.88 (12.08)	−27.54 (26.59)	−32.19 (25.80)	−32.32 (25.65)	−30.76 (24.17)	−29.91 (26.09)
agri_land		0.379 (0.480)	−0.421 (1.280)	0.316 (0.497)	0.372 (0.474)	0.445 (0.477)	0.393 (0.489)	0.311 (0.475)	0.012 7 (0.520)	0.405 (0.486)
hc		−21.46 (14.79)	−54.13 (53.26)	−22.90 (15.36)	−15.02 (12.30)	−22.67 (14.56)	−21.09 (15.18)	−8.423 (17.50)	−24.84 (15.49)	−24.91 (16.48)
inflation		−33.01 (28.06)	−86.62 (105.6)	−35.45 (29.15)	2.627 (14.19)	−31.06 (28.15)	−33.65 (28.09)	−34.00 (27.84)	−36.37 (27.33)	−31.34 (28.33)
常数项	−0.847 (12.13)	140.8** (67.88)	371.9 (358.8)	145.0** (70.41)	−7.033 (120.8)	147.9** (66.46)	140.8** (68.92)	119.4* (65.39)	27.54 (94.78)	153.4** (73.78)
观测量	845	410	410	410	95	410	410	410	374	410
样本国家个数	65	39	39	39	35	39	39	39	36	39

表分-3-12总结了金融开放对股票市值的回归结果。经济规模越大，越会削弱金融开放对股市发展的正向作用，可能是因为更高的GDP在相同储蓄率下会带来更高的本国储蓄水平，使得外国储蓄对本国金融发展的边际贡献下降。人力资本水平越高，越会削弱金融开放对本国股市发展的正向作用，可能是因为更高的人力资本水平使得本国投资者有更强的能力进行全球资本配置，在金融开放的背景下，削弱了本国资本市场的发展。股市波动率越大，越会增强金融开放对本国股市规模的正向作用，可能是因为高波动性产生了投机性需求。

表分-3-13总结了金融开放对私人信贷规模的回归结果。列（1）和列（2）的结果显示，平均来讲，金融开放促进了信贷市场的发展。列（5）的结果显示，经济发展水平提高会降低金融开放对信贷规模扩张的正向作用。这反映了随着经济发展水平的提高，资产质量提升，信息不对称程度减弱，一国经济对间接融资的依赖下降。列（7）的结果显示，股市波动会促进金融开放对信贷市场发展的正向作用。

表分-3-14显示，在人力资本较高的国家中，金融开放对股市回报率的作用更加负面。这和前文中人力资本在金融开放对股市规模作用中的影响是一致的。

2.4　金融开放对金融稳定的影响

金融开放一方面增加了风险分担的渠道，另一方面增加了金融"传染病"的风险，因此，其对金融稳定的影响是不确定的。本节通过实证分析探讨金融开放对金融稳定的净影响。

表分-3-15总结了金融开放对股市波动的回归结果。列（2）的结果显示，平均而言，金融开放会降低新兴市场国家的股市波动。因此，金融开放对金融风险的抑制作用大于放大作用。然而，这种抑制作用存在明显的异质性。列（7）的结果显示，对于信贷市场发展水平较高的国家，金融开放对股市波动的抑制作用较弱。这可能是因为在信贷市场较发达的国家中，信贷市场与资本市场的互动提高了杠杆率，进而放大了股市波动。

表分-3-12 金融开放对股票市值的回归结果

变量	(1) stock_gdp	(2) stock_gdp	(3) stock_gdp	(4) stock_gdp	(5) stock_gdp	(6) stock_gdp	(7) stock_gdp	(8) stock_gdp
ka_open	18.80** (8.094)	−8.574 (9.667)	−22.23 (31.16)	399.2*** (77.53)	−34.51 (35.67)	266.9*** (50.95)	−28.79** (13.85)	−7.605 (10.33)
kopen_tradeopen			−176.8 (354.5)					
kopen_gdp				−32.25*** (6.172)				
kopen_gdpper					0.00180 (0.00110)			
kopen_hc						−101.7*** (19.09)		
kopen_stockvol							1.282** (0.499)	
kopen_xrvol								−0.126 (0.114)
tfpgrowth		−43.96 (123.6)	−80.75 (193.3)	−124.1 (131.4)	−55.44 (73.72)	−30.27 (117.7)	−123.4 (104.5)	−16.30 (114.3)
csh_i		215.7*** (33.68)	200.4*** (38.23)	195.5*** (34.73)	169.4* (90.72)	197.6*** (32.03)	226.6*** (37.60)	231.2*** (38.85)

续表

变量	(1) stock_gdp	(2) stock_gdp	(3) stock_gdp	(4) stock_gdp	(5) stock_gdp	(6) stock_gdp	(7) stock_gdp	(8) stock_gdp
csh_g		−8.946 (49.55)	−46.06 (102.4)	−47.29 (52.28)	404.4** (191.9)	−48.90 (49.02)	−42.31 (74.52)	−5.117 (51.93)
vae		11.09 (7.775)	13.53 (10.91)	8.610 (8.008)	−4.913 (32.48)	9.222 (7.410)	13.23 (8.626)	14.30 (9.287)
pve		−0.493 (3.810)	−1.119 (4.459)	−0.133 (3.932)	33.09** (16.81)	−0.905 (3.662)	−0.994 (3.960)	0.400 (3.893)
gee		12.12 (9.019)	11.94 (9.404)	15.17 (9.285)	−1.448 (25.80)	7.829 (8.802)	12.67 (9.560)	10.13 (9.360)
rqe		9.823 (7.716)	9.916 (7.966)	28.53*** (8.947)	16.74 (24.15)	11.07 (7.424)	9.962 (8.776)	3.954 (8.075)
rle		4.051 (8.859)	4.928 (9.173)	−0.603 (9.179)	−52.96* (30.22)	2.037 (8.490)	−2.854 (9.801)	2.751 (9.689)
cce		−12.82* (6.663)	−13.33** (6.780)	−11.51* (6.890)	−2.927 (15.84)	−7.104 (6.496)	−11.68 (8.015)	−9.563 (7.032)
lnpop		−116.3*** (15.51)	−116.6*** (16.28)	−91.72*** (16.17)	207.4* (119.1)	−103.5*** (14.58)	−133.3*** (25.01)	−158.1*** (19.52)
pop_growth		−457.7*** (119.0)	−443.0*** (117.7)	−386.8*** (122.9)	734.7 (586.1)	−547.1*** (117.0)	−526.8*** (183.7)	−831.2*** (143.0)

续表

变量	(1) stock_gdp	(2) stock_gdp	(3) stock_gdp	(4) stock_gdp	(5) stock_gdp	(6) stock_gdp	(7) stock_gdp	(8) stock_gdp
trade_open	35.49*** (4.825)	68.27 (46.96)	198.3 (297.1)	93.52* (49.52)	85.09 (97.86)	49.84 (44.18)	89.29* (46.79)	57.82 (47.62)
xr_ch		−54.47* (30.58)	−60.79 (40.26)	−75.40** (32.38)	−32.99 (59.07)	−55.28* (29.34)	−66.28** (31.57)	−39.43 (28.72)
agri_land		1.078** (0.505)	0.878 (0.605)	0.608 (0.527)	−0.00256 (2.182)	0.718 (0.486)	2.247*** (0.615)	1.487*** (0.551)
hc		17.87 (16.35)	8.425 (27.78)	7.842 (17.11)	−17.09 (43.38)	71.24*** (17.81)	16.29 (17.88)	−8.046 (18.83)
inflation		−58.77* (32.65)	−69.85 (50.47)	−76.39** (34.37)	−19.21 (61.57)	−57.78* (31.24)	−56.04 (35.26)	−40.05 (31.22)
常数项	615 (4.825)	264.3*** (67.27)	316.2** (150.5)	230.7*** (68.97)	−652.9* (396.5)	110.5*** (64.88)	299.0*** (96.71)	452.5*** (85.03)
观测量	615	452	452	452	103	452	404	414
样本国家个数	47	39	39	39	37	39	36	39

表分-3-13 金融开放对私人信贷规模的回归结果

变量	(1) credit_gdp	(2) credit_gdp	(3) credit_gdp	(4) credit_gdp	(5) credit_gdp	(6) credit_gdp	(7) credit_gdp	(8) credit_gdp
ka_open	4.274 (4.485)	16.32* (9.396)	59.53 (57.04)	−77.51 (75.38)	39.61*** (12.07)	33.41 (47.34)	3.235 (6.796)	21.75** (9.727)
kopen_tradeopen			583.0 (645.0)					
kopen_gdp				7.540 (6.239)				
kopen_gdpper					−0.000 774** (0.000 331)			
kopen_hc						−6.346 (18.15)		
kopen_stockvol							0.808*** (0.212)	
kopen_xrvol								−0.064 2 (0.051 9)
tfpgrowth		278.6* (159.9)	502.6 (517.1)	299.5* (177.5)	21.91 (43.90)	279.4* (159.4)	64.17 (60.47)	224.3* (129.5)
csh_i		54.84** (26.26)	150.9 (130.8)	58.03** (28.34)	14.57 (35.87)	54.68** (26.38)	25.86 (17.64)	52.04** (25.33)

续表

变量	(1) credit_gdp	(2) credit_gdp	(3) credit_gdp	(4) credit_gdp	(5) credit_gdp	(6) credit_gdp	(7) credit_gdp	(8) credit_gdp
csh_g		114.9* (52.40)	261.1 (231.8)	121.7* (57.49)	265.4*** (71.23)	112.8* (54.37)	86.22** (38.06)	101.4** (49.11)
vae		−5.757 (6.663)	−8.768 (13.43)	−4.391 (6.931)	−11.94 (10.78)	−5.890 (6.642)	−7.291 (4.547)	−3.278 (7.341)
pve		2.158 (2.797)	3.135 (5.371)	1.984 (2.936)	5.250 (5.663)	2.174 (2.798)	3.094* (1.780)	3.347 (2.615)
gee		8.773 (9.384)	21.82 (28.20)	8.698 (9.879)	7.065 (8.961)	8.526 (9.603)	5.519 (5.131)	7.542 (8.747)
rqe		−6.855 (9.123)	−13.44 (21.65)	−11.36 (11.43)	0.870 (9.863)	−6.717 (9.250)	1.332 (4.838)	−4.312 (8.460)
rle		1.192 (7.480)	−6.974 (17.75)	0.969 (7.919)	25.46*** (9.138)	1.113 (7.473)	3.564 (4.776)	−3.210 (7.426)
cce		−10.96* (6.084)	−14.64 (12.72)	−11.97* (6.585)	−9.834 (6.425)	−10.65* (6.237)	−4.180 (4.214)	−6.427 (5.731)
lnpop		14.26 (20.50)	30.13 (51.34)	10.70 (20.60)	−26.46 (29.05)	15.13 (19.91)	−32.73*** (11.02)	6.954 (21.16)
pop_growth		−103.5 (112.1)	−131.3 (194.2)	−114.4 (117.0)	−53.76 (160.9)	−108.1 (114.9)	−346.4*** (96.57)	−130.8 (118.2)

续表

变量	(1) credit_gdp	(2) credit_gdp	(3) credit_gdp	(4) credit_gdp	(5) credit_gdp	(6) credit_gdp	(7) credit_gdp	(8) credit_gdp
trade_open		−56.31*	−436.0	−64.49*	−27.49	−56.28*	−58.22***	−51.03**
		(31.17)	(463.5)	(36.18)	(40.75)	(31.26)	(18.53)	(25.52)
xr_ch		37.43	65.29	41.34	−7.776	37.36	−7.728	25.79
		(33.32)	(85.69)	(36.62)	(20.79)	(33.45)	(14.80)	(29.35)
agri_land		−0.144	0.289	−0.0295	0.881*	−0.164	−0.147	−0.0464
		(0.382)	(0.865)	(0.418)	(0.506)	(0.389)	(0.268)	(0.384)
hc		5.174	31.54	7.269	−19.77	8.561	25.60***	9.175
		(13.28)	(35.69)	(14.02)	(16.42)	(16.73)	(8.889)	(13.23)
inflation		31.46	76.07	35.09	−35.17	31.55	−7.345	25.74
		(38.41)	(111.7)	(41.88)	(22.93)	(38.41)	(17.77)	(33.98)
常数项	45.28***	−53.35	−254.3	−52.11	74.90	−63.52	56.38	−44.11
	(2.588)	(76.58)	(333.6)	(80.39)	(93.05)	(73.31)	(41.80)	(78.53)
观测量	806	549	549	549	130	549	436	508
样本国家个数	57	44	44	44	41	44	36	44

表分-3-14 金融开放对股市回报率的回归结果

变量	(1) stock_re	(2) stock_re	(3) stock_re	(4) stock_re	(5) stock_re	(6) stock_re	(7) stock_re	(8) stock_re	(9) stock_re
ka_open	−33.44** (15.97)	−14.16 (22.16)	287.6 (698.7)	182.4 (182.2)	−6.741 (27.86)	1.156 (32.93)	410.6*** (131.9)	−14.94 (26.31)	−2.345 (25.29)
kopen_tradeopen			3 910 (8 840)						
kopen_gdp				−15.54 (14.43)					
kopen_stock					−0.181 (0.408)				
kopen_credit						−0.317 (0.561)			
kopen_hc							−156.2*** (48.85)		
kopen_stockvol								−0.076 1 (0.959)	
kopen_xrvol									0.072 6 (0.254)
stock_gdp		−0.611*** (0.194)	−0.805 (0.859)	−0.632*** (0.195)	−0.479 (0.329)	−0.631*** (0.201)	−0.730*** (0.205)	−0.532*** (0.183)	−0.626*** (0.213)
credit_gdp		0.275 (0.269)	1.024 (1.746)	0.263 (0.265)	0.256 (0.274)	0.395 (0.356)	0.036 8 (0.281)	0.311 (0.305)	0.166 (0.293)

续表

变量	(1) stock_re	(2) stock_re	(3) stock_re	(4) stock_re	(5) stock_re	(6) stock_re	(7) stock_re	(8) stock_re	(9) stock_re
tfpgrowth		371.8 (301.5)	1 709 (3 827)	329.8 (299.0)	378.3 (306.9)	404.6 (306.0)	420.0 (306.9)	192.7 (201.3)	404.3 (312.6)
csh_i		149.9* (82.02)	574.2 (979.7)	146.1* (80.78)	155.4* (82.81)	150.9* (83.57)	152.6* (84.01)	159.4** (81.08)	126.4 (102.5)
csh_g		−110.4 (127.8)	956.0 (2 577)	−139.3 (129.1)	−111.2 (127.7)	−94.52 (131.3)	−132.8 (131.5)	−110.6 (149.0)	−118.1 (151.3)
vae		1.426 (18.51)	−25.14 (93.18)	−0.190 (18.35)	1.693 (18.46)	2.531 (19.01)	0.703 (18.93)	5.750 (17.13)	0.944 (21.72)
pve		17.56** (8.509)	29.91 (42.42)	18.02** (8.412)	17.37** (8.482)	17.92** (8.650)	16.97* (8.719)	14.27* (7.779)	23.85*** (9.248)
gee		28.91 (22.03)	33.70 (69.37)	31.85 (22.04)	30.93 (23.37)	32.03 (22.85)	25.34 (22.62)	21.59 (19.55)	26.45 (23.93)
rqe		−36.43* (19.39)	−87.41 (147.9)	−26.96 (20.99)	−37.85* (20.17)	−39.89** (20.34)	−36.32* (19.84)	−32.36** (16.98)	−33.11 (22.70)
rle		−45.72** (21.13)	−28.50 (80.40)	−48.66** (20.95)	−45.91** (21.10)	−44.12** (21.71)	−44.30** (21.62)	−50.02** (19.52)	−63.71*** (23.53)
cce		6.579 (15.75)	36.66 (77.21)	5.461 (15.63)	6.162 (15.84)	4.465 (16.54)	8.974 (16.11)	15.19 (15.82)	12.97 (17.46)

续表

变量	(1) stock_re	(2) stock_re	(3) stock_re	(4) stock_re	(5) stock_re	(6) stock_re	(7) stock_re	(8) stock_re	(9) stock_re
lnpop		−79.23* (45.76)	−54.72 (149.5)	−67.32 (45.81)	−83.07* (46.03)	−82.37* (47.19)	−93.55** (47.50)	−91.93 (59.70)	−83.65 (56.71)
pop_growth		−342.9 (297.1)	−1 463 (2 707)	−319.6 (293.1)	−360.5 (300.4)	−399.6 (320.6)	−612.8* (319.3)	−668.0 (407.4)	−374.5 (373.8)
trade_open		−80.81 (109.8)	−3 026 (6 901)	−63.43 (109.5)	−82.08 (110.7)	−97.20 (112.4)	−116.3 (111.4)	−24.90 (92.90)	−134.4 (120.2)
xr_ch		89.90 (70.94)	368.5 (776.3)	77.94 (70.87)	96.16 (75.57)	95.34 (71.98)	83.52 (72.85)	63.39 (60.50)	105.5 (74.96)
agri_land		1.772 (1.228)	5.852 (9.379)	1.505 (1.232)	1.816 (1.226)	1.639 (1.267)	1.210 (1.261)	1.809 (1.247)	1.897 (1.378)
hc		69.94* (38.26)	241.3 (426.7)	66.21* (37.94)	70.18* (38.33)	65.55 (40.01)	153.4*** (46.14)	59.79 (36.92)	96.93** (45.93)
inflation		141.2* (79.33)	572.2 (1 142)	130.6* (78.83)	145.8* (82.55)	146.8* (80.44)	135.7* (81.40)	110.0 (67.08)	169.2** (85.07)
常数项	35.52*** (9.484)	50.55 (175.8)	−1 120 (2 819)	35.11 (173.5)	54.12 (175.5)	69.11 (184.3)	−83.03 (180.2)	120.5 (197.1)	−7.591 (220.4)
观测量	599	414	414	414	414	414	414	402	384
样本国家个数	42	36	36	36	36	36	36	36	36

表分-3-15 金融开放对股市波动的回归结果

变量	(1) stock_vol	(2) stock_vol	(3) stock_vol	(4) stock_vol	(5) stock_vol	(6) stock_vol	(7) stock_vol	(8) stock_vol
ka_open	2.653 (3.320)	−6.953** (3.483)	1.895 (17.20)	42.61 (27.86)	11.13 (18.44)	−5.493 (4.463)	−18.64*** (5.078)	7.095 (19.81)
kopen_tradeopen			115.3 (207.0)					
kopen_gdp				−3.918* (2.202)				
kopen_gdpper					−0.000 466 (0.000 669)			
kopen_stock						−0.035 1 (0.063 4)		
kopen_credit							0.236*** (0.084 1)	
kopen_hc								−5.154 (7.296)
stock_gdp		0.076 7*** (0.028 4)	0.073 4** (0.033 6)	0.071 1** (0.028 8)	0.089 4 (0.131)	0.103** (0.050 7)	0.089 2*** (0.028 5)	0.073 0** (0.029 6)
credit_gdp		0.117*** (0.042 2)	0.137*** (0.051 9)	0.114*** (0.041 5)	0.072 0 (0.287)	0.113*** (0.043 4)	0.031 8 (0.052 3)	0.109** (0.043 2)

续表

变量	(1) stock_vol	(2) stock_vol	(3) stock_vol	(4) stock_vol	(5) stock_vol	(6) stock_vol	(7) stock_vol	(8) stock_vol
tfpgrowth		20.28 (38.47)	49.85 (91.45)	10.65 (37.92)	−40.28 (30.32)	20.75 (39.01)	2.807 (37.95)	21.02 (38.40)
csh_i		−34.73*** (12.80)	−23.66 (23.42)	−35.04*** (12.60)	31.62 (51.26)	−33.73*** (12.95)	−35.60*** (12.56)	−34.61*** (12.82)
csh_g		46.93** (22.83)	84.37 (82.67)	37.73* (22.93)	25.55 (122.6)	47.18** (23.06)	31.20 (22.85)	46.65** (22.85)
vae		2.558 (2.756)	2.119 (3.280)	2.058 (2.731)	18.23 (17.07)	2.630 (2.758)	1.610 (2.723)	2.549 (2.755)
pve		1.723 (1.247)	1.763 (1.356)	1.891 (1.232)	−14.69 (9.344)	1.667 (1.253)	1.695 (1.221)	1.675 (1.251)
gee		−5.673* (3.120)	−6.081* (3.142)	−4.948 (3.122)	9.264 (11.53)	−5.336 (3.302)	−7.417** (3.121)	−5.864* (3.133)
rqe		0.666 (2.745)	0.195 (3.247)	2.847 (2.961)	8.092 (14.60)	0.472 (2.818)	2.612 (2.768)	0.748 (2.751)
rle		−5.439* (3.133)	−5.798* (3.370)	−5.977* (3.091)	1.446 (16.33)	−5.541* (3.143)	−6.152** (3.088)	−5.454* (3.132)
cce		1.272 (2.488)	3.093 (4.487)	0.838 (2.468)	7.655 (8.717)	1.247 (2.501)	2.272 (2.477)	1.426 (2.486)

续表

变量	(1) stock_vol	(2) stock_vol	(3) stock_vol	(4) stock_vol	(5) stock_vol	(6) stock_vol	(7) stock_vol	(8) stock_vol
lnpop		−0.971 (8.231)	−5.418 (13.73)	3.097 (8.217)	−54.51 (79.20)	−2.094 (8.764)	5.145 (8.394)	−1.887 (8.398)
pop_growth		−23.45 (57.39)	−90.90 (157.8)	−10.98 (56.43)	−17.30 (361.6)	−29.15 (60.37)	41.96 (60.93)	−35.15 (59.95)
trade_open		−18.18 (16.01)	−102.0 (163.1)	−13.98 (15.87)	103.6** (48.76)	−18.33 (16.18)	−6.724 (16.02)	−19.21 (15.96)
xr_ch		20.66** (10.22)	27.45 (20.57)	17.90* (10.15)	77.01*** (27.88)	21.81** (10.97)	17.23* (10.03)	20.37** (10.26)
agri_land		−0.936*** (0.185)	−0.789** (0.321)	−1.007*** (0.186)	−0.391 (1.113)	−0.926*** (0.187)	−0.852*** (0.184)	−0.952*** (0.186)
hc		2.080 (5.727)	6.547 (10.85)	1.234 (5.658)	3.097 (19.93)	2.097 (5.761)	5.673 (5.777)	4.798 (6.835)
inflation		16.35 (11.30)	27.11 (28.44)	13.93 (11.17)	75.66*** (28.48)	17.14 (11.81)	13.06 (11.08)	16.06 (11.33)
常数项	18.91*** (1.955)	54.91* (28.10)	37.12 (39.89)	47.64* (27.66)	171.5 (268.6)	56.80** (28.73)	29.25 (29.32)	51.89* (28.17)
观测量	587	407	407	407	92	407	407	407
样本国家个数	42	36	36	36	34	36	36	36

表分-3-16 显示了金融开放对汇市波动的回归结果。首先，列（1）和列（2）显示，平均而言，金融开放降低汇市波动。其次，金融开放对汇市波动的影响有明显的异质性。列（4）的回归结果显示，对于经济规模较大的国家，金融开放对汇市波动的抑制作用较强。这可能反映出经济规模较大的国家的市场规模和深度较大，抗冲击能力强。另外，对于人力资本水平较高的国家，金融开放会放大汇市波动。这可能反映出当经济遭受负面冲击的时候，在金融开放的背景下，人力资本水平较高的国家的资本外逃更严重。

3. 新兴市场国家金融开放与宏观经济政策

本节研究不同国家宏观政策的差异对金融开放经济效应的异质性影响。我们用一国的政府支出占 GDP 的比重度量财政政策，用广义货币增长率度量货币政策，用国际货币基金组织宏观审慎政策指数度量宏观审慎政策。前两个指标越高，代表财政、货币政策越宽松。最后一个指标越高，代表宏观审慎政策越紧。

3.1 新兴市场国家不同金融开放阶段的宏观政策环境

本节继续以金融开放水平三分位数为划分标准，将新兴市场国家分为金融开放水平较高的国家、中等金融开放水平的国家、金融开放水平较低的国家三组，探究在不同的金融开放阶段新兴市场国家宏观政策的差别。

本节以金融开放水平三分位数探究不同开放水平的国家的宏观调控政策差异。我们分别考虑三种宏观调控政策，即以政府公共支出（csh_g）为代理变量的财政政策指标、以广义货币供给增长率（m2）为代理变量的货币政策指标、宏观审慎政策施行的量化指标（macropru）。

首先，对总体数据运用描述性统计加以分析，结果如表分-3-17 所示。金融开放水平较低的国家的财政政策指标平均值为 0.21，比其他两类国家更高。货币政策指标在组间随金融开放水平升高而降低。金融开放水平较低的国家的宏观审慎政策指标为 0.22，偏低。宏观审慎政策指标标准差组间差异不大。金融开放水平较低的国家的三类政策更宽松。相比较而言，金融开放水平较高的国家的货币政策指标平均值（41.55）偏低，宏观审慎政策指标平均值（0.31）偏高，表示其货币政策、宏观审慎政策从紧。

表分－3－16　金融开放对汇市波动的回归结果

变量	(1) xr_vol	(2) xr_vol	(3) xr_vol	(4) xr_vol	(5) xr_vol	(6) xr_vol	(7) xr_vol	(8) xr_vol
ka_open	−285.2** (112.1)	−79.73* (43.35)	−141.3 (215.3)	618.4* (345.4)	−37.03 (116.5)	−104.2** (52.80)	−125.7** (59.80)	−668.4*** (252.4)
kopen_tradeopen			−788.7 (2 599)					
kopen_gdp				−55.13** (27.31)				
kopen_gdpper					0.000 251 (0.003 97)			
kopen_stock						0.615 (0.773)		
kopen_credit							0.920 (0.944)	
kopen_hc								216.2** (93.31)
stock_gdp		−0.468 (0.402)	−0.443 (0.459)	−0.541 (0.406)	−0.339 (0.985)	−0.915 (0.640)	−0.399 (0.403)	−0.295 (0.412)
credit_gdp		0.014 2 (0.502)	−0.086 7 (0.606)	−0.058 2 (0.497)	−0.438 (1.790)	0.052 3 (0.505)	−0.308 (0.613)	0.343 (0.513)

续表

变量	(1) xr_vol	(2) xr_vol	(3) xr_vol	(4) xr_vol	(5) xr_vol	(6) xr_vol	(7) xr_vol	(8) xr_vol
tfpgrowth		39.36 (591.7)	−176.4 (1 274)	−119.7 (591.3)	−258.8 (210.5)	16.68 (601.8)	−67.54 (577.6)	−35.36 (585.4)
csh_i		797.5*** (154.8)	704.1** (341.9)	778.2*** (153.4)	126.0 (306.1)	782.2*** (156.2)	796.1*** (155.0)	795.7*** (154.4)
csh_g		248.0 (227.7)	45.39 (782.8)	178.3 (229.1)	20.71 (898.4)	233.0 (231.0)	218.4 (226.6)	307.2 (230.5)
vae		8.063 (36.55)	20.72 (67.54)	6.733 (36.31)	−14.47 (98.47)	8.367 (36.71)	9.314 (36.46)	10.51 (36.35)
pve		14.57 (17.37)	11.35 (23.89)	14.56 (17.25)	29.75 (67.51)	15.21 (17.34)	12.74 (17.28)	14.78 (17.32)
gee		−53.38 (42.80)	−54.33 (45.25)	−47.26 (42.74)	−48.50 (79.58)	−58.92 (44.62)	−63.30 (42.88)	−49.13 (42.82)
rqe		−8.117 (35.12)	−1.875 (46.49)	25.76 (38.64)	16.66 (73.59)	−3.947 (36.13)	−2.180 (35.20)	−11.62 (35.14)
rle		85.08** (40.21)	84.20** (41.50)	75.72* (40.10)	35.22 (109.1)	85.61** (40.26)	82.81** (40.28)	84.96** (40.07)
cce		19.97 (30.43)	14.65 (33.64)	18.67 (30.25)	−56.26 (49.55)	20.77 (30.58)	23.97 (30.71)	14.06 (30.38)

续表

变量	(1) xr_vol	(2) xr_vol	(3) xr_vol	(4) xr_vol	(5) xr_vol	(6) xr_vol	(7) xr_vol	(8) xr_vol
lnpop		−49.95 (84.04)	−58.03 (98.83)	−28.13 (83.48)	19.16 (433.5)	−37.23 (83.79)	−53.43 (83.73)	−46.00 (84.04)
pop_growth		−1 043* (591.6)	−996.0* (578.2)	−1 030* (587.4)	−93.46 (2 005)	−983.2* (591.3)	−933.9 (612.1)	−703.1 (622.1)
trade_open		437.6** (221.8)	1 027 (2 118)	497.3** (222.3)	304.4 (294.1)	442.6** (223.9)	491.3** (217.6)	489.5** (218.7)
xr_ch		121.6 (135.8)	75.98 (259.4)	74.14 (137.0)	−48.64 (180.0)	104.3 (142.0)	107.4 (134.3)	128.0 (135.8)
agri_land		0.215 (2.326)	−0.602 (3.292)	−0.489 (2.330)	3.536 (6.681)	0.025 0 (2.329)	0.528 (2.338)	0.997 (2.327)
hc		−279.0*** (75.99)	−316.1* (163.2)	−298.7*** (76.14)	−117.9 (134.8)	−277.4*** (76.06)	−274.0*** (76.69)	−402.9*** (89.93)
inflation		113.0 (145.1)	44.33 (340.3)	70.42 (145.5)	−35.59 (192.3)	102.9 (148.5)	101.6 (143.7)	120.5 (145.0)
常数项	199.0*** (59.18)	750.0** (339.0)	1 001 (1 034)	759.7** (337.0)	139.2 (1 422)	738.1** (338.3)	754.5** (338.6)	1 002*** (338.3)
观测量	910	443	443	443	103	443	443	443
样本国家个数	65	39	39	39	37	39	39	39

表分-3-17　不同金融开放水平国家宏观政策描述性统计

	金融开放水平较低的国家	中等金融开放水平的国家	金融开放水平较高的国家
财政政策指标平均值	0.21	0.18	0.18
财政政策指标标准差	0.08	0.07	0.07
货币政策指标平均值	49.42	46.52	41.55
货币政策指标标准差	290.14	229.61	391.81
宏观审慎政策指标平均值	0.22	0.22	0.31
宏观审慎政策指标标准差	1.00	1.20	1.02

其次，计算每年各组国家的财政政策指标、货币政策指标，以及宏观审慎政策指标的平均值。在财政政策上，三组国家中金融开放水平较低的国家的财政政策比其他两组更为宽松。从时间上看，各组国家财政政策在2008年之后都开始趋于扩张，见图分-3-8。在货币政策上，金融开放水平较低的一组国家广义货币供给的增长率在2000年以前具有较大的波动性，并且比其他两组国家更为宽松。除此之外，各国的货币政策也不断趋于紧缩。在宏观审慎政策上，各组国家的平均宏观审慎政策量化指标处于剧烈的波动之中，但在整体上具有不断紧缩的趋势。

3.2　宏观政策环境对金融开放经济效应的影响

表分-3-18总结了宏观政策对金融开放影响的实证结果。

表分-3-18的列（1）、列（4）、列（7）、列（10）、列（13）、列（16）、列（19）分别展示了财政政策对金融开放（用 kopen_cshg 表示财政政策与金融开放的交互项）的经济增长效应（growth）、经济波动效应（flu）、股市发展效应（stock_gdp）、信贷市场发展效应（credit_gdp）、股市回报率效应（stock_re）、股市波动效应（stock_vol）和汇市波动效应（xr_vol）的影响。可以看到，财政政策越宽松，金融开放对股市发展的促进作用越小。这反映出新兴市场国家财政扩张对股市资金的挤出效应。

表分-3-18的列（2）、列（5）、列（8）、列（11）、列（14）、列（17）、列

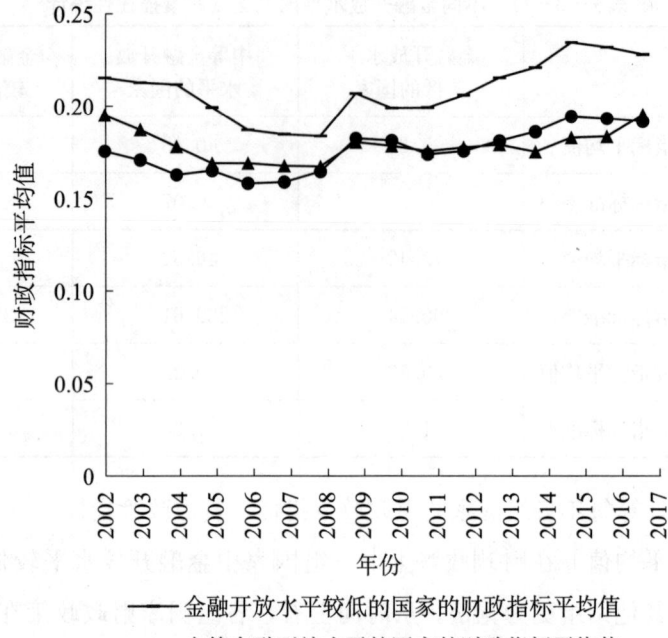

图分-3-8 不同金融开放水平的国家的宏观政策

(20) 分别展示了货币政策对金融开放（用 kopen_m2 表示货币政策与金融开放的交互项）的经济增长效应（growth）、经济波动效应（flu）、股市发展效应（stock_gdp）、信贷市场发展效应（credit_gdp）、股市回报率效应（stock_re）、股市波动效应（stock_vol）和汇市波动效应（xr_vol）的影响。可以看到，货币政策的异质性对金融开放的经济效应没有显著影响。

表分-3-18 的列（3）、列（6）、列（9）、列（12）、列（15）、列（18）、列（21）分别展示了宏观审慎政策对金融开放（用 kopen_macropru 表示宏观审慎政策与金融开放的交互项）的经济增长效应（growth）、经济波动效应（flu）、股市发展效应（stock_gdp）、信贷市场发展效应（credit_gdp）、股市回报率效应（stock_re）、股市波动效应（stock_vol）和汇市波动效应（xr_vol）的影响。可以看到，宏观审慎政策的异质性对金融开放的经济效应没有显著影响。

表分-3-18 宏观政策对金融开放影响的实证结果

变量	(1) growth	(2) growth	(3) growth	(4) flu	(5) flu	(6) flu	(7) stock_gdp	(8) stock_gdp	(9) stock_gdp
ka_open	−0.080 7 (0.070 2)	−0.004 49 (0.249)	0.055 3 (0.085 8)	−28.14 (28.63)	−86.67 (93.81)	−27.75 (34.67)	43.72 (27.32)	40.45 (72.79)	−41.33 (81.92)
kopen_cshg	0.512 (0.332)			110.1 (140.4)			−275.3** (130.2)		
kopen_m2		0.006 70 (0.009 02)			2.978 (2.451)			−2.020 (5.822)	
kopen_macropru			0.029 5 (0.088 5)			−21.87 (28.97)			−44.88 (138.6)
stock_gdp	0.000 260 (0.000 211)	−0.000 242 (0.002 27)	0.000 300 (0.000 326)	−0.022 1 (0.081 0)	−0.583 (0.800)	−0.132 (0.174)			
credit_gdp	−0.000 348 (0.000 262)	−0.002 74 (0.002 37)	−0.000 444 (0.000 870)	0.038 4 (0.105)	0.108 (0.519)	−0.199 (0.378)			
tfpgrowth	1.309*** (0.311)	2.018** (1.019)	1.801* (1.002)	−197.2* (116.0)	247.9 (244.6)	−307.9 (297.6)	−32.94 (124.6)	15.32 (219.4)	−504.7 (1 423)
csh_i	0.234*** (0.078 1)	0.775 (0.799)	0.100 (0.182)	45.70 (32.05)	202.7 (236.8)	86.86 (84.16)	204.1*** (34.51)	197.8 (163.2)	297.2 (238.4)

续表

变量	(1) growth	(2) growth	(3) growth	(4) flu	(5) flu	(6) flu	(7) stock_gdp	(8) stock_gdp	(9) stock_gdp
csh_g	−0.288 (0.244)	1.168 (1.310)	−0.022 6 (0.175)	−126.0 (103.8)	219.0 (292.6)	−40.10 (94.63)	145.7 (91.85)	−37.02 (244.1)	18.57 (170.3)
vae	−0.022 4 (0.018 3)	−0.051 4 (0.190)	0.001 10 (0.032 5)	7.383 (8.069)	−59.03 (73.72)	2.073 (15.18)	12.14 (7.714)	79.15 (115.9)	9.949 (30.59)
pve	0.002 37 (0.008 92)	−0.037 3 (0.063 5)	0.004 37 (0.013 6)	−5.894* (3.542)	−22.81 (21.22)	−8.061 (8.116)	−0.095 4 (3.820)	−2.604 (10.71)	−6.084 (15.87)
gee	−0.017 8 (0.021 6)	0.043 9 (0.155)	−0.037 0 (0.056 4)	−7.291 (8.644)	49.10 (50.18)	9.786 (23.89)	11.58 (8.966)	15.84 (29.56)	35.32 (79.57)
rqe	0.060 3*** (0.017 5)	0.026 6 (0.136)	0.058 3 (0.035 4)	1.270 (7.409)	37.52 (43.73)	9.881 (19.15)	11.17 (7.667)	19.53 (37.85)	12.29 (26.67)
rle	−0.021 6 (0.020 4)	0.060 2 (0.148)	−0.027 2 (0.042 7)	1.447 (8.387)	37.40 (55.88)	−10.72 (22.74)	−0.671 (9.110)	−0.613 (30.96)	−25.04 (64.40)
cce	0.002 79 (0.015 3)	−0.072 2 (0.139)	−0.007 03 (0.037 1)	−0.239 (6.262)	−39.33 (40.39)	7.626 (15.72)	−11.28* (6.664)	−18.63 (31.03)	16.78 (80.89)
lnpop	−0.060 1 (0.042 1)	−1.204 (1.150)	0.046 3 (0.229)	−29.07 (17.83)	−418.7 (355.6)	−67.65 (89.09)	−115.9*** (15.49)	−38.48 (244.2)	−235.6 (221.9)

续表

变量	(1) growth	(2) growth	(3) growth	(4) flu	(5) flu	(6) flu	(7) stock_gdp	(8) stock_gdp	(9) stock_gdp
pop_growth	1.360***	−10.96	0.167	−185.7	−4 199	−229.0	−459.5***	2 339	500.7
	(0.297)	(11.81)	(1.478)	(125.2)	(3 652)	(852.9)	(118.6)	(4 518)	(1 394)
trade_open	0.091 2	−0.347	−0.015 1	107.3**	−158.9	89.58	52.09	74.04	136.4
	(0.122)	(0.846)	(0.169)	(47.79)	(159.4)	(83.49)	(48.91)	(361.9)	(254.3)
xr_ch	0.033 3	0.225	0.151	−34.01	3.864	−84.05	−47.65	−33.61	−238.6
	(0.071 3)	(0.396)	(0.349)	(27.69)	(93.59)	(98.02)	(31.19)	(97.23)	(574.2)
agri_land	−0.001 51	−0.006 52	−0.000 870	0.349	−0.292	−0.159	1.197**	0.086 2	0.801
	(0.001 17)	(0.009 73)	(0.002 15)	(0.495)	(3.124)	(1.168)	(0.504)	(2.068)	(2.309)
hc	0.064 0*	0.188	0.091 4	−20.32	2.217	−21.84	14.19	48.94	−5.777
	(0.038 1)	(0.272)	(0.060 5)	(15.12)	(74.49)	(31.54)	(16.29)	(56.98)	(112.1)
inflation	0.122	0.315	0.258	−35.68	11.55	−82.95	−51.43	−13.30	−245.5
	(0.075 7)	(0.435)	(0.375)	(30.04)	(113.1)	(101.8)	(33.33)	(98.08)	(587.7)
常数项	0.113	3.436	−0.369	148.8**	1 340	305.7	239.1***	−49.34	731.4
	(0.179)	(3.699)	(0.912)	(72.12)	(1 133)	(347.1)	(69.76)	(832.0)	(1 088)
观测量	443	94	402	410	88	371	452	96	408
样本国家个数	39	32	35	39	32	35	39	32	35

续表

变量	(10) credit_gdp	(11) credit_gdp	(12) credit_gdp	(13) stock_re	(14) stock_re	(15) stock_re	(16) stock_vol	(17) stock_vol	(18) stock_vol
ka_open	21.66 (24.34)	57.18 (59.83)	28.99 (127.7)	83.39 (93.93)	468.7 (810.8)	−49.08 (115.0)	−22.50* (12.30)	−119.2 (130.5)	2.191 (29.04)
kopen_cshg	−28.50 (106.9)			−518.2 (466.8)			82.51 (60.37)		
kopen_m2		−0.524 (2.232)			−14.78 (31.88)			2.269 (5.134)	
kopen_macropru			34.45 (284.0)			−28.25 (105.2)			11.76 (25.14)
tfpgrowth	281.0* (165.8)	115.6 (170.6)	845.1 (3 877)	413.0 (332.2)	−277.4 (1 771)	−86.50 (1 120)	15.08 (40.51)	52.24 (285.1)	96.17 (222.1)
csh_i	54.40** (26.17)	176.8** (85.45)	40.71 (81.95)	141.2* (84.66)	−321.5 (1 351)	178.3 (284.9)	−33.71*** (12.97)	10.73 (217.6)	−63.67 (62.37)
csh_g	131.1 (93.83)	159.6* (82.72)	228.5 (824.4)	206.3 (341.8)	−1 270 (3 508)	−123.3 (177.9)	−3.263 (47.67)	166.5 (564.9)	44.33 (61.27)
vae	−5.796 (6.742)	33.61 (69.11)	11.32 (94.63)	1.888 (18.94)	256.8 (621.2)	6.117 (38.72)	2.521 (2.783)	−68.46 (100.0)	4.063 (7.955)

续表

变量	(10) credit_gdp	(11) credit_gdp	(12) credit_gdp	(13) stock_re	(14) stock_re	(15) stock_re	(16) stock_vol	(17) stock_vol	(18) stock_vol
pve	2.471 (3.185)	−2.280 (5.219)	0.360 (10.56)	19.30** (9.179)	60.64 (153.1)	3.933 (20.64)	1.501 (1.281)	−14.83 (24.65)	2.459 (3.339)
gee	8.595 (9.242)	−15.16 (17.00)	−6.243 (100.1)	27.61 (22.27)	143.5 (250.6)	29.09 (98.68)	−5.336* (3.119)	−5.840 (40.36)	−19.00 (27.66)
rqe	−6.789 (9.109)	−8.403 (26.18)	−18.02 (71.35)	−35.47* (19.70)	170.8 (360.4)	−6.847 (25.76)	0.469 (2.765)	−11.28 (58.04)	2.469 (7.330)
rle	0.722 (7.964)	21.38 (23.26)	11.45 (129.9)	−50.77** (21.46)	−53.61 (218.7)	−78.07*** (25.83)	−4.633 (3.202)	2.185 (35.21)	−5.751 (7.671)
cce	−10.74* (6.057)	−26.93 (36.04)	−28.32 (164.4)	8.105 (16.15)	164.9 (207.5)	32.51 (25.19)	0.945 (2.541)	−8.885 (33.41)	0.432 (6.270)
lnpop	14.73 (21.48)	−58.46 (35.95)	92.28 (505.7)	−72.41 (47.87)	256.5 (2 273)	−115.9 (174.0)	−1.676 (8.254)	−145.1 (365.9)	33.83 (45.54)
pop_growth	−100.6 (115.5)	167.8 (2 135)	541.4 (3 262)	−404.0 (312.0)	14 531 (38 429)	−83.05 (1 115)	−11.24 (60.43)	−4 144 (6 188)	−746.1 (925.2)
trade_open	−57.10* (32.81)	−40.34 (130.3)	−99.98 (228.8)	−112.7 (128.8)	305.3 (1 660)	−14.00 (236.9)	−13.39 (17.59)	−47.44 (267.4)	−9.158 (42.04)

续表

变量	(10) credit_gdp	(11) credit_gdp	(12) credit_gdp	(13) stock_re	(14) stock_re	(15) stock_re	(16) stock_vol	(17) stock_vol	(18) stock_vol
xr_ch	37.69 (34.02)	3.363 (59.94)	178.8 (1 095)	100.1 (76.99)	−921.3 (1 668)	−51.37 (425.0)	19.09* (10.68)	165.0 (268.6)	71.31 (99.86)
agri_land	−0.142 (0.385)	−0.926 (1.172)	−0.044 9 (2.363)	1.848 (1.258)	48.07 (62.17)	1.139 (3.706)	−0.951*** (0.188)	−6.038 (10.01)	−0.570 (0.980)
hc	5.075 (13.40)	47.62 (32.44)	18.22 (113.6)	62.40 (38.89)	783.1 (1 248)	104.7** (49.02)	3.304 (5.797)	−151.5 (200.9)	5.487 (14.24)
inflation	32.09 (39.80)	−10.60 (62.28)	167.4 (1 155)	150.7* (85.45)	−693.4 (1 483)	−50.92 (443.2)	14.99 (11.73)	137.0 (238.8)	61.96 (101.2)
stock_gdp				−0.659*** (0.218)	−3.636 (5.733)	−0.531** (0.247)	0.083 9*** (0.030 4)	0.453 (0.923)	0.121 (0.084 5)
credit_gdp				0.250 (0.279)	0.585 (3.451)	−0.476 (1.161)	0.122*** (0.042 9)	0.538 (0.556)	0.203 (0.251)
常数项	−57.64 (85.02)	30.92 (173.7)	−376.3 (2 276)	−9.395 (196.5)	−4 765 (11 625)	160.6 (838.9)	63.35** (28.55)	1 159 (1 872)	−83.24 (209.3)
观测量	549	115	483	414	87	376	407	87	369
样本国家个数	44	39	38	36	29	32	36	29	32

续表

变量	(19) xr_vol	(20) xr_vol	(21) xr_vol
ka_open	−197.3 (139.3)	546.7 (1 195)	−37.97 (176.7)
kopen_cshg	605.5 (659.0)		
kopen_m2		−39.70 (56.20)	
kopen_macropru			75.38 (182.4)
stock_gdp	−0.425 (0.419)	0.912 (8.061)	−0.281 (0.671)
credit_gdp	0.168 (0.520)	−2.664 (8.158)	0.794 (1.792)
tfpgrowth	−11.61 (616.7)	−210.5 (3 475)	576.0 (2 064)
csh_i	807.5*** (155.0)	3 024 (3 032)	770.9** (374.0)

续表

变量	(19) xr_vol	(20) xr_vol	(21) xr_vol
csh_g	−111.9	−607.5	239.5
	(485.2)	(4 504)	(361.4)
vae	6.447	853.5	33.17
	(36.23)	(1 282)	(67.04)
pve	13.18	18.39	12.21
	(17.71)	(219.7)	(27.95)
gee	−53.49	−325.2	−98.40
	(42.84)	(528.4)	(116.3)
rqe	−10.89	−523.4	−43.65
	(34.81)	(498.3)	(73.01)
rle	92.63**	381.6	121.7
	(40.55)	(505.3)	(88.01)
cce	17.76	296.8	−1.258
	(30.40)	(481.8)	(76.37)
lnpop	−46.11	1 651	116.9
	(83.49)	(4 243)	(471.2)

续表

变量	(19) xr_vol	(20) xr_vol	(21) xr_vol
pop_growth	−1 019* (589.1)	30 385 (61 636)	−1 874 (3 046)
trade_open	481.7** (242.6)	2 621 (3 627)	477.7 (347.5)
xr_ch	106.5 (141.4)	501.3 (1 396)	352.8 (720.0)
agri_land	0.057 7 (2.324)	−7.294 (33.73)	1.302 (4.437)
hc	−275.6*** (75.57)	−335.3 (1 006)	−289.5** (124.6)
inflation	99.23 (150.3)	199.7 (1 523)	360.4 (773.1)
常数项	798.8** (354.2)	−4 618 (14 169)	148.7 (1 880)
观测量	443	94	402
样本国家个数	39	32	35

4. 新兴市场国家金融开放的案例研究

我们计算了所有样本国家金融开放对其经济增长的边际影响,并找出了边际影响最大的国家和最小的国家。2004—2017 年,乌克兰的金融开放对经济增长的正向作用最强;阿塞拜疆的负向作用最强。因此,我们在本节详细比较这两个国家与其他新兴市场国家在特征上的差别。表分-3-19 的列(3)~列(6)展示了全样本在各种国家特征上的平均数、标准差、最小值和最大值。列(7)、列(8)展示了乌克兰的时间序列平均数和距离(即该平均数与样本最小值的差,通过除以最大值与最小值的差,将其标准化到 0 和 1 之间)。列(9)、列(10)分别展示了阿塞拜疆各项指标的时间序列平均数和距离(即该平均数与样本最小值的差)。

首先,乌克兰和阿塞拜疆的农业用地占比(agri_land)比其他新兴市场国家都高,其实际 GDP 水平(rgdpe)、人口规模(pop)、人口增长率(pop_growth)、资本形成占 GDP 的比重,以及汇率波动(xr_vol)都较低,政府治理指数(pve、gee、rqe、rle、cce)和经济增长水平(growth)与新兴市场国家相比都处于中间水平。这意味着这些因素都不是金融开放的增长效应在这两个国家截然相反的主要原因。其次,这两个国家的贸易开放度(trade_open)、平均通货膨胀水平(inflation)和 M2 增长率(m2)在样本国家中的位置也比较接近,意味着这些因素也不是这两个国家金融开放增长效应差异的来源。

乌克兰比较明显的一个特征是本身的金融开放水平较低,其与样本最低金融开放水平的标准化距离为 0.087,而阿塞拜疆的金融开放水平与样本最低金融开放水平的标准化距离为 0.334。这表明乌克兰金融开放效应较强的原因可能是,其从极端不开放到相对开放的跳跃产生了较大的正向作用。但这并不能证明较低金融开放水平的增长效应更强,因为阿塞拜疆的金融开放水平(0.334)低于样本平均数(0.503)。与全样本相比,阿塞拜疆对政府的问责制较弱可能是导致其金融开放难以达到较好效果的原因。与全样本相比,乌克兰的另一个特征是人力资本水平较高,且乌克兰的全要素生产率增长率水平高于样本平均数。总体而言,与阿塞拜疆相比,乌克兰在人力资本、政府支出、政府治理水平、经济增长、人口规模、贸易开放等方面在全样本中都处于中等偏上水平（根据与最小值的标准化距离判断）。这可能意味着平衡发展的经济贸易条件对金融开放的经济增长效应有正向作用。尽管在上述指标中，阿塞拜疆与乌克兰并无显著差距，但其在平衡发展方面显著较差。从单个指标看，乌克兰没有一项是新兴市场国家中最强的，但其平衡性较好，这可能反映了计量分析中遗漏了重要信息，即经济贸易条件在较高水平上的平衡发展有利于金融开放发挥正向作用。

5. 结论

本章研究了1996—2017年65个新兴市场国家金融开放的历史经验，发现2008年以前新兴市场国家的金融开放水平总体上不断提高，2008年以后金融开放水平呈现下降趋势。金融开放的进程在高开放、中等开放和低开放国家之间呈现较大的异质性。高金融开放国家的金融开放水平是由1996—2008年间较高的开放速度产生的。20世纪90年代末开始，低金融开放国家的金融开放水平总体上呈现下降趋势。以超过样本中位数作为开放的标准，新兴市场国家贸易开放和金融开放并无明显的先后顺序。以超过样本中位数作为开放的标准，这些新兴市场国家证券市场开放的时间早于FDI开放的时间。平均而言，这些新兴市场国家的金融开放并未对经济增长和经济稳定产生显著影响，但对信贷市场发展有显著的促进作用，对股市和汇市的波动性有抑制作用。不同国家金融开放条件的异质性对金融开放的经济效应产生了显著的影响。金融开放对经济增长的促进作用在经济落后的国家更强。较高的经济规模和人力资本水平削弱了金融开放对股市发展的正向作用。股市波动增强了金融开放对股市发展的正向作用。金融开放对信贷市场发展的促进作用在经济落后的国家较强，股市波动增强了金融开放对信贷市场发展的正向作用。发达的信贷市场在金融开放的背景下加剧股市的波动。经济规模较大的国家的金融开放对汇市波动的抑制作用更强。较高的人力资本削弱了金融开放对汇市波动的抑制作用。扩张性的财政政策削弱了金融开放对股市发展的促进作用。本章的案例研究表明，金融开放对经济发展积极作用的发挥还依赖于经济、金融条件的协调与配合。

表分-3-19　乌克兰和阿塞拜疆与新兴市场国家特征的比较

变量	观测量	全样本 平均数	标准差	最小值	最大值	乌克兰 时间序列平均数	距离	阿塞拜疆 时间序列平均数	距离
agri_land	1 188	38.624	21.038	0.449	85.465	71.470	0.835	57.351	0.669
rgdpe	1 254	406 000.000	799 000.000	556.457	8 410 000.000	361 000.000	0.043	88 480.420	0.010
pop	1 254	46.830	149.669	0.070	1 339.180	46.529	0.035	8.853	0.007
hc	988	2.538	0.490	1.231	3.666	3.176	0.799	—	—
csh_i	1 254	0.227	0.080	0.001	0.746	0.117	0.156	0.190	0.254
csh_g	1 254	0.192	0.072	0.032	0.466	0.258	0.521	0.158	0.290
ka_open	1 234	0.503	0.338	0.000	1.000	0.087	0.087	0.334	0.334
vae	1 254	−0.155	0.829	−2.259	1.293	−0.211	0.577	−1.254	0.283
pve	1 254	−0.170	0.860	−3.181	1.261	−0.572	0.587	−0.724	0.553
gee	1 252	−0.098	0.629	−2.089	1.510	−0.642	0.402	−0.670	0.394
rqe	1 252	−0.060	0.708	−2.233	1.543	−0.534	0.450	−0.519	0.454

续表

变量	观测量	全样本 平均数	全样本 标准差	全样本 最小值	全样本 最大值	乌克兰 时间序列平均数	乌克兰 距离	阿塞拜疆 时间序列平均数	阿塞拜疆 距离
rle	1 254	−0.197	0.697	−2.255	1.433	−0.806	0.393	−0.850	0.381
cce	1 252	−0.215	0.696	−1.826	1.592	−0.971	0.250	−1.115	0.208
credit_gdp	1 004	44.916	30.367	1.166	160.125	53.109	0.327	16.143	0.094
stock_gdp	768	42.779	44.932	0.057	328.361	19.460	0.059	0.074	0.000
stock_vol	686	21.414	11.135	3.378	95.463	34.435	0.337	—	—
growth	990	0.055	0.082	−0.543	0.460	0.037	0.578	0.121	0.662
tfpgrowth	690	0.002	0.046	−0.350	0.191	0.013	0.671	—	—
lnpop	1 254	2.137	2.000	−2.664	7.200	3.839	0.659	2.179	0.491
pop_growth	990	0.014	0.020	−0.015	0.163	−0.005	0.056	0.011	0.149
trade_open	1 254	−0.049	0.215	−1.691	0.758	−0.024	0.681	0.134	0.745
inflation	990	0.032	0.109	−0.384	0.687	0.032	0.388	0.018	0.375
m2	1 686	37.047	281.540	−67.338	6 968.923	192.338	0.037	164.155	0.033
xr_vol	924	50.774	355.232	0.000	6 893.099	1.611	0.000	0.081	—

参考文献

[1] Chinn, Menzie D., Hiro Ito. What Matters for Financial Development? Capital Controls, Institutions, and Interactions. *Journal of Development Economics*, 2006 (81): 163-192.

[2] Durlauf, Steven N., Kourtellos, Andros, and Tan, Chih Ming. Are Any Growth Theories Robust?. *The Economic Journal*, 2018 (3): 329 - 346.

[3] Estrada, Gemma Esther, Park, Donghyun, and Ramayandi Arief. Financial Development, Financial Openness, and Economic Growth. ADB Economics Working Paper, No. 442, 2015.

[4] Hauner David, Prati Alessandro. Openness and Domestic Financial Liberalization: Which Comes First? *SSRN Electronic Journal*, 2008.

[5] McKinnon R. I. Money and Capital in Economic Development. Washington, DC: Brookings Institution, 1973.

[6] McKinnon R. I. The Order of Economic Liberalization: Financial Control in the Transition to A Market Economy. Baltimore: Johns Hopkins University Press, 1991.

分论四　中国金融开放：多目标比较与选择

摘　要

金融开放是金融改革和发展的必要手段和内在要求。通过金融开放，在短期内提高外资金融机构在中国金融市场的参与度，增加资本跨境流动，形成市场化的汇率形成机制，提高金融资源配置效率，更好地服务经济高质量发展。从长期的角度看，金融开放要实现中国金融体系的市场化和国际化目标，确立国际金融中心的地位，在国际金融市场发挥重要的建设性作用和引领作用，并最终完成中国从金融大国向金融强国的转变。金融开放的过程其实也是多目标选择的过程。在这一过程中，我们既要考虑到风险与稳定的平衡，也要考虑到成本与收益的平衡，同时还要考虑到发展与监管的平衡。只有这样，中国的金融开放才能稳妥地、坚定不移地向既定目标推进。

Abstract

Financial opening-up is the necessary means and inherent requirement of financial reform and development. In the short term, it may improve the participation of foreign financial institutions in China's financial market, increase the cross-border capital flows, form a market-oriented exchange rate formation mechanism, promote the efficiency of resource allocation of the financial market, and serve the high-quality economic development in a better way. From a long-term perspective, financial opening-up helps China to achieve the marketization and internationalization of its financial system, establish the international financial center for the country, make China play a constructive and leading role in the international financial market, and finally complete the transmission of China from a big power to a great power in global financial system. The process of financial openness is also a process of multi-target selection. In this process, we need to consider the balance between risk and stability, costs and benefits, development and regulation. Only in this way can China's financial opening-up move steadily and unswervingly towards to its stated goals.

1. 中国金融开放的目标

金融开放是宏观经济开放的一个重要组成部分。然而，与大刀阔斧的宏观经济开放相比，中国在金融领域的开放无疑显得谨慎很多。当然，这种谨慎也不是完全没有理由的。1997年爆发的亚洲金融危机、2007年爆发的次债危机、2015年中国国内爆发的股市危机，或多或少在提醒我们金融风险可能会给经济造成很大的创伤。与此同时，作为新兴市场经济大国，中国的金融开放也有其特殊性。这种特殊性的一个重要体现是金融开放的多目标性。与小国经济体的开放或者完全市场化国家的开放不同，中国的金融开放需要兼顾短期和长期、市场化与政府主导，以及本土发展与国际影响。这造成了中国金融开放的复杂性和艰巨性。

1.1 短期目标

中国金融市场开放的短期目标是进一步提升市场在金融资源配置中的决定性作用，更好服务经济的高质量发展。具体来说，金融开放的短期目标包括四个层面：第一，通过进一步加快金融服务业的开放，放宽境外金融机构和投资机构的准入限制和业务经营范围，不断提高外资机构在中国金融市场中的参与度，在市场主体方面增强广泛性和国际性。第二，进一步拓宽和提升资本市场双向开放机制，提升跨境资本流动便利度和效率，不断提高资本市场的国际化程度。第三，进一步深化人民币汇率制度改革，建立市场化汇率形成机制，充分发挥市场供求机制的引导作用，为市场主体提供真实的信息和稳定的预期。第四，通过实施高效率的货币政策和金融监管，维护人民币币值的合理稳定，抵御各种非理性的冲击，守住不发生系统性金融风险的底线。在这一过程中，完成中国金融业从被动适应现有国际金融规则和国际金融体系到积极参与国际金融规则和体系建设的角色转变。

1.1.1 金融服务业的开放

金融服务业的开放是一国金融开放的基本要求，它包括金融机构的开放和金融市场的开放。我们可以从境外金融机构的准入限制和业务范围、金融监管的透明度、利率市场化程度、境外金融机构或投资者参与证券市场交易的制度安排、信用评估体系的完善程度以及其他阻碍金融领域公平竞争的因素等角度对金融服务业开放程度进行评估。

党的十九大以来，中国金融服务业的开放迈入了一个新阶段。2018年4月，易纲在博鳌亚洲论坛上公布了进一步扩大金融业对外开放的11条具体措施和时间表；2019年5月，郭树清阐述了银保监会近期将出台的12条对外开放新政策；2019年7月，国务院金融稳定发展委员会办公室发布《关于进一步扩大金融业对外开放的有关举措》，确定实施11条金融业的对外开放措施。这三组政策在更大程度上放宽了境外金融机构的准入限制和业务范围，并且完善了证券市场互联互通机制和信用评估体系。

在准入限制方面，允许境外银行业和保险业金融机构在中国设立法人机构或分支机构，取消总资产和经营年限的要求；外资银行可以同时设立分行和子行，在中国没有地域经营限制；将证券公司、基金管理公司、期货公司、人身保险公司的外资持股比例上限放宽至51%，到2020年取消持股比例限制；按照内外资一致原则，同时取消单家中资银行和外资银行对中资商业银行的持股比例上限；允许中外合资证券公司的境内股东不是证券公司，允许中外合资银行的中方唯一或主要股东可以不是金融机构；对消费金融公司、理财公司、保险资产管理公司和货币经纪公司等的准入要求也进一步放宽。

在业务范围方面，取消外资银行开办人民币业务审批，允许外资银行开业时即可经营人民币业务和代理收付款项（收付信托）业务；允许符合条件的外国投资者经营保险代理业务和公估业务；允许外资保险经纪公司以及中外合资证券公司业务范围与中资机构一致；鼓励在信托、金融租赁、汽车金融、货币经纪、消费金融等领域引入外资。

在证券市场交易和信用评估体系方面，完善合格境外机构投资者（QFII）制度和人民币合格境外机构投资者（RQFII）制度，取消QFII/RQFII投资额度限制（2019年9月）；完善内地证券市场和香港市场的"互联互通"机制，沪股通和深股通的每日人民币额度从130亿元调整为520亿元，港股通每日额度从105亿元调整为420亿元（2018年5月）；自2019年7月20日开始，债券市场开放程度更大，允许合格境外机构投资者在银行间债券市场发行人民币债券或进行投资，外资评级机构可以对银行间债券市场和交易所债券市场的所有种类债券评级。

1.1.2 资本市场的双向开放与国际化

中国金融业开放程度在1997—2018年期间大幅提高。表分-4-1展示的是中国金融服务业开放程度的变动趋势和国际比较。从数据中可以看出，金融服务业FDI限制指数从1997年的0.725下降到2018年的0.268。然而，即便用2018年的数据进行比较，中国金融服务业的开放程度与美国、英国、法国、德国等依然有较大的差距。

表分-4-1 金融服务业开放程度的国际比较

年份	中国	美国	英国	法国	德国	日本	韩国	OECD平均
1997	0.725	0.042	0.106	0.054	0.02	0.075	0.717	0.138
2003	0.683	0.042	0.083	0.054	0.02	0.067	0.05	0.086
2006	0.548	0.042	0.083	0.054	0.02	0.033	0.05	0.062
2010	0.54	0.042	0.002	0.054	0.005	0.00	0.05	0.033
2011	0.54	0.042	0.002	0.054	0.005	0.00	0.05	0.033
2012	0.522	0.042	0.002	0.054	0.005	0.00	0.05	0.033
2013	0.522	0.042	0.002	0.054	0.005	0.00	0.05	0.033
2014	0.522	0.042	0.002	0.054	0.005	0.00	0.05	0.033
2015	0.517	0.042	0.002	0.054	0.005	0.00	0.05	0.033
2016	0.50	0.042	0.002	0.054	0.005	0.00	0.05	0.033
2017	0.497	0.042	0.002	0.054	0.005	0.00	0.05	0.032
2018	0.268	0.042	0.002	0.054	0.005	0.00	0.05	0.032

资料来源：经济合作与发展组织官网。
注：金融服务业FDI限制指数的取值在0和1之间，数值越小，说明开放程度越高。

造成中国资本市场国际化程度偏低的一个重要原因是中国资本账户项目受限，资本难以实现双向自由流动。金融业的真正开放必然是双向的开放，这就要求资本账户基本实现可兑换，要求资本能够自由进出。这是中国金融开放短期目标的终点，也是实现中国资本市场国际化的必要条件。

资本自由流动意味着本国居民可以按照意愿自由兑换外币；本国金融机构

或投资者可以从事外汇市场交易和国外证券市场的投资，在法律规定的范围内向海外汇出一定数量的资金。境外金融机构和投资者可以直接在中国资本市场发行、投资证券，并将所得利润汇出。

截至 2019 年 11 月，中国在信贷业务、直接投资、直接投资清盘和不动产交易项目方面的开放程度最高。2017 年 1 月，我们就已经允许境内机构办理境外放款业务，本币境外放款余额与外币境外放款余额合计最高不得超过其上年度经审计财务报表中所有者权益的 30%；执行直接投资外汇利润汇出管理政策，为境内机构办理等值 5 万美元以上（不含）利润汇出业务，强调真实性原则。

在资本市场工具、货币市场工具和衍生工具上，国内合格机构投资者被允许在境外发行和交易不同期限的有价证券，但金融衍生品仅允许交易而不能发行。境外金融机构或投资者可以在中国从事各类有价证券和金融衍生品的交易，相关准入限制、结算要求和投资额度限制正在逐步放开。2019 年 4 月底，境外中央银行或货币当局在我国债券市场进行人民币利率互换等衍生品交易时可以豁免参与集中清算；2019 年 9—10 月，QFII/RQFII 的投资额度限制取消，同一境外机构投资者的 QFII/RQFII 托管账户内资金和直接投资账户内资金可以在境内直接双向划转。

然而，当前个人资本交易的开放程度相对较低，贷款子项目的可兑换性没有明确的法律允许，国内个人投资者在境外投资还是受到严格限制甚至遭到禁止。在新的阶段，允许资本自由流动的最大挑战就是个人资本交易和转移的部分。

在国际政治经济环境恶化、国内居民对人民币信心不足、金融监管有待提高、金融基础设施不完善以及非法资本外逃现象较为严重的情况下，中国金融业的开放要更加注重金融基础设施建设，增强市场的透明度和金融监管的有效性；完善经济金融法律体系，提高法律的执行力和有效性；强化信用评估体系建设，弘扬契约精神；疏通市场化利率的传导机制，完善利率体系，从而推动建立中国证券市场和欧美发达国家金融市场之间的互联互通机制，逐步提升金融市场国际化水平。

1.1.3 汇率水平的相对稳定与市场化汇率形成机制的建立

作为一个从计划经济发展而成的全球第二大经济体，中国金融在开放的同时也必须关注汇率水平的相对稳定以及市场化汇率形成机制的建立。

一方面，维持人民币汇率水平（名义有效汇率）相对稳定，对于建设和完善人民币跨境支付结算系统，维护人民币的国际地位具有重要意义。2015年8月11日，中国人民银行调整美元兑人民币汇率的中间价报价机制（即"8·11"汇改）。其后，稳定人民币汇率的目标转向名义有效汇率，也就是CFETS人民币汇率指数、BIS货币篮子人民币汇率指数和SDR货币篮子人民币汇率指数的稳定。

图分-4-1给出了2015年11月—2019年9月期间，上述三种人民币汇率指数的时变趋势图。从该图可以看出，过去四年人民币汇率运行既经历了反复震荡，又在制度创新中迎来了企稳反弹。重视货币政策和汇率政策的协调，实现内外部均衡，发挥利率的价格杠杆作用，促使人民币汇率富有弹性，实现人民币名义汇率在合理均衡水平上的基本稳定会成为未来中国货币政策和汇率政策的重要目标。

图分-4-1 人民币有效汇率指数

资料来源：CFETS。

另一方面，和维持人民币汇率水平基本稳定一样艰巨的任务是人民币市场化汇率形成机制的建立。中国的汇率市场化改革已经有30多年，在此期间，经历了1994年的调剂汇率同官方汇率并轨，2005年从盯住美元转变为有管理的浮动汇率制度，2015年的"8·11"汇改又进一步完善了美元兑人民币中间价形成机制。然而建立汇率市场化机制，意味着要形成一个国际化的人民币交易支付结算市场，汇率完全由市场上的供给需求关系决定。

在实现这一目标的过程中，涉及几个关键环节：第一，人民币可以自由兑换成其他主要国家的货币；第二，人民币在离岸金融市场和国际支付结算中得到广泛使用；第三，中国人民银行不以干预外汇市场为主要目标。2018年5月，中国人民银行发布《关于进一步完善跨境资金流动管理 支持金融市场开放有关事宜的通知》，将港澳人民币业务清算行存放人民银行清算账户人民币存款的准备金率调整为零；明确沪港通和深港通境外投资者可通过香港结算行办理外汇资金兑换和外汇风险对冲业务，并纳入人民币购售业务管理。

在新的阶段中，中国应该进一步优化跨境人民币业务政策，完善人民币跨境支付结算系统，扩大人民币在离岸金融市场中的使用范围和比重；优化资本市场双向开放的结构，继续放宽QFII/RQFII的准入限制，同时推动人民币合格境内机构投资者（RFDII）业务的健康发展，完善沪港通和深港通的交易机制，进一步放开日交易限额和适用互联互通类的股票范围。同时，中国人民银行应保持人民币汇率弹性，发挥汇率调节宏观经济和作为国际收支自动稳定器的作用；采取宏观审慎政策，创新调控工具，引导和稳定市场预期；强化信息基础设施建设，发挥市场的决定性作用，最终完成汇率市场化机制的建立。

1.2 长期目标

从长期看，伴随着金融基础设施的日益完善和经济金融实力的不断增强，中国金融要通过开放，逐渐形成市场化和国际化的金融体系，确立主要国际金融中心的地位，完成从金融大国向金融强国的转变。在这一过程中，中国将在国际金融领域发挥越来越重要的建设性作用和引领作用。

1.2.1 国际化金融体系的形成

国际化金融体系包括金融机构国际化、人民币国际化、金融监管国际化三个方面。其中，金融机构国际化一方面体现为金融机构区域分布的国际化，另一方面体现为服务产品的国际化。金融机构国际化是推动金融业务国际化的重要力量；同时加快了国际资本的流动，形成了灵敏的国际信息网络，有力地促进了国际贸易和世界经济的发展。目前，金融机构国际化中主要存在网点布局不合理、区域覆盖有限、业务种类单一、缺乏协同机制等问题。要实现金融机构国际化，需要在现有的基础上，优化金融机构在海外的网点布局，扩大金融服务覆盖区域；鼓励多元化金融机构的参与，构建有效的业务协同机制。逐步形成广覆盖、深业务的市场格局，深化与本地机构的合作，加强金融业态的本地化创新，在金融产品及服务供应上，对标国外金融机构业务，拓展产品服务的种类。

人民币国际化预期将在中国金融未来发展过程中占据核心地位。如果中国要成为一个开放的、全球性的大国，人民币就不可能是一个封闭的、不可自由交易的货币，这与中国改革开放的战略目标是不匹配的。人民币国际化是中国金融国际化的战略目标。通过这一战略目标的发展实现人民币的跨境流动，并使得人民币成为国际上普遍认可的计价、结算及储备货币。

金融监管国际化是金融开放的必要条件。随着中国金融业对外开放步伐的加快，外资保险公司、外资银行在境内业务的限制被逐渐取消。国有大型企业、中外合资企业越来越多地在国际金融市场融资。在这种情况下，市场金融结构的多样性、金融的创新性、金融工程的复杂性和金融交易的国际性都会增加投资的风险以及金融体系的不稳定性，因此，加强金融监管，完善金融监管体系尤为重要。一方面，要稳定对外开放后的资本市场，尤其是国外不确定性事件对资本市场的过度冲击；另一方面，也要有效阻止各类机构钻监管漏洞，造成国内资本严重外流。

1.2.2 国际金融中心的建立

2019年3月11日，中国（深圳）综合开发研究院联合英国智库Z/Yen集团，在迪拜发布了第26期全球金融中心指数（GFCI）。这一指数自2007年3月正式问世以来，每半年从营商环境、人力资源、基础设施、金融业发展水平和国际声誉五个维度对全球金融中心竞争力进行综合评价，跟踪全球金融中心发展状况。

如表分-4-2所示,在新一期的全球金融中心指数排名中,中国香港、中国上海、中国北京、中国深圳分别位列第3名、第5名、第9名、第14名。从GFCI的评价指标来看,中国上海与中国香港、新加坡在金融业发展水平、人力资源和基础设施方面的差距不大,差距主要体现在营商环境和国际声誉方面的若干指标中。例如,在营商环境下的商业便利度指标中,新加坡排名全球第2,中国香港排名全球第4,而中国上海仅排名全球第71,差距较大;在国际声誉方面,中国上海的创新城市指标和城市吸引力指标也与中国香港、新加坡有一定差距。

表分-4-2 全球前20大金融中心

	欧洲	北美洲	亚洲	大洋洲
金融中心	伦敦（2） 苏黎世（8） 法兰克福（10）	纽约（1） 多伦多（7） 波士顿（13） 旧金山（16） 洛杉矶（17） 蒙特利尔（18） 温哥华（19） 芝加哥（20）	中国香港（3） 新加坡（4） 中国上海（5） 东京（6） 中国北京（9） 迪拜（12） 中国深圳（14）	悉尼（11） 墨尔本（15）

注：括号中为名次。

建设新的国际金融中心是构建现代金融体系的核心。实现人民币国际化和构建国际金融中心是中国金融未来的两大核心任务。当前,上海、深圳、北京是我国主要的国际金融中心建设城市和试点城市。根据GFCI权威考察指标,我国构建国际金融中心的硬条件相对较好,但是,软条件与纽约、伦敦这些高度发展的国际金融中心差距较大。因此,社会层面和法律层面的系统改革就显得异常必要。

新的国际金融中心主要是以人民币计价资产的交易中心和全球财富管理中心。作为人民币计价资产的全球财富管理中心,资本市场上的资产应当具有成长性。围绕激发实体经济活力、提高资本市场资产质量、完善上市公司信息披露制度、加强信用评估体系建设等一系列改革建设,仍然需要时间的积淀。未来,我国预计在多个地区建立起国际金融中心,如上海、北京、深圳、重庆、粤港澳大湾区等，组建起金融服务网络，辐射全国。

1.2.3 参与国际金融体系构建

全球金融体系涵盖各国货币在计价、支付、结算、转移等多个方面的内容，是国家间货币关系的总反映。积极参加国际金融体系的构建是中国金融开放的重要内容。这包括：第一，推动现有国际金融体系改革。现有的国际金融体系背后是大国力量的博弈，中国的国际地位和国际话语权仍在不断提升，我们可以通过组织、协调、联合其他发展中国家，推动现有国际金融体系向有利于发展中国家的方向发展。第二，对基本运行规则进行创新，提高发展中国家的发言权和投票权，推动现有国际组织的透明、平等、开放。第三，参与构建新型国际金融组织。近年来，中国提出"一带一路"倡议、参与建立金砖国家新开发银行、创设亚洲基础设施投资银行。这些组织对于开展多边贷款、弥补 IMF 在金融救助上的不及时和低效率、提升新兴国家话语权发挥了重要作用。应配合人民币国际化稳步推进、人民币国际地位提升，改革当前国际货币金融体系，最终提升中国在国际金融体系中的影响力，实现维护发展中国家的根本利益和维护国际金融新秩序的根本目标。

2. 金融开放目标选择的依据

中国金融开放的目标具有双重性，不同阶段下的目标选择将根据发展程度而略有不同。中国金融开放目标选择的依据主要包括经济发展规模和国际化程度、经济活动的市场化水平，以及制度的国际化水平。

2.1 经济发展规模和国际化程度

中国经济发展规模位于世界前列，国际化程度不断提高。继 2010 年我国 GDP 超越日本、跃居世界 GDP 排行榜第二名之后，我国 GDP 依然维持（中）高速增长。

2.1.1 经济发展规模

如图分-4-2所示，2011 年，我国 GDP 为 48.79 万亿元。2011—2014 年，我国维持 7% 以上的经济增长速度。2014 年，我国 GDP 已达 64.13 万亿元。2014 年之后，中国经济增长速度由高速增长转为中高速增长，GDP 增长速度维持在 6.5%～7%。虽然较之前 7% 以上的经济增长速度来说有所放缓，但从全世界范围来看，这仍然是一个名列前茅的、极具竞争力的经济增长速度（如

图分-4-3 所示)。截至 2018 年,我国 GDP 已经达到 90.03 万亿元(约合 13.608 万亿美元),约为世界第一大经济体美国 GDP(20.494 万亿美元)的 2/3、日本 GDP(4.971 万亿美元)的 2.74 倍。

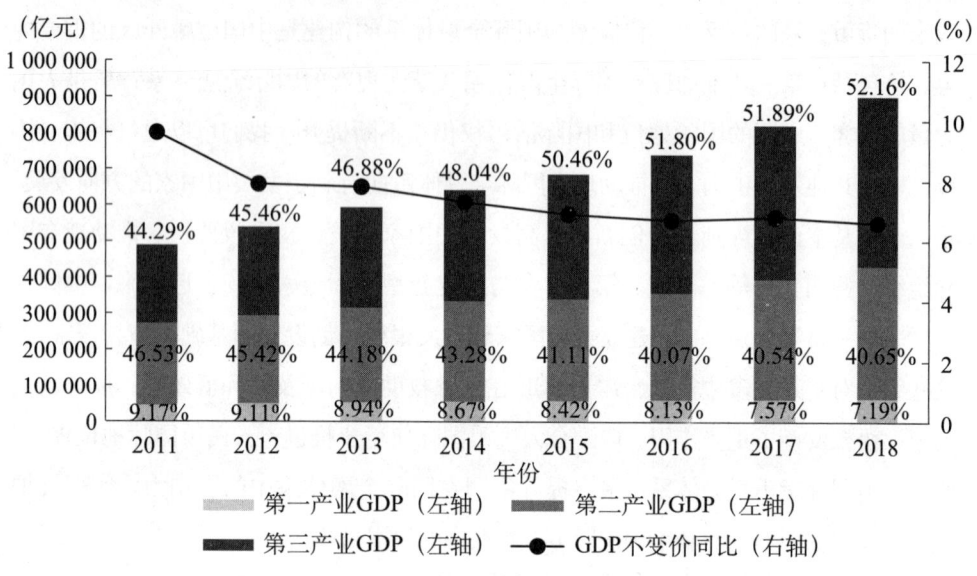

图分-4-2 2011—2018 年我国(各产业)GDP 及增速

资料来源:Wind。

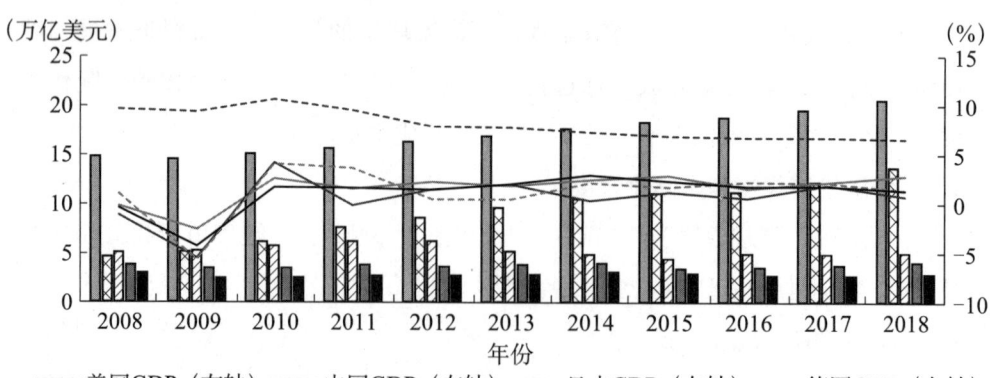

图分-4-3 美国、中国、日本、德国、英国的 GDP 及增长率对比

资料来源:世界银行。

我国在经济保持中高速增长的同时，经济发展质量也在不断提升，产业结构不断优化。近年来，第三产业占比逐年上升，由2011年的44.29%上升到2018年的52.16%。第三产业对GDP增长的贡献率，由2011年的43.9%上升到2018年的59.7%。与此同时，第一产业和第二产业的占比则分别由2011年的9.18%和46.53%下降到2018年的7.19%和40.65%。第一产业和第二产业对GDP增长的贡献率由2011年的56.1%下降到2018年的40.3%（如图分-4-4所示）。中国经济结构在向着质量更好、结构更优的方向迈进。

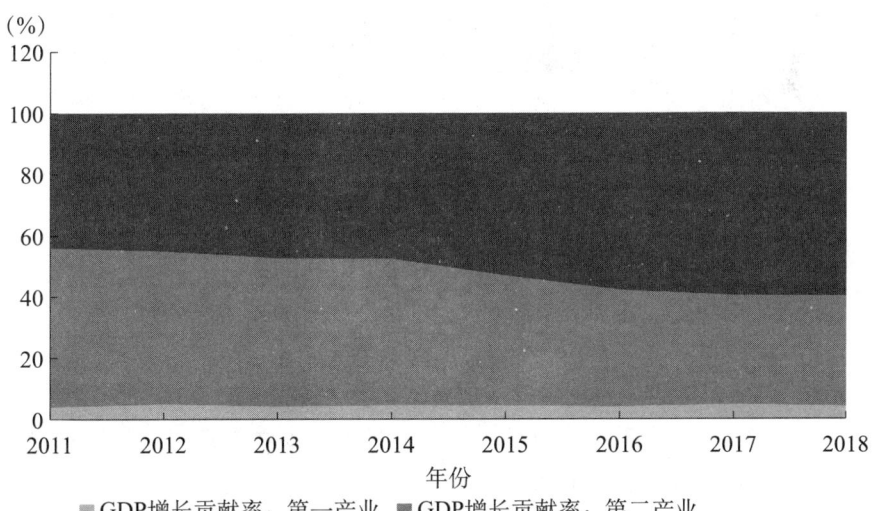

图分-4-4　2011—2018年三次产业贡献率

资料来源：Wind。

2.1.2　国际贸易规模

总体来看，我国国际贸易规模呈现增长态势，但波动幅度明显加大（如图分-4-5所示）。与2011年相比，2018年中国进出口总额增长了27%，达到4.62万亿美元，其中出口总额增长了31%，达到2.49万亿美元，进口总额增长了22.5%，达到2.14万亿美元。但是，在这一过程中，国际贸易规模并非一直处于增长态势。2015年，我国进出口贸易总额较2014年下降8.10%，其中出口总额和进口总额分别下降2.94%和14.27%。2016年，国际贸易的严峻形势依然未能出现好转，进出口贸易总额进一步下降 6.77% 至 3.69 万亿美元，而出口总额和进口总额仍然呈双降态势。

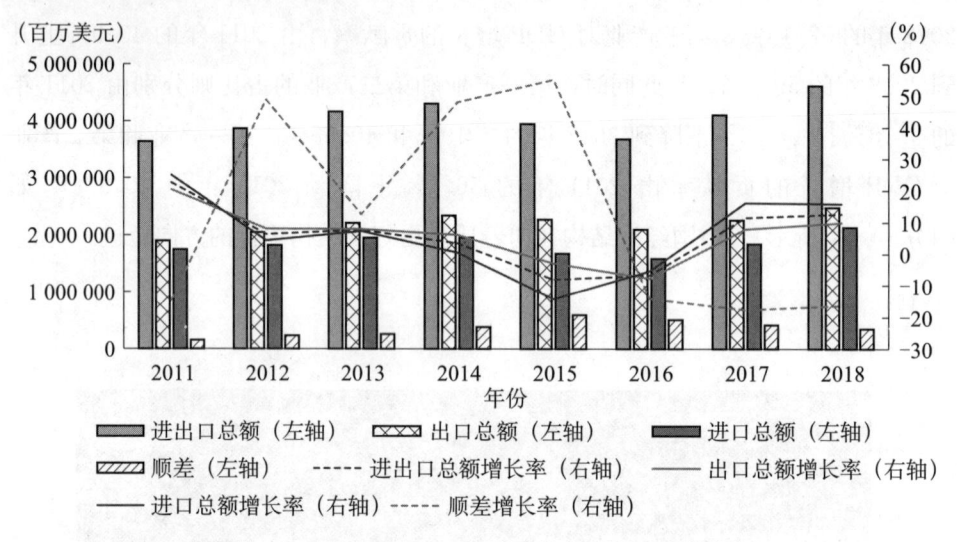

图分-4-5 2011—2018 年我国进出口总额及增长率

资料来源：国家统计局。

究其原因，出口总额出现下降主要是因为外需低迷。2008 年以来的国际金融危机破坏了世界经济增长动力，国际经济总体复苏乏力，导致全球贸易进入深度调整期，进而抑制了我国的出口增长。而进口总额出现下降主要是受到国际大宗商品价格大幅下跌和我国经济发展进入新常态之后面临下行压力导致大宗商品进口量增速放缓的影响。

就服务贸易而言，我国一直处于逆差的状态（如图分-4-6 所示）。2011 年，我国服务贸易逆差为 467.97 亿美元，截至 2018 年，这一数据扩大到 2 581.99 亿美元。但是，2017 年，服务出口金额增长率小于服务进口金额增长率的局面得到改善，服务出口金额增长率达到 8.86%，超过了 3.43% 的服务进口金额增长率。2018 年，服务出口金额增长率（16.99%）继续超过服务进口金额增长率（12.29%）。

2.1.3 国际直接投资

近年来，由于国际经济形势动荡，全球 FDI 下滑明显，但中国表现优异。联合国贸易和发展会议在 2019 年 6 月 12 日发布的《2019 年世界投资报告》中称，2018 年，全球 FDI 较 2017 年下滑 13%，但中国吸引外资总量逆势增

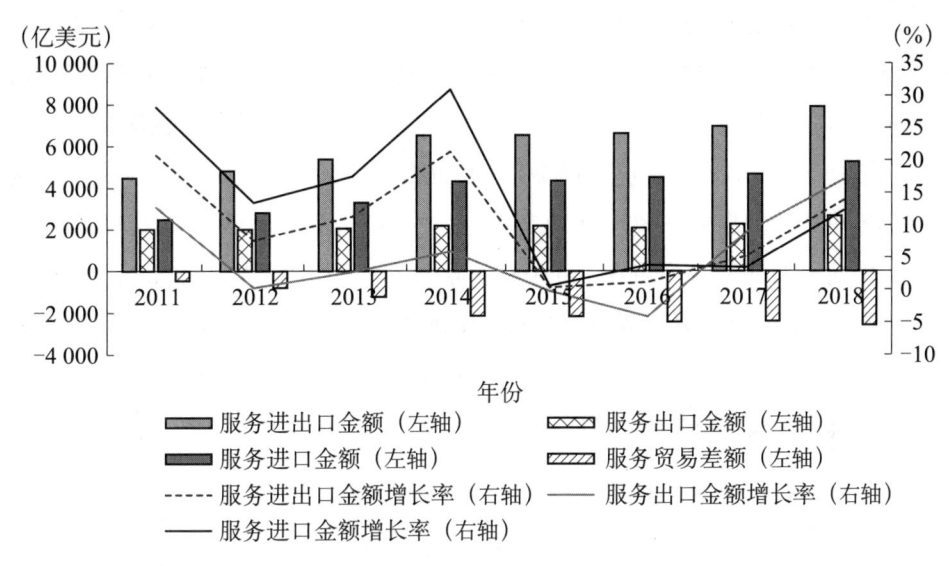

图分-4-6 2011—2018年我国服务进出口金额及增长率

资料来源：Wind。

长4%，继续稳居全球第二大外资流入国之位。具体来看，2018年流入发达经济体的FDI总额减少了27%，创2004年以来最低水平。全球第一大外资流入国——美国FDI流入量下降9%至2 520亿美元。而美国跨国公司海外资本回流美国，致使2018年欧洲吸引外资总量减半。受脱欧影响，英国外资流入也大幅减少36%。

最新数据统计显示，2019年1—8月，全国新设立外商投资企业27 704家，同比下降33%；实际使用外资金额6 040.4亿元，同比增长6.9%（约合892.6亿美元，同比增长3.2%）（未含银行、证券、保险领域数据）。从来源看，国际直接投资前十位国家/地区（以实际投入外资金额计）依次为：中国香港（629亿美元）、韩国（45.2亿美元）、新加坡（43.7亿美元）、中国台湾（30.7亿美元）、日本（30亿美元）、美国（21.6亿美元）、英国（18.8亿美元）、德国（12.2亿美元）、中国澳门（9.7亿美元）、荷兰（8.7亿美元）。

2.1.4 资本市场规模

1990年12月19日，上海证券交易所（简称上交所）成立，飞乐音响与上海申华电工联合公司等另外7家公司，成为中国资本市场首批进入交易所交易的 8 只股票。经过 30 余年的发展，中国资本市场提供的融资功能越发强大，资本市场也不断尝试构建多层次体系。除了上交所主板市场之外，中小企业板、创业板、科创板相继于 2004 年、2009 年和 2019 年开板交易，而区域股权市场和新三板在 2018 年分别实现融资 1 783 亿元和 604 亿元，已成为我国多层次资本市场不可或缺的要素。截至 2019 年 8 月，中国资本市场承载了 3 600 余家上市公司、聚拢了 1.56 亿投资者和 130 余家证券公司，可以说我国资本市场发展取得的成就是卓著的。然而从世界范围来看，中国的资本市场发展还有很长一段路要走。从图分-4-7 中可以看出，虽然我国资本市场的规模已经超过英国和日本，但与美国仍有巨大差距，而且从图中可以看出，差距有加大的趋势。

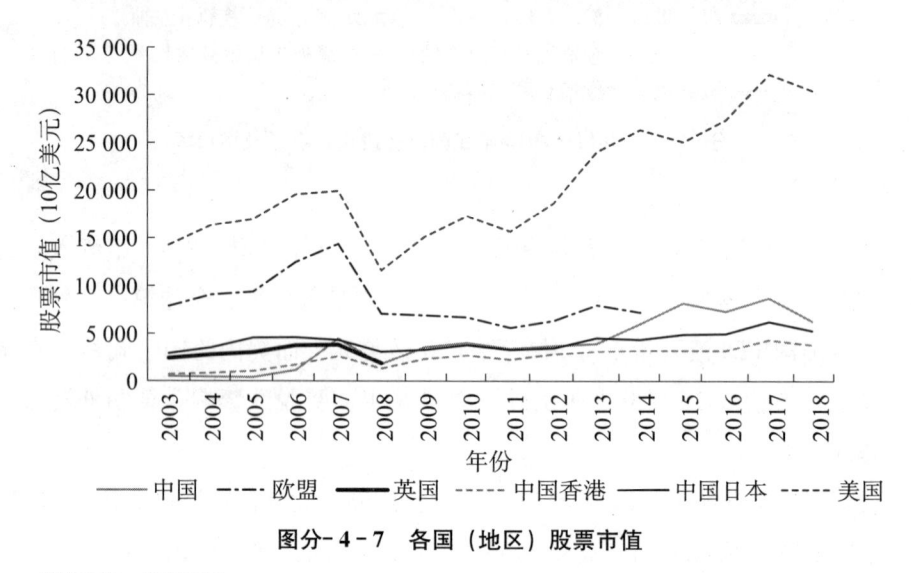

图分-4-7　各国（地区）股票市值

资料来源：世界银行。

2.1.5　人民币国际化程度

2008 年以来，按照尊重市场需求、服务实体经济、确保风险可控的原则，中国人民银行开始有序推动人民币国际化。从整体看，人民币国际化程度在如下几个方面取得了长足进步。

第一，跨境人民币业务政策框架基本建立，基础设施逐步完善，人民币国际使用稳步发展。随着人民币加入 SDR，其国际货币地位初步奠定，资本项目可兑换有序推进，金融市场开放成效显著。目前，人民币已连续八年成为中国第二大国际收付货币、全球第五大支付货币、第三大贸易融资货币、第八大外汇交易货币、第六大储备货币。全球已有60多个央行或货币当局将人民币纳入外汇储备。超过32万家企业和270多家银行开展了跨境人民币业务，与中国发生跨境人民币收付的国家和地区达242个。人民币作为支付货币功能不断增强，作为投融资和交易货币功能持续深化，作为计价货币功能有所突破，作为储备货币功能逐渐显现。

第二，周边国家使用人民币的范围日益扩大。2018年，中国与周边国家跨境人民币结算金额约为3.1万亿元，同比增长46.3%，高于同期全国跨境人民币结算额增幅，其中经常项目的人民币跨境收付金额合计1.1万亿元，同比增长13%，直接投资项下人民币跨境收付金额合计2 828亿元，同比增长68.1%。贸易和投资跨境人民币结算量占跨境人民币收付总量的比重超过40%。中国与周边国家跨境人民币结算金额达到3.1万亿元。目前，中国人民银行已在6个周边国家建立了人民币清算机制。与越南、哈萨克斯坦等9个周边国家签署了双边本币结算协定，与蒙古、日本等14个周边国家签署了双边本币互换协议。人民币在周边国家的使用有利于促进中国与周边国家经贸往来，将中国发展成果更多地惠及周边，推动形成中国全面开放的新格局。

第三，人民币国际化提升空间巨大。SWIFT公布的数据显示，2015年以来，人民币在全球支付货币使用排名上始终徘徊在五六名，在全球交易和支付结算中的占比维持在2%以下，与美元和欧元差距明显，亦不及同处特别提款权（SDR）篮子且权重低于人民币的日元和英镑。有专家指出，当前的人民币国际化程度已经超过了中国金融市场、金融机构、金融制度所能够支持的货币国际化程度。2015年，人民币出现大幅波动之后，企业对使用人民币作为贸易结算货币的信心还没有恢复。总体而言，人民币国际化取得的成就是辉煌的，但是还要将政策的重点放在为人民币国际化创造必要条件上，构建透明、稳健的货币政策框架与汇率体制，从正面清单管理向负面清单管理转变，构建合理的金融市场与金融机构体系，同时加强人民币计价功能。

2.2 经济活动的市场化水平

2.2.1 经济活动主体的市场化

1978年改革开放以来，尤其是在社会主义市场经济体制确立以后，中国经济以及经济活动主体的市场化水平都有了长足的发展。第四次全国经济普查结果显示，截至 2018 年底，全国共有从事第二产业和第三产业活动的法人单位 2 178.9 万个，相比 2013 年增加 1 093.2 万个，增幅达 100.7%；产业活动单位 2 455.0 万个，相比 2013 年增加 1 151.5 万个，增幅达 88.3%；个体经营户 6 295.9 万个。从新兴产业的发展情况来看，2018 年末，全国从事战略性新兴产业生产的规模以上工业企业法人单位有 66 214 个，占规模以上工业企业法人单位的 17.7%；全国共有规模以上高技术制造业企业法人单位 33 573 个，比 2013 年末增长 24.8%。市场化经济主体规模不断壮大。

2.2.2 价格形成机制的市场化

随着我国经济体制改革不断步入深水区，价格形成机制的市场化进程也不断向前推进，这其中不仅包括一般意义上的实际商品的价格，而且包括利率、汇率等货币价格的市场化。

(1) 利率市场化。

我国利率市场化改革启动略晚于其他发达经济体。参考海外经验，我国的利率市场化进程也是遵循渐进的改革方式，遵循"先外币、后本币；先贷款、后存款；先长期、大额，后短期、小额"的总体思路，大致可划分为三个阶段。

阶段一：提出设想，稳扎稳打，小步推进（1993—2006 年）（如表分-4-3 所示）。

表分-4-3　1993—2006 年间利率市场化

时间	政策
1993 年	提出利率改革设想，其长远目标是：建立以市场资金供求为基础，以中央银行基准利率为调控和核心，以市场资金供求决定各种利率的市场利率管理体系。
1996 年 4 月	国债发行价格按招标方式发行，国债利率市场化。
1996 年 6 月	中国人民银行放开了银行间同业拆借利率，银行间利率管制被取消。
1997 年 6 月	银行间债券市场启动，放开了银行间债券回购利率和现券交易利率。
1998 年	国开行在银行间债券市场首次进行了市场化发债。中国人民银行改革了贴现利率生成机制，贴现利率和转贴现利率在再贴现利率的基础上加点生成，在不超过同期贷款利率（含浮动）的前提下由商业银行自定。

续表

时间	政策
1999年9月	国债以银行间债券市场化利率招标发行。
1999年10月	进行大额长期存款利率市场化尝试，中国人民银行批准中资商业银行法人对中资保险公司法人试办由双方协商确定利率的大额定期存款，最低起存金额为3 000万元，期限在5年以上（不含5年）。
2000年9月	外币贷款及300万美元（含）以上大额外币存款利率放开。
2002年	中国人民银行按照市场化利率发行央行票据。2004年，中国人民银行推出短期融资券，其利率也完全由市场决定。
2003年7月	放开英镑、瑞士法郎和加拿大元的小额外币存款利率下限。
2003年8—11月	改革邮政储蓄转存款利率，新增存款转存中国人民银行，部分按金融机构准备金存款利率计息；商业银行和农村信用社可办理邮政储蓄协议存款；对美元、日元、港币、欧元小额存款利率上限管理、下限放开。
2003年11月	1年期以上小额外币存款利率全部放开。
2003年12月21日	中国人民银行改革准备金利率制度，对金融机构法人的法定准备金存款和超额准备金存款在一个账户中，实行两种利率的方式分别计息，利率基准分别为1.62%和0.72%。
2004年1月1日	中国人民银行再次扩大金融机构贷款利率浮动区间，扩大商业银行自主定价权，提高贷款利率市场化程度，企业贷款利率最高上浮幅度扩大到70%，下浮幅度保持10%不变。
2004年10月29日	中国人民银行宣布商业银行人民币贷款利率上限放开，城乡信用社贷款利率浮动上限扩大到基准利率的2.3倍，实行人民币存款利率下浮制度（下限放开），向利率市场化进程迈出非常关键的一步。
2005年5月	《全国银行间债券市场债券远期交易管理规定》发布。
2005年7月21日	实行以市场供求为基础的、参考一篮子、有管理的浮动汇率，利率衍生工具兴起。
2006年2月	人民币利率互换交易试点开始，2月9日，国开行与光大银行完成首笔人民币利率互换交易。

1993—2006年，我国利率市场化水平稳步提高。1998—1999年，中国人民银行连续三次扩大金融机构贷款利率浮动幅度。2005年之后，开始设立利率衍

生工具。此阶段内，除本币市场化之外，境内外币利率市场化也在同步进行，甚至快于本币市场化。

阶段二：应对金融危机，市场化进程放缓（2008—2012年）。

受国际金融危机影响，我国利率市场化改革进程有所放缓。2008—2012年期间，货币政策以调整存款准备金率、存贷款基准利率为主，利率市场化改革方面并未出台重大政策调整，主要是完善中央银行利率体系、培育货币市场基准利率、放开替代性金融产品价格等几个方面，重在探索未来利率市场化改革的有效途径。

阶段三：存贷款利率管制全面放开，利率"两轨并一轨"（2013—2019年）（如表分-4-4所示）。

表分-4-4 2013—2015年间利率市场化

时间	政策
2013年7月20日	中国人民银行决定全面放开金融机构贷款利率管制。取消票据贴现利率管制，改变贴现利率在再贴现利率基础上加点确定的方式，改为金融机构自主决定。个人住房贷款利率浮动区间暂不做调整。
2013年10月25日	市场利率定价自律机制依据《贷款基础利率集中报价和发布规则》确定，推出贷款基础利率（LPR）。
2013年12月	中国人民银行发布《同业存单管理暂行办法》。国开行、5家大型银行[①]、浦发银行、兴业银行、中信银行、招商银行试水发行同业存单。
2015年5—6月	中国人民银行决定金融机构存款利率浮动区间的上限由存款基准利率的1.3倍调整为1.5倍。并发布《大额存单管理暂行办法》，商业银行大额存单开始发行。
2015年8月26日	中国人民银行决定放开一年期以上（不含一年）定期存款的利率浮动上限，其中，一年以上整存整取、零存整取、整存零取、存本取息定期存款利率可由金融机构参考对应期限定期存款基准利率自主确定；其余期限品种存款利率浮动上限仍为基准利率的1.5倍。
2015年10月24日	中国人民银行决定放开商业银行、农村合作金融机构、村镇银行、财务公司、金融租赁公司、汽车金融公司等金融机构活期存款、一年以内（含一年）定期存款、协定存款、通知存款利率上限。

---

① 即中国工商银行、中国农业银行、中国银行、中国建设银行、交通银行。

2013—2015年，我国存贷款利率限制不断放开，至2015年10月24日，无论是贷款利率还是存款利率都不再在法律层面进行管制。与此同时，央行通过频繁的市场化手段来调控货币市场利率，并致力于疏通利率传导机制，完善利率走廊机制、健全市场利率定价自律机制，推动基准利率和市场利率"两轨合一轨"，建立起LPR等市场化报价机制，不断推动贷款利率市场化改革进程。随着LPR改革效果的逐步显现，市场利率向贷款利率的传导效率提升，带动企业贷款利率下降。2019年9月新发放的企业贷款利率较2018年高点下降0.36个百分点，初步体现了以市场化改革的方式降低贷款实际利率的政策效果。

（2）汇率市场化。

汇率作为一种基础的要素价格信号，在外汇资源配置中的作用至关重要。改革开放以来，人民币汇率市场化形成机制的发展历史就是一部从官定汇率走向市场决定，从固定汇率走向有管理的浮动，汇率弹性不断增加的历史。我国汇率制度经历了三次重大的改革。

第一次为1994年1月1日，人民币官方汇率与外汇调剂价格正式并轨，我国开始实行以市场供求为基础的、单一的、有管理的浮动汇率制，此后形成了让市场供求在汇率形成中发挥越来越大的作用的人民币汇率形成机制改革方向。但是在1997年亚洲金融危机中，为了降低金融危机的冲击，中国临时采用人民币单一盯住美元的汇率制度的政策。从图分-4-8中可以看出，21世纪初，我国汇率几乎呈一条直线。

第二次为2005年7月21日，央行宣布开始实行以市场供求为基础、参考一篮子货币调节、有管理的浮动汇率制度，这意味着，亚洲金融危机时期采取的人民币单一盯住美元的临时性政策结束，人民币汇率重归1994年汇率并轨之后确立的有管理的浮动安排。[①] 自此开始，在我国经济高速发展的背景下，人民币形成了稳定的升值预期，汇率水平也不断提高。2008年的金融危机扩散至全球，使得人民币再次盯住美元，直到2010年6月才重启2005年的汇率改革。在金融危机期间，我国的汇率水平也呈一条直线。2010年6月后，人民币仍然维持了

---

① 管涛．"一波三折"的人民币汇率形成机制改革．中国经济周刊，2019（18）：132-133．

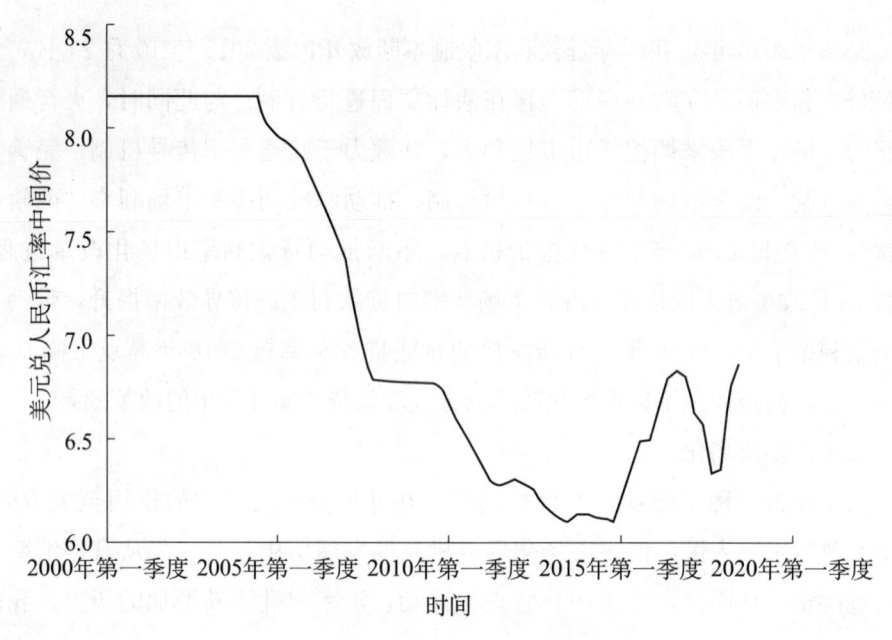

图分-4-8 美元兑人民币汇率中间价

强劲的升值趋势。但是随着美国量化宽松（QE）政策的退出，美元强势周期回归，导致了资本大幅外流。2014年开始，我国外汇储备大幅减少，人民币开始出现贬值趋势。这时，我国启动了第三次汇率制度改革。

第三次为2015年8月11日，中国央行宣布调整人民币兑美元汇率中间价报价机制，人民币汇率又向市场化迈出了关键一步。我国汇率制度自"8·11"汇改之后波动较大，叠加不久前国内股市异动的影响，中国遭遇了一波较大规模的资本集中流出，人民币处于贬值状态。在此情况下，中国仍然选择了有管理的浮动，坚持让人民币汇率参考一篮子货币进行调节，随美元波动而反向波动。

在全球经济一体化的大背景下，人民币汇率市场水平的提升为中国对外经贸往来的持续发展提供了良好的制度基础，也为中国经济发展方式转变和全面协调可持续发展提供了良好的外部环境。

（3）要素价格的市场化。

除了金融价格，即汇率和利率的市场化之外，我国也积极开展对实体经济价格市场化的改革。中国从20世纪80年代就开始推动价格体制改革。经过三十多年的发展,经济体系中绝大部分产品价格已经实现了市场化。然而,对于要素市场而言,价格扭曲始终存在,劳动力工资、土地价格和资本价格呈现"双规"特征,市场决定的价格和政府制定的基准价格并存,城乡市场分割明显,区域间收益不平衡,市场化程度有待提高。根据测算,2016年中国要素市场发育程度指数为5.94分(满分为10分),金融业竞争度指数和信贷资金分配市场化指数虽然有大幅提升,但整体水平依然偏低。产权制度不够明晰,市场准入门槛过高,企业优胜劣汰机制尚未建立,资本、土地、能矿、技术和数据信息等要素市场的交易和管理制度均不完善,社会信用制度尚未建立,市场交易和分配缺乏信任基础,这些问题都将对要素价格市场化造成阻碍。

2.2.3 监管手段的市场化

从一般意义上来说,"监管"这项服务是由政府等公共部门提供的,而"市场化"一词则旨在强调发挥市场的作用。在"监管手段的市场化"中,如何处理好政府这只"有形的手"和市场这只"无形的手"之间的关系,以及它们在中国特色社会主义市场经济中如何发挥应有的作用等都是需要考虑的核心问题。

党的十八届三中全会以来,围绕如何处理好政府和市场关系这一核心问题,我国经济体制改革全方位推进,重点领域和关键环节改革不断取得突破,在有效激发市场主体创造力的同时也赋予中国经济更强的活力,而政府等相关部门监管手段市场化速度的加快、程度的加深和质量的提高是其典型表现,同时为改革的其他方面取得的成就提供了重要且坚实的保障。这些改进集中体现在以下几个方面。

第一,以简政放权为代表的"政府主动让位"。简政放权是近年来监管领域力度最大、涉及面最广的改革之一。党的十九届三中全会审议通过的《中共中央关于深化党和国家机构改革的决定》指出,要深入推进简政放权,提高资源配置效率和公平性,大幅降低制度性交易成本,营造良好营商环境。简政放权改善了政府与市场在资源配置作用上的矛盾关系,是使市场在资源配置中起决定性作用、更好发挥政府作用的内在要求。2014年6月,银监会发布《关于推进简政放权改进市场准入工作有关事项的通知》,对市场准入工作的简政放权和行政审批规范进行了统筹并提出了具体要求。截至2018年4月,国务院部门行政审批事项削减44%,非行政许可审批彻底终结,中央政府层面核准的企业投

资项目减少90%，中央政府定价项目缩减80%，商事制度发生根本性变革。而金融开放领域的简政放权也在如火如荼地进行，比如，持续推进银行业对外开放，加强外资银行监管。2019年11月，中国银保监会正式起草《中国银保监会外资银行行政许可事项实施办法（征求意见稿）》，将外资银行部分任职资格核准和分行开业审批的层级进一步下放或调整，取消外国银行来华设立营业性机构需满足的总资产要求，取消管理型支行行长任职资格核准审批，缩短两级审批事项的审批时限，缩减部分许可事项的材料要求。简政放权已经取得的成果和持续推进的坚定决心标志着政府监管手段下的市场化水平已经迈出重大步伐并将在这一道路上持续向前迈进。

第二，以注册制改革为代表的"市场地位加强"。2019年1月30日，证监会发布《关于在上海证券交易所设立科创板并试点注册制的实施意见》。这一制度的启动是在发行体制和市场准入方面的变革，是政府向市场放权的标志性成果，是监管手段市场化尤其是在市场准入方面的监管手段的市场化的重大进展。科创板的设立和注册制的试行标志着我国的资本市场准入正在由以证监会为主体的行政性发行审核向更加依赖信息披露质量等市场监管职能转变，为发行上市环节的监管注入更多的市场化因素。

第三，以人工智能监管为代表的监管方式创新。2017年，中国人民银行成立金融科技（FinTech）委员会，旨在加强金融科技工作的研究规划和统筹协调。央行表示，将强化监管科技应用实践，积极利用大数据、人工智能、云计算等技术丰富金融监管手段，提升跨行业、跨市场交叉性金融风险的甄别、防范和化解能力。随着人工智能的理论和应用技术的日益完善，人工智能逐渐渗透到金融监管领域，其固有价值逐渐被人们发掘。人工智能通过机器学习实现知识体系的实时更新，可以创建标准化数据报告，也可以发出风险预警信号，从而提高监管能力，降低合规风险。人工智能在金融监管中的应用转变了现行金融监管范式，为解决监管探索了新的路径。

2.3 制度的国际化水平

2.3.1 会计和审计制度的国际化

《企业会计准则》的颁布标志着我国会计准则的正式诞生。该准则配合了我国经济制度从计划经济向市场经济的转变和证券资本市场的建立,意味着我国已经采用了符合市场经济和资本市场发展需要的国际主流形式的会计制度,是我国会计制度演进道路上的重要里程碑。从 2005 年开始,财政部在全面总结多年会计改革经验的基础上,集合国际会计准则体系,完成了企业会计准则体系的修订,并于 2007 年 1 月 1 日起在所有上市公司、部分非上市金融企业和中央国有企业实施。新的会计准则对于规范企业会计行为,提升会计信息质量,促进资本市场完善和发展起到了十分重要的作用。2009 年 10 月,世界银行就中国会计准则国际趋同和有效实施情况发布评估报告,明确指出中国改进会计准则和实务质量的战略已成为良好典范,并可供其他国家仿效。

由于国家政治经济体制和治理模式的差异,各国国家审计制度模式也各具特色。中国的审计机关属于政府组成部门,是党和国家监督体系的重要组成部分,并受政府委托向人大报告工作。1982 年,中国审计署在组建筹备期间加入世界审计组织。在随后近四十年的时间里,中国审计部门在世界审计组织和亚洲审计组织中发挥着越来越重要的作用。目前,中国审计署是世界审计组织理事会成员、四大战略目标委员会成员,还担任世界审计组织大数据工作组主席,并加入了世界审计组织框架内的多个工作组。中国审计署在各专项领域展现出积极态度和专业水准,为世界审计组织的机制完善、话题内容的丰富和各项动议的落实做出了重要贡献。

党的十八大以来,审计署的涉外审计工作也取得了显著成效。审计署认真履行国外贷援款公证审计职责,高质量完成贷援款公证审计任务;创新审计模式,逐步扩大涉外审计覆盖面,持续推动大数据审计在涉外领域的运用;高质量完成联合国审计和受托国际组织的审计任务,扩大了中国审计在国际审计领域的影响力。中国在国际审计领域的不断融入不仅向世界展现了中国审计形象,更推动了中国审计制度和技术的国际认可程度及国际化进程。

2.3.2 监管制度的国际化

2018 年 4 月 8 日,中国银行保险监督管理委员会正式挂牌。这意味着中国的金融监管告别了"一行三会"[①] 的格局,进入了"一行两会"的新时代,同时

[①] 指中国人民银行、银监会、证监会、中国保险监督委员会(简称保监会)。

也标志着中国金融监管已初步迈向混业金融监管模式。这既是我国金融监管体制向着更高阶段迈出实质性步伐的必然要求和与我国金融行业发展态势相匹配的历史必然趋势，也迎合了21世纪以来世界范围内从分业监管到混业监管的金融监管潮流。

中国银保监会的成立有利于整合银监会、保监会的力量，消除两者之间形成的监管壁垒，形成强大的金融监管合力，进一步加强监管部门间的沟通协调，使金融监管更加精准。更重要的是，从分业监管到功能监管的转变既可以极大地消除金融创新带来的监管真空，又可以减少监管标准不统一导致的监管套利，促进市场公平竞争。总而言之，银监会和保监会的合并标志着我国监管制度国际化水平的大幅提高。

除此之外，近年来我国金融监管领域推出多项创新手段和规定，在提高监管效率的同时也切实提高了我国金融监管的国际化水平。例如，自2013年1月1日起正式实施的《商业银行资本管理办法（试行）》（以下简称《资本办法》）核准了中国工商银行等六家商业银行实施资本管理高级办法。《资本办法》整合了《巴塞尔协议Ⅱ》和《巴塞尔协议Ⅲ》，形成了中国版的巴塞尔协议。《资本办法》对高级方法的内涵做出规范，包括信用风险评级法、市场风险内部模型法和操作风险高级计量法。实施高级办法有利于提高中国银行业风险管理水平，使银行通过内部模型这一把统一的"尺子"去量化风险，使银行风险管理更加系统化、一致化、精细化，推动我国银行业风险管理从定性为主转变为定性与定量相结合，从而切实提升经营管理水平。《资本办法》的实施也有助于我国履行国际义务。中国作为二十国集团（G20）、金融稳定理事会及巴塞尔委员会的成员国，有义务实施《巴塞尔协议Ⅱ》和《巴塞尔协议Ⅲ》。《资本办法》的实施和核准实施高级办法，意味着《巴塞尔协议Ⅱ》和《巴塞尔协议Ⅲ》在我国得到全面实施。

3. 金融开放目标的比较与平衡

中国金融开放的目标要依据经济金融发展水平进行设定，但是不同阶段下的多重目标还要依据风险和收益来进行平衡。传统的"三元悖论"涉及目标该如何选择，短期目标与长期目标如何衔接，以及各种目标选择下风险和收益的平衡。

3.1 多种目标的比较

3.1.1 "三元悖论"与短期目标的比较

"三元悖论"由美国经济学家保罗·克鲁格曼提出，他认为本国货币政策的独立性、汇率的稳定性、资本的完全流动性三个政策目标最多只能同时满足两个，而无法同时实现。

过去十几年间，中国确实面临"三元悖论"的现实矛盾，"三元悖论"理论也为中国的宏观经济政策制定起到了指导作用。多年来，中国执行宏观经济政策的优先程度依次为汇率稳定、货币政策独立、资本自由流动。首要的是平滑汇率波动，对资本流动实行一定程度的管制。然而，随着中国对金融开放的客观需求日益增大，实际经济运行态势已发生转变，加之纯粹的"三元悖论"并未考虑大国情景，该理论难以全然适用于新形势下的中国。早期，易纲和汤弦（2001）就放开了"三元悖论"角点解的限制，提出部分的汇率制度弹性、部分的资本流动性和部分的货币政策自主性的有机结合可以达成平衡。Aizenman（2011）提出扩展的"三元悖论"，认为新兴经济体通过积累外汇储备可以缓冲"三元悖论"带来的冲突。杨艳林（2012）通过测算"三元悖论"政策目标指数，并通过模型拟合三个政策目标变量之间的内在关系，得出我国过度追求人民币名义汇率的稳定存在弊端，金融开放将在一定程度上和这种弊端互相抵消。海伦妮·雷伊（Helene Rey）对"三元悖论"提出质疑，她指出，受美国货币政策对全球的影响，各国的货币政策丧失独立性，出现全球金融周期现象。各国无论选取多大程度的浮动汇率，都不会对货币政策产生有效性影响，"二元悖论"取代"三元悖论"，即各国只能在资本自由流动和货币政策独立性两个宏观开发目标中选择一个。随着"三元悖论"理论的变迁，以及全球经济形势的恶化，中国已从"三元选二"转变为"三元选一"（丁志杰，严灏和丁玥，2018）。这意味着我国的宏观金融对外开放政策不能再单纯借鉴"三元悖论"的三大目

标，而是要建立中国特色的目标体系。

短期目标是"三元悖论"非角点解的具体阐释，实现短期目标是化解"不可能三角"的动态平衡。核心在于，在短期目标的实现过程中，应遵循更为细致的阶段划分原则，以期达成在每一阶段内的动态平衡。例如，先以微小的幅度进行利率、汇率市场化改革，再顺序调整资本项目开放程度，与此同时货币政策也跟进变动，最终达到开放任务的动态平衡点。多个类似的平衡点在"不可能三角"的范围内游走（曹远征，陈世波和林晖，2018），并在理想情况下无限逼近"不可能三角"的角点解，实现金融开放的最终目标。"三元悖论"对单一目标的实现往往幅度过大，周期过长，相应地背离其他经济目标的程度也更大。短期目标在每一阶段内应遵循多种目标的择时、顺序原则，在每一阶段末全面完成所有目标的实现，结合特定的发展阶段以及企业实际金融需求，动态推进金融开放进程，放弃传统"先内后外"或"先外后内"的单线逻辑，体现出金融开放过程中的"一体化推进"理念，既符合中国目前国情，也走出了中国金融开放自己的道路。

2019年的金融开放成果展示了金融业对外开放与汇率形成机制改革和资本项目开放进程的相互配合、共同推进。在金融机构开放层面，外资金融机构进入中国市场，"引进来"取得明显进展：瑞士银行实现了对瑞银证券的绝对控股；安联（中国）保险成为我国首家外资保险控股公司；美国标准普尔（简称标普）公司获准进入我国信用评级市场；美国运通公司在我国境内发起设立合资公司，筹备银行卡清算机构的申请已经审查通过。在金融市场开放层面，2018年6月，我国A股纳入MSCI指数；2018年9月，富时罗素将A股纳入其指数体系；2019年4月，彭博公司将中国债券纳入彭博巴克莱债券指数。[①] 我国此前已具备金融服务业开放的客观条件，因此2018年以来，金融机构开放和金融市场开放两方面齐头并进，步子迈得大、走得快。

汇率市场化和资本自由流动会与汇率水平基本稳定产生冲突。2019年8月5

---

① 见《经济日报》。

日，受中美贸易摩擦升级的影响，人民币兑美元汇率破"7"，与2015年、2016年不同，这次人民币汇率破"7"没有引发大量资金流出，人民币汇率在合理均衡水平上保持基本稳定。现状表明，人民币汇率基本稳定与稳步推进我国资本项目开放并不矛盾，不仅从长期看是一致的，短期内两个目标同样能够在动态平衡中一致推进发展，改变了过去此消彼长的局面。人民币汇率形成机制改革不断深化，央行已基本退出对人民币外汇市场的干预，汇率双向浮动弹性不断增强，逐步发挥"自动稳定器"的作用，市场对汇率浮动保持平稳预期，人民币的短期汇率波动趋于正常，外汇储备保持3万亿元以上的规模，构成汇率保持长期平稳的基础。与金融服务业开放不同，针对汇率和资本流动的开放目标，我国应坚持小步子、走得稳、找准路的方针，在匹配金融服务业开放程度的基础上，以更加审慎严谨的态度制定阶段性开放目标。在新的阶段，我国有能力、有基础且必须要实现金融开放短期目标的动态规划，为实现长期目标打下坚实的金融市场化基础。

3.1.2 短期目标与长期目标的比较

从短期看，中国主要从开放金融机构着手，放宽市场准入，促进资本项目双向流动，增强金融服务实体经济的能力，满足国内企业和居民跨境资产配置的需求，并让境外投资者也能共享中国发展的机遇。从长期看，中国金融的战略目标是使人民币融入国际货币体系，实现人民币的国际化，将中国金融市场发展成国际金融中心，从而获得在国际金融体系中与中国经济地位匹配的金融话语权，并进一步承担大国责任，深入参与全球经济治理，参与决定国际金融重大问题，推动经济金融全球化发展。

（1）长期目标坚持有序推动原则。

在现行国际货币体系下，中国的国际金融地位是脆弱的。这种脆弱性与美元作为国际储备货币的统治地位有直接的关系。因此，提升中国国际金融地位、实现人民币国际化、推动国际金融中心建设任务对于实现短期金融开放目标而言是必不可少的。另外，如果短期金融开放的四大目标推进缓慢，人民币国际化的长期目标则很难取得相应进展。从国际贸易角度而言，尽管中国的贸易总额规模巨大，但贸易过程中并无结算币种的谈判优势，人民币尚未成为我国对外贸易的主要结算货币，很难通过国际贸易推动人民币国际化。此外，人民币国际化有赖于建立开放的金融市场，以及资本账户下可自由兑换的先决条件。在上述二者尚未实现的情况下，要求人民币进一步国际化是空中楼阁，难以脚踏实地。因此，对于人民币国际化等长期目标，不应过分执着于政策的引导，而是应该着手于当前的资本项目开放和金融基础设施调整，培育人民币国际化的土壤，满足人民币国际化的条件，引导人民币国际化自然而然地发展。从这个角度而言，金融开放的长期目标与短期目标之间是相辅相成的。

(2) 长期目标优化国际资源配置。

在对外开放的起步与探索阶段，中国金融业更多的是"引进来"。不难发现，我国金融开放的短期目标率先发力于金融机构，这与我国一贯的由银行主导的金融结构有关。开放金融服务业是水到渠成的。通过对金融机构及市场的开放，引进外国先进的机构、产品、管理经验，能够产生"鲶鱼效应"，激发国内金融机构的竞争动力。通过对外开放，短期先让各国机构进入中国的市场，丰富中国市场的多样性，增强我国金融市场的韧性，扩大我国金融机构的容量，为日后更好地"走出去"奠定基础。

长期金融开放的目标是我国在国际市场上实现更有效的资源配置。在这一方面，尤其重要的是建立人民币国际市场，建立中国的国际金融中心。冯德连和葛文静（2004）构建了"轮式模型"来解释国际金融中心成长机制。吴念鲁和杨海平（2008）提到，建设国际金融中心应具备几个条件：便利的交通与发达的基础设施；优越的地理与时区位置；国内或区域内稳定的政治局面、发达的经济水平及广阔的市场前景；货币的可兑换性；完善的市场结构，相对开放、自由的市场体系；有利于创新又不失规范的监管体系；有活力的金融企业和良好的金融基础设施；能够凝聚一流国际金融人才的吸引力和机制。打造国际金融中心，本身就是对国内资源配置的不断优化，是对国内金融行业及需要金融支持行业的产业升级，可通过与国际最高标准接轨，改善国内落后的生产经营效率，淘汰低能产业。成为国际金融中心意味着国内储蓄将以更低的成本投资于国际市场，改善国内资本市场的流动性；同时有效减轻资金投资的信息不对称，提升信息的有效性；使居民储蓄能够获得丰富的投资渠道，形成资源高效配置的微观基础。

3.2 多种影响的平衡

3.2.1 风险与稳定的平衡

（1）贬值风险与预期稳定的平衡。

2015年的经验表明，主动贬值会动摇市场信心，继而影响金融市场稳定，致使风险加倍扩大和传染。2019年开始，我国强化了稳定经济预期的宏观指导思想。预期驱动资产价格的波动，即使宏观经济状态向好，但预期受到情绪因素的影响仍然会产生波动，进而动摇经济的平衡状态。稳定预期，尤其是极力避免人民币形成贬值预期，对于实现人民币汇率稳定，进而从根本上有效抑制中国资本外逃非常重要。疏散贬值压力，必须要强调政府及相关部门的作用，加强窗口指导、给予市场信号、强化信息传递，以及保持充分的沟通是重点。2019年11月28日，郭树清提出，央行将通过放管结合，对金融市场加强监管，活用更多货币政策工具，调节市场流动性，应对外部资本冲击，使得市场预期更稳定。

（2）外汇储备风险与缓和"三元悖论"的平衡。

充足的外汇储备是"不可能三角"的润滑剂，但是，外汇储备的规模必须和本国对外经济交易规模、外债规模以及国际收支状况等情况相匹配。外汇储备过高将会导致资产价格贬值、持有成本上升、国内通胀加剧等风险。近几年，面对资本外逃困境，我国通过动用外汇储备控制了汇率的相对稳定，但是这种对外汇储备的"挥霍"又引发了人们对外汇储备下降的担忧。随着我国"一带一路"倡议对外汇储备的大量使用，外汇储备的适度持有规模、外汇储备的合理使用方式，以及通过人民币国际化等手段防范外汇储备风险等问题都需要进一步探讨。

(3) 系统性风险和宏观审慎政策的平衡。

金融业开放本身并不是金融风险产生的根源，但开放过程可能提高金融风险防范的复杂性，因此需要不断完善与开放相应的金融风险防控体系。系统性风险也与金融不够开放有一定关系。在市场不开放的情况下，市场的纪律不能很好地得到执行，就会出现诸如预算软约束、刚性兑付、地方政府和国有企业扭曲市场的行为。

正确处理系统性风险和宏观审慎政策的平衡，其核心是过度恐惧风险与过度依赖政府两种心态的平衡。从金融市场运行规律来说，金融不可能没有波动。但目前往往存在对风险的过度恐惧，把社会稳定压倒一切的思维延展到金融领域。另外，过度相信行政管控的力量，过分依赖宏观审慎政策，不仅难以培育市场的自发调节机制，而且会导致政策滥用，致使政策敏感度降低，导致在出现危机时需要使用更强有力的政策，相当于推高了系统性金融风险暴露的危机程度，金融开放必然难以推进。

风险与政策之间存在动态平衡关系。防控系统性风险，要首先守住不发生系统性金融风险这一底线。但是，在完全封闭的环境下彻底消除系统性风险也是荒谬的。通过对外开放，强化市场纪律，对于帮助分散甚至防控系统性金融风险有积极的作用。因此，在实际操作中需要找到风险和政策之间的平衡点，不能顾此失彼。

3.2.2 成本与收益的平衡

(1) 金融开放的经济成本。

在金融服务业的对外开放过程中，虽然从最终目标来看，会增强我国金融机构的竞争，提升我国金融机构的效益，但短期来看，放开外资持股比例导致的外资金融机构扩张仍将挤占我国金融机构的业务市场。尽管我国金融产业已经取得了长足的发展，但当前格局仍然是分业经营，以银行业为主导，相比多以混业经营为主的外资机构，业务多样性不足，金融服务创新程度不够，相比于外资机构，对优质客户和大客户的吸引力有限。因此，在开放过程中有可能引发外资机构的"撇脂"效应（张林，2018）。为应对这一局面，首先，需要推动国内金融机构革新，促进金融产品创新，加强与国外金融机构竞争的能力；其次，要出台相关的金融司法制度，避免金融企业的恶意逐利行为；最后，应该引导国内金融市场的发展，早日建立完善的信用评级机制，减轻市场的信息不对称，才能最大程度地开发金融开放带来的融资便捷，支持金融服务实体经济。

(2) 金融开放的监管成本。

随着金融开放程度的日益扩大，为应对金融开放中的资本外逃、套汇套利等现象，相应的金融监管措施也必须升级加固。金融开放后，金融产品、金融服务及金融活动的数量、规模、范围、种类都将大大提升与拓展，监管跨境金融活动具有识别复杂、落实困难、存在滞后效应等特点。从监管的直接成本来看，多样的金融活动需要更大的监管队伍，从而人力成本上升。从监管的间接成本来看，监管不足或监管过度都会引发各种问题——监管不足容易被国际投机资本钻空子，破坏金融环境的稳定性；而监管过度不仅加大直接监管成本，也会释放负面的投资信号，影响金融开放进程，甚至使金融开放进程倒退、走回头路。

因此，在监管过程中我们应该创新监管机制，理顺监管路线，提升监管效率，避免不必要的冗余成本。从收益角度看，应切实考虑居民、企业、外国投资者的金融需要，放宽微观层面的过度干预，保证微观交易平稳自由进行，制定监管政策时要考虑对微观经济主体的影响。金融监管既要守好防范系统性金融风险的底线，又要避免成为金融市场发展的障碍。

(3) 金融开放的基础设施成本。

完善金融发展的基础设施建设是当前金融开放的重点和难点。首先，由于我国和西方主流经济体存在法律差异（我国是大陆法系），法律差异造成的障碍制约我国成为世界经济交流中心。其次，我国法律建设起步较晚，例如在《中华人民共和国物权法》《中华人民共和国担保法》《中华人民共和国企业破产法》等法律中，部分条款规定也没有体现金融交易的特殊性，无疑给金融开放带来了不确定因素。再次，当前我国信用体系建设不完善，道德风险频发，亟须填补相关法律的空白。最后，相关的会计准则、支付体系、结算体系都需要打造一套以中国为主导的使用标准。

4. 不同发展阶段下金融开放的目标选择

4.1 国际金融体系的接受者

中国在全球化过程中通过努力使自身发生了巨大的变化，我们需要接受和适应这样的变化。中国金融业在某些领域已经相对发达，但与发达国家相比，我们仍然有巨大的改进空间。从宏观角度看，这包括金融制度、市场培育、法律体系、国际化程度加强等；从微观角度看，我们需要在结算方式、货币、金融产品、投资者结构、投资者教育、机构专业度等方面进一步提升。

全球化演进的过程可以分为四个不同的发展阶段：全球化预热阶段、西方国家全球殖民阶段、资本全球化阶段和以中国为代表的新兴全球化阶段。四个阶段具有不同的特点和趋势。

第一阶段：由于技术与经济发展存在差异，世界格局还处于碎片化状态，以几个文明中心为主的国家以自身为圆心向周边扩散和传播，这种方式既会有触及不到的区域，也会有重叠的部分。随后的地理大发现和资产阶级革命的陆续发生使得全球化有了最初的萌芽和积累。直到工业革命的出现和全球殖民泛滥，西方使用暴力将全球化用军事侵占的方式进行推广。此时，西方人作为领导者已经开始了粗放的全球化，但是和中国文化并不相同，中国也未参与其中，也未形成所谓的国际金融体系。

第二阶段：殖民化趋势替代了传统的文明多边辐射的方式，西方国家通过殖民将世界格局变为殖民地和宗主国的二元格局。战争结束后，西方国家通过"马歇尔计划"进行了整合，世界则形成了以不同意识形态出现的两大格局。

第三阶段：苏联解体打破了之前的格局，西方国家又开始运用经济方式重新架构世界格局，此阶段是和平的全球化过程，但其实是资本进行疯狂投资跑马圈地的时代。如果说第二阶段是以欧洲为领导者的阶段，那么这一阶段是以美国为领导者的阶段。事实上,世界格局已经不再像过去一样由一国主宰,随着布雷顿森林体系的崩塌,国际金融体系再度陷入暂无体系的状态。中国依然是跟随者,但是开始逐步崭露头角。

第四阶段:以中国改革开放为标志,中国在参与美国的全球化过程中,作为低端制造业的全球工厂虽然位于西方国家依赖的微笑曲线的低端部分,但是发展了经济,积累了参与国际金融体系的基础,迅速成为国际金融体系内潜在的、不可小觑的新兴经济体。与此同时,其他新兴经济体也成为新国际金融体系的接受者和未来建设者。

从上述全球化和国际金融体系交织变化的不同阶段中,我们发现西方国家、中国、其他国家在整个过程中的逐步演变。各国的角色在最后一个阶段都开始发生变化。这种变化在西方世界预料之外,却是事物发展意料之中的结果。中国必须接受这样的转变,而其他国家也必须面对和包容这样的转变,只有这样,才能构建维护世界和平、稳定经济的国际金融体系。

4.2 国际金融体系的建设者

建设就是一种能力和付出。中国的经济和贸易体量已经向世界展示了应有的贡献度,在全球经济发展中占有相当的比重,从逻辑上说,国际金融体系中应该有中国的一席之地,中国在全球金融体系中应该扮演参与建设的角色。

首先,由于中国的经济和贸易总量在全球经济中占有相当的比重,其具备建设者所需要的背景和实力。中国作为国际金融体系的建设者,不是代表发达国家,而是代表发展中国家和新兴市场,现代国际金融体系不应是少数发达国家的"金字塔"和"自留地",而应是可以代表全球大部分人口和种族,否则无法被称为国际金融体系。其次,作为合格的国际金融体系建设者,本国的金融需要足够的开放,那么就需要明确开放目标。以"三元悖论"为基础,结合中国长期曲折的经济发展和开放的经验,同时借鉴国外失败和成功的真实案例,将对外开放的短期目标与长期目标相结合,进而选择合理的手段,就可以实现这些目标。最后,除了在本国市场推动金融基础设施建设,中国一直在积极参加和推动国际事务合作。比如,推动与中国经济体量相匹配的国际货币地位,推动人民币国际化就是在进行体系建设。"一带一路"建设就是在帮助国际金融体系探索和寻找创新模式,是中国作为建设者进行的中国实践和尝试。在体系建设的过程中,沟通是关键能力,尤其在国际事务的沟通上,不仅要具有中国特色,而且要有国际规范和风格,以彰显我国的软实力。作为一个国际金融体系合格的建设者,自身的市场应足够开放,但前提是自身不发生任何风险,因此适当的管理和审慎的逐步开放是负责的参与方式。

4.3 国际金融体系的引领者

引领就是一种精神和期望。中国应该成为国际金融体系建设的引领者,这不仅是现实需求,而且是思维创新和主观能动的需要。

4.3.1 现实需求

在全球化的大环境下,国际金融体系在近一个世纪中一直在发生变化,从布雷顿森林体系的建立到崩溃,从世界银行和 IMF 的制度安排及规范金融秩序到 2008 年金融危机,再到新兴市场的快速发展,国际金融体系并不是处于一成不变的状态。正是由于整个金融体系从稳定到崩溃、从重生到危机,无论是过去的领导者还是现在的跟随者,都应进行深刻的分析和反思,而这个过程恰恰需要各国之间采用更积极、更有效的沟通和协调方式,以及统一而又具有各自特色的监管方法来避免全球危机的发生。

1979 年,布朗芬布伦纳提出了"国际宏观经济中的火车头理论",火车头并不是指哪一个国家,世界经济也不是一个国家凭一己之力可以带动的,而是以多个大引擎和若干个小引擎共同作用、向一个方向前进的结果。无论是美国还是中国,欧洲还是亚洲,每个国家都在贡献自己的力量。中国随着经济规模总量的不断增大,自然会成为众多引擎中的引领者之一。我们需要在历史的时间和空间上给予自己明确的定位,扮演好自己应该扮演的角色,承担一部分应该在该阶段承担的全球化责任。在世界格局发生巨大变化的情况下,国际金融体系也应当进行合理的重塑,各国的话语权也应当重新分配,而这种重新架构的过程必须有着相互理解、相互支持的基础,在政治博弈后对全球发展是有利的。

4.3.2 思维创新

在全球发展格局演变的大趋势下,中国会因为现实需要而成为引领者,同时引领者的角色应内化,成为中国继续发展和前进的动力。过去尽管出现过世界银行和 IMF 作为外部治理的主导力量进行及时补救和积极干预的情况,但局部国家和地区乃至全球金融危机在近一个世纪的时间内仍不断重复出现,这就需要世界各国对原有的治理模式和体系进行深刻反思。当前的时代不应当是某一国以绝对领导者的地位主宰世界经济发展方向的时代,应该是多个国家共同参与作为引领者的时代。在不侵犯原有利益的情况下,整个重塑体系的过程不仅需要转变过去的经济火车头思想,而且需要我们自身有一种勇于担当、思维创新的自我觉醒。国际金融体系不应该是一个一元的体系,而应该是多层次、多元化,可以尽可能满足各种体制和各个国家需求的、服务人类未来发展的、包容并蓄的、复杂而目标一致的、真正意义上的国际金融体系。

但是要想作为国际金融体系的引领者,就要确保自身处在稳定的、风险可控的、开放程度较高的状态。中国目前面临的最紧迫的问题就是关于金融开放的平衡与发展,我们既要在金融开放目标下将"三元悖论"与短期目标进行比较,还要在短期目标与长期目标之间找到平衡点。同时,要权衡风险与稳定的关系,把握好成本与收益的关系。只有处理好开放目标之间的关系,协调好开放与引领的节奏,中国才可以为全球经济发展贡献中国力量,继而成为国际金融体系的引领者之一。

综上所述,国际金融体系的接受者、建设者、引领者三者之间相互独立、相互联系、相互促进,三者应该形成良性循环的有机整体(如图分-4-9所示)。我国应当接受并积极参与国际金融体系的建设,在参与过程中发挥自身价值、承担应有责任,扮演好引领者之一的角色,从而得到自我肯定和国际认可,外界的评价和我国自身的经历又会增强我们作为国际金融体系接受者的信心和为之继续努力的动力,如此迭代往复,形成一个积极的、可持续的、公平公正的国际金融生态系统。在过去,我国更多的角色是被动接受者、跟随者,甚至没有从真正意义上进入国际金融体系,而现在我们自身发展、所处的地位和外部环境都不同了，这就需要我们从思想意识、专业能力，以及价值体现上与之匹配。只有对自身有更高的要求，有更高质量的发展标准，才能代表其中一部分新兴经济体，共同维护世界经济的发展和稳定。

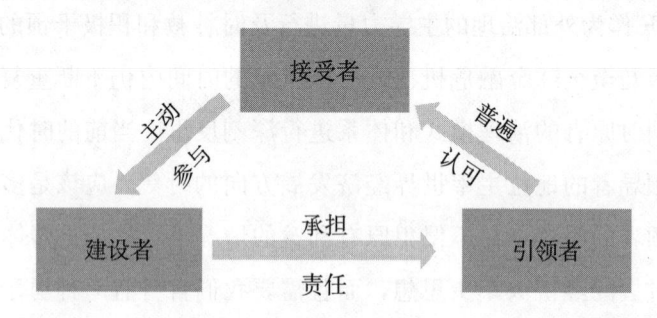

图分-4-9　国际金融体系接受者、建设者、引领者三者的关系

参考文献

　　[1] 曹远征，陈世波，林晖．三元悖论非角点解与人民币国际化路径选择——理论与实证．国际金融研究，2018（3）：3-13.

　　[2] 丁志杰，严灏，丁玥．人民币汇率市场化改革四十年：进程、经验与展望．管理世界，2018（10）：24-32.

　　[3] 冯德连，葛文静．国际金融中心成长机制新说：轮式模型．财贸研究，2004（1）：80-85，120.

　　[4] 金灿荣，金君达．中国与国际金融体系：从参与到重塑．人民论坛·学术前沿，2015（16）：8-17.

　　[5] 金立群．中国在国际金融体系中的角色及其外交策略．中国金融家，2014（1）：47-48.

　　[6] 靳玉英，周兵．新兴市场国家三元悖论框架选择为何中间化？——基于经济增长和金融稳定视角的分析．国际金融研究，2014（9）：34-44.

　　[7]《径山报告》课题组．中国金融开放的下半场．北京：中信出版集团，2018.

　　[8] 刘粮，陈雷．外部冲击、汇率制度与跨境资本流动．国际金融研究，

2018 (5).

[9] 刘敏,李颖. "三元悖论"与人民币汇率制度改革浅析. 国际金融研究 (6): 70-76.

[10] 刘韬,李博. 我国货币政策决策环境分析——基于三元悖论视角. 广东开放大学学报, 2011 (5).

[11] 钱水土. "国际金融体系重构与中国金融体制改革"研讨会综述. 财贸经济, 2009 (12): 138-140.

[12] 任晓. 中国和G20: 从参与者到引领者. 浙江社会科学, 2016 (10).

[13] 石艾馨. 三元悖论框架下中国资本市场开放的政策选择. 北方经济, 2013 (14): 74-75, 91.

[14] 石建勋. 国际金融体系改革与中国的战略选择. 中国金融, 2009 (8): 37-38.

[15] 唐琳,谈正达,胡海鸥. 基于MS-VAR"三元悖论"约束及对经济影响研究. 国际金融研究, 2015 (9): 35-44.

[16] 陶昌盛. 次贷危机下的国际金融体系改革及中国的角色. 经济与管理研究, 2009 (4): 60-65.

[17] 天津大学研究院课题组. 后金融危机时代国际金融体系改革——中国的战略与抉择. 经济研究参考, 2010 (9): 4-34, 53.

[18] 王楠,蔡晓辉. "蒙代尔三角"对人民币汇率制度选择的启示. 学理论, 2012 (20): 151-152.

[19] 王松. "三元悖论"的再认识与人民币汇率制度改革. 北方金融, 2016 (9): 3-6.

[20] 温健纯,范祚军,赵慧. 基于金融安全视角的人民币资本账户开放现状评估及其推进策略研究, 广西大学学报 (哲学社会科学版), 2019 (1): 97-106.

[21] 吴念鲁,杨海平. 关于打造中国国际金融中心的评析与思考. 金融研究, 2008 (8): 166-176.

［22］杨艳林. 中国的"三元悖论"政策目标组合选择及其影响. 经济评论, 2012（4）：120-128.

［23］叶辅靖, 原倩. 我国金融开放的历程、现状、经验和未来方向. 宏观经济管理, 2019（1）：21-27.

［24］易纲, 汤弦. 汇率制度"角点解假设"的一个理论基础. 金融研究, 2001（8）：5-17.

［25］禹钟华, 祁洞之. 共同体模式与霸权模式："'一带一路'计划"与"马歇尔计划"的本质区别——兼论基于中国文化理念的国际金融体系构建纲领与原则. 国际金融, 2016（10）：61-70.

［26］张荔, 田岗, 侯利英. 外汇储备、外汇交易量与 CHIBOR 利率的 VAR 模型（2000—2004）——兼论"三元悖论"下冲销干预与货币政策的独立性. 国际金融研究, 2006（10）：55-63.

［27］张林. 金融市场开放的风险与应对. 民主与科学, 2018（5）：47-48.

［28］张明. 论次贷危机对国际金融体系、国际格局和中国经济的影响. 国际经济评论, 2008（2）：7-8, 13.

［29］赵蓓文. 从"蒙代尔三角"看人民币汇率制度的选择. 世界经济研究, 2004（7）：31-35.

［30］邹新月, 扈震. 货币政策、资本流动与汇率稳定"三元悖论"的修正及其检验. 金融论坛, 2015（9）：20-29.

［31］Aizenman, J., The Impossible Trinity—from the Policy Trilemma to the Policy Quadrilemma. Santa Cruz Department of Economics, Working Paper Series, 2011（1）.

［32］Beck, H., Prinz, A., The Trilemma of a Monetary Union: Another Impossible Trinity. *Intereconomics*, 2012（1）：39-43.

［33］Koy, H., Dilemma Not Trilemma: The Global Cycle and Monetary Policy Independence. Economic Policy Symposium, 2013.

［34］IMF, Annual Report on Exchange Arrangements and Exchange

Restrictions，2018.

［35］Kaltenbrunner，A.，Painceira，J. P. The Impossible Trinity：Inflation Targeting，Exchange Rate Management and Open Capital Accounts in Emerging Economies. *Development and Change*，2017（3）：452 – 480.

分论五　中国金融开放：基础条件分析

摘　要

中国金融开放后，人民币的"锚"由软实力和硬实力两方面组成。金融的基础设施构成了金融软实力，是我国实现金融开放的基础条件。为金融开放做好制度和经济上的准备，不仅意味着要提高金融监管能力，处理好金融科技、金融创新与金融监管之间的关系，还意味着要提高整体的法治能力和法治水平，培育具有良好契约精神和信用能力的市场环境。政府则要秉持竞争中性的原则，平等对待民企和国企、内资和外资，加快健全市场机制。金融开放的步伐还要与风险管理能力相匹配。完善的金融体系应该为实体经济提供风险管理服务，建立起分散和吸收风险的风险配置机制、国际风险分散、对冲机制，以及风险筛选和进化机制。实证研究进一步提供了中国的银行国际化带来的贸易促进效应证据，并分析了中国金融开放中的资本市场开放进程。

Abstract

Since the opening of financial system in China, the "anchor" of Renminbi has been composed of soft power and hard power. The financial infrastructure constitutes financial soft power, which is the basis for financial openness. Institutional and economic preparations for financial openness not only involve improving financial supervision capabilities and handling the relationship between financial technology, financial innovation, and financial supervision, but also involve promoting the overall capacity and level of the rule of law, and cultivating a market environment with good contract spirit and credit ability. The government must adhere to the principle of competition neutrality which requires equal treatment of private, state-owned, domestic and foreign enterprises, and accelerate the improvement of market mechanisms. Financial openness must also keep pace with risk management. A sound financial system should provide the real economy with risk management services including a risk allocation mechanism which can diversify and absorb risks, an international risk diversification and hedging mechanism, and a risk screening and evolution mechanism. The empirical researches further evidence the positive influence of Chinese banks internationalization on trade flows, and analyze the opening process of capital market in financial opening in China.

1. 金融开放的制度准备与经济基础

航船安全要依靠船锚。中国要实现金融开放，实现人民币的国际化并构建国际金融中心，也必须要思考中国金融开放后人民币的"锚"。"锚"的力量来自软实力和硬实力两个方面。我国在技术创新和经济的市场竞争力方面的硬实力较强，但是在金融基础设施方面的软实力相对较弱。

在当今的全球竞争格局下，贸易保护主义抬头，中美贸易摩擦也逐渐扩展到科技和金融领域。其中，金融能力尤其能体现出国家的长期竞争力，最终会体现为全球资源配置的竞争力和在全球分散风险的能力。通过资金的融通，金融体系成为涵盖全国甚至全球的神经系统。金融体系的波动会给经济社会造成极大的影响，因此对金融开放的基础设施建设提出了更高的要求。我国金融改革采取的是渐进式的试错式探索，很大一部分原因在于基础设施对金融市场全面开放的制约。要实现金融开放，先需补上基础设施的短板。对中国金融开放的基础条件的分析应从制度准备与经济基础等方面展开。

1.1 契约精神和信用体系

1.1.1 契约精神

培养符合金融开放要求的契约精神，不仅要在制度层面上改革法律体系，而且要增强法治水平和政府的公信力，最终形成一个获得广泛认可的社会秩序。契约精神是形成市场预期和信心的关键，能够极大地影响金融开放的效应。

（1）完善包括金融法律体系在内的国家法律体系。

近年来我国的法律体系不断完善，但是距离建设国际金融中心的要求仍然相去甚远。法律结构上的完善意味着法律体系与风险的匹配。随着资本市场的发展，我国的金融体系从以单一的信用风险为主的时代过渡到信用和市场风险并存的时代，但是法律体系的改革相对滞后。"科创板＋注册制"实现了我国资本市场的制度性革命，将监管的重点转变至最大限度地确保信息披露充分。这种转变体现了未来的发展趋势，法律规则应该及时适应和调整。

（2）提高国家的法治能力和法治水平。

法治能力和法治水平是社会文明的重要因素，有推动社会发展前行的巨大作用。但是即使具备健全的法律体系,执法能力的欠缺也会直接制约法律的效力。例如,对于披露虚假信息的处罚力度不到位就极大地削弱了法律的威严,挫伤了市场信心。提高法治能力和水平必须坚持有法必依、执法必严,以捍卫法律的力量与权威。

(3) 保持政策的连续性和可预期性。

投资者信心反映了市场基于政策和未来预期的判断。如果政策导向不明确,甚至朝令夕改,则投资者难以对未来市场趋势形成明确统一的预期。市场信心不足的直接表现是投资额的降低。因此,保持政策的连续性和可预期性对于培育市场信心、增加我国金融市场的吸引力至关重要。

1.1.2 信用体系

在我国,国有银行一度垄断金融市场,导致有效的风险定价机制长期缺位,市场信用体系发展落后。虽然目前已有数量众多的信用评级机构出现,但是并没有很好地解决发行人付费模式带来的评级机构与发行人的利益捆绑问题。我国还没有诞生一个真正意义上得到公认的、具有较强公信力的信用评级机构。信用评级结论并没有得到市场的认可,也没有影响企业的债务成本(寇宗来、盘宇章和刘学悦,2015)。

建立市场信用体系,提高市场信用能力,培育客观、独立、公允的中介机构是实现金融开放的必备条件。首先,要对信用评级机构的收益模式进行改革,避免出现评级机构与发行人的利益捆绑现象,增强评级机构的独立性。其次,要统筹信用评级监管的制度设计,解决信用评级资质认定制度政出多门的问题。最后,要发展完善金融中介体系,提高法律、会计、审计、评级等专业性金融服务的供给能力,增强金融体系对信用风险的识别能力。

1.2 金融监管能力建设

1.2.1 中国金融监管改革

改革开放后,中国金融监管体系大致经历了三个阶段的渐进式改革。基于不同时期金融业态的特征,监管体系架构做出了相应的动态演化,具体可分为集中统一监管、分业监管和双柱动能监管三个阶段。

1992年以前,我国初步形成了以中国人民银行为主导的金融监管体系。中国人民银行负责制定金融宏观决策、加强信贷资金管理和维护人民币币值稳定，也对专业银行和其他金融机构实行集中统一监管。然而，随着金融市场的发展，银行和非银行金融机构业务交叉，混业经营乱象频发，中央银行和金融监管角色重合的矛盾显现，亟须分离中国人民银行的双重职能并实行分业监管。1992年中国证监会的成立、1998年中国保监会的成立和2003年中国银监会的成立标志着我国金融业监管职责逐渐分离和细化。中国人民银行则继续履行央行的职责，负责金融宏观调控，构成以"一行三会"为主导的分业监管体系。近年来，金融业态和金融风险的结构发生了显著变化，分业监管受到了层出不穷的混业经营的挑战，呼唤着新一轮的金融监管改革。2017年，全国金融工作会议宣布设立国务院金融稳定发展委员会，负责统筹协调金融稳定和改革发展的重大问题。2018年3月颁布的《深化党和国家机构改革方案》要求整合银监会和保监会的职责，并组建中国银行保险监督管理委员会，形成了我国当前以"一委一行两会"为主导的双柱动能监管体系，进一步结合并加强了宏观审慎监管和微观功能监管。

1.2.2 中国金融监管体制的发展现状与问题

深化金融监管体制改革的目标是构建一个符合现代金融特征、智能而有效的金融监管架构。这对未来中国的金融监管体制提出了多方面要求，包括符合现代金融发展趋势，灵活应对金融创新和有效管控风险等。改革开放后，我国金融市场开放度逐渐提高，功能日臻完善，也涌现出全新的金融业态。然而，相比之下，金融监管体制改革滞后于市场发展，还不能针对现存及未来可能发生的问题提供完善的解决方案。金融监管架构要把握金融未来、体现现代金融特征，必须考虑以下几个方面的问题。

（1）监管重心应随金融体系结构变化而调整。

随着中国经济金融化程度不断提升，社会金融资产结构正悄然发生着变化。具体表现为证券化金融资产的比例逐年攀升，银行信贷资产占比则呈下降趋势。居民金融资产结构也从单一的储蓄存款发展为多样化的资产组合。不同金融业态的风险基因存在区别，传统的以商业银行为代表的金融业态主要面临资本不足的风险，资本市场则面临信息披露的透明度风险。新兴的互联网金融的风险基因与资本市场相近，但是风险类型更加多样和复合。

金融体系的结构化变革意味着监管重心也应做出相应调整。我国银行业发展起步早，规模占比长期领先，因此现行的金融监管体系的基石仍是银行业监管，重点是以资本充足率为核心的资本监管。近年涌现出的许多金融创新却通过表外业务等形式绕开资本监管指标。虽然《商业银行资本管理办法（试行）》通过引入风险系数转换机制以抵御资本风险，但是并没有从根本上考虑到金融创新所蕴含的风险特征的转变，容易引发"一管就死，一放就乱"的问题。因此，未来的金融监管思路不能只停留在资本监管层面，而是应该强化和扩展透明度监管。

（2）金融监管的组织结构改革还需进一步推进。

基于资本不足风险和透明度风险的异质性，我国将银监会和保监会合并，成立中国银行保险监督管理委员会。然而，目前的改革仍是不完全和不彻底的，未能完全解决不同产品和市场之间的监管空白问题，也未能建立起具备前瞻性的逆周期风险调节机制。长期以来，我国金融市场存在着过度解读风险的误区，试图通过金融监管完全掌控风险。这不仅不符合现代金融基于不确定性的基本逻辑，而且扭曲了市场价格信号，不利于提高金融市场效率。

组织结构的改革并不是原有机构的简单合并。理想的中国金融监管模式应当朝着以中国人民银行和金融监管委员会为"双峰"的形态演进，健全宏观和微观审慎监管的内在链接机制（吴晓求，2017）。宏观和微观审慎监管在主体上彼此分离，但是功能上相互协调。其中，中国人民银行负责宏观审慎监管，重点防范跨市场和系统性金融风险；金融监管委员会负责微观审慎监管，统筹协调不同产品和市场的监管。一方面应该注重风险免疫能力和风险分散能力，另一方面要为金融创新预留一定的制度弹性。

（3）智能化趋势下监管方法和理念亟待变革。

科技的迅猛发展正在重构中国金融业态。智能化不仅是未来金融业态的发展趋势，而且是金融监管的改革方向。

由于缺少信息系统的支持，传统的监管方法以静态的目标管理为主，难以实现实时的动态监管。未来的金融监管体制则不能固守传统的监管方法，而是

应该积极拥抱科技，建设智能化、信息化的金融基础设施。未来可运用大数据、云计算和区块链等技术搭建中国金融信息系统，实时观察金融市场的运行状态、监控风险指标的动态变化。金融监管理念也应当更具有主动性和前瞻性。不仅要做好持续性监管，而且要做好事前的风险监测预警体系和早期干预机制，通过智能监管增强防范金融风险的能力。

1.2.3 金融科技与新兴互联网金融对金融监管的挑战

技术创新催生了以互联网为平台的新兴金融业态，形成一种具有金融功能链和独立生存空间的投融资运行结构（吴晓求，2014）。继资本市场削弱了商业银行等金融中介的作用、完成了金融第一次"脱媒"之后，互联网金融正在推动着金融进行第二次"脱媒"，成为以商业银行为代表的间接融资和以资本市场为代表的直接融资以外的第三金融业态（吴晓求，2015）。

金融业态的多元化不可避免地引发了金融风险结构的变化，也对金融监管提出了更高的要求。虽然互联网金融表现出类似商业银行的功能，但是其风险点更趋近于资本市场，具体表现为借款人的信息透明度风险。第三方支付、网络借贷、众筹融资、财富管理等不同的互联网金融业务的风险表现形式也有一定差异（许荣等，2014）。因此，当务之急是打破当前不同产品和市场间监管割裂的局面，解决监管体系中存在的监管职责模糊问题。

互联网金融提供了灵活丰富、门槛更低的金融服务。一方面，这加强了金融的普惠性，推进了金融的深度改革。另一方面，广泛的参与群体和层出不穷的业务模式增加了监管难度。作为一种去中心化的金融服务模式，互联网金融不再适用传统的监管理念（杨东，2018）。未来的金融监管应该走向智能化，及时更新技术手段，实现微观层面的实时监管。只有提高监管的能力和效率，才能更好地包容不断发展的金融创新。

1.3 市场经济基本原则与竞争中性

1.3.1 浅析竞争中性原则

2019年《政府工作报告》明确提出要遵循竞争中性原则，加快完善市场机制。竞争中性主要是指政府在市场竞争中保持中性的角色，平等对待不同类型的市场竞争主体，消除可能造成市场主体竞争优势差异的歧视性政府措施，维护公正有序的国内市场秩序。

第一，竞争中性意味着要深化市场经济体制改革，给予不同所有制企业平等的待遇。我国实行以公有制为主体、多种所有制并存的基本经济制度。多种所有制并存是市场经济体制的重要特征，但是过度的政府干预会扭曲市场资源配置，违背自由竞争的精神。政府不仅要为民营企业和国有企业提供公正平等的市场竞争环境，而且要对内资和外资一视同仁，推动我国经济的发展与开放。

第二，中国金融开放的目标为竞争中性原则赋予了更多的含义。建设具有吸引力和竞争力的金融市场，就必须为市场参与者提供公开透明的融资渠道。目前我国金融体制仍然以风险保守型的银行为主导，间接和直接融资体系之间存在二元割裂的困局，未能有效支持新兴行业的融资需求（张杰，2019）。因此，必须进一步推进金融结构性改革。对于国有金融机构，既要减轻不必要的政策性负担，也要通过推进利率市场化加强其竞争和变革意识。此外，也要允许更多的民营力量加入金融业，丰富我国金融市场结构层次，更好地满足中小微企业的外部融资需求。

1.3.2 竞争中性与国企改革

在竞争中性原则的指导下，我国开展了国有企业的混合所有制改革和国有资产管理体制改革，逐渐厘清了国有企业和国家的关系。现行的改革推行政企分离、政资分离，在一定程度上提高了国有企业的经营效率，减轻了预算软约束问题。可是，改革不能只流于股权结构的形式，更应该重视国有企业的运营和管理方法的变革。通过完善公司治理体系、健全现代企业制度，使国有企业真正成为独立自主的市场竞争主体。

此外，需要注意的是，对国有企业的改革不能矫枉过正。市场经济没有一个统一的形式。由于各国经济结构的差异，市场经济的发展模式不可能千篇一律。竞争中性原则也并不意味着终结国有企业，而是强调国有企业和其他类型企业应平等参与市场竞争（刘戒骄，2019）。就我国而言，国有企业对推动经济发展的贡献是有目共睹的，并且国有企业仍然会在未来的经济体制中扮演核心角色。因此，在鼓励其他经济力量发展的同时，也要为国有企业松绑，减轻国有企业的社会负担，增加国有企业作为市场主体的独立性，充分发挥国有企业

的优势。

1.4 风险管理视角下的金融开放

1.4.1 开放金融体系应对风险的三大机制

(1) 内部分散和吸收风险的风险配置机制。

市场化的金融体系强调以自有资本为风险承担的底线和边界，并由此产生自上而下的风险管理驱动力。基于市场化运行的开放金融体系在面临外部风险因素冲击时，各类金融机构、非金融企业乃至个人都会根据其特定的风险偏好、资本实力以及风险管理能力承担相应的外部冲击风险。一个有效的金融体系可以通过这种市场化机制将外部的风险冲击分散配置到上述各类经济和金融活动的参与主体中。尽管部分经济主体可能会倒闭，但有效的金融体系会在总体上承受住外部冲击的影响，并在风险分散过程中迅速进行相应的调整和恢复，从而让市场经济体系具有所谓的经济韧性或抗风险能力。

(2) 国际风险分散和对冲机制。

经济全球化的一个重要好处就是风险的全球分散和对冲，开放的金融体系为此提供了前提条件和基本工具。面对中美贸易摩擦的风险冲击，我国不少贸易企业已经成功利用这一机制来有效管控风险。开放的金融体系不仅可以更好地支持贸易风险的国际分散和对冲，而且其本身有更加便捷、灵活及低成本的分散和对冲工具方法。"东边不亮西边亮""不要把所有的鸡蛋放在一个篮子里"在开放金融体系中是更有用武之地和更加重要的国际风险管理机制。

(3) 基于风险的定价补偿、绩效调整及优胜劣汰的风险筛选和进化机制。

在市场经济的风险法则中，承担风险、风险回报补偿、风险绩效调整乃至优胜劣汰的破产机制都是相辅相成的统一整体。在金融市场上，基于风险的定价法则要求对风险的承担予以溢价回报和补偿；在金融机构内部，对于承担风险所获取的收益和绩效，则要进行相应的折价调整，如风险资本回报率（RAROC）。这些风险规则使得市场经济的参与者不断面临对风险经营管理能力的筛选和进化驱动。开放的金融体系带来了国际风险和不确定性的冲击考验，同时因为全球同台竞技带来了国际化的风险标准和风险筛选进化机制，从而有利于我国金融体系乃至整个经济体系运行质量在开放中不断提升。

1.4.2 应对金融开放中的控制权风险和市场波动风险

在金融开放带来的风险中,有两个比较突出的关注点。一是对金融机构控制权乃至金融主权的影响,二是对市场波动加大和国际投机的担心。金融机构控制权争夺本质上是实力和竞争力的较量。基于市场化机制的控制权争夺是优胜劣汰的正常市场现象,也是金融机构风险经营管理能力的进化路径。四十多年改革开放和发展已经使我们的经济金融实力有了很大的提升,也给了我们更大的信心应对金融开放带来的控制权风险。从风险管理的角度看,国际资本参与中资金融机构对我国金融机构风险管理能力和核心竞争力的提升是有帮助的,即便有一部分机构被控股,也不意味着我们会丧失金融主权(核心是货币调控和金融监管权)。

在任何关于市场投机的讨论中,我们首先要区分是中国传统商业文化背景下的投机还是现代市场经济背景下的投机。前者是指通过违法、违规获取不公平利益的行为,后者是市场经济中基于市场价格预测低买高卖的交易行为,两者是完全不同的。在有效监管的前提下,对外开放带来的市场波动和投机交易主要属于后者。其实,投机是任何市场经济中都会存在的正常现象。即便以索罗斯为代表的市场投机者,也是市场的正常参与者,都必须遵循正常的市场规律,也需要承担同样的市场风险。只是他们可能拥有更大的风险偏好,以及更加丰富的现代风险交易经验和经营管理能力,他们确实是我们在金融开放中参与全球市场竞争的更加强大的对手。但与他们同台竞技,显然也是我们学习和进步的推动力。

金融开放是我国金融体系进一步发展的方向,对我们的现实影响主要取决于开放的进取性和审慎性的合理平衡。平衡的关键在于确保金融开放的程度和步伐要与我们的风险管理能力相匹配,包括金融机构风险管理能力、金融市场风险交易和配置能力,以及对风险的金融监管能力。凡事皆有度,金融开放对控制权和市场波动的影响也是如此。超过一定限度的影响,就需要我们的金融主权发挥作用,从系统性风险防范和管理的视角开展适度的货币调控和金融监管。

金融供给侧改革是我国在坚持改革开放和继续追求发展的新时期发起的新

一轮金融体系改革,其根本目标是服务实体经济,基本特征是结构化改革,其核心内容应该是有效供给能力的建设。金融体系向实体经济提供的金融产品和服务不能仅限于各种形式的资金,更重要的是风险管理,包括通过金融产品提供的与实体经济共担风险的服务,也包括在这种金融产品提供的过程中向实体经济提供的风险管理标准,如银行等金融机构在融资过程中向实体企业提出的客户准入标准、风险限额标准和风险定价标准等。因此,有效的金融供给能力不仅是金融体系自身的风险管理能力,而且是金融体系引导整个经济体系在优化资源配置过程中不断加强管理来自内部和外部风险和不确定性的能力。对外金融开放将有利于这些风险标准和有效供给能力的提升和国际化,帮助我国金融体系更好地服务实体经济,在全球经济的竞争与合作中行稳致远。

2. 金融开放进程中的银行国际化研究

2.1 银行国际化与贸易往来:基本关系分析

熊彼特提出高效率的金融体系有助于经济增长的基本判断,后续一系列研究为此提供了经验证据(King 和 Levine,1993a,1993b;Levine 和 Zervos,1998;Rajan 和 Zingales,1998;Beck 等,2000),在达成这一共识的基础上,近年来的研究更加集中于探讨金融体系形成经济增长的具体路径。已有文献通过对美国各州之间的银行管制放松形成的类似自然实验进行研究,发现这一金融体系的变革通过形成银行间的竞争带来经济增长,具体表现为新设企业的增加以及小企业贷款的显著增加等。Cetorelli 和 Strahan(2006)基于行业内部的视角,发现在各州间银行放松管制下行业内新设企业数量和小企业比例都显著增加。Kerr 和 Nanda(2009)则进一步补充了银行管制放松不仅增加了行业中的新进入者,而且造成了行业中潜在威胁者高退出的经验证据。

从理论上看,银行国际化的重要表现是,母国银行在东道国设立代表处、开设海外分支机构以及并购当地银行等,那么银行国际化活动是否以及究竟如何反向作用于贸易往来呢?本文认为可能存在如下两个方面的影响路径。一方面,银行国际化有助于直接降低东道国企业的融资成本,从而提高该企业在母国与东道国贸易往来中的竞争力。商业银行是包括跨国公司在内的各类企业融资需求的主要提供方，而企业从事国际贸易活动对外部融资会产生双重影响。首先，企业开始国际化发展通常意味着得承担更多的沉没成本，客观上会形成对外部融资需求的增加。其次，沉没成本的存在使得公司资产对于外部投资者特别是债权人银行来说变得更不透明，此时银行承担的信用风险相对更高，企业获得外部融资的难度增加。如果母国银行在东道国设有分支机构从事融资业务，相较于未在该东道国设立分支机构的银行，由于存在地理距离和在信息获取方面的明显优势，跨国银行内部的信息处理以及资源的合理配置能够带来节约成本的优势，比如客户所在地区的平均违约率和违约损失率信息等的搜寻成本更为低廉，因而开展业务的固定成本和变动成本都相对更低，从而在东道国企业的融资难度和成本都显现出优势。已有文献也为此提供了经验证据，比如较高的金融发展水平可以降低企业的融资难度，进而提高国家出口的规模，并且这一效应在重资产型的行业中更为突出，对阿根廷公司的大样本问卷调查表明，当公司更容易融资时，其成为出口商的可能性会明显上升。

另一方面，国际化金融机构具有相对较高的整合母国与东道国之间金融信息与商业信息的能力，从而有助于促进贸易增长。国际化金融机构能够满足的金融服务需求非常广泛，比如企业申请长期贷款、申请流动资金贷款、开设信用证或申请授信额度等，由于国际化金融机构可以在该东道国从事实际经营业务并生产出与东道国宏观经济状况、中观行业发展以及微观个体经营，特别是业务、绩效和风险等方面的专有信息（specific information），这些专有信息实现了该跨国金融机构内部的交流和共享，提高了该机构的金融服务与商业整合的能力，因而促进了贸易往来。Michalski 和 Ors（2012）的研究表明，放松各州之间的银行进入管制促进了银行体系内部的信息流动以及金融与贸易之间的联结。从经济意义上看，和金融与贸易未联结的地区相比，金融与贸易相联结的地区的贸易往来金额占美国贸易往来总额的比例在 10 年间提高了 14%，这说明当银行扩张到新市场时，会促进银行总部所在地区与新进入市场之间的贸易往来，金融与经济连接使得银行降低了贸易过程中的信息不对称问题，从而形成了金融体系内部信息与贸易之间的整合效应，使得相应地理区域间的贸易往来金额在总额增长的同时产生增长结构上的有利变化。本分论提出研究假设如下：

H1：保持其他条件不变，中资银行国际化与母国和东道国（地区）之间的贸易往来水平呈正相关。

2.2 研究设计

2.2.1 资料来源

本文考察中资银行国际化对中国与东道国（地区）之间双边贸易的经济影响，样本共包含 174 个东道国（地区），样本区间为 1998—2016 年，中资银行国际化的资料来源于手工收集，主要通过各大上市银行年度报告、官方网站以及《2016 中资银行国际化报告——对标国际一流》等进行手工收集，并与银行公开信息进行逐一校对。贸易资料来源于联合国贸易和发展会议数据库①，截至 2016 年末，我国与美国、英国、法国、新加坡、巴基斯坦、阿联酋、南非、瑞士以及俄罗斯等 174 个国家（地区）发生了单边或双边贸易往来。

2.2.2 变量设定

（1）被解释变量：贸易往来。

本文通过三个维度刻画中国与东道国（地区）之间的贸易往来。一是我国与东道国（地区）之间各年份货物和服务的出口贸易额取自然对数（Export），二是我国与东道国（地区）之间各年份货物和服务的进口贸易额取自然对数（Import），三是我国与东道国（地区）之间的进出口贸易总额取自然对数（Biport）。

（2）解释变量：中资银行国际化。

本文采用两个维度刻画中资银行国际化。首先，设置虚拟变量以刻画是否发生了中资银行国际化，我们把中资银行在东道国（地区）设立代表处、海外分支机构以及并购当地银行的当年及后续年份设定为 1，之前年份设定为 0，记为 Overseas。② 其次，为了考察中资银行国际化的渐进和动态特征，我们进一步设计了指标——中资银行国际化密集度，用中资银行在东道国（地区）开设代表处、海外分支机构以及并购当地银行的当年累计数量表示，记为 Branches。

---

① 资料来源：联合国贸易和发展会议官网。
② 在稳健性经验中，我们对中资银行国际化样本做了净化处理，删除中资银行设立代表处和并购当地银行两类，仅包含中资银行开设海外分支机构，回归结果保持稳健，限于篇幅，留存备索。

(3) 控制变量。

根据现有文献，母国经济发展水平、东道国（地区）经济发展水平、关税以及地理距离等因素均会对母国与东道国（地区）之间的贸易往来产生重要影响。借鉴 Hagendorff 等（2008），Acharya 等（2011）和 Houston 等（2012），我们在模型中控制如下因素：1）东道国（地区）的经济发展水平、贸易依存度、关税水平和汇率水平；2）东道国（地区）劳动力成本；3）母国经济发展水平；4）母国与东道国（地区）地理距离等。相关变量的定义参见表分-5-1。

表分-5-1 主要变量定义表

变量类别	变量名	符号	变量定义
被解释变量	出口贸易额	Export	中国与东道国（地区）当年的货物和服务出口贸易额取自然对数。
	进口贸易额	Import	中国与东道国（地区）当年的货物和服务进口贸易额取自然对数。
	进出口贸易总额	Biport	中国与东道国（地区）当年的货物和服务进出口贸易总额取自然对数。
解释变量	中资银行国际化时点	Overseas	中资银行在东道国（地区）设立代表处、海外分支机构以及并购当地银行的当年及后续年份设定为1，否则取0。
	中资银行国际化密集度	Branches	中资银行在东道国（地区）设立代表处、海外分支机构以及并购当地银行的当年累计数量。
控制变量	东道国（地区）经济发展水平	Hostgdp	东道国（地区）当年人均国内生产总值（以美元计）。
	东道国（地区）贸易依存度	Trdepend	东道国（地区）历年对外贸易额进出口总值在国民生产总值或国内生产总值中所占比重。
	东道国（地区）关税水平	Customs	东道国（地区）关税及其他进口税占税收收入的百分比。

续表

变量类别	变量名	符号	变量定义
控制变量	东道国（地区）汇率水平	Exchange	东道国（地区）货币当年以美元为标准的汇率水平。
	东道国（地区）劳动力成本	Wage	东道国（地区）当年人均工资水平（以美元计）。
	母国经济发展水平	Homegdp	中国当年人均国内生产总值（以美元计）。
	母国与东道国（地区）地理距离	Distance	北京到东道国（地区）首都（行政中心）的地理距离取自然对数。

2.2.3 回归模型

为了检验中资银行国际化对母国与东道国（地区）之间贸易往来的作用，一种比较简单的方法是考察母国与东道国（地区）的贸易往来在中资银行国际化之前和之后的差异，以判断中资银行国际化行为的经济影响，即常用的单差法。但是单差法得出的结论可能是不准确的，原因在于：从横向层面看，同一时期的个体经济发展水平等许多个体差异会影响母国与东道国（地区）的贸易往来；从纵向层面看，即便未发生中资银行国际化，时间推移形成的自然增长也影响着母国与东道国（地区）的贸易往来。因此，考虑到单差法可能存在的不足，本文采用相对更加合理的双重差分方法考察中资银行国际化的经济影响。

在本文研究样本包含的174个国家（地区）中，截至2016年末，中资银行共计在50个东道国（地区）发生了国际化行为，其余124个东道国（地区）未发生国际化行为，这为研究提供了一个良好的准自然实验机会。具体来说，本文把这50个东道国（地区）作为处理组，剩余124个东道国（地区）作为对照组。同时，中资银行国际化是一个渐进和动态发展的过程，本文根据中资银行在各东道国（地区）成立国际化分支机构的时间，设置虚拟变量Overseas，东道国（地区）在中资银行国际化当年及以后年份取值为1，否则为0，由此构造双向固定效应计量模型进行双重差分，检验中资银行国际化对母国与东道国（地区）贸易往来的净效应。回归模型如下：

$$Y_{it} = \beta_0 + \beta_1 \text{Overseas} + \beta_2 X_{it} + \gamma_t + \mu_i + \varepsilon_{it} \qquad (分-5-1)$$

其中，Y_{it}为被解释变量，本文选取了母国与东道国（地区）的出口贸易额（Export）、进口贸易额（Import）以及进出口贸易额（Biport）三个变量进行衡量。下标i和t分别表示第i个东道国（地区）和第t年，γ_t代表时间固定效应，μ_i代表东道国（地区）的个体固定效应。X_{it}为其他控制变量，包括东道国（地区）经济发展水平、东道国（地区）贸易依存度、东道国（地区）关税水平、东道国（地区）汇率水平、母国经济发展水平以及母国与东道国（地区）地理距离等。变量Overseas的系数β_1的估计值是我们关心的重点，它度量了中资银行国际化对母国与东道国（地区）贸易往来的净影响，如果中资银行国际化推动了两国间贸易往来，则预期β_1符号为正并且显著。

2.3 实证结果分析

表分-5-2列示了中资银行国际化与出口贸易的回归结果。列（1）仅考察中资银行国际化时点（Overseas）一个变量，回归结果在1%的显著性水平下正相关，列（2）在列（1）的基础上加入了国家固定效应（Country）和年份固定效应（Year），可以看到出口贸易额与中资银行国际化在5%的显著性水平下呈现正相关关系。由于出口贸易受多方面因素的影响，在列（3）中根据已有文献把主要因素予以控制，但未控制国家固定效应（Country）和年份固定效应（Year），此时中资银行国际化时点（Overseas）依然在1%的显著性水平下为正。同时，东道国（地区）层面的东道国（地区）经济发展水平（Hostgdp）、东道国贸易依存度（Trdepend）、东道国（地区）关税水平（Customs）和东道国（地区）汇率水平（Exchange）等因素，以及母国层面的母国经济发展水平（Homegdp）、母国与东道国（地区）地理距离（Distance）等因素均显著影响了出口贸易水平。列（4）把解释变量中资银行国际化时点（Overseas）、相关控制变量、国家固定效应（Country）和年份固定效应（Year）一并考虑，此时衡量模型解释力的R^2提高到87.3%，考察的主要变量中资银行国际化时点

(Overseas) 的系数为 0.187，并在 5% 的水平下显著为正，这说明在控制了主要变量以及国家固定效应和年份固定效应的情况下，可以观察到中资银行在东道国（地区）开设国际化机构之后，母国与东道国（地区）之间的出口贸易水平显著增加。其他控制变量与已有文献保持一致，以东道国（地区）关税水平（Customs）为例，相关系数为 −0.006，且在 1% 的显著性水平下为负，这意味着如果东道国（地区）的关税水平提高 1 个百分点，母国与东道国（地区）之间的出口贸易额将减少 0.6 个百分点。

表分-5-2 中资银行国际化与出口贸易往来的回归结果

被解释变量：Export	(1)	(2)	(3)	(4)
Overseas	3.588***	0.216**	2.468***	0.187**
	(35.81)	(2.45)	(25.50)	(2.12)
Hostgdp			0.000***	0.000***
			(4.40)	(2.93)
Trdepend			−0.007***	0.002**
			(−9.81)	(2.30)
Customs			−0.017***	−0.006***
			(−6.16)	(−2.74)
Exchange			0.000***	−0.000
			(4.59)	(−0.04)
Wage			0.000*	0.000***
			(1.81)	(3.87)
Homegdp			0.000***	0.000***
			(23.03)	(22.63)
Distance			−0.000***	−0.001***
			(−6.76)	(−11.56)
Country	否	是	否	是
Year	否	是	否	是
样本量	3 306	3 306	3 306	3 306
R^2	0.279	0.872	0.450	0.873

表分-5-3 列示了中资银行国际化与进口贸易往来的回归结果。与表分-5-2 类似，列（1）、列（2）仅考察中资银行国际化时点（Overseas）单个变量和控制国家固定效应（Country）和年份固定效应（Year）后的结果，列（3）加入了其他控制变量，列（4）则加入了控制变量以及国家层面和时间层面的固定效应。从列（4）的回归结果看，中资银行国际化时点（Overseas）在 5% 的显著性水平下与进口贸易水平正相关，其他控制变量的系数方向与显著性水平也符合预期。表分-5-4 进一步列示了中资银行国际化与进出口贸易往来的回归结果，列（4）显示中资银行国际化时点（Overseas）的相关系数为 0.174 且显著为正，这为前文假设提供了初步的证据支持。

表分-5-3 中资银行国际化与进口贸易往来的回归结果

被解释变量：Import	(1)	(2)	(3)	(4)
Overseas	4.624***	0.383**	3.227***	0.357**
	(31.59)	(2.24)	(21.69)	(2.09)
Hostgdp			0.000***	0.000***
			(6.45)	(2.74)
Trdepend			−0.009***	0.004***
			(−7.88)	(2.61)
Customs			−0.030***	−0.011**
			(−7.02)	(−2.44)
Exchange			0.000***	0.000
			(5.15)	(1.22)
Wage			−0.000	0.000**
			(−0.28)	(2.05)
Homegdp			0.000***	0.000***
			(11.07)	(9.55)
Distance			−0.000***	−0.001**
			(−4.87)	(−2.38)
Country	否	是	否	是
Year	否	是	否	是
样本量	3 306	3 306	3 306	3 306
R^2	0.232	0.761	0.351	0.763

表分-5-4　中资银行国际化与进出口贸易往来的回归结果

被解释变量：Biport	(1)	(2)	(3)	(4)
Overseas	3.773***	0.196**	2.611***	0.174*
	(36.40)	(2.14)	(25.89)	(1.92)
Hostgdp			0.000***	0.000***
			(6.00)	(3.41)
Trdepend			−0.007***	0.005***
			(−8.61)	(5.67)
Customs			−0.018***	−0.007***
			(−6.28)	(−2.87)
Exchange			0.000***	0.000
			(4.77)	(0.03)
Wage			0.000	0.000***
			(0.55)	(3.00)
Homegdp			0.000***	0.000***
			(20.90)	(21.72)
Distance			−0.000***	−0.001***
			(−6.27)	(−8.85)
Country	否	是	否	是
Year	否	是	否	是
样本量	3 306	3 306	3 306	3 306
R^2	0.286	0.873	0.448	0.876

3. 金融开放进程中的资本市场国际化进程

3.1 中国资本市场制度建设与功能升级

与发达国家特别是美国自下而上建立的资本市场体制不同，我国的资本市场是在政府的推动下自上而下建立的。由于所处政治环境与历史背景的特殊性，早期，我国资本市场的核心功能主要集中在为国有企业脱贫解困上，背离了资本市场的基本功能，因而在后续的发展中遇到了许多难题。随着中国经济的快速发展，对资本市场的认识也在与时俱进，资本市场的制度建设不断优化完善。近年来，中国 A 股市场先后成功纳入 MSCI、富时罗素及标普道琼斯指数，这既说明了我国资本市场在不断走向成熟，也说明了中国资本市场的改革和发展越来越被世界投资者与主流市场认可。

3.1.1 中国资本市场制度建设与功能变迁

(1) 新股发行制度。

我国新股发行制度主要可以分为审批制和核准制两大类，具体又可以分为四个阶段，分别是：1) 1993—1995 年的额度管理制度阶段。此时，我国正处于资本市场建立初期，尚未完全确立相应的市场法律、法规，股票发行额度由国务院决定，上市企业须通过两级审批。2) 1996—2000 年的指标管理制度阶段。证监会在两级审批的基础上增加了企业事前审核的流程，只有指标内的企业才有推荐资格。3) 2001—2004 年的通道制阶段。2001 年，证监会宣布取消审批制，开始采取核准制，由证监会将上市额度下分至券商，再由券商进行二次分配。4) 2005 年至今的保荐制阶段。由保荐机构推荐高质量的公司上市，强调保荐机构的连带责任，希望保证上市公司的质量。

从历史变革看，我国一直在努力向更完善的新股发行制度靠近，但在现行的核准保荐制下，由于保荐机构的精力主要集中在应付证监会的审核而非对企业的价值判断上，上市公司的质量并没有得到很好的保证。监管机构审核能力有限而造成的上市申请拥堵和中国现行的退市难等问题，导致资本市场的上市公司更新效率低，许多僵化的企业难以出清，新生企业又难以入市，拖累了我国资本市场的进一步发展。

为了从根本上改善我国资本市场股票发行的各种问题，需要推动新股发行从核准制向注册制转变，注册制完全依靠市场的资源配置作用，受供需规则的制约，股票能否成功发行、以何种水平的价格发行完全取决于资本市场需求。若核准制是"政府的手"在调控着新股发行，那么注册制就是"市场的无形之手"在进行自我调节。核准制在我国资本市场发展初期起到了保护投资者并稳定市场的重要作用，但从我国资本市场的功能和定位来看，向注册制转变已成为必然趋势。

(2) 新股定价制度。

我国新股定价制度可以具体分为四个阶段：1) 1991—1999 年的行政定价阶段。新股发行价值由一个相对固定的市盈率确定（市盈率通常被定在 12～15 倍），该方法基本是行政命令，与市场严重脱节。2) 1999—2001 年的放宽发行

市盈率定价阶段。虽然市盈率的行政管制被放开了,但证监会仍掌握着新股定价的控制权,引入了法人配售机制和上网定价发售机制。3) 2001—2005 年的管制发行市盈率定价阶段。为了应对国有股减持造成的股市下挫,证监会规定市盈率不超过 20 倍。4) 2005 年至今的询价阶段。询价制度是我国在新股市场化定价上迈出的重要一步,提高了首次公开募股(IPO)定价的市场化和合理性。2014 年,沪深两市在询价机制的基础上又对发行股数和发行金额进行了限制,导致定价效率降低。

在讨论我国的新股定价制度之前,需要先认清上市企业发行股票筹集资金的背后原因和具体用途,而不是仅讨论发行价格高低的问题。无论是 IPO 抑价带来的融资不足问题,还是新股定价过高带来的超募问题,都不会改变企业为项目募投的根本目的。有效合理地配置资金才是资本市场最重要的功能,新股定价只显示出其功能的一部分,只有使融资需求旺盛的企业募集到所需资金,资本市场才算真正发挥了其原本的价值。但是主板市场严苛的上市条件往往使得资金无法向处于孵化期的高成长性企业流动,资金分配严重不合理才是我国资本市场功能升级的重点。只有深化市场化改革,为高新企业有条件地降低门槛,才能实现投资需求与融资需求的合理配置。

(3) 再融资制度与并购重组制度。

资源配置是资本市场的一大重要功能,其中股权再融资是企业融资的重要方式,而并购重组是企业在资本市场中实现资源配置的重要途径,通过分析我国再融资和并购重组制度的变迁历史,可以从侧面看出我国资本市场发展和扩张的趋势。

在我国资本市场发展早期,并购重组依据的是 1993 年国务院颁布的《股票发行与交易管理暂行条例》,再融资则依据 1993 年颁布的《关于上市公司送配股的暂行规定》,主要通过配股的方式进行再融资。随着资本市场的进一步发展,2001 年,监管部门发布《关于上市公司重大购买、出售、置换资产若干问题的通知》,对企业进行并购重组的具体程序做出了规定,鼓励陷入困境的公司通过并购重组来化解退市危机。而 2002 年后,公司主流的再融资方式也从配股转移为公开增发。2005 年,证监会发布《关于上市公司股权分置改革试点有关问题的通知》。随着股权分置改革的推进，2006年，《上市公司证券发行管理办法》实施，定向增发成为公司融资的首选渠道。2008年，监管部门发布的多个重大资产重组的修订规则也进一步规范了并购重组的相关制度。随后我国又多次对再融资制度和并购重组制度进行修订，证监会于2019年10月颁布《关于修改〈上市公司重大资产重组管理办法〉的决定》，于2019年11月就修改《上市公司证券发行管理办法》、《创业板上市公司证券发行管理暂行办法》以及《上市公司非公开发行股票实施细则》等再融资规则向社会公开征求意见。

此次再融资新规的出台，是对主板和创业板上市企业再融资的大松绑，再融资门槛被明显降低，上市公司的融资效率和股权融资比重有所提升，有利于激发资本市场活力，无形之中缓解了企业融资难、融资贵的窘境，高效利用了资本市场的资源配置功能。而此次并购重组新规的出台，则是为了支持高新技术企业的发展，放宽再融资制度也为企业的并购重组提供了便利。并购重组新规放松了对"壳"的管制，大大简化了重组上市的标准，降低了高新技术企业的上市门槛，缩短了上市时间。本轮政策修订其实是为了对先前过紧的监管要求进行修正，2015年之前企业并购重组的繁荣发展和再融资的盛行，既活跃了我国资本市场，也助推了市场泡沫的形成。2015年股市大幅下跌使得监管机构开始重视对再融资和并购重组的制度监管，先后推出多个严格的监管制度，在对市场乱象进行清理和整顿的同时，也大大影响了上市企业的正常融资渠道，影响了资本市场资源配置功能的发挥。

（4）退市制度。

《中华人民共和国公司法》的推出最早明确了我国资本市场的退市制度，但由于没有明确的退市标准而不具有操作价值。2001年，证监会出台的《亏损上市公司暂停上市和终止上市实施办法（修订）》使得被动退市的改革曙光真正照进了资本市场。但同时，我国对借壳上市这一非正式制度的默许又极大地削弱了退市处罚的威慑力。之后，2012年、2014年、2018年证监会先后三次对退市制度进行重大改革，其中就提到创业板公司退市后将不支持上市公司通过借壳的手段恢复上市，第一次对借壳上市这一非正式制度做出了正面回应。

然而，即使借壳上市问题得到初步解决，我国的退市制度仍存在相当多的漏洞。其中就包括暂停上市、恢复上市、重新上市的中国特色退市缓冲流程，中国给上市企业留出的这些后路使得亏损严重的企业仍可以继续挂牌，甚至在停止上市后仍可以进行资产重组。这种制度上的缺陷导致了我国虽然先后经历了多次退市改革，但退市效率依然低下，从中国资本市场建立至今真正退市的企业寥寥无几，远远低于海外资本市场的退市率。我国早在1998年就推出了ST制度[1]，以期起到警示投资者的作用，但是被ST风险警示的上市公司大多没有被暂停上市，说明我国退市制度并没有起到其应有的优胜劣汰的作用，无法出清的僵尸企业极大地危害了我国资本市场的健康发展。

若将退市难、借壳上市的问题剖开来看，其实可以发现根本性的问题仍是上市难的问题，也就是所谓"壳"的稀缺性问题。正是因为我国的IPO审核周期长、上市门槛高、隐性收益巨大，导致上市企业若是被退市，想要再次上市的时间成本极大，在此背景之下出于机会主义动机，"借壳上市"就成了各企业上市的快速通道。因此，要想从根源上解决退市难的问题，除了要加强退市的执行力度，还需从上市难的问题入手，形成有进有出、出入有序的良性循环。

从上文的分析中可以看出，企业上市困难是中国资本市场中一个亟待解决的问题，事实上中国为此做出过许多努力，但是效果均不理想。为了能够帮助中小企业改善上市难的窘境，2004年5月，中小企业板（简称中小板）在深交所正式推出，希望通过构建多层次资本市场为中小企业提供融资便利，但是总体来看，中小板与主板对上市企业的要求大体相同，不存在明显的区别或优惠政策，并未在根本上为中小企业提供有效援助。借鉴了中小板的经验，我国于2009年10月又开设了创业板，降低了高新科技型企业的上市门槛，但遗憾的是，由于发行条件并未有所创新，模式的同质性不仅没有为相应的高新科技型企业提供便利，反而引致了原本符合主板上市条件的公司出于机会主义动机选择在创业板上市，挤占了原本应提供给高新科技型企业的资源，背离了创业板开设的初衷。

在中国资本市场发展的瓶颈期，科创板应运而生，并在新股发行制度、新

---

[1] ST制度，即special treatment，针对的是出现财务状况或其他异常状况的上市公司。

股定价制度、退市制度上等都有所创新,是我国资本市场功能升级和制度变革的一次重大尝试。

3.1.2 中国资本市场的"试验田"——科创板

2018年11月5日,习近平主席于首届中国国际进口博览会上宣布,在上海证券交易所设立科创板并试点注册制。2019年1月,中国证监会发布《关于在上海证券交易所设立科创板并试点注册制的实施意见》。从中国资本市场发展的整个历史脉络看,在科创板中试行注册制无疑是我国资本市场制度建设上的一次重大突破,是我国资本市场尝试向成熟的资本市场迈进的重要一步。2019年6月13日,在上海举行的第十一届陆家嘴论坛上,上海证券交易所科创板宣布正式开板,而科创板从提出到开板,仅仅用了约200天,这也从侧面反映出国家对科创板、对中国资本市场的殷切期望和改革效率。

科创板的一大重要制度创新就是注册制。注册制是一种不同于审批制、核准制的证券发行监管制度,它的基本特点是以信息披露为中心,通过要求证券发行人真实、准确、完整地披露公司信息,使投资者可以获得必要的信息,对证券价值进行判断并做出投资决策,证券监管机构对证券的价值好坏、价格高低不做实质性判断。因此,证监会原则上对科创板的申请企业不再承担审核职责,只对审核工作起监督作用,并承担企业的发行注册工作。换句话说,想要在科创板上市的企业,不再需要通过监管机构的审核,而是直接将相关的经营信息上报给上海证券交易所,并由上海证券交易所进行问询式审核。所谓问询式审核,就是上市企业与保荐机构作为被询问人,对交易提出的问题进行回答,问询过程中的问题会不断深入,直到上市企业的相关经营信息被完整地向公众披露。因此,问询制虽然不像核准制有监管部门审核的环节,但事实上对企业的上市要求反而更高,监管权力只是从机构转移到公众的手中,并且提出了更为严格的信息披露的要求。

科创板在制度上的另一变革是在新股定价上坚持以市场为导向,采取市场化询价的机制。2019年5月,《科创板首次公开发行股票承销业务规范》《科创板首次公开发行股票网下投资者管理细则》正式发布,规定对科创板所有新股采用市场化询价制度,具体流程简述为确认询价对象—向网下投资者询价—确

认发行价格。但与 A 股市场不同的是，科创板的询价对象只有机构投资者，个体散户则不被包括在内，鉴于机构投资者投资经验更为丰富，在投资时也会更为谨慎，这种规定更符合科创板对投资者风险承受能力的高要求。首次公开发行询价对象限定在证券公司、基金公司等七类专业机构，向网下投资者询价既可通过初步询价确定发行价格，也可在确定发行价格区间后，通过累计投标询价确定发行价格。

科创板在退市制度上也有着严格的要求，科创板要求触及终止上市标准的企业直接终止上市，不再给企业提供暂停上市、恢复上市、重新上市的机会。若被退市的企业想要再次在科创板上市，则可在满足科创板上市条件的前提下向科创板再次提出申请并接受审核，但是因重大违法被强制退市的企业无权再次提出新的申请，只能永久退市。此外，科创板尤其关注"空心化"企业，并要求丧失持续经营能力、主要营业收入与主营业务无关或者不具备商业实质的关联交易收入的企业按照相应的规定程序强制退市。综合来看，简化的退市环节有利于压缩退市时间，严格的退市要求也有利于资本市场的长期健康发展。

除了退市制度，科创板在上市制度上也有所改进。相较于主板、创业板等，科创板的上市条件更为灵活，具有多元化、包容的特点，共有 5 套差异化上市标准，结合市值、收入、净利润、现金流、核心技术等多重指标实现差异化评定。对具有更优异的经营成果或更高经营确定性的企业，科创板对其市值的要求门槛越低，相当于为科创类企业开设了一个快速上市通道。除此之外，科创板还允许尚未盈利甚至存在累计未弥补亏损的优质企业在科创板上市，不再对无形资产占比进行限制。对于高新技术企业，这意味着直接融资比例的上升，有利于处于萌芽期的企业稳定发展。我国企业过去面临的一大困难就是无法在最需要资金投入的时候从资本市场获得充足的融资，通常而言，企业在前期的产品研发阶段和技术投入阶段很难产生足够的收入以抵消其投入成本，其投入收益往往在后期才得以显现，这种收益与投入的时间错配导致企业出现暂时性的亏损，而此时又常常是企业融资需求最高的阶段，但是主板市场的严苛要求使得这些企业难以上市，无法从资本市场中获取直接的融资支持，而科创板的设立则完美地弥补了这一点。科创板创新性的上市制度给予中国的高新技术企业一个全新的选择方向,资本市场的长期融资也与高新技术企业投资周期长、收益慢的结构特征相匹配,对完善中国的多层次资本市场构建具有重大意义。

3.2 境外资本的引入与境内投资的国际化

2002年,证监会和中国人民银行联合发布了《合格境外机构投资者境内证券投资管理暂行办法》,确立了合格境外机构投资者(QFII)制度。2006年,《商业银行开办代客境外理财业务管理暂行办法》发布,我国开始实施合格境内机构投资者(QDII)制度,从而有限度、有条件地尝试对我国的资本市场进行开放。在我国资本市场开放的早期,QFII制度与QDII制度共同组成了资本流动的双向渠道,将中国与国际资本市场联系在了一起。这种温和的开放手段和措施,在满足了境外资本流入和境内投资需要的同时,也有效降低了海外成熟资本市场波动对我国资本市场的危害,取得了较大的成功,这是我国国情和不完善的市场体制环境共同选择的结果。2011年,《基金管理公司、证券公司人民币合格境外机构投资者境内证券投资试点办法》发布,在QFII业务的基础上进一步实施了人民币合格境外机构投资者(RQFII)制度,为境外投资者提供了多层次的投资选择,同时也支持了香港建设离岸人民币业务中心,有利于对人民币进行回流引导。但是随着经济发展和市场化程度的加深,原本用于保护国内资本市场而设定的各种交易限制如今渐渐显出弊端,严厉的审批机制降低了QFII的总体规模和对外资的吸引力,为了顺应全球化市场潮流,尽快与国际市场接轨,需要对现行的制度进行改革。

2016—2018年,国家外汇管理局对QFII制度相关外汇管理进行了重大改革,先后取消了汇出比例限制以及有关锁定期的要求,并允许QFII持有的证券资产在境内开展外汇套期保值等。2017年7月,RQFII额度扩大至5 000亿元。2019年1月,国家外汇管理局将合格境外机构投资者(QFII)总额度由1 500亿美元增加至3 000亿美元。鉴于我国A股市场在国际市场的影响力越来越大,这种变革和制度的松绑是必然的选择,同时也体现出了我国资本市场对外开放的决心与信心。2019年9月,国家外汇管理局宣布取消QFII和RQFII的投资额度限制,这意味着从今往后符合资格的境外机构投资者只需进行登记,即可自主汇入资金并开展符合规定的证券投资,这大大提升了境外投资者参与国内资本市场交易的便利性，提高了境外资本的流入效率。还有一点值得注意的是，这次除了取消合格境外机构投资者投资额度限制，也取消了RQFII试点国家和地区的限制，极大地鼓励了境外投资者参与我国的资本市场，拓宽了境外资本的流入渠道，加速了我国资本市场的开放进程。国外理性机构投资者参与度的提升也有利于引导国内投资者进行理性投资，降低我国资本市场的换手率和减轻投机型氛围。

在QFII和QDII制度的基础上，2019年6月25日，中日交易型开放式指数基金（简称中日ETF）互通正式开通。中日ETF互通是在中日两国的约定下，以对方市场的ETF作为投资标的基金，具体由中日两国基金公司分别通过现行QFII和QDII机制设立跨境基金，并将全部或大部分基金资产投资于对方市场具有代表性的ETF产品。从交易的功能形式来看，中日ETF互通与沪港通和深港通的互联互通功能相似，因此也有人称中日ETF互通其实就是沪日通，但二者只是功能相似，不同的是中日ETF主要是投资对方市场上的ETF资金而非股票，并且通过QFII和QDII渠道进行操作也是一个代表性的创新点，因此也激发了QFII和QDII的活力，尤其可以促进我国QDII的规模发展和投资种类扩充，推进境内投资的国际化。中日ETF的落地是我国资本市场对外开放的又一里程碑事件，进一步拓宽了境外资本的流入渠道，也丰富了境内投资者对外投资的选择范围，加深了中日两地资本市场的合作联系。

中日ETF互通机制就像一艘连通两地资本市场的轮船，政府负责监控轮船的质量，而主要的掌舵人是机构投资者，个人投资者则像搭乘轮船的乘客。虽然个人投资者作为乘客无法把控轮船的行驶方向，从而导致自由度降低，但同时能享受由投资经验丰富的机构投资者管理从而减小投资风险、降低成本的好处。

深入分析中日两国的ETF市场发展现状，可以发现我国的ETF市场尚处于萌芽阶段，不够成熟的同时也具有巨大的发展潜力，而日本的ETF市场已趋于成熟，现已成为亚洲最大的ETF市场，市场制度完善且产品种类繁多，因此中日ETF互通机制有利于帮助中国借鉴日本ETF市场的建设经验，在开放的过程中逐渐走向成熟。

除了中日 ETF 互通机制以外，在 QFII 和 QDII 制度的基础上，我国还于 2011 年实行了合格境外有限合伙人（QFLP）制度，2012 年启动了合格境内有限合伙人（QDLP）制度，2014 年推出了合格境内投资者境外投资（QDIE）制度等，这些均是我国在资本市场开放中所做的重要尝试，用多种方式构造了多元化的境外、境内投资渠道。

3.3　中国资本市场国际化的新尝试：沪港通、深港通和沪伦通

3.3.1　沪港通与深港通

2014 年 4 月 10 日，中国证券监督管理委员会和香港证券及期货事务监察委员会发布联合公告，批准香港联合交易所有限公司（简称香港联交所）与上海证券交易所开展两地股票市场互联互通机制试点工作（简称沪港通）。之后，证监会以及上交所分别出台了沪港通相关业务规则和操作指引。经过各方机构多月的基础设施建设和市场准备，沪港通于 2014 年 11 月 17 日正式开通，标志着上海和香港证券市场互联互通新模式的成功开启，也是我国资本市场国际化进程中的里程碑事件。沪港通包括沪股通和港股通两部分，指的是上海证券交易所和香港联交所允许两地投资者通过当地证券公司（或经纪商）买卖规定范围内的对方交易所上市的股票。沪港通的交易范围包含内地最具有市场代表性和新兴的蓝筹股，以及香港的大型股和中型股，在一定程度上是相互对应的。

2014 年，中国证券监督管理委员会出台了支持深圳资本市场改革创新的 15 条意见。该意见指出，将利用沪港通实施的成功经验，支持深交所与香港交易所（简称港交所）研究探索新的合作形式。2016 年 8 月，国务院常务会议明确表示，深港通（深港股市交易互联互通机制的简称）有关准备工作已基本完成。经过多年筹备和成功完成运营场景模拟测试，2016 年 12 月 5 日，深港通正式启动。如果说沪港通是开展互联互通的第一步，那么深港通的启动就是深化互联互通的第二步。

沪港通和深港通的实施标志着中国资本市场开放的开始，也是向国际化迈出的重要一步。作为推动上海和香港股市双向开放的先锋，沪港通为双方资金的流动搭建了桥梁，提升了中国资本市场的综合竞争实力，巩固了上海和香港两大金融中心的地位，极大地促进了人民币国际化，增加了对外国投资者和海

外基金的吸引力。而深港通在一定程度上比沪港通具有更大的意义：深港通吸收了沪港通的施行经验，进一步完善了相关交易制度和体制，加速了我国的资本市场建设和产业结构优化。此外，深港通又做出了不设总额度限制的创新，加强了上海、深圳及香港三地股市的互联互通，三大资本市场的总市值已近70万亿元，几乎可以与美国资本市场相抗衡。2018年5月，沪港通与深港通每日额度从130亿元放宽至520亿元。沪港通和深港通的落实意味着我国已经做好了向个人境外投资者打开大门的准备。

沪港通和深港通的开通促进了上海、深圳及香港三地股市的一体化进程和国内资本流动，有助于推动我国资本市场的健康发展，发挥三地市场间的互利互惠作用。

3.3.2 沪伦通

2018年10月12日，证监会正式发布《关于上海证券交易所与伦敦证券交易所互联互通存托凭证业务的监管规定（试行）》，自公布之日起施行。2019年6月17日，沪伦通在伦敦证券交易所（简称伦交所）举行揭牌仪式。沪伦通是让海外买家通过存托凭证（DRs）工具间接持有对方市场股票，是上海证券交易所与伦敦证券交易所的互联互通机制。沪伦通允许上海证券交易所的上市公司通过在伦敦发行全球存托凭证（GDR）来筹集新资金，也可以转换原有的存量股票；而伦敦证券交易所上市公司仅限于向沪市投资者出售以现有股票为基础的中国存托凭证（CDR）。CDR是指由存托人签发、以境外证券为基础在中国境内发行、代表境外基础证券权益的证券。CDR持有人享有相应上市公司基础证券的权益，但其投票、表决等股东权利需要通过存托人行使。

沪港通与深港通的开通无疑为沪伦通的施行奠定了基础，正是由于有前者在不断探索中形成的经验教训作为指导，才会产生沪伦通的初步构想并逐步落实。鉴于沪港通、深港通与沪伦通有着相似的功能机制，在建设沪伦通并完善相关制度的过程中，它们都具有一定的借鉴意义。但是沪伦通在借鉴的过程中也需注意不同市场地域的差异，由于中国香港与英国伦敦的时差问题，沪伦通在连接两地市场的同时无法避免交易时间不匹配而带来的流动性较差的问题，正是因为存在这种时滞的特殊因素，迫使沪伦通需要设定一系列具体的交易机制以满足两地投资者的需要，相关制度法规的制定也需要视具体情况来分析，不可一味地对沪港通的模式进行复制。

若说沪港通与深港通是我国资本市场开放的尝试，那么沪伦通就是我国资本市场正式走向世界的第一步。在沪伦通开通之前，我国主要将 QFII 制度、RQFII 制度以及 QDII 制度作为连通国内资本市场与海外资本市场的桥梁，随着市场化进程的发展，我国逐步放宽了投资额度、范围等相关限制，为全球投资者提供了更为丰富的投资种类。尽管二者在功能上有所重叠，但这并非表示二者是绝对的替代关系，尤其在沪伦通的施行初期，境外投资者想要通过沪伦通参与 A 股市场的交易仍存在诸多交易限制，因此，从长期来看，二者其实可以起到相互补充的作用，为境外投资者提供更多的投资选择，吸引更多外资流入。沪伦通交易机制的逐渐成熟对中国资本市场迈向国际市场也具有示范效应，只有走稳第一步，第二步与第三步才好落到实处。

沪伦通除了起到吸引境外资本流入的作用，还具有引导离岸人民币回流的功能。随着人民币国际化的推进，人民币外循环受阻是一个亟待解决的问题，而沪伦通的落地将中国香港与英国伦敦的资本市场真正串联在了一起，借由投资者通过沪股、伦股的相互交易，人民币得以形成一个闭合的流动回路，留存的资金可以原路返回，解决人民币的输出回流问题。此外，沪伦通连接了伦敦成熟的资本市场，这必定会对我国的 A 股市场造成一定的冲击，因此需要及时调整制度以应对国际市场波动带来的危机。这有利于我国资本市场的进一步改革和完善，为未来资本市场的进一步开放做好准备。

参考文献

[1] 曹凤岐. 中国资本市场的改革、创新与风险防范. 金融论坛, 2018 (9): 3-8.

[2] 崔凡, 赵忠秀. 当前国际投资体制的新特点与中国的战略. 国际经济评论, 2013 (2): 108-117.

[3] 何迎新. 我国 QFII 和 QDII 制度实施现状及政策建议. 金融会计,

2011（2）：30-33.

[4] 贾祥功,张丽丽. 经济新常态下中资银行的国际化经营策略. 现代管理科学,2016（6）：39-41.

[5] 姜建清. 大型银行的国际化进程——中国工商银行的实践. 中国金融,2010（19）：55-58.

[6] 寇宗来,盘宇章,刘学悦. 中国的信用评级真的影响发债成本吗？金融研究,2015（10）：81-98.

[7] 李毅中. 2016年度中国对外直接投资统计公报. 北京：中国统计出版社,2017.

[8] 李永森. 多层次资本市场制度建设. 中国金融,2017（2）：43-45.

[9] 李永森. 资本市场的制度创新和突破. 中国金融,2019（2）：47-49.

[10] 刘辉,孙乾坤. 中资银行国际化经营初期的挑战与应对. 现代管理科学,2016（4）：54-56.

[11] 刘戒骄. 竞争中性的理论脉络与实践逻辑. 中国工业经济,2019（6）：5-21.

[12] 卢进勇,冯涌. 国际直接投资便利化的动因、形式与效益分析. 国际贸易,2006（9）：41-45.

[13] 宋玉臣,张晗. 资本市场制度建设的非理性演变与未来取向. 经济体制改革,2019（5）：143-148.

[14] 吴晓求. 互联网金融：成长的逻辑. 财贸经济,2015（2）：5-15.

[15] 吴晓求. 中国金融的深度变革与互联网金融. 财贸经济,2014（35）：14-23.

[16] 吴晓求. 中国金融监管改革：逻辑与选择. 财贸经济,2017（7）：33-48.

[17] 许荣,刘洋,文武健等. 互联网金融的潜在风险研究. 金融监管研究,2014（3）：40-56.

[18] 杨东. 监管科技：金融科技的监管挑战与维度建构. 中国社会科学,

2018 (5): 69-91.

[19] 张红军. 外资银行进入与监管研究——理论及基于中国市场的实证. 北京: 社会科学文献出版社, 2008.

[20] 张杰. 中国金融结构性改革的逻辑起点与实施路径. 探索与争鸣, 2019 (7): 125-135.

[21] 张育军. 我国资本市场制度设计与制度建设研究. 证券市场导报, 2006 (9): 4-15.

[22] 钟昌标, 王玲玲, 梁振. 中资银行国际化对企业境外投资的影响分析. 昆明理工大学学报 (社会科学版), 2017 (1): 51-65.

[23] Acharya, V. V., Amihud, Y., and Litov, L. Creditor Rights and Corporate Risk-taking. *Journal of Financial Economics*, 2011 (1): 150-166.

[24] Aleksynska, M., Havrylchyk, O. FDI from the South: The Role of Institutional Distance and Natural Resources. *European Journal of Political Economy*, 2013 (284): 38-53.

[25] Aliber, R. Z. International Banking: A Survey. *Journal of Money Credit & Banking*, 1984 (4): 661-678.

[26] Becker, B., Chen, J. and Greenberg, D. Financial Development, Fixed Costs, and International Trade. *Review of Corporate Finance Studies*, 2013 (1): 1-28.

[27] Beck, T., Levine, R., and Loayza, N. Finance and the Sources of Growth. *Journal of Financial Economics*, 2000 (1-2): 261-300.

[28] Black, S. E., Strahan, P. E. Entrepreneurship and Bank Credit Availability. *Journal of Finance*, 2002 (6): 2807-2833.

[29] Buckley, P. J., Liu, X. The Determinants of Chinese Outward Foreign Direct Investment. *Journal of International Business Studies*, 2007 (4): 499-518.

[30] Cetorelli, N., Strahan, P. E. Finance as a Barrier to Entry: Bank

Competition and Industry Structure in Local US Markets. *Journal of Finance*, 2006 (1): 437-461.

[31] De Bonis R., Ferri, G., and Rotondi, Z. Firms' Internationalization and Relationship with Banks. LLEE Working Document, 2008.

[32] Espanol, P. Exports, Sunk Costs and Financial Restrictions in Argentina during the 1990s. Working Paper, 2007.

[33] Hagendorff, J., Collins, M., and Keasey, K. Investor Protection and the Value Effects of Bank Merger Announcements in Europe and the US. *Journal of Banking & Finance*, 2008 (7): 1333-1348.

[34] Houston, J. F., Lin, C., and Ma, Y. Regulatory Arbitrage and International Bank Flows. *Journal of Finance*, 2012 (5): 1845-1895.

[35] Jayaratne, J., Strahan, P. E. The Finance-growth Nexus: Evidence from Bank Branch Deregulation. *Quarterly Journal of Economics*, 1996 (3): 639-670.

[36] Kerr, W. R., Nanda, R. Democratizing Entry: Banking Deregulations, Financing Constraints, and Entrepreneurship. *Journal of Financial Economics*, 2009 (1): 124-149.

[37] King, R. G., Levine, R. Finance and Growth: Schumpeter Might Be Right. *Quarterly Journal of Economics*, 1993 (3): 717-737.

[38] King, R. G., Levine, R. Finance, Entrepreneurship and Growth. *Journal of Monetary Economics*, 1993 (3): 513-542.

[39] Levine, R., Zervos, S. Stock Markets, Banks, and Economic Growth. *American Economic Review*, 1998 (3): 537-558.

[40] Michalski, T., Ors, E. (Interstate) Banking and (Interstate) Trade: Does Real Integration Follow Financial Integration? . *Journal of Financial Economics*, 2012 (1): 89-117.

[41] Rajan, R. G., Zingales, L. Financial Dependence and Growth.

American Economic Review, 1998 (3): 559 – 586.

[42] Rice, T., Strahan, P. E. Does Credit Competition Affect Small-firm Finance? *Journal of Finance*, 2010 (3): 861 – 889.

[43] Schumpeter, J. A. *The Theory of Economic Development: An Inquiry into Profits, Capital, Credit, Interest, and the Business Cycle*. Harvard University Press, 1912.

分论六　中国金融开放：外部环境的影响

摘　要

中国金融开放进程受到外部环境的影响，具体而言是国际金融体系的长期发展趋势和国际经济周期的影响。它们既是中国金融开放的挑战因素，又是中国金融开放的推动力量。

国际金融市场规模和复杂度的提升、世界各主要央行的货币政策不确定性的提高和单边主义与贸易保护主义倾向是中国金融开放的主要挑战。欲应对国际金融市场规模与复杂度的提升的挑战，最重要的措施就是培育稳定成熟的国内金融体系和成为有资历的国际金融市场参与者，而推动人民币国际化、逐步构建中国的国际金融中心也是应对挑战的有效举措。欲应对世界经济金融环境不确定性的挑战，需要合理地把握中国金融开放的进程，以开放促稳定，并加强与更多国家的联系，进行风险的分散化。

国际资本配置需求和国际金融一体化则是中国金融开放进程的主要推动力量。国际资本希望投资中国金融市场，以双赢的方式推动中国金融开放的进程。国际金融一体化改变了传统政策组合的有效性，这要求中国加快金融开放进程。

Abstract

The financial openness of China is influenced by the external environment, i. e., the long-run trend of the international financial system and the impact of the international economic cycle. These international factors are both the challenges and the driving forces of the financial openness of China.

The main challenges of the China's financial openness are the increase of the scale and complexity of the international financial market, the uncertainty of monetary policy of major central banks, and the potential international tendency of unilateralism and protectionism. To cope with the challenges of the increase of the scale and complexity of the international financial market, it is essential to foster qualified international financial market participants and establish a mature domestic financial system. It is also effective to push forward the process of RMB's internationalization and build a China's international financial center. To cope with the international economic and financial uncertainty, it's necessary for us to take chances to push forward the process of China's financial openness to guarantee the stability and to enhance the relationships with other countries to diversify risks.

The main driving forces of the China's financial openness are the demand of international capital allocation and the facts of international financial integration.

International capital tends to invest in China, which promotes the China's financial openness in a win-win way. International integration changes the effectiveness of the conventional policy choices, which requires China to speed up the process of the China's financial openness.

1. 国际金融形势：国际金融体系的变化特征

中国金融开放的进程不仅受到内部经济金融发展状况和发展要求的驱动，而且不可避免地受到外部环境的影响。国际金融体系的长期发展趋势和国际经济周期的影响构成了中国金融开放的外部环境，成为中国金融开放的挑战因素和推动力量。

随着金融科技的发展和全球市场的形成，当代国际金融体系呈现出重要的变化特征，这些特征包括：信息科技和金融科技不断更新、外汇市场交易规模扩大、交易手段现代化、衍生市场扩张的发展趋势、20世纪80年代中期开始的金融自由化浪潮和20世纪90年代开始的全球金融一体化进程。这些变化特征的基础是科技的变革和市场的发展，而金融科技的迭代和市场规模的扩大与经济周期无关，因而是不可逆的变化，是以当代国际金融体系为背景的中国金融开放无可回避的外部背景。

1.1 当代国际金融市场的发展趋势

1.1.1 金融科技的迭代

近几十年来，尤其是20世纪90年代后，第三次科技革命带来的科技进步被逐步引入国际金融领域，世界金融科技的发展速度加快。以计算机和互联网为主要代表的通信技术和信息技术不断发展，加强了世界各个金融市场的联系，逐渐推动了一体化的国际金融市场的形成与发展。

通信技术的发展是当代国际金融市场运转的重要前提条件，而由计算机终端、电话终端、光纤电缆和卫星接收站等要素构成的交易系统则是通信技术手段发展的典型代表。20世纪频繁出现在影视作品中的交易员聚在一起看着黑板上手写价格叫喊着进行交易、书面确定交易结果的传统交易方式，向电话交易乃至计算机自动交易系统买卖的交易方式演变。通信技术的革新使得国际金融市场的信息收集和信息传递越发高效，降低了市场信息垄断和市场分割的可能性；而电子化的交易手段降低了国际金融市场尤其是外汇市场的交易成本，也为跨国金融机构的发展提供了必要条件。

以程序化交易为代表的信息技术的发展则是国际金融市场飞速发展的另一

个先决条件。计算机技术的进步推动了国际金融市场中的定价速度和成交速度，根据设定程序进行既定交易的交易方式突破了人类反应速度的生理极限，甚至将高频交易的竞争推向了纳秒级别。这类信息技术的飞速发展一方面极大地提高了国际金融市场的价格发现和信息挖掘的速度，进一步整合了全球金融市场，有助于金融市场发挥为交易者提供投融资和风险对冲手段的作用。另一方面，这类信息技术手段也使得金融交易的速度过快，既定的指令性或程序化的潜在问题可能使得金融市场更加脆弱，容易在短时间内引起市场暴跌。电脑算法和高频定量交易可能出现技术面超卖、指数基金清盘、跌幅被程序化交易放大等现象，最终导致短时间内不合理的价格迅速下跌的现象。例如，2018年2月5日，美股在经济基本面没有较大波动的情况下出现"闪崩"，标普500指数和道琼斯指数跌幅为4.10%和4.61%，创下2011年以来最大单日跌幅，这一恐慌随之蔓延至亚太市场，亚太市场内的主要指数均下跌3%～5%。

1.1.2　外汇市场交易规模和国际资本流动规模的扩大

近几十年来，随着各国经济的货币化和国际化程度的加深，国际金融市场在时空和交易量上迅速扩大。现代科技进步和诸多国家转向开放市场经济推动了全球金融市场的迅猛发展，国际金融市场的规模不断扩大，而最直观且重要的表现就是外汇市场在时空维度和交易资金维度上规模的迅速扩大。外汇市场开市由惠灵顿、悉尼等市场开始，经过东京、中国香港、新加坡再到欧洲，最后在美国开市，全球外汇市场形成了24小时连续交易的闭环（见表分-6-1），极大地促进了国际金融交易。在这一连续交易的闭环中，伦敦外汇市场的交易量最大、交易品种最多，而纽约外汇市场波动幅度最大。

表分-6-1　全球主要外汇市场交易时间表

地区	市场	开市时间	收市时间
大洋洲	新西兰惠灵顿	4：00	12：00
	澳大利亚悉尼	6：00	14：00
亚洲	日本东京	8：00	14：30
	中国香港	9：00	16：00
	新加坡	9：30	16：30

续表

地区	市场	开市时间	收市时间
欧洲	瑞士苏黎世/德国法兰克福/法国巴黎	15：00	22：00
	英国伦敦	16：30	23：30
北美洲	美国纽约	20：00	3：00
	美国芝加哥	21：00	4：00

注：时间均折算为北京时间。

国际外汇市场在时空上的覆盖为外汇交易量的迅猛增加提供了基础。1989年，全球外汇市场平均每天交易6 500亿美元，而根据国际清算银行的调查报告（见图分-6-1），2019年平均每天的交易额已经超过6.6万亿美元，超过了日本或德国的2018年国民生产总值（分别约为4.97万亿美元和3.997万亿美元，位列全球第三位和第四位）。

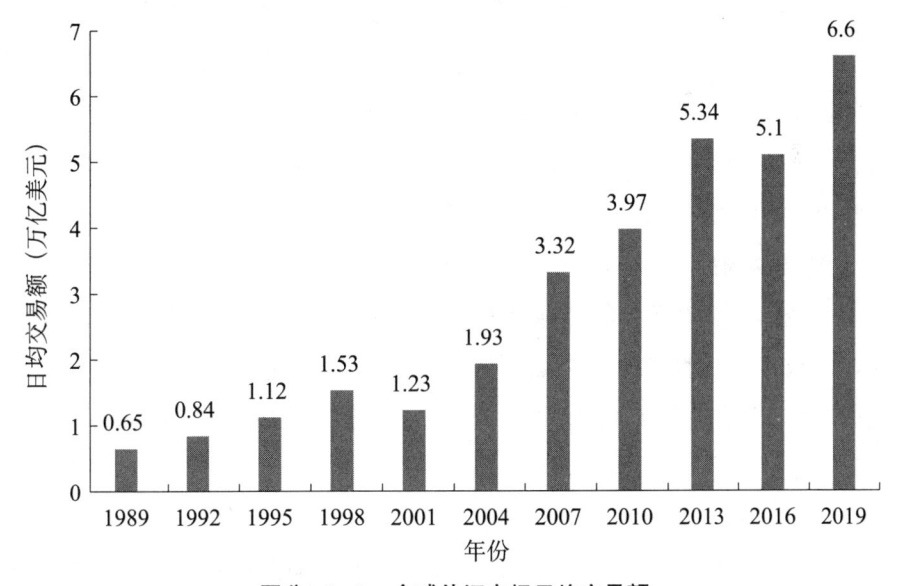

图分-6-1 全球外汇市场日均交易额

资料来源：国际清算银行。

如此庞大的外汇交易规模远远超过世界国际贸易和世界总产出的规模。全球货物贸易日均额与外汇交易日均额的比值极小，根据WTO的统计，2018年全球货物贸易总额为19.5万亿美元，日均0.05万亿美元，不足日均外汇交易额

的 1%。这意味着外汇市场中的价格波动可能对全球经济造成巨大影响。

全球国际资本流动的规模同样较大，2018 年，全球资本流动总规模约为 1.4 万亿美元。尽管未达到次贷危机之前的水平，但是数额巨大，能够对各国尤其是新兴经济体的金融环境产生根本性影响。

1.1.3 衍生品市场的发展与金融市场的复杂化趋势

金融衍生品的交易不是针对基础金融资产本身的交易，而是针对与外汇买卖有关的时间、价格和权利的交易。随着金融科技的进步，金融工具的创新也逐渐增多，金融衍生品的交易规模逐渐庞大，交易种类逐渐复杂，从而形成了较大的市场风险。

以外汇市场为例，1986 年，外汇市场的交易以现汇交易为主（占据 73% 的份额）。而在 2018 年全球外汇市场的交易中，只有约 30% 是现汇交易，衍生品交易已经占据主导地位，外汇掉期的市场份额达到总交易量的 49%。

金融衍生品市场的参与者积极推进金融衍生品交易的原因显而易见。相比基础金融资产，金融衍生品具有降低交易成本、防范金融风险和规避金融管制的功能。然而，金融衍生品交易往往有着更强的投机性，且常伴随着极高的杠杆比率和金融监管缺位的状态，较容易形成潜在的风险。

1.2 全球金融周期

20 世纪 90 年代开始的全球金融一体化使得各国金融形势的联动性逐渐提升，形成了全球性的金融领域同频共振的态势。这一全球金融周期的存在已经成为世界金融体系的背景曲调，中国的金融开放自然受到这方面的影响。

1.2.1 全球金融周期的实证证据

国际金融中心所在的国家（主要指美国）的金融市场状况和货币政策选择将明显影响世界其他国家的金融市场和国内货币环境，使世界金融市场同处一个周期中，Rey（2013）将这一周期称为全球金融周期。

这一全球金融周期的存在受到多个方面典型事实的支持。第一，不同资产形式（信贷、债券和股权）的全球资本流动与全球金融市场的投资者情绪或者说恐慌指数（VIX）密切相关。当投资者风险规避程度和资产的波动率水平上升时，资产的跨境交易量减少（Rey，2013；Passari 和 Rey，2015）。

第二，市场恐慌指数 [如 VIX、欧洲期货交易所波动指数（VSTOXX）、英国股市波动指数（VFTSE）等] 与信贷和杠杆率增长呈现负相关（Bruno 和 Shin，2014）。

第三，全球风险资产的价格被一个全球因子驱动，而该全球因子与 VIX 呈现强负相关关系（见图分-6-2）。

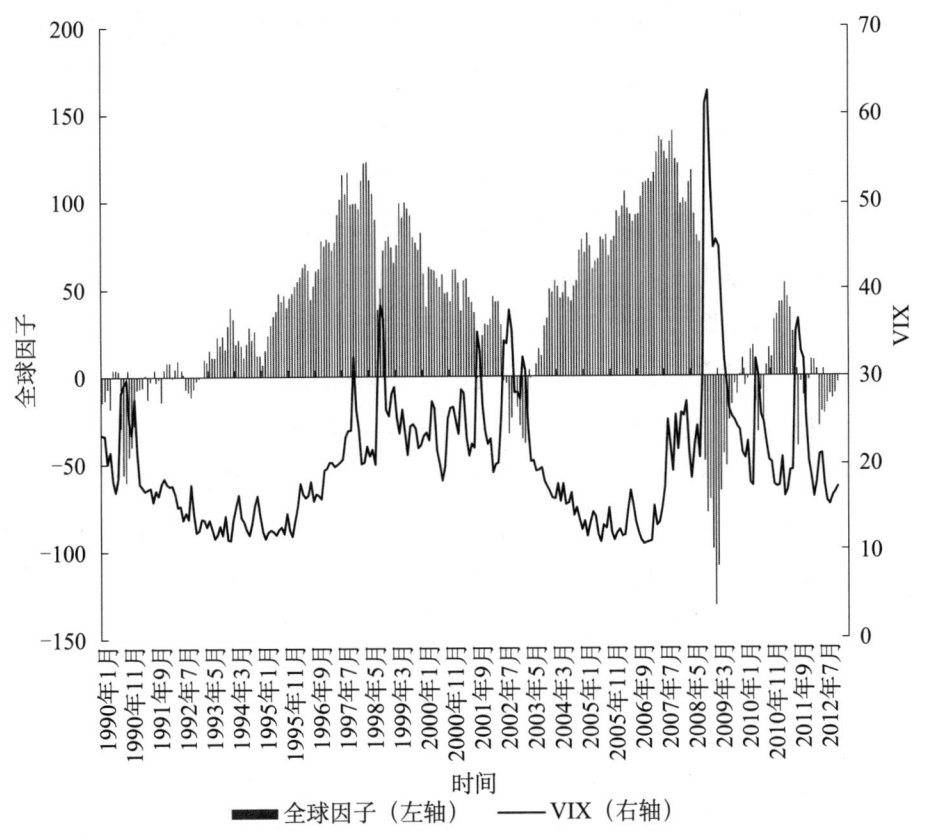

图分-6-2 恐慌指数与全球因子的相关性

注：VIX 来源于芝加哥期权交易所。

在实证文献中，如 Passari 和 Rey（2015）检验了 VIX 对各国股票市场回报和国内信贷产出比的影响，发现系数均显著，说明美国的金融市场状况明显影响各国国内金融市场形势。

1.2.2 全球金融一体化的理论分析

金融一体化能够提高资源配置的效率，分散全球经济金融风险，并促进金融增长。但是 Coeurdacier，Rey 和 Winant（2013）建立的理论模型的框架证明，对某一国家而言，金融一体化未必带来该国的福利提升，能否改善该国福利依赖于经济发展阶段等环境变量。这一结果与实证证据一致（Eichengree，2002；Henry，2003）。

本部分主要讨论全球金融一体化造成的更深刻的影响，即全球金融一体化环境下世界各国需要重新考虑政策组合选择模式。经典理论"三元悖论"认为，一国无法同时实现资本自由流动、货币政策独立和汇率稳定三大目标，而舍弃其中之一即可达成另外两个目标。该理论是国际金融领域的经典理论，被各国当局作为货币政策、汇率政策和资本管制政策的重要理论依据。但是，在全球金融一体化的背景之下，"三元悖论"理论受到新理论的挑战。

由于近年来国际贸易和资本流动的规模迅速扩大，全球金融领域的同步性周期变化的事实越发明显，各国政策组合的选择面临新的问题。20世纪90年代至21世纪初，全球金融周期已得到学界的论证（Calvo，Leiderman 和 Reinhart，1993），而 Rey（2013）指出，资本流动、资产价格等方面存在全球金融周期，资本项目开放的国家的货币政策独立性因美国货币政策影响资本流动和信贷情况而丧失（无论何种汇率制度）。这一命题被命名为"二元悖论"，即各国只能从资本账户开放和保持货币政策独立性二者之中进行选择。

在全球金融一体化的背景下，美国货币政策的改变和世界金融市场投资者情绪的变化影响着世界各国的资本流动和货币政策环境，单纯依靠浮动汇率以维持货币政策独立性的政策组合选择产生的效果遭到削弱。Gourinchas，Rey 和 Truempler（2012）及 Obstfeld（2012）指出，中心国（美国）的货币政策会影响世界各国的货币宽松环境。金融周期的传导在理论上有两种途径：第一种是美国的货币政策通过资本流动和信贷投放向世界各国传递（Filardo 和 Hofmann，2014；Bruno 和 Shin，2014；Jordà Schularick 和 Taylor，2015），第二种是通过对风险溢价和期限溢价的影响向世界各国传递（Passari 和 Rey，2015；Morais 等，2019）。

尽管学界对货币、汇率和资本管制的政策组合选择尚且没有达成一致意见，

"三元悖论"和"二元悖论"的拥护者仍然持有不同的论点，但是可以确定的是，全球金融周期的存在或多或少地削弱了资本管制的效力，使得浮动汇率所能起到的保护作用不能完全保证货币政策的独立性。Passari 和 Rey（2015）的实证结果显示，汇率制度不会实质性地影响金融周期向各国的传递，即股票市场价格或信贷增长与 VIX 之间的相关性不会受到汇率制度选择的显著影响。作为"三元悖论"的坚定支持者，Obstfeld，Ostry 和 Qureshi（2018）使用 40 个新兴市场国家为样本进行实证检验，发现浮动更大的汇率制度确实有助于减小金融和经济变量（包括国内私人信贷、风险资产价格、银行系统杠杆率、私人资本流动占 GDP 之比）受到 VIX 影响的程度。但值得注意的是，Obstfeld，Ostry 和 Qureshi（2018）的实证结果表明，政策组合选择仅能减轻而非彻底消除全球金融周期对国内经济金融形势的影响。

2. 国际经济形势：国际经济与政策的变化特点

整体而言，近年来国际经济增长乏力，发达国家和发展中经济体均呈现出不同程度的缺乏发展动力、经济结构不合理等问题，这些经济发展的动力和结构问题还衍生出世界主要央行货币政策出现不确定性，以及单边主义、贸易保护主义抬头等问题。这些问题在短期内对中国经济发展已经造成了巨大影响，而且将对中国金融开放产生明显的影响。当下欲推动中国金融开放，就应当正确应对世界经济形势的影响，妥善处理世界经济政治状况可能带来的挑战。

2.1 世界经济增长乏力

近年来，世界经济增长乏力，2019 年尤为严重，多个国家恐将陷入经济衰退的泥潭，经济增长率下滑至多年的最低点。

多个国际知名组织给出了对世界经济增长的悲观预测：国际货币基金组织（IMF）将 2019 年的全球经济增长预期下调到 3%，该数字是 2009 年以来的最低增长率；世界贸易组织（WTO）发布 2019 年的全球贸易景气指数，创下 2010 年以来的新低；世界银行（WB）表示全球经济前景正在恶化。

2019 年 10 月，国际货币基金组织发表《世界经济展望报告》。该报告将 2019 年世界经济增速下调至 3%，比 2019 年 7 月的预测值低了 0.2 个百分点。

该报告预计发达经济体在 2019 年的经济增速均放缓至 1.7%，新兴市场国家和发展中经济体分别为 3.9% 和 4.6%。OECD 成员和二十国集团 GDP 增长率见图分-6-3。

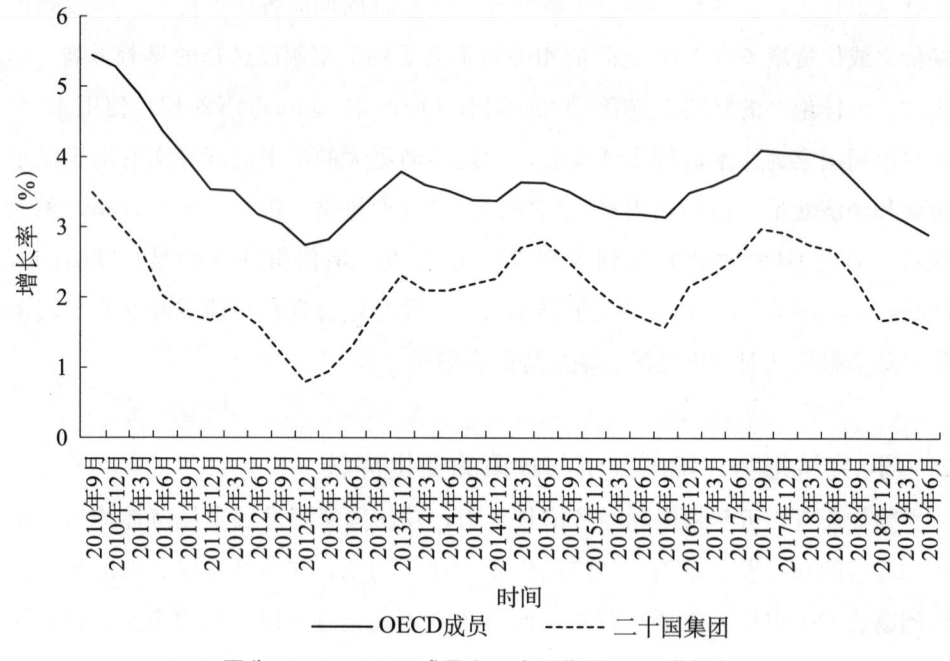

图分-6-3　OECD 成员和二十国集团 GDP 增长率

资料来源：中国经济网（简称中经网）。

国际货币基金组织的《世界经济展望报告》认为，造成世界经济增长整体乏力的主要原因是制造业活动的弱化和全球贸易的急剧恶化，以及关税和贸易政策的不确定性抑制了投资和对资本品的需求。

2.1.1　欧美发达国家

从总体数据看，欧美发达国家的经济形势尽显疲态。就 GDP 增长率而言，2017 年之后，欧美发达国家的经济增长率出现了明显的下滑，作为欧盟最重要成员国之一的德国的经济下挫尤为严重，由 2017 年第四季度的 3% 迅速下滑至低于 1%，见图分-6-4。

欧美发达国家经济不振的原因在某种程度上仍然与次贷危机的影响有关。次贷危机之后，OECD 国家仍然没有彻底走出严重产出缺口的阴影，见图分-6-5。

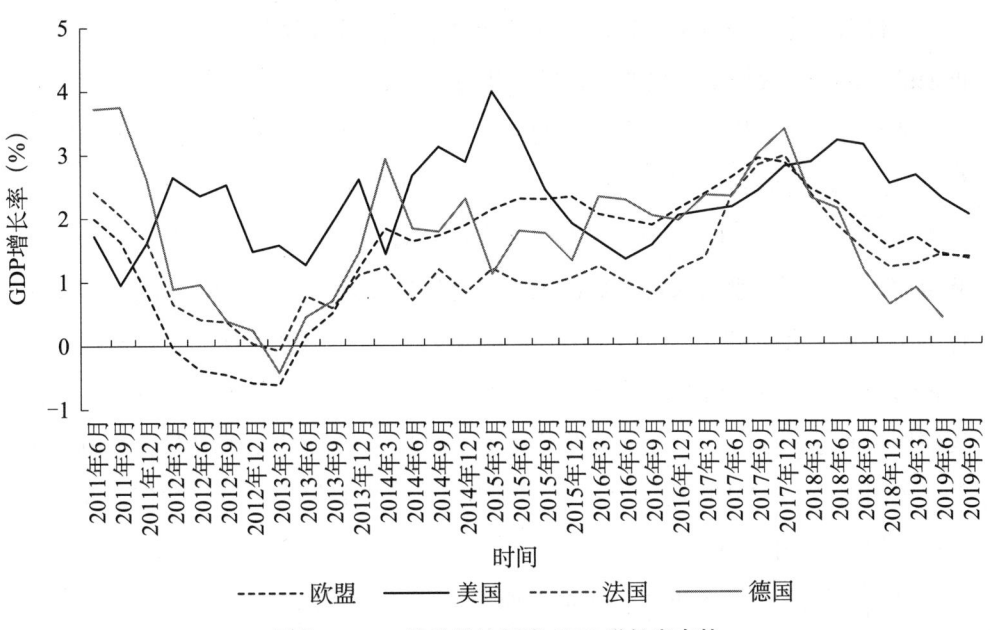

图分-6-4 欧美发达国家GDP增长率走势

资料来源：中经网。

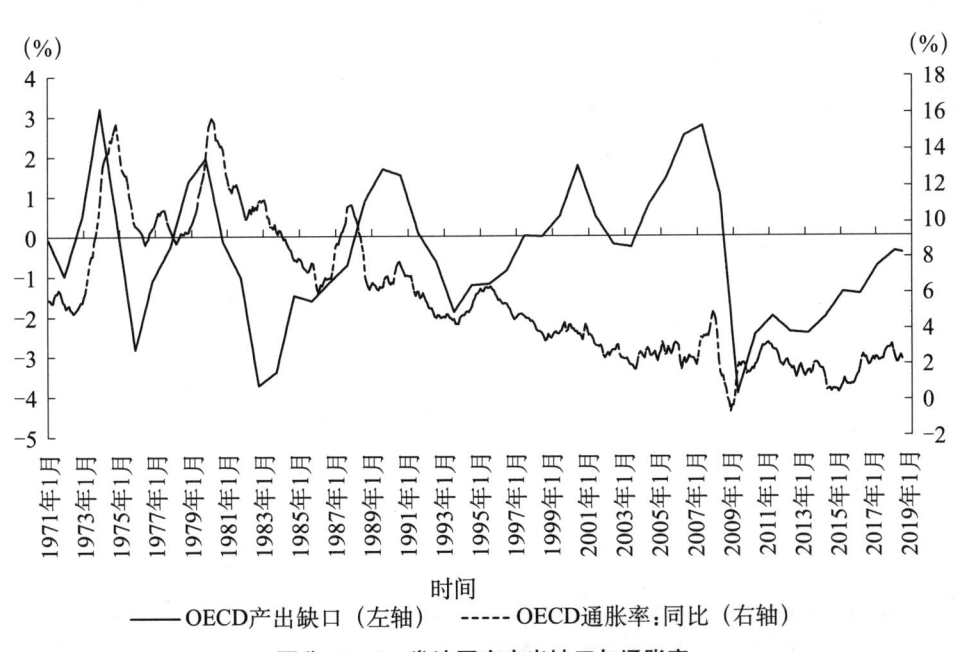

图分-6-5 发达国家产出缺口与通胀率

若仅与其他发达国家相比,美国的经济水平复苏尚属较快,但是美国经济近期的一系列表现均不及预期,暗示着其面临经济衰退的风险。

就经济总体增长而言,多家机构认为美国的前景已不容乐观。例如,2019年9月30日,标准普尔将美国2019年和2020年的GDP增速预期下调至2.3%和1.7%,并且将未来12个月美国经济陷入衰退的风险从此前的25%~30%上调至30%~35%。金融市场对美国国债的定价也体现出同一预期。2019年8月14日,美国2年期和10年期国债收益率曲线自2007年以来首次出现倒挂,这被视为美国经济可能出现严重衰退的信号(1976年以来,经济衰退平均出现在美债倒挂的近两年以后)。近期美国制造业的数据也低于市场预期,2019年9月,美国制造业PMI指数仅为47.8,新出口订单指数仅为41%,均创下次贷危机以来的十年新低。

这些经济信号"不和谐"的重要原因之一就是美国的收入差距逐渐拉大。次贷危机的爆发不仅没有成为美国收入差距缩小的契机,反而成为贫富差距逐渐扩大的助力。如图分-6-6所示,收入水平处于最低20%的美国家庭在2010—2013年间收入占比下降明显。低收入群体收入的进一步降低抑制了美国的消费潜力,影响了美国的总需求。

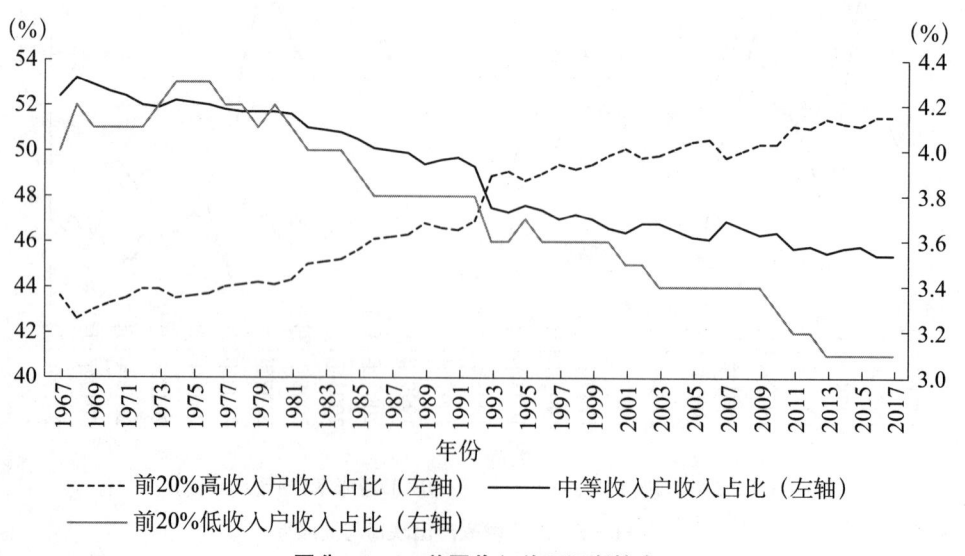

图分-6-6 美国收入差距逐渐拉大

欧洲的经济形势则更不容乐观。欧元区2019年第三季度的GDP增速不高于0.1%，经济几乎停滞。被誉为欧洲经济增长引擎的德国在2019年第三季度的GDP增速预计值为－0.1%。

2019年10月7日，欧洲中央银行表示欧元区半数大型银行面临资金极度短缺的情况，短期内可能有多达数十家银行会遭遇破产的风险。

2.1.2 新兴市场国家

新兴市场国家整体的经济增长现状尚可，就2019年上半年的经济增长率而言，巴西、俄罗斯、南非等国家相对2015—2016年来说已经转好，而印度和印度尼西亚虽然略有降低，但仍然维持在较高水平（见图分-6-7）。

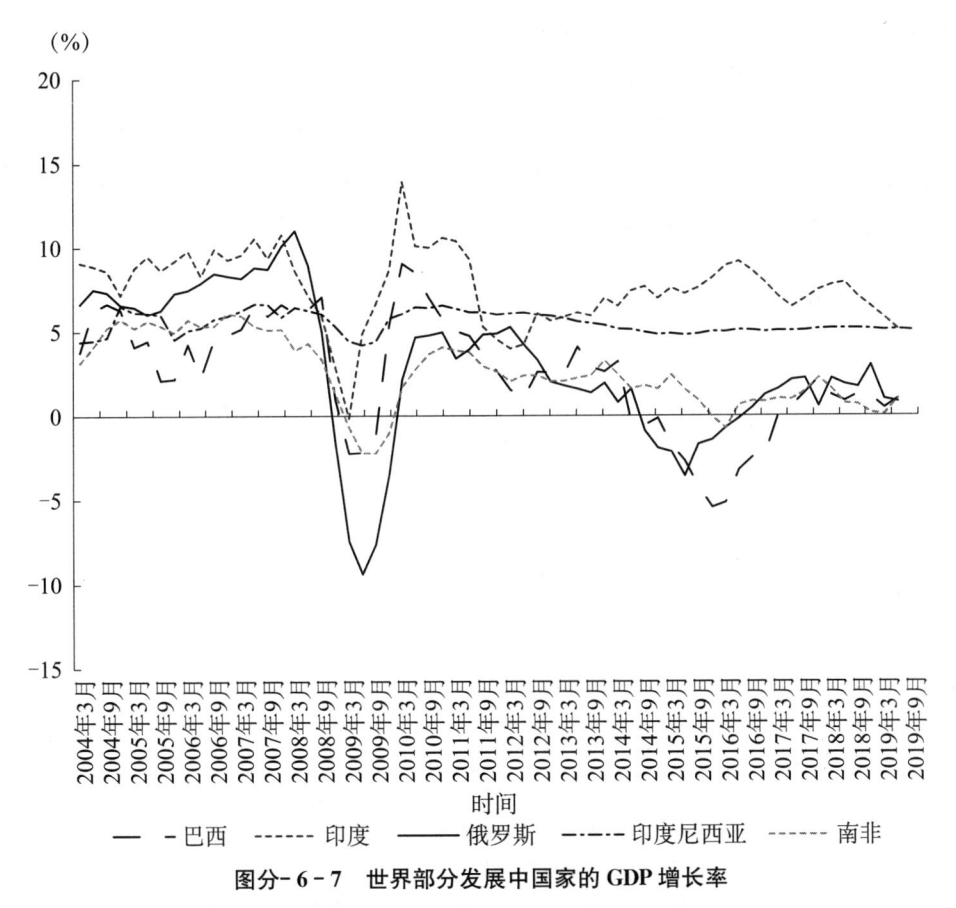

图分-6-7 世界部分发展中国家的GDP增长率

资料来源：中经网。

尽管经济未出现明显下滑，但是由于世界经济风险的积聚，发展中国家经济增长的未来趋势也不容乐观。2019年11月，世界银行警告新兴市场经济体，称其目前应对全球经济急速下滑的准备不如次贷危机爆发之前，因此迫切需要增加防御。由于新兴市场国家在债务和融资方面经常承受压力，部分新兴市场国家较依赖大宗商品出口，所以新兴市场国家比发达国家更容易受到外部冲击。考虑到这一因素，新兴市场国家应该建立政策缓冲机制，并提高生产率，以维持增长。

2.2 政策的变化特征

世界主要发达经济体采取的货币政策将对中国的信贷环境以及金融市场环境产生影响，宽松的货币政策可能加大中国通胀压力，并且带来"热钱"的冲击，而紧缩的货币政策可能会导致资本迅速流出和人民币贬值等后果，而货币政策的不确定性又会为中国金融市场带来额外的负面影响。

次贷危机爆发后，世界主要发达经济体采取低利率的政策以刺激经济并渡过危机时期（见图分-6-8），而低利率政策逐渐面临零利率下限（zero lower bound）的问题，使得货币政策空间受到制约。

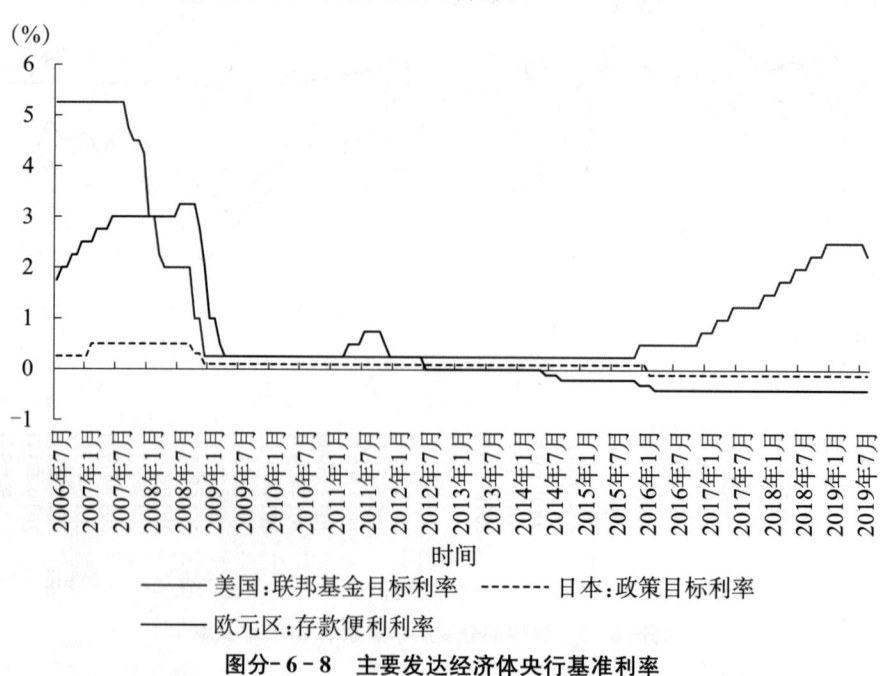

图分-6-8 主要发达经济体央行基准利率

资料来源：中经网。

2.2.1 美联储

美联储从2008年至2014年共实施了三轮量化宽松。2008年11月至2010年4月，美联储实施第一轮量化宽松，购买1.725万亿美元的资产，挽救了众多濒临倒闭的金融机构；2010年11月至2011年6月，美联储实施第二轮量化宽松，采购0.6万亿美元资产；2012年9月至2014年10月，美联储实施第三轮量化宽松，每月购买400亿美元抵押支持债券（MBS）（2013年每月增加购买450亿美元长期国债）。从2008年11月到2014年10月，美联储的资产负债表从0.9万亿美元增加至约4.5万亿美元，为金融市场注入了大量流动性。

由于量化宽松的举措，美国较早地走出了次贷危机的直接阴影，并开始了加息与缩表的进程。2015年12月，美联储加息。2017年10月，美联储开始逐步缩减资产负债表，此后美联储开始逐步加息。直至2019年上半年，美联储仍然表示其对缩表进程的下一步调整会保持足够耐心，美联储内部大部分声音都支持在比2019年下半年更晚的时间结束缩表。

经济形势的急转直下使得美联储的政策风向迅速变化。在2019年7月和9月，美联储降息两次。而2019年10月，美联储宣布购入美国短期国债以扩张资产负债表，这都表示美联储对美国经济的未来走势有较大程度的担忧。考虑到美联储货币政策的快速变化以及内部的分歧，美联储未来的货币政策不确定性迅速提升。

2.2.2 欧洲中央银行

欧洲中央银行（简称欧央行）的政策利率也已经处于低位，甚至实施了负利率政策这一相对强效的手段。欧央行创造的低利率环境有助于减弱债务危机的冲击，但是也透支了货币政策空间（见图分-6-9）。

欧央行的货币政策从时间维度上呈现出极为明显的不确定性。欧央行从2015年开始正式实施量化宽松，直至2019年初才退出量化宽松。但是相对于美国，欧元区的经济复苏不尽如人意，因此欧央行的货币政策出现了迅速的反复。由于经济形势的进一步恶化，欧央行在2019年9月重启量化宽松（见表分-6-2）。

(%)
6
5
4
3
2
1
0
-1

2005年12月 … 2019年6月

时间

—— 欧元区：存款便利利率（隔夜存款利率）
—— 欧元区：边际贷款便利利率（隔夜贷款利率）
------ 欧元利率：隔夜

图分-6-9 欧元区货币政策

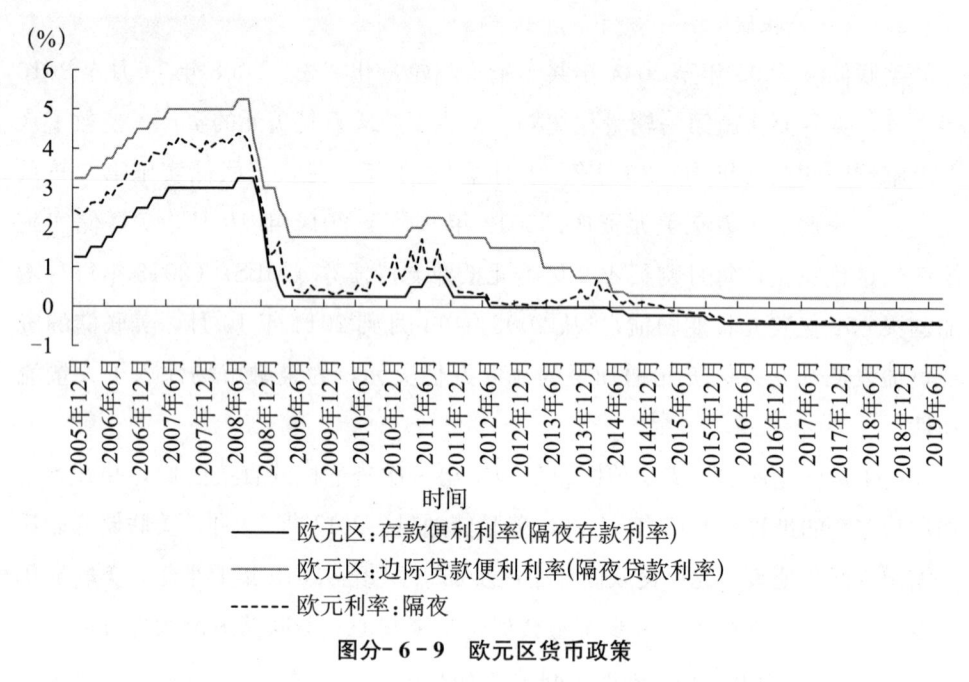

资料来源：中经网。

表分-6-2 欧央行实施量化宽松的重要时间节点

阶段	时间	量化宽松政策	总规模（欧元）
量化宽松实施	2015年1月22日	宣布实施	
量化宽松增长期	2015年3月—2016年3月	每月购买600亿欧元资产	0.78万亿
	2016年4月—2017年3月	每月购买800亿欧元资产	1.74万亿
量化宽松减量退出期	2017年4月—2017年12月	每月购买600亿欧元资产	2.28万亿
	2018年1月—2018年9月	每月购买300亿欧元资产	2.55万亿
	2018年10月—2018年12月	每月购买150亿欧元资产	2.595万亿
	2019年初	停止净买入	
量化宽松重启	2019年9月12日	宣布重启资产购买计划	
	2019年11月1日起	每月购买200亿欧元	

欧央行内部对当前货币政策的方案同样有着较大的分歧，可能影响短期内欧央行的货币政策选择。2019年9月，欧央行的货币政策会议纪要表明，赞成大幅降息的成员认为欧央行需要更大力度的降息举措，而德国、法国、荷兰等

国代表反对重启量化宽松的经济刺激举措。在某种程度上，欧央行内部的分歧说明了欧元区内部经济和财政状况的不均衡状况。

2.3 单边主义与贸易保护主义

次贷危机以后，世界多国掀起了单边主义和贸易保护主义的思潮，在短期内成为经济逆全球化对全球化浪潮的一次反扑。这一形势自 2016 年 6 月 23 日英国脱欧公投以来浮出水面，并表现为持续至今的中美贸易摩擦。尽管世界大多数国家与中国一样，坚决地反对单边主义和贸易保护主义，但是极少数国家仍然奉行这一信条，而且部分国家可能在经济增长乏力等因素的作用下有着单边主义和贸易保护主义的倾向。尽管中国不卑不亢地应对这一挑战，但是中国在金融开放的过程中必须考虑单边主义和贸易保护主义带来的挑战。

2.3.1 英国脱欧后的单边主义倾向

英国脱欧无疑是标志性的事件，这一事件不仅放缓了欧洲区域一体化的进程，而且对全球化进程产生了冲击。

英国脱欧的原因是多方面的。在历史和文化方面，英国从"光荣孤立"到撒切尔夫人时代，多对欧洲一体化有着否定倾向；在政治方面，主要为了防止难民进入英国引发社会矛盾，以及扩大在欧盟远不及德国和法国的话语权；在经济方面，脱欧有利于英国避免高额的欧盟会费等费用，并且脱欧后英国可以自主制定对外政策。

英国脱欧的直接结果是英国经济发展预期的下降。2018 年 11 月，英国财政部公布了英国脱欧经济分析报告，预计在协议脱欧的情况下，英国未来 15 年的 GDP 将比留欧低 2.5%～3.9%，按照加拿大模式处理与欧盟的关系，GDP 将降低 6.7%，无协议脱欧的情况下将降低 9.3%。尽管英国可能利用通胀目标制等方法减缓脱欧带来的负面冲击，但是仍然会受到明显的负面影响，其中无协议情况下脱欧的影响程度将十分严重。英国脱欧自然也对欧盟的经济产生了严重的冲击，欧盟的经济体量和影响力将明显下滑，预期中的与英国贸易的额外成本也对欧盟其他国家的 GDP 产生了负面影响。

英国脱欧这一事件本身就对中国金融开放产生了严重影响。短期内的冲击称得上是立竿见影。英国脱欧造成国际金融市场的波动，中国资本因避险需要而外流,人民币对美元的贬值压力立即增加。就长期来看,英国脱欧后可能的单边主义倾向更是对中国金融开放影响深重。早在英国脱欧之前,伦敦就在推进人民币离岸市场的建设,已经成为中国香港之后的第二大人民币离岸结算中心。如果英国单边主义倾向更加明显,那么可能影响中国推动人民币国际化的进程。

英国脱欧公投之后可能具有的单边主义倾向也将影响中国金融开放进程。截至2019年12月,英国尚且没有正式脱离欧盟,英国原定的脱欧期限一再延迟,而英国政坛内部也意见不一。这意味着英国脱欧的不确定性以及脱欧后是否将采取单边主义措施的不确定性依然存在,短期内仍然会对中国金融开放的布局产生巨大的影响。

2.3.2 中美贸易摩擦的影响

中美贸易摩擦的起因是美国针对中国商品采取不合理的针对措施("301条款"调查中国是否侵犯美国知识产权),自此美国对中国商品加征关税的程度持续加深,具体发展过程参见表分-6-3。时至今日,中美贸易摩擦仍然没有得到彻底的解决。中美双方就贸易摩擦问题进行了多轮谈判,遗憾的是由于未能达成根本性的一致,总体形势出现了多次反复。美方加征关税的重要信息经常通过美国总结特朗普的推特发布,这种非官方途径具有较强的随意性,这也暗示了美方的霸权主义和单边主义倾向,以及美国对其国内政治(尤其是选举)形势有所考虑。

表分-6-3 中美贸易摩擦中的重要事件

时间	事件
2017年8月14日	特朗普下令依据美国贸易法"301条款"调查中国是否侵犯美国知识产权。
2018年1月17日	接受采访时,特朗普威胁要针对中国侵犯知识产权的行为征收巨额罚款。
2018年1月22日	特朗普批准对所有进口洗衣机和太阳能电池板征收关税。
2018年3月8日	特朗普签署命令对美国进口的所有钢铁和铝征收25%和10%的关税。
2018年3月23日	特朗普宣布将有可能对从中国进口的600亿美元商品加征关税。
2018年4月2日	中国对美国128种产品征收25%的关税作为回应。
2018年4月16日	美国商务部下令禁止美国公司向中兴通讯股份有限公司(简称中兴)出口电信零部件产品。

续表

时间	事件
2018年5月29日	美国声称仍将对500亿美元中国商品征收25%的关税，具体商品清单将在2018年6月15日公布。
2018年6月15日	美国政府发布了加征关税的商品清单，将对从中国进口的约500亿美元商品加征25%的关税。中国宣布对340亿美元的美国商品加征关税作为反制。
2018年6月19日	特朗普要求美国政府制定商品清单，对价值2 000亿美元的中国进口商品加征10%的关税。
2018年7月6日	中国作为反制的340亿美元商品25%的关税落地。
2018年7月10日	美国公布了对2 000亿美元中国商品征收10%关税的计划。
2018年8月2日	美国贸易代表声明将对2 000亿美元商品加征税率由10%提高至25%。
2018年8月7日	美国公布计划征收25%关税的中国商品价值160亿美元。中国公布对等额美国商品征收25%的报复性关税。
2018年8月23日	中美双方对160亿美元商品征收的25%关税落地。
2018年9月24日	美国对2 000亿美元的中国商品征收10%的关税落地。中国决定对600亿美元美国商品征收关税作为回击。
2018年12月1日	中美同意停止加征新的关税90天。美方推迟上调关税。
2019年1月7日	中美贸易谈判。
2019年2月24日	特朗普在推特上宣布上调中国商品关税的日期。
2019年3月29日	路透社报道中美双方贸易谈判取得进展。
2019年5月5日	特朗普发布推特称美国计划于2019年5月10日对2 000亿美元的中国商品征收的关税税率将从10%增加到25%。
2019年5月10日	2 000亿美元商品25%的关税落地。
2019年8月2日	特朗普发布推特称2019年9月1日起美国对3 000亿美元的中国商品加征10%的关税。
2019年8月15日	美方宣布对自中国进口的约3 000亿美元商品加收10%的关税，分两批即自2019年9月1日、2019年12月5日起实施。
2019年8月23日	美方宣布对约5 500亿美元的中国进口商品进一步提高5%的关税。
2019年9月1日	美国正式对中国3 000亿美元商品加收15%的关税。
2019年9月11日	2 500亿美元商品关税从25%提升到30%，时间从2019年10月1日推迟到2019年10月15日。
2019年10月11日	经过中美磋商，美国终止对2 500亿美元商品的关税上调。

中美贸易摩擦对世界经济形势产生了明显的负面作用。现在中美经济约占全球经济总量的40%，中美双边贸易规模占中美各自贸易总量的比重约为20%，中美经济关系自然是重要的。2019年，《世界经济展望报告》认为，贸易壁垒增加和地缘政治紧张局势的加剧进一步影响了经济增长，据估计，至2020年，中美贸易摩擦将使全球GDP增速累计下降0.8%。

2019年末，中美贸易摩擦短期内略显缓和，但是寄希望于一蹴而就地完成中美贸易谈判、解决中美贸易摩擦是不现实的，中美经贸关系前景仍然有着巨大的不确定性，中国仍然需要防范中美金融摩擦等中美关系继续恶化情况的出现。

中美贸易摩擦对中国金融开放进程主要有两方面的影响。第一个方面是中美贸易摩擦对中国外汇储备的影响。在当前状态下，中国的外汇储备是维持人民币币值信心的"锚"，而且"一带一路"的投资项目多需要大量资金，因此外汇储备的重要性不言而喻。多年来中国对外贸易持续顺差，而贸易顺差是中国国际收支顺差的主要原因。但是由于中美贸易摩擦的影响，2019年中国对外贸易的顺差有转为逆差的可能，这带来了外汇储备甚至人民币币值受到冲击的风险。

第二个方面是中美贸易摩擦可能升级为更严重的金融摩擦，美国可能出于霸权主义的考虑干预中国金融对外开放的进程，这可能给中国独立自主地进行金融对外开放带来压力。

3. 如何应对外部环境的挑战

3.1 国际金融市场规模与复杂度的挑战

3.1.1 国际金融市场规模与市场风险的增加

国际金融市场的风险在绝对意义上和相对意义上都随着其规模的增加而增加。一方面，国际金融市场本身的风险因为交易规模的扩大、交易频率的提高和衍生品的广泛运用而增加。较高的汇率波动、巨大的货币流动量、较高的杠杆水平和实力雄厚的投机资金，都体现出国际金融体系产生市场风险的速度与日俱增。

另一方面，国际金融市场的交易规模的迅速扩大、交易时间的逐渐延伸和交易频率的不断提高，以及国际金融市场的自发力量迅速壮大，无疑削弱了中国对当前应对风险的防范举措的控制能力，进而增加了中国金融开放所面临的风险。中国外汇储备在2019年10月末是3.1万亿美元，而根据国际清算银行的调查报告，2018年平均每日全球外汇市场的交易规模就达到5.1万亿美元，2019年更是达到6.6万亿美元。这意味着用于支持维持人民币汇率信心、支付清偿国际收支的外汇储备，在面对规模庞大的外汇市场交易额时相对规模明显降低了，其稳定汇率等功能的效力同时降低。

在中国金融逐步开放的背景下，维持中国经济体系和金融体系整体稳定是在国外投资者支持中国国内融资角度上亟须考虑的重要内容，而国际金融市场规模扩大和市场风险增加是中国金融稳定长期趋势成分中的主要因素。国际金融市场交易规模的扩大和市场风险的增加意味着应对措施有限，以及存在潜在金融危机的严重问题。资本管制逐步放开后，投机资金对人民币汇率的攻击和"热钱"的流入流出形成了对人民币汇率稳定和中国金融系统稳定的挑战。

3.1.2 国际金融体系复杂度升高

随着金融科技的迅速发展和衍生品的广泛应用，国际金融体系的复杂程度增加，信息的挖掘越发困难，这对中国国内的投资者构成了较大的挑战。中国国内的投资者面临两种选择：一是投资以美国国债为代表的安全资产以规避风险，二是投资风险资产以获取收益。

时至今日，中国国内的投资者主要选择的是第一种。Gorton和Pennacchi（1990）的理论模型认为，安全资产存在的意义在于给不具有足够信息的投资者提供投资选择，这些投资者因此不必要和拥有信息的交易者交易而蒙受损失，而是可以选择无风险资产。对应国际投资情景，中国国内投资者相对于发达国家的跨国机构，拥有的关于金融资产的信息较少。为避免蒙受损失，中国国内投资者会主要选择美国国债等安全资产作为主要投资标的。这与现实相符，中国对外投资以稳健的储备资产运用为主，但是利用外资的主要部分是成本较高的外商直接投资。

正是因为中国的对外投资以安全资产为主，中国作为第二大对外净债权国，

对外投资净收益常年为负（见图分-6-10）。国家外汇管理局发布的《2018年中国国际收支报告》显示2018年中国国际投资收益差额延续逆差，2018年对外投资收益率和对外负债收益率的年化收益率之差是2.4个百分点。这一情况持续已久，2005—2018年，我国对外金融资产年平均投资收益率为3.3%，而对外负债年平均收益率为6.0%。美国作为第一大对外净债务国，投资收益却常年为正。这是因为利用外资的成本低，对外投资多以对外直接投资和证券投资为主，而这两类投资的收益率相对较高。

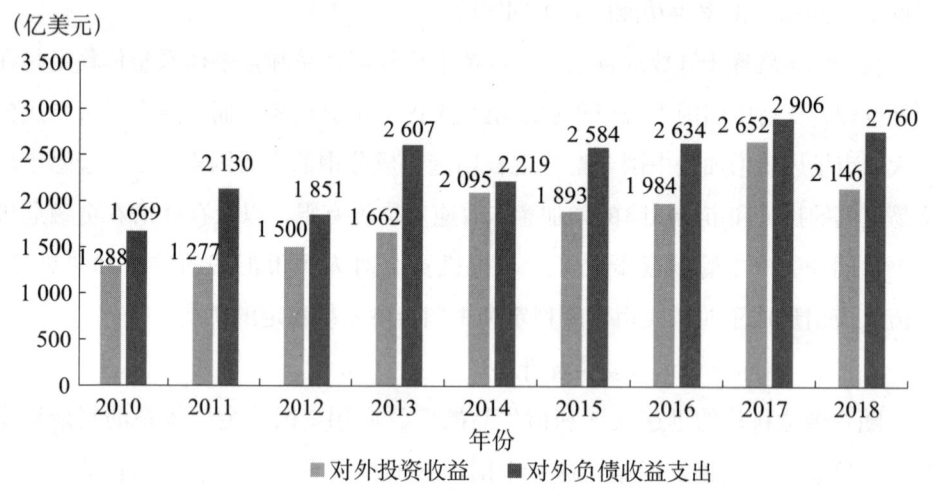

（亿美元）

年份	对外投资收益	对外负债收益支出
2010	1 288	1 669
2011	1 277	2 130
2012	1 500	1 851
2013	1 662	2 607
2014	2 095	2 219
2015	1 893	2 584
2016	1 984	2 634
2017	2 652	2 906
2018	2 146	2 760

图分-6-10 中国对外投资净收益情况

资料来源：国家外汇管理局。

中国力图建造新的国际金融中心，需要培育有着良好管理风险、充分挖掘信息和合理配置资源能力的市场参与者，而一味地固守安全资产的"藩篱"意味着在国际金融市场中处于信息缺失的被动地位，这样难以让中国资本市场的建设驶向彼岸。因此，中国金融开放的要求意味着配置全球资产的中国投资者需要合理地分配投资于全球风险资产的资金，在形势复杂的国际金融市场环境中获取信息、管理风险、配置资源。但是在国际金融体系复杂度跨上新台阶的背景下，这一要求对于长期追求低风险和稳定、信息获取能力有限的中国投资者而言，显得十分困难。

3.1.3 如何应对国际金融市场规模与复杂度的挑战

国际金融市场的规模与复杂度的增加是长期性的、不可逆的,是中国建造新的国际金融中心的过程中必须面对的问题,其中,国际金融市场规模与风险增加主要是对人民币汇率稳定和国内金融体系稳定的挑战,而国际金融体系复杂度较高主要是对中国对外投资的挑战。

为应对国际金融市场规模与复杂度对金融体系稳定和对外投资的挑战,最主要的措施就是培育稳定成熟的国内金融体系和国际金融市场参与者。一方面,为应对投机资金对汇率可能出现的做空行动以及紧盯短期利益的"热钱"快速流动,需要完善金融基础设施,建设反应高效、信息畅通的资本市场体系,力求以国内的市场深度和市场自发力量消解国外投机力量和市场波动的影响,将外汇储备等官方手段作为信心支持的最后屏障而非首选手段。另一方面,将中国国内的资金合理地(部分地)分配至国际风险资产,要求投资者具有较强的信息挖掘能力和风险管理能力,即要求培育成熟的国际金融市场投资机构。这两方面的要求也是对打破"刚性兑付"、发挥市场在资源和风险分配中决定性作用的要求。

应对国际金融市场规模和复杂度的挑战的另外一个有效举措就是推动人民币国际化、逐步构建中国的国际金融中心。首先,建造新的国际金融中心意味着在国际金融领域的话语权提升,从现在几乎单方受到欧美国际金融中心的影响转向发挥更多的影响力,这样能够增加中国金融市场开放部分的体量,加深与世界金融市场其他部分的联系,相对减少投机资金和"热钱"流动的负面影响。其次,完善国内相关产权结构、推动人民币国际化、逐步开放中国金融市场、构建新的国际金融中心能够使"安全资产"的概念得到延伸,降低对中国投资的资金成本,进而缩小中国对外投资净收益的缺口,为中国国内、国际金融市场参与者的培育提供缓冲时间。

3.2 国际经济金融环境不确定的挑战

3.2.1 国际经济金融环境不确定的影响

根据本分论中对世界经济发展形势、主要央行的货币政策、中美贸易摩擦以及各国的单边主义倾向等的分析,可以看出至少在这一时点,中国金融开放

面临国际经济金融环境不确定的影响。

对中国金融开放产生最明显、最直接影响的不确定性就是中美贸易摩擦、经济关系调整，以及与其他国家关系调整进程中的不确定性。中国和美国之间一系列国家经济关系的调整会深刻影响世界经济运行和人类发展走势，具有极大的不确定性。作为这一关系调整的其中一方，中国的国际收支和金融体系稳定水平势必因此而出现变化，其金融开放的进程自然会受到严重的影响。

对于中国金融开放产生影响的不容忽视的另一不确定性则是西方国家中的单边主义倾向和发达国家的逆全球化浪潮。全球经济增长动力的减弱凸显了社会分配不公和经济结构不合理的问题，很大程度上助长了民粹主义、单边主义和逆全球化潮流。尽管全球金融市场联系日益紧密的长期趋势不变，但是世界各国对贸易开放和外国投资的普遍性的短期态度，可能削弱全球贸易联系的程度和全球资本市场资本配置的效率，将会对中国金融开放带来的利益产生不利影响。

其他可能对中国金融开放产生明显影响的不确定性还包括主要央行货币政策的不确定性和全球金融市场投资者情绪的不确定性。产生这两个不确定性的原因同样是世界各国的经济增长乏力和制造业的衰退，这将提高国际金融市场中利率和资产价格的风险，进而在中国金融开放过程中威胁到中国国内金融体系的稳定。

3.2.2 如何应对国际经济金融环境不确定的挑战

与国际市场规模和复杂度的挑战不同的是，国际经济环境不确定性的挑战不是长期性、规律性的，而是周期性的，未必随着时间的推移而愈演愈烈。世界主旋律依旧是和平与发展，单边主义只是全球化大潮中的插曲或波折，而中美之间依旧致力于构建相互尊重、合作共赢的新型大国关系，因此，国际经济金融环境的不确定性仍处于长期中的较高点（尽管在高点持续的时间不确定）。考虑到这一点，中国金融开放的重要问题就是把握开放的节奏和结构，权衡当下时点的风险集聚与金融对外开放的紧迫程度，开放最亟须开放的金融领域，平稳有序地实现中国金融开放。

由于国际经济政治形势在不同国家和地区之间呈现出不同的特征，应对不确定性挑战时还可以采取的应对措施是以合理形式的开放促进国内金融稳定，增加与各个发达国家和新兴市场国家的经济金融联系,用类似于投资组合多样化的手段,将中国金融开放的风险分散化。

4. 外部环境的推动:顺势而为

4.1 国际资本配置需求的推动

全球经济的整体背景是全球经济增长乏力,贸易保护主义和单边主义抬头。美国等主要发达国家经历了近十年股市稳定增长的金融繁荣,股票价格整体处于高位,投资欧美发达国家的收益率相对较低。

在这一全球背景下,国际资本将会更加青睐中国,中国资本市场将逐渐成为满足国际资本配置需求的首选之地。中国经济整体而言增长稳定,作为新兴市场国家有着较高的投资回报率。又因为中国资本市场开放落后于中国经济开放,长期以来中国资本市场中的投资标的是国际资本严重的价值洼地。在中国加快推进资本市场对外开放的背景下,外资将有动力进入 A 股以追求较高的回报率。

事实表明,国际资本大量流入中国。据国家外汇管理局的统计,境外机构不断增持中国债券、上市股票和基金等,合计持有规模从 2014 年末的 2 192 亿美元上升到 2018 年末的 4 448 亿美元。我国证券市场吸引境外投资者的势头仍然没有减弱,今后有极大概率继续增长。国际金融协会(IIF)称,中国已经成为新兴市场国家资本流入的关键驱动因素,2019 年和 2020 年中国股票市场净流入将达到 1 050 亿美元和 1 110 亿美元。

在中国资本市场初步开放的背景下,海外机构投资者初步通过配置 ETF 等较为简单的方式配置中国 A 股资本。随着主要国际指数公司,包括 MSCI、富时罗素和标普道琼斯三大股票指数公司将 A 股纳入其体系之中,海外增量资金将跟随这些国际指数进入中国 A 股市场。

在中国资本市场加快开放的情况下,海外机构投资者将通过 ETF 等渠道之外的多种渠道配置中国资本,这将为国内市场主体融资提供支持,也为中国金融市场的改革提供更多技术与活力。

4.2 全球金融一体化的推动

全球金融一体化的格局已经形成,世界各国都不可避免地受到全球金融周期的影响。世界各新兴经济体若继续采取中间型的金融开放政策（或者说资本管制政策，这些政策已经无法达成维持货币政策和汇率基本稳定的目的），则意味着需要货币政策独立性的新兴经济体有如下两个选择：第一是很大程度上严格加强资本管制，换取货币政策的独立性；第二是顺势进行金融开放，面对世界金融市场的挑战的同时享受对外开放的红利。

对于中国这一与世界各国经贸往来密切、享受全球化红利的经济体而言，严格加强资本管制、拒绝金融开放无疑是走上了封闭僵化的老路，甚至会进一步损害中国经济开放领域的既有成就。与此同时，全球金融一体化又严重削弱了中间道路的政策意义，缓慢的持观望态度的开放同样不可取，因此中国面临着的选择的答案已经非常明确。正如习近平总书记深刻指出的，以开放促改革、促发展，是我国发展不断取得新成就的重要法宝；中国不断扩大对外开放，不仅发展了自己，也造福了世界。

加快中国金融开放的进程是顺应全球金融一体化的趋势与潮流的举措。全球金融一体化一方面意味着中国将直接面对纵深广阔的世界金融市场，有着巨大的资源分配和风险配置的空间，既能吸引海量的资金为国内融资提供便利，又能面对大量的海外投资标的；另一方面也意味着中国金融开放将直接引入全球最优秀的管理经验与风险控制技术，将大大促进中国国内金融体系的发展。

5. 外部环境对中国金融开放的影响的实证综合分析

5.1 模型设定

结合本分论的前述内容，结合已有文献（张成思和朱越腾，2017），这里设定如下模型，综合分析外部环境因素对金融开放的影响。

$$FO_t = c + \beta_1 GEG_t + \beta_2 VIX_t + \beta_3 GEPU_t + RGDP_t + \text{timetrend} + D_t + \varepsilon_t$$

其中，t 表示时间（样本区间 2011 年第一季度至 2019 年第二季度）。模型因变量为中国金融开放程度 FO，自变量为国际经济增长率 GEG、恐慌指数 VIX、全球经济不确定性 GEPU、国内经济增长率 RGDP，分别对应于国际经济形势、全球金融周期或一体化、国际政策不确定性、国内经济状况。另外，timetrend

为时间趋势项，D 为季度哑变量，ε 是残差项。

5.2 数据说明

FO 是代表中国金融开放程度的变量。在学术界中，刻画金融开放的方法仍然存在争议。Bekaert，Harvey 和 Lundblad（2005）以一国颁布放松资本管制的法律的生效时间作为金融市场化的标志，而 Prasad 等（2005）认为应采用事实标准。Lane 和 Milesi-Ferretti（2007）提出以一国所持国外总资产与总负债之和与名义 GDP 的比值度量金融体系开放度，但是因为总资产和总负债之和中的官方储备资产项往往与国家金融体系开放程度相关性不强，所以黄玲（2011）从直接投资、股权投资和债务投资角度衡量金融开放度。本文借鉴张成思和朱越腾（2017）的方法，使用实际利用外资额与对外直接投资额之和与名义 GDP 的百分比来度量金融开放度。这一指标包含了股权投资和债务投资的内容，剔除了官方储备资产的影响，可以较好地反映金融开放的全貌。

GEG 是代表世界经济增长总体水平的变量，这里选取 OECD 国家的 GDP 同比增长率。VIX 是恐慌指数，代表全球金融周期中全球投资者情绪的影响，这里将月度数据取季度平均得到季度数据。RGDP 是国内经济发展水平，这里选取 GDP 同比增速。

GEPU 是代表世界经济政策不确定性的变量，这里使用全球经济政策不确定性指数（global economic policy uncertainty index），即 GDP 加权的经济不确定性指数。该指数是按照贝克（Baker）、布卢姆（Bloom）和戴维斯（Davis）的新闻分析方法，通过统计各国新闻中表示不确定性的词条出现的频率而编制的经济政策不确定性指数。

变量 GEPU 的数据来自经济政策不确定性网所披露的数据，其他原始资料来源于中经网。基础变量的描述性统计见表分-6-4。

表分-6-4 基础变量的描述性统计

	平均值	中位数	最大值	最小值	标准差
FO	30.572 7	30.895 8	38.019 7	25.149 0	3.213 6
GEG	2.047 6	2.100 0	2.980 0	0.790 0	0.555 0
VIX	16.300 5	15.498 3	30.263 3	10.310 0	4.431 2

续表

	平均值	中位数	最大值	最小值	标准差
GEPU	156.232 1	148.915 6	259.382 0	90.599 6	47.760 9
RGDP	7.450 0	7.000 0	10.200 0	6.200 0	1.054 4

5.3 实证结果与反思

实证结果见表分-6-5，回归（1）中的自变量国际经济增长率GEG、恐慌指数VIX、全球经济不确定性GEPU、国内经济增长率RGDP均显著，说明国际经济形势、全球金融周期或一体化、国际政策不确定性、国内经济状况等因素均会产生影响。国际经济增长率GEG和恐慌指数VIX对中国金融开放FO的影响显著为正，全球经济不确定性GEPU、国内经济增长率RGDP对中国金融开放FO的影响显著为负。通过回归（2）可以发现，VIX的二次项系数显著为正，而一次项系数不显著，说明只有当恐慌指数VIX过高时才会对中国金融开放产生正向影响。

表分-6-5 实证分析回归结果

因变量：FO	回归（1）	回归（2）
GEG	1.582**	1.293*
	(0.672)	(0.655)
VIX	0.156*	−0.516
	(0.076)	(0.352)
$(VIX)^2$		0.018*
		(0.009)
GEPU	−0.023**	−0.027*
	(0.010)	(0.009)
RGDP	−2.948***	−3.196***
	(0.579)	(0.564)
timetrend	−0.089	−0.092
	(0.080)	(0.076)
季度哑变量	是	是

续表

因变量：FO	回归（1）	回归（2）
观测值数量	34	34
调整后 R^2	81.19%	83.09%

注：括号内为标准误；*、**、*** 分别表示系数在10%、5%和1%的显著性水平下显著。

表分-6-5 的结果说明了 2011—2019 年中国金融开放的反应模式：即当全球经济政策不确定性提高时，金融开放的程度降低；当全球其他地区投资者情绪恐慌时，金融开放程度提高；全球经济下行或国内经济向好时，金融开放程度降低。对全球经济政策不确定性的反应，是采取举措严防风险的表现。在全球经济下行或国内经济向好时的金融开放进程暂缓值得反思，因为这一政策选择模式虽然避免了从国际环境中输入过量风险，但也使得资本更倾向于流出中国。

中国欲建设新的国际金融中心，应该考虑审慎并主动地承担部分风险，在世界经济下行的经济形势下扩大金融开放，实现中国与世界的双赢。

参考文献

[1] 黄玲. 中国金融开放进程的实证评析：1980—2009. 世界经济研究，2011（4）.

[2] 张成思，朱越腾. 对外开放、金融发展与利益集团困局. 世界经济，2017（4）.

[3] 国家外汇管理局. 2018 年中国国际收支报告，2018.

[4] Bank for International Settlements. Triennial Central Bank Survey of Foreign Exchange and OTC Derivatives Markets in 2019，2019.

[5] Bekaert, G., Harvey, C. R., and Lundblad, C. Does Financial Liberalization Spur Growth? *Journal of Financial Economics*，2005(1)：3-55.

[6] Bruno, V., and Shin, H. S. Cross-border Banking and Global Liquidity. *The Review of Economic Studies*，2014(2)：535-564.

[7] Calvo, G. A., Leiderman, L., and Reinhart, C. M. Capital Inflows

and Real Exchange Rate Appreciation in Latin America: The Role of External Factors. Staff Papers, 1993(1): 108-151.

[8] Coeurdacier, N., Rey, H., and Winant, P. Financial Integration and Growth in a Risky World, NBER Working Paper No. 21817, 2015.

[9] Eichengreen, B. Financial Crises and What to Do about Them. OUP Catalogue, 2002.

[10] Filardo, A. J., and Hofmann, B. Forward Guidance at the Zero Lower Bound. *BIS Quarterly Review*, 2014(3).

[11] Gorton, G., and Pennacchi, G. Financial Intermediaries and Liquidity Creation. *The Journal of Finance*, 1990(1): 49-71.

[12] Gourinchas, P. O., Rey, H., and Truempler, K. The Financial Crisis and the Geography of Wealth Transfers. *Journal of International Economics*, 2012(2): 266-283.

[13] Henry, P. B. Capital-account Liberalization, the Cost of Capital, and Economic Growth. *American Economic Review*, 2003(2): 91-96.

[14] Jordà, Ò., Schularick, M., and Taylor, A. M. Leveraged Bubbles. *Journal of Monetary Economics*, 2015(1): 1-20.

[15] Lane, P. R., and Milesi-Ferretti, G. M. The External Wealth of Nations Mark Ⅱ: Revised and Extended Estimates of Foreign Assets and Liabilities, 1970—2004. *Journal of International Economics*, 2007(2): 223-250.

[16] Morais, B., Peydró, J. L., Roldán-Peña, J., and Ruiz-Ortega, C. The International Bank Lending Channel of Monetary Policy Rates and QE: Credit Supply, Reach-for-Yield, and Real Effects. *The Journal of Finance*, 2019(1): 55-90.

[17] Obstfeld, M. Financial Flows, Financial Crises, and Global Imbalances. *Journal of International Money and Finance*, 2012(3): 469-480.

[18] Obstfeld, M., Ostry, J. D., and Qureshi, M. S. Global Financial Cycles and the Exchange Rate Regime: A Perspective from Emerging

Markets. In AEA Papers and Proceedings, 2018 (108): 499-504.

[19] Passari, E., and Rey, H. Financial Flows and the International Monetary System. *The Economic Journal*, 2015(584): 675-698.

[20] Prasad, E., Rogoff, K., Wei, S. J., and Kose, M. A. Effects of Financial Globalization on Developing Countries: Some Empirical Evidence. In *India's and China's Recent Experience with Reform and Growth*, London: Palgrave Macmillan, 2005.

[21] Rey, H. Dilemma Not Trilemma: The Global Financial Cycle and Monetary Policy Independence. In Federal Reserve Bank of Kansas City Jackson Hole Economic Symposium Proceedings, Kansas City MO: Federal Reserve Bank of Kansas City, 2013.

分论七　中国金融开放：路径选择与风险分析

摘　要

本分论大致介绍了中国进一步扩大金融开放面临的主要任务，包括进一步开放金融服务业、完善人民币汇率的市场化形成机制、放松资本账户管制、推进人民币国际化，以及加强中国上海和中国香港两大国际金融中心的合作建设。本分论基于制度均衡的视角，对中国金融开放的路径选择进行了宏观理论分析。作为一种金融体系的创新，金融开放是一个自然演进的过程，具有路径依赖性、自我调节性、非连续性和协同演进性等特征，中国金融开放的路径选择必须保证主动性、渐进性、协同性和可控性。基于此，我们给出了中国金融对外开放可供选择的四条路径，即分别以金融服务业、汇率形成机制、资本账户开放、人民币国际化为政策着力点进一步扩大开放，并阐释了不同路径的内在逻辑和潜在风险。此外，中国金融开放的路径选择还需要考虑金融内外制度的协调。

Abstract

This chapter outlines the main tasks facing China in further expanding financial opening-up, including further opening of the financial industry, improving the market-oriented formation mechanism of RMB exchange rate, reducing capital account controls, promoting the internationalization of the RMB, and strengthening the cooperation between Shanghai and Hong Kong international financial centers. Based on the perspective of institutional equilibrium, this chapter conducts a macro-theoretical analysis of the path selection of China's financial opening. As a financial system's innovation, financial opening is a natural evolution process with path-dependence, self-regulation, discontinuity and co-evolvability and the path of China's financial opening must be proactive, progressive, synergistic and controllable. Based on the above analysis, we provide four alternative paths for China's financial opening which respectively focus on financial industry, exchange rate formation mechanism, capital account opening and RMB internationalization and explain the inherent logic and potential risks of different paths. In addition, the choice of China's financial opening paths needs to consider the coordination of internal and external financial systems.

从历史角度看，1978年以来的经济金融发展以及金融稳定的成效都表明，以"渐进"为内核的中国金融改革开放路径（也可以理解为战略）选择无疑是相当成功的。不可否认，当前中国金融开放程度仍滞后于实体经济，同时滞后于大多数国家的金融业。无论从支持实体经济实现可持续增长、防范系统性金融风险，还是从积极参与国际经济金融治理的角度看，通过金融开放进程的加速来进一步推进金融改革和发展可能是未来一个时期中国经济金融运行面临的重要任务。考虑到当前中国经济金融运行所处国内外环境复杂多变的背景，以及在金融体系"大而不强"等现实约束下，未来一个时期中国金融开放路径及顺序的选择绝非易事——借助"金融抑制"理论的创始人McKinnon（1993）曾就经济转型所给出的描述，"某种程度上可以认为，对于中国这样一个发展中大国，推行金融体系的开放有些类似于在雷区行进，你的下一步可能就是你的最后一步，为了确保非通货膨胀（等危机）型的金融均衡……政府不能、也许也不应该同时实行所有市场化和国际化的措施。"换句话说，未来一个时期对金融开放路径和顺序的合理选择无疑是确保中国金融开放实现既定目标的关键所在。本分论试图以相关理论基础，结合多国金融开放的经验教训和中国的实际，就中国金融开放的路径选择及风险进行分析。

1. 当前中国金融开放的主要政策着力点

1.1 中国金融开放的目标

在现代市场体系中，金融体系最为核心的功能是在不确定条件下实现资源（及风险）的跨期和跨区域优化配置，进而服务于实体经济的增长。改革开放40余年来，中国秉承渐进式的改革开放战略，以开放促改革、以改革助开放，使中国从国民经济一度濒临崩溃的边缘得以恢复，并随后创造了罕见的经济快速发展奇迹和社会长期稳定奇迹，成功实现了从高度集中的计划经济体制到充满活力的社会主义市场经济体制、从封闭半封闭到全方位开放的伟大历史转折。

中国在改革开放过程中，形成了以银行为主导的金融体系，其强大的储蓄动员及配置能力在要素驱动发展阶段较好地发挥了支持经济增长、保持金融稳定的作用。从历史角度看,在改革开放的前30余年,以金融总量的迅猛增长和金融结构的巨大转变为内核的中国金融发展成为中国经济保持快速、稳定增长不可或缺的制度要素之一。但问题是,在中国经济进入新常态的今天,中国的经济运行模式面临从要素驱动向创新驱动的转变,客观上导致之前形成的金融体系面临诸多挑战,突出表现为金融体系不能满足来自实体经济的合理需求、政府与市场边界不清,以及金融监管无法防范金融风险等问题。

当前的中国正担负着从"站起来、富起来"到"强起来"的历史性变革的重任,一个具有高度适应性、竞争力、普惠性的现代金融体系的形成将是全面贯彻新发展理念,推动供给侧结构性改革,进而建设现代化经济体系、推动经济高质量发展的内在要求。因此,无论是从理论还是中国经济金融发展的历史实践来看,金融开放的进一步高质量深入推进已成为当前经济金融发展的内在要求,唯有坚持推进高质量金融开放,以更透明、更符合国际惯例的方式将中国金融融入全球金融体系,中国才能在经济增长模式转变过程中更好地利用"两种资源、两类市场",实现资源的有效配置,进而推动实体经济的高质量发展,并以此为依托有序、平稳地推进人民币国际化和打造上海国际金融中心,最终在全球金融治理体系中发挥与中国经济金融地位相适应的作用。

1.2 中国进一步扩大金融开放面临的主要任务

1.2.1 金融服务业的进一步开放

中国金融服务业机构和业务层面的进一步开放主要涉及两个方面:一是外资金融机构"请进来",也就是依据准入前国民待遇和负面清单原则,在金融服务业推动外资投资便利化的基础上,进一步放宽外资金融机构设立条件、扩大外资金融机构业务范围和优化外资金融机构监管规则,实现外资金融机构在华业务份额的提升;二是中资金融机构"走出去",实现与外资金融机构在国际舞台上的平等竞争,尤其是要充分利用"一带一路"倡议带来的机遇,完善与"走出去"企业的对外投融资合作框架。

从现实角度看,中国金融服务业的对外开放在最近两年明显加快。随着证券公司、基金管理公司和期货公司外资股占比限制即将在2020年底全面取消,各类外资金融机构在华设立限制条件有所放宽,在华业务范围也有所扩大,中

国金融服务业的对外开放在未来几年有望进入新的阶段。境内金融机构在"一带一路"国家的机构与业务布局也会有长足的推进。

但值得指出的是，目前外资金融机构在华发展的准入限制和业务限制仍未完全取消。(1) 银行业方面，在准入限制上，2019年9月30日发布的修订后的《中华人民共和国外资银行管理条例》虽然取消了对外资银行营业性机构①的总资产规模要求，但是对外资银行分行的营运资金做出了要求。外国银行分行应当由其总行无偿拨给不少于2亿元或者等值的自由兑换货币的营运资金。外商独资银行、中外合资银行拨给各分支机构营运资金的总和，不得超过总行资本金总额的60%。此外，拟设外商独资银行的股东为金融机构，其中唯一或者控股股东应该为商业银行；拟设中外合资银行的外方股东应为金融机构，且外方唯一或者主要股东应为商业银行。在业务范围上，外国银行分行的人民币业务只能对除中国境内公民以外的客户进行，且可以吸收中国境内公民的定期存款存在每笔不少于50万元的限制。(2) 保险业方面，在准入限制上，对外国保险公司还存在较高的总资产规模要求。申请设立外资保险公司的外国保险公司提出设立申请前1年年末总资产不少于50亿美元。在业务范围上，外资保险公司只能在国务院保险监督管理机构按照有关规定核定的范围内从事保险业务活动，对营业执照的审批十分严格且速度过慢。(3) 证券业方面，在准入限制上，外资证券机构进入我国只能通过境外股东与境内股东共同出资设立中外合资证券公司，或通过股权受让、认购或股东实际控制人变更而成为中外合资证券公司，而不能设立外商独资证券公司。在业务范围上，虽然合资证券公司拥有全部业务牌照，但事实上，合资券商的经营业务较为单一，除CEPA下设立的券商，合资券商大多以经营证券承销与保荐业务为主。因此，如何构建针对外资金融机构的审慎监管要求，在防范金融风险的前提下激发外资金融机构参与我国金融市场的积极性，有效提升外资金融机构的在华业务份额仍是今后一个时期中国金融对外开放的巨大挑战，也是主要任务。从历史角度看，自2001年中国加入WTO以来，

---

① 外资银行营业性机构的范围：(1) 1家外国银行单独出资或者1家外国银行与其他外国金融机构共同出资设立的外商独资银行；(2) 外国金融机构与中国的公司、企业共同出资设立的中外合资银行；(3) 外国银行分行。

在金融服务业对外开放政策逐渐落实的背景下，我国外资金融机构资产占比持续偏低，甚至出现了下降态势，目前在华外资银行资产占比低于 2%，不仅低于其他金砖国家（平均水平为 15% 左右），而且比 OECD 国家（平均高于 10%）要低。

在"走出去"方面，中资金融机构则面临着如何在服务境外企业和控制风险之间有效权衡的基础上，进一步提升业务及盈利来源国际化程度的挑战。

1.2.2 基于市场化宽幅波动的人民币浮动汇率形成机制的构建

当前，我国实行的是以市场供求为基础、参考一篮子货币的有管理的浮动汇率形成机制。从外汇市场的实际运行来看，近两年的汇率大体平稳，在呈现小幅贬值态势的同时，人民币汇率弹性和双向波动增强。截至 2019 年 11 月末，人民币兑美元汇率为 7.029 8 元/美元，较 2018 年末贬值 2.43%，BIS 货币篮子和 SDR 货币篮子的人民币汇率指数分别为 95.65 和 91.84，较 2018 年末分别下跌 1.17% 和 1.40%。①

从现实角度看，在当前的人民币汇率形成机制中，货币当局主导人民币汇率水平②，市场供求、篮子汇率和逆周期调节因子决定汇率走势，资本项目管理措施被用于缓解外汇市场供求压力。因此，可以认为，虽然当前人民币汇率的双向波动扩大，但人民币汇率仍未实现自由浮动，货币当局仍面临稳定汇率还是保持货币政策独立性的两难选择。对于中国这样的大国经济体，无论从理论还是现实看，构建市场化的浮动汇率形成体制在中长期不仅有利于宏观经济稳定，可充分利用汇率的价格信号优化资源配置，而且可以给人民币国际化和金融市场开放奠定更好的制度基础。因此，让汇率走向基于市场供求的宽幅浮动（或者说让市场决定人民币汇率，汇率的浮动及其波动性与宏观经济运行之间的关联更为密切）是中国在金融开放过程中面临的主要任务，也是中国金融开放实现的重要标志。

1.2.3 改善资本账户管制，推进资本账户开放

按照 IMF 提供的 Quinn 指数（不仅衡量是否存在各类管制，而且对管制的

---

① 在 2019 年前 11 个月中，人民币兑美元日即期汇率最高为 7.178 5 元/美元，最低为 6.683 5 元/美元。在 222 个交易日中，有 118 个交易日人民币相对美元贬值，104 个交易日人民币相对美元升值，人民币相对美元最大日贬值幅度为 936 个基点，最大日升值幅度为 535 个基点。

② 货币当局通过人民币汇率中间价来传递其汇率变化意图，且每日人民币/美元汇率波动幅度限制为 2%，若市场供求出清对应的价格超过日波幅限制，则货币当局通过外汇市场干预，吸收超额供给或超额需求。

不同程度进行分类评分）和 Chinn-Ito 指数（重点关注是否存在多重汇率、经常项目是否管制、资本项目是否管制、是否限制资金汇回等方面），我国当前的资本项目开放虽然在项目数量上较前些年有了较大的提升①，但在开放度上不仅远低于主要发达经济体，而且低于新兴市场经济体的平均水平。

从现实角度看，一方面，非居民参与国内货币市场和衍生工具的出售和发行这两个资本账户中被管制的项目不可兑换；同时，股票市场交易、债券市场交易、房地产交易和个人资本交易等方面的部分项目可兑换程度较低，且一些可兑换项目的汇兑环节便利性和交易环节便利性有待提高。例如，集合类证券投资（如基金互认）仍存在总额度管理等限制，直接投资和外债在交易环节仍有备案或审批管理。另一方面，我国资本账户管制的基本框架较为复杂，主要通过对跨境资金交易行为进行管制、在汇兑环节对跨境资金交易进行管制，以及国家外汇管理局对金融机构外汇业务进行审慎监管三个相互交织的方面来实现，存在重数量和交易控制、轻市场化审慎监管和价格管制等问题，均需要在未来予以有效解决。

1.2.4 有序推进人民币的国际化

人民币从跨境使用阶段过渡到全球流通阶段，并在世界经济和国际货币体系中占据较为重要的地位无疑是中国金融开放的主要任务，也是中国作为大国金融崛起的重要标志。

从历史角度看，从 2009 年跨境贸易人民币结算试点开始算起，人民币国际化至今已超过 10 年历程，也在国际贸易结算、跨境支付以及金融计价中占据一定的国际地位。截至 2018 年底，人民币国际化指数（RMB internationalization index, RII）达到 2.95%。② 人民币在 2018 年的贸易计价结算、金融计价交易中的使用止跌回升，成为全球第五大支付货币。2019 年第一季度，人民币在全球外汇储备总量中的占比为 1.95%③，排名第五，也达到历史最高水平。

---

① IMF 公布的《汇兑安排与汇兑限制年报（2018）》对 2017 年中国资本账户管制状况进行了描述，不可兑换项目只剩非居民参与国内货币市场和衍生品工具的出售或发行这两项。

② 人民币国际化指数由中国人民大学国际货币研究所编制，RII 描述了人民币在国际经济活动中的实际使用程度，反映人民币在贸易结算、金融交易和官方储备等方面执行国际货币功能的发展动态。2009 年底，RII 只有 0.02%。

③ 资料来源：国际货币基金组织（IMF）全球官方外汇储备构成数据库（COFER）。

但客观地看,尽管遵循"结算货币—计价单位—价值储备"这条货币国际化路径,人民币在跨境贸易中充当结算货币已有很大程度发展,在国际金融市场上成为交易计价货币还要求人民币在岸和离岸市场提升广度和深度,同时境内外市场之间要有通畅的双向流通渠道,使国际市场人民币持有者能够有效率地进行跨境兑换和投资交易。相比于美元、欧元,人民币在全球外汇储备总量中的占比仍很低。国际市场对一种货币的认可,实质上反映了其对该国经济发展和金融体系稳定性的信心,因此,人民币只有在贸易结算和国际金融市场交易中广泛使用,且币值相对稳定、兑换相对自由,才能被更多国家广泛接受,提高在国际外汇储备构成中的重要程度。

1.2.5 推进上海和香港两大国际金融中心间的分工和合作

从现实角度看,经过长期的努力,上海已初步建立起与人民币实力和国际化相对应的金融中心地位——在英国 Z/Yen 集团 2019 年 9 月发布的《第 26 期全球金融中心指数报告》中,上海第三次位于全球第五名,仅次于纽约、伦敦、新加坡和中国香港,是内地唯一进入前五名的城市。

从关于国际金融中心的评价指标中,可以发现尽管上海的人力资本、基础设施和国际声誉居于全球第五位,但其在营商环境和金融业发展的得分居于全球第七位,落后于其他分项和总排名。尤其值得指出的是,在营商环境方面,与已经有相对完善的信用法制环境的欧美发达国家相比,上海目前仍处于加强法制和信用环境建设的阶段。而在金融业发展方面,相比在这一分项上位于全球第三的香港,上海存在两个明显弱势:一是上海金融业大而不强,市场功能齐全、交易量大,但产品不够丰富,并在整体上缺乏市场定价权和话语权;二是上海作为全球投资、融资中心的作用不强,还需要注重夯实融资功能,要能为全球市场主体提供融资便利。

从中国金融崛起的角度来看,上海和香港两地应分别定位于境内、境外人民币市场,彼此之间存在分工和合作——上海应竭尽全力全方位发展以人民币为本位货币的各项金融业务,香港则应抓紧机遇,在继续发展原有金融业务的同时,竭尽全力全方位开辟离岸人民币业务。

2. 中国金融开放路径选择的宏观理论思考：制度均衡视角

从制度演进的角度来看，一个国家或地区的金融改革和开放最终还是需要通过各种利益集团反复的博弈和利益调整来实现旧经济金融体制向新经济金融体制的演进或转型。

2.1 制度均衡视角下的金融体系与金融开放

2.1.1 制度与制度均衡

在青木昌彦（2001）看来，制度是一种社会建构（或者说博弈均衡路径的概要表征），在同一域还存在其他社会建构的情况下，它代表了参与人内生的、自我实施的行动决策规则的基本特征，进而治理着参与人在重复性博弈下的策略互动——制度是关于博弈如何进行的共有信念的一个自我维持系统。

制度的本质是对均衡博弈路径显著和固定特征的一种浓缩性表征，该表征被相关域几乎所有参与人感知，被认为与他们的决策相关。这样，制度就以一种自我实施的方式制约着参与人的策略互动，并反过来被他们在连续变化的环境下的实际决策不断再生产出来（青木昌彦，2001）。换句话说，由于经济是由共用资源、交易（交换）、组织和政治等不同域的混合体构成的，所以制度作为代表域内不同类型的行动规则或所有参与人共同的决策规则，不仅每一域都可能（针对同一外生性博弈规则）出现并同时存在多重制度，其具体内容或形式取决于域内参与人的行动集合是否对称，而且会因为参与人策略决策的关联性可能呈现跨域演化的现象，也就形成了以整体性制度安排为内核的制度均衡。与制度均衡相伴随的制度演化会导致一国（或地区）的制度结构虽不是随机组合，却呈现非常复杂且多变的状况。[①]

[①] 这种关于制度的认知在中国著名学者钱穆对社会政治制度演变的研究中也有类似的表述。在《中国历代政治得失》一书中，他认为，制度也只是历史事项中之一目，人类整部历史便没有百年不变的。但是每项制度之变化，也该有一可变的源，或者说每一制度，必须针对现实，时时刻刻求其能变动适应。任何制度，断无二三十年而不变的，更无二三百年而不变的。但无论如何变，一项制度背后的本源精神所在，即此制度之用意的主要处仍可不变。于是每一项制度，便可循其正常轨道而发展。此即一项制度之自然生长。制度须不断生长，又定须在现实环境现实要求下生长，制度绝非凭空从某一种理论而产生，而系从现实中产生者。惟此种现实中所产生之此项制度，则亦必然有一套理论与精神。理论是此制度之精神生命，现实是此制度之血液营养，二者缺一不可。更进一步，每一制度，不应当专就此制度之本身论，而该就此制度与政府其余各项制度之相互关系中来看此制度所能发生之功效与其实际的影响。

2.1.2 金融体系：制度均衡视角

立足制度均衡观，作为一国（或地区）金融域行动决策规则的金融制度，就是一种与该国组织域、政治域、交易（交换）域以及社会域等相互兼容（互补性）的内生人为社会建构（或秩序）。换句话说，一国（或地区）金融制度的金融制度一旦确立，就成为金融活动参与人关于影响其行动决策的经济状态的共同理解或共享认知，在一定时期内具有耐久性和稳定性，能经受住一定边界内环境的连续变化（或者说一种环境和内部变化在一定边界内可以保持相对不变）。这意味着，对于特定国家而言，金融发展在更多的时候体现为在既定金融结构（或金融模式）下通过金融机构和金融工具的创新完善内部制度构造，提升金融运行的效率。但问题是，当内外部（经济中的不同的域）环境变化超过某个临界值或者当域内动态过程（积累）的后果导致了危机或困局时，金融制度将发生较大的变迁。此时，金融活动中参与人行动决策规则的策略选择，连同相关的共有信念，会同时发生一种基本的变化。这时的金融发展就往往体现为一国（或地区）金融结构或模式的重大改变。

从现实角度看，一国（或地区）的金融体系至少是由货币政策、金融监管、微观金融活动和金融开放四个要素构成的一个不稳定的巨系统。在夏斌和陈道富（2011）看来，在一个封闭的经济体中，金融中介、工具和市场是推动货币运动的主要媒介，货币当局与监管当局则从货币、监管政策两个方面，通过微观金融的行为载体对货币在金融体系中的运动状态进行调整，履行该系统的稳定职能，而当一个经济体处于开放环境下，货币替代、汇率波动及资本跨国流动等因素同样成为影响本国货币运动状态的重要因素。不仅仅从历史中看，其实在一国金融发展的任何时期，货币政策、金融监管、微观金融行为和金融开放分别在不同程度上共同决定货币、金融体系的稳定和效用，而且这四者的关系的协调平衡是动态的，其变化还可以产生多种组合，体现为金融体系稳定与不稳定的各种景象，换句话说，要维持整个金融系统的稳定，必须把四要素中的每一要素放在货币金融大系统内思考和把握，才能确保整个体系处于稳定和良性循环状态。

2.1.3 制度均衡视角下的金融开放及其路径选择

既然金融开放只是金融系统的构成要素之一，那么显然，一国（或地区）

金融开放的路径选择受制于金融制度演进的内在逻辑，而且要与货币政策、金融监管、微观金融活动等其他要素相互协调。

无论从历史还是现实看，包括中国在内的任何一国（或地区）的金融制度都不是由某个人设计出来的，而是由许许多多参与者选择出来的互补性均衡制度的一部分。因此，包括金融开放在内的金融体系的演进与创新就是一个自然的演进过程，是一国（或地区）众多不常被人关注的系统协同演化、积累的均衡结果，具有路径依赖性、自我调节性、非连续性和协同演进性等诸多基本特征。

（1）路径依赖性。

从制度演进视角着眼，尽管类似金融结构或金融体系演进这样的复杂社会现象能够在没有明显、有意的引发因素的情况下出现，但现实社会一般要选择一些规则来影响这些经济活动。问题是，一旦某个规则被选择之后，就如同在制度变迁的路径中设置了一个"凹槽"，不管这个"凹槽"在经济上是否合适、是否有效率，它都会在一个时期内持续存在，而随后相关的历史进程就被这个规则定型了，或者说人们过去做出的选择决定了它们现在可能的选择（North, 1991），这就是制度变迁的路径依赖性。

金融体系的演进无疑是一个异常复杂的状态转变过程。其演进的路径依赖性实际上意味着一国（或地区）的金融体系一旦选定了某一发展路径，就会呈现出前后连贯、相互依赖的特点，这种既定方向会在以后的发展中得到自我强化。当然，由路径依赖性所决定的金融发展的这种自我强化在结果上可能引致多重均衡现象的出现。要么金融结构的演进进入与经济社会协调发展的轨道，实现了金融体系扩展和经济增长；要么金融结构失衡不断恶化，导致金融体系不发达、经济增长落后，或出现金融风险、经济危机及无增长的金融总量扩张。

（2）自我调节性。

金融体系演进的自我调节性主要表现在它将无数分散的个别经济活动整合为统一的社会经济活动。换句话说，现实中的金融体系可以被视为政府、企业和全体投资者共同参与并做出经济决策的决策系统。显然，金融体系中不同参与主体的选择、利益群体的组合及不同利益群体之间的力量对比不仅实际上决定着这一决策系统的构成或模式,而且这些主体在一定的规则下相互作用、相互制约和相互发展,逐渐成为利益相互交织的稳定的共同体,具有相对的稳定性,也表现出很强的适应外部环境的能力(或者说自适应能力或自我调节性)。当然,由于金融结构的自我调节能力是有一定限度的,它只能使金融结构系统在有限的范围内进行调整和转换。

(3)非连续性。

金融体系演进的非连续性指的是当作为金融体系核心的金融结构的某一个或部分因素的数量变化达到一定的临界水平时,结构状况就会转换到一个新的稳定状态,而当金融结构演进被锁定在某种无效率或失衡的状况时,往往需要借助于外部力量来扭转演进的方向,此时金融结构演进就不再是渐进的、平滑的变化过程,而变成了不连续的、突变的跳跃过程。

某种意义上说,金融发展非连续性特征的根源之一在于其系统运动的多维性——当这一系统的某一个或某些维度由于内外部因素(如金融监管与法律变化)导致突变时,我们就能感觉到金融发展的非线性,甚至呈现逆转现象。一些趋势出现是由于地理范围的扩张、金融机构风险管理复杂度的提高,以及市场力量重要性提高从而导致流动性和价格信息的重要性提高。另一些趋势则不是如此。这方面较为典型的例子就是"分业与混业",或者说专业化抑或综合化的反复历史变迁。而货币金融系统内在的扩张性和不稳定性(或者说自我瓦解的特性)也为其非线性发展提供了土壤。当金融体系偏离了均衡水平时,就具有自我维持的特性,而且除非有外在强力的阻碍,否则这种不均衡的积累将一直持续到系统运行的边界,以致造成系统崩溃(金融危机)。从历史角度看,一旦金融危机爆发,就可能对原有的金融发展目标、发展路径产生较为直接的冲击,甚至导致金融发展的大倒退(Rajan 和 Zingales,2003)。

(4)协同演进性。

金融体系不是单独存在的,而是与其他系统共存于更大的系统之中。单个系统的变革不仅需要其所在系统运行方式的改变,而且需要其他系统的相应变动,才能形成新的稳定系统。从这个意义上说,金融结构协同演进的特征指的是在一个开放的经济金融系统中，构成金融体系的多维子系统相互之间存在极为复杂的互联，当其中一个子系统（制度）发生变化时，可能会改变其作用于其他子系统（制度）的选择压力，从而引起其他子系统（制度）的适应性变化，最终这种变化将会引起相关金融制度的一系列变化，而且金融体系的变革需要配合经济系统，甚至政治、文化等系统的变化。这意味着，金融体系的变迁或演进并不是单独进行的，而是在对其他相关经济系统产生影响且受到其他系统及环境的双重作用下协同进行的。

金融体系演进的内在特征决定了一国（或地区）所选择的较为成功的金融开放路径必然带有渐进和协同的色彩，而那些试图采取激进（也称为"休克疗法"）的策略或措施而在较短时期内推进金融开放的国家（或地区）很难获得成功。

2.2 中国金融开放路径选择的内外现实约束

理论上说，当一个经济体处于开放环境下，货币替代（货币国际化）、汇率波动和资本跨境流动等因素作为金融体系的内在要素必然会影响一国（或地区）的货币金融运行状况。反过来，一国（或地区）的货币金融乃至宏微观经济运行状况也必然成为金融开放（含路径选择）的现实约束。

从现实角度看，中国金融开放的路径选择存在多个层面的约束。

在国际层面上，在当前世界格局正经历深刻变化、大国力量对比进入质变期的大背景下，一方面，以美国、英国为代表的一批发达国家开始重新反思全球化的经济效应，逆全球化思潮的出现使得曾经的"地球村"的观念在一些国家正在被贸易保护、边境修墙、控制移民等现象掩盖。另一方面，发展中国家正在世界经济体系中扮演越来越重要的角色。全球经济治理正面临着巨大的变革压力。在经济金融日益融入全球经济体系的今天，中国在制定与人民币汇率、资金跨境流动等相关的金融开放政策时，不仅需要充分考虑对其他经济体以及国际市场的溢出效应，而且需要将国际经济环境视为决策的内生变量来预判其潜在的内部经济效应。这意味着当前中国的金融开放政策已经成为国际环境的重要组成部分，金融开放路径的选择也必须将国际因素约束考虑在内。

在国内层面上，自 2012 年中国经济进入新常态之后，金融运行面临的环境发生了较大的变化。概括来讲，这种变化主要体现在四个方面：一是中国宏观经济面临困境，原有经济增长模式无法维系；二是银行体系的信用扩张几乎已到了一个临界点，潜在的金融风险过度累积；三是政府经济改革思路已有转变，明确了市场在资源配置中发挥决定性作用的指导思路；四是在依法治国的方略下，中国的契约法制环境较以往有了很大的改进。

在这样的经济环境下，除了金融开放之外的中国金融体系中，货币政策、金融监管和微观金融活动三因素也出现了一些新的问题：首先，在货币政策方面，不仅决策目标面临多目标利益冲突，决策机制的透明度有待提升，而且受制于利率、汇率定价的不完全市场化以及市场分割等因素，货币政策的传导机制时有阻塞，货币政策和宏观审慎监管的双支柱框架仍处于构建之中。其次，金融监管与金融创新形势不适应，突出表现为监管目标存在多重性，监管部门身兼发展与监管两大职能，金融监管立法滞后，监管理念不够科学、系统，且监管持续性很难保证。最后，从微观金融主体及其活动看，金融机构公司治理重形式、轻实质，"形似而神不似"的问题仍十分突出，优胜劣汰的市场化退出机制和风险处置制度仍未构建完善，银企关系模式较为模糊，金融市场存在市场分割、刚性兑付和定价扭曲，导致各类经济主体的投融资机制无法实现真正意义上的市场化和自由化，突出表现为整个经济体系过于依赖银行，直接融资占比仍较低。

客观地说，中国金融开放所面临的约束使得在今后相当长的一个时期，中国必须保持有限的金融全球化态势。换句话说，中国金融的对外开放在短期乃至中期来看，只能是渐进的；在国内金融与国际金融的融合度上，只能是有限的。

2.3 中国金融开放的路径选择

基于上述分析，中国金融开放应在加快完善监管标准、会计准则等制度和安排的基础上，协同推进扩大金融业开放、完善人民币汇率形成机制以及改革和减少资本账户管制三项重点任务，稳步推动人民币国际化和上海国际金融中心建设，实现高质量开放。这意味着中国金融开放路径设计必须坚持以下四个基本原则。

2.3.1 主动性

主动性原则也可以理解"以我为主"的金融开放路径设计，或者说金融开

放的内容及顺序选择是由中国政府基于国内外经济金融环境的判断和经济金融发展的内在需要，结合自身金融市场的发展程度、管理水平自主确定，不盲从，不照搬，不拘泥于某些传统理论的教条，不屈从于国际压力。

2.3.2 渐进性

渐进性指的是中国的金融开放应在整体规划的基础上，遵循循序渐进的思路，在制定金融开放路线图和时间表的前提下，结合国内外经济金融发展状况，坚持从试点到推广（或者说从局部改革到整体性改革），从创新到规范、再到制度化等历史经验，同时，强化底线思维、法治意识，稳步推进金融各个领域的开放。

2.3.3 协同性

协同性指的是国内金融发展与对外开放政策顺序的协调性和一致性。

2.3.4 可控性

可控性指的是金融开放进程中的风险可控制。进入新常态以来，中国宏观经济持续呈下行态势，金融体系却依然延续了较快的发展，实体经济与虚拟经济发展的失衡使得微观局部的金融风险与金融乱象此起彼伏，同时，宏观层面的系统性金融风险防范与控制也面临较大的压力。在这样的背景下推进金融改革与开放，也就意味着开放所选择的路径不能成为系统性风险失控的重要诱因。

3. 中国进一步扩大金融开放的路径选择：对外开放视角

既然中国金融的对外开放不是一蹴而就的，而是一个渐进的、逐渐放松的过程，那么在对外开放目标及主要任务已基本明晰的背景下，路径选择中最为核心的问题就是在遵循基本原则的基础上金融领域开放内容的顺序性及推进策略。

3.1 可供选择的中国金融对外开放顺序选择及其内在逻辑

3.1.1 路径一：以金融服务业的对外开放为主要政策着力点，在人民币汇率形成机制基本可控的背景下，稳步推进资本项目开放

这一路径可行的内在逻辑在于在现代金融体系中，现存的金融机构及金融

家作为既得利益者，往往对金融发展相伴随的竞争有着较大抵触，进而不赞成改革，因为金融市场的发展固然可以为他们带来更多的业务机会，但同时会削弱他们的相对优势。这意味着一方面，通过金融服务业的开放，美欧等外资金融机构的不断进入将使得国内外金融机构在金融服务领域的竞争日益凸显，迫使国内金融机构出于生存的需要不得不变革其原有的内部治理机制和业务模式，甚至通过引进战略投资者的方式来换取外资金融机构的技术转移，在外资机构的指导下学习、移植、实践其长期积累的、较为成熟的、规范的业务操作规则、风险管理技术、业务营销模式等专业经验，提高运营效率。另一方面，在全球化的环境中，一国的企业将面临非常严峻的来自外国同业的竞争，而竞争的加剧不仅直接引发原有企业利润的下降，进而需要重组产业和扩大融资，而且信贷决策的风险和信息要求都会提高，原有的关系型信贷决策出现重大失误的可能性会增加，来自政府的干预也受到抑制（政府很难给企业提供大量的补贴贷款）。

这些改变意味着当贸易和金融服务业的开放持续一段时间之后，无论是既得利益群体（如政府、大企业与大银行等金融机构）还是普通的民众，不仅开始意识到制度和金融模式差异所带来的经济后果，而且发现可通过完善产权制度、司法制度以及特权保护制度等，促进金融体系的发展和完善，进而不断吸引境外资金流入，优化国内资源配置。这将是最符合其自身利益的政策选择，从而导致对资本项目管制、汇率形成机制的调整，以更好地适应经济金融发展的内在需求。

从历史角度看，金融对外开放这一路径实际上很早就得到众多国家以及国际组织的认可。中国在2001年加入WTO时，最受关注也最具争议的内容就是中国在银行业、证券业、保险业领域对外开放的承诺及时间安排。现实地看，近年来，中国金融对外开放最受关注、最具实质性的内容也是银行业、证券业、保险业等金融服务业的开放（涉及各类金融机构的外资股占比、业务范围和牌照发放的限制等的逐步放宽）。而2019年7月20日，国务院金融稳定发展委员会办公室为贯彻落实党中央、国务院关于进一步扩大对外开放的决策部署，按照"宜快不宜慢、宜早不宜迟"的原则推出11条金融业对外开放措施。2019年

10月，国家发改委和市场监管总局发布的《关于新时代服务业高质量发展的指导意见》再次明确稳步扩大金融服务业开放的目标。2019年发布的《国务院关于修改〈中华人民共和国外资保险公司管理条例〉和〈中华人民共和国外资银行管理条例〉的决定》表明，中国金融服务业的对外开放将在未来一个时期保持较快的速度。这实际意味着这一途径就是当前中国金融开放的现实选择。①

3.1.2 路径二：以汇率形成机制为未来主要政策着力点，在加大人民币汇率浮动的基础上推进金融服务业开放，稳步推进资本项目开放

这一路径的内在逻辑在于考虑到汇率制度本质上属于货币制度的重要构成，进而汇率制度选择的本质是一国货币稳定机制的选择。换句话说，有什么样的货币稳定制度，就要求有什么样的货币稳定制度，以便一国货币与他国货币的汇率能按照相应的规则来确定和维持，从而达到促进国际贸易和金融活动的目的（夏斌和陈道富，2011）。无论从理论还是现实看，不同汇率制度下国与国之间经济周期之间的相互传递机制不同，同时，各国之间货币和金融的融合程度也存在较大的差异。货币兑换实际上是交换两国金融体系，而通过两国金融体系的交换可以引导资源在全球范围内的配置。

从历史角度看，日本的金融开放就是以日元-美元汇率变化为起点的。20世纪70年代以来的日元升值历时很长而且不稳定，日元兑美元汇率从1971年的360日元/美元升至1995年的80日元/美元，从而引发了众所周知的"日元升值综合征"，其最为直接的后果就是从20世纪70年代末开始，日元进一步升值的预期使日本的利率大约比美国同类利率低4个百分点。在这一背景下，尽管日本政府一开始担心外国人大量持有日元可能削弱当局控制货币供给的力度，并且可能加大汇率波动，国际资本流动大起大落可能不利于国内稳定，进而采取了严格的封闭式监管，但伴随经济增长出现的巨额储蓄外流使日本逐渐成为世界金融舞台上的主要债权国，最终迫使日本向世界其他国家开放资本市场，并

---

① 2018年中国人民银行推出的12项措施中有10项涉及金融机构的准入及业务范围，仅两项措施涉及金融市场开放（分别是沪股通和港股通额度放大4倍与沪伦通的推进）。中国银保监会发布的15条开放措施和金融开放"新12条"均为机构准入和业务层面；2019年，国务院金融稳定发展委员会办公室推出的金融业开放"11条"也是如此。

促使私营部门为随后出现的巨额经常项目顺差提供融资。《广场协议》使得日元出现大幅升值。1986年，日本离岸金融市场成立，为日本的外汇银行提供了一个可以开展国际业务的市场，并且为外国银行进入日本提供了一个通道。20世纪80年代的巨大变革使得资本流动严格管制体系转变为资本自由流动体系的过程基本完成。20世纪90年代，剩下的一部分管制也被取消。

从中国的现实看，目前是进行人民币汇率机制改革的一个较好时机。之所以有这样的判断，是因为一方面，进入新常态之后，中国经济维持了中速增长态势，通货膨胀率不高，贸易处于顺差，没有严重的外部经济危机，国内金融体系风险总体可控，外债已经下降到较低规模，经济基本面健康。另一方面，2016年至今，包括外汇在内的金融市场总体运行较为稳定，不存在之前的人民币要么单边升值、要么单边贬值的预期。这意味着中国政府可以利用目前外汇市场供求相对平衡的时间窗口，适度提高汇率的灵活性（核心是人民币汇率突破当前日波动幅度2%的限制，实现宽幅波动），进而缓释当前货币政策制定过程中的外部经济约束，降低由汇率形成相对僵化引发的金融风险。

3.1.3 路径三：以资本项目开放为未来主要政策着力点，以跨境资金自由流动为核心推动人民币汇率改革，实现金融服务业开放

这一路径的内在逻辑在于非FDI形式的跨境资本流动是以金融投资为目的的，涉及汇兑、交易以及资产负债管理等多个方面。一旦资本项目开放的限制出现放宽，不仅会直接对汇兑、汇率形成机制产生较大冲击，而且可能倒逼较为封闭的国内金融市场（出现直接或间接的融资替代），进而产生较大的改革压力，迫使国内金融服务业和金融市场提升经营效率，带动金融发展。

从历史角度看，第二次世界大战结束之后，在很长一段时期内国际资本流动规模的增速明显滞后于世界贸易的增长。这种现象很大程度上是由1944年布雷顿森林体系确定的对贸易而非资本的半开放政策导致的，当然也符合除美国之外处于"美元荒"的众多国家的利益。但20世纪50年代欧洲美元市场的兴起实际打开了国际资本流动的缺口。在1971年布雷顿森林体系最终崩溃之前，尽管包括美国、德国、日本等在内的国家均有正式的资本管制措施，欧洲美元市场已经可以为一些国家的大企业提供足够的融资，而不受任何国家的管制束缚。

当各国资本管制的缺口被市场发现之后，很自然地，随着国际资本流动性的加强，政府的很多政策（诸如保持低利率扶持某些特殊产业、通过高利率来控制通货膨胀等）开始失去控制。当时，美国之外的很多国家都强烈要求加强联合的资本控制，尤其是约束欧洲美元市场。然而，当时的美国和英国均把欧洲美元市场看作重构其国际金融中心地位的重要契机，采取了支持完全开放的政策，放弃了限制资本流动的协同行为。由于世界上最大的经济体不愿控制资本的流动，而欧洲市场又开展了大量的跨国交易，各国除了开放之外别无选择。因此，到了20世纪80年代末，大多数发达国家都已放开了跨境资本流动。

由于欧洲大陆国家和美国金融体系市场化程度的巨大差异，当跨境资本流动的阀门打开时，越来越多的货币市场活动从其他主要工业国家（这些国家有着限制性更高的金融环境和慷慨性不足的中央银行支持）转移到欧洲美元市场这个成本更低的离岸环境（或者说进入更具流动性的以美元标价的环境）中。而这种趋势在造就并强化纽约、伦敦国际金融中心地位的同时，实际上也迫使德国、法国、日本等国家的政府积极地改变其传统的金融制度和模式，以迎接美国模式（包括伦敦金融城）的挑战。

从中国的现实看：一方面，资本账户管制的现有框架仍较为复杂，涵盖了对跨境资金交易行为本身进行管制[①]、在汇兑环节对跨境资金交易进行管制[②]，以及国家外汇管理局对金融机构外汇业务的审慎监管。另一方面，离岸金融市场的规模和地域不断拓展，已形成以中国香港为主、多点并行的格局，信贷、外汇交易、债券、基金、远期等人民币离岸产品日益丰富，交投活跃。在这样的背景下，再考虑到目前3.2万亿美元的外汇储备，中国可以尝试利用在岸和离岸金融市场联动的方式有序推进资本账户管制的放宽，其内核是对于在岸金融业务涉及的金融资本流动，以加强审慎监管为导向，逐步放松汇兑环节的限制，加强对交易环节管理和限制，引入价格型的市场化手段，强化外汇"均衡

[①] 主要由国家综合部门（国家发改委）和行业主管部门（中国人民银行、银保监会、证监会、商务部等）实施。例如，金融机构对外借款，必须有主管部门授予的借款主体资格和国家发改委给予的借款指标。

[②] 对资本项目交易相关的跨境资金汇入、汇出以及外汇和人民币的兑换进行管制，由国家外汇管理局负责实施，具体操作中则将一部分授权给商业银行执行。

管理",防止资金的大进大出;而对于离岸金融市场,则相对控制离岸中心向我国传递的风险,放开部分资本账户管制,推动"一带一路"人民币区域化进程的有序推进,构建境内外居民人民币资产"双向"流动管道。

3.1.4 路径四:以人民币国际化为政策着力点,带动金融服务业对外开放,实现人民币汇率形成机制的市场化和资本账户管制的放松

对于中国这样的大国,人民币国际化是中国实现大国金融崛起的标志,也是金融开放的最终目标。从理论上说,无论是本币的国际化还是允许国际资本的流动,其稳定性功能的发挥都是建立在市场对某种货币跨越国界之后币值稳定(更准确地说是可控)的信任基础之上的。这种信任绝非旦夕建立,而是依托经济、军事实力和宏观调控能力,经过漫长的历史检验才能树立。从历史角度看,这种对于货币的国际信任一旦形成,将成为该国金融运行的重要制度支持。依托这一途径实现金融开放最为典型的代表是美国。正是因为1944年布雷顿森林体系确立了以美元为核心的世界货币体系(进而美元替代了英镑的国际货币地位),从而在结束了19世纪以来形成的以伦敦为中心的金融秩序之后,美元的国际化和美国金融的对外扩张才得到了坚实的制度支持。此后70余年间,尽管美国在不同时期采取过资本管制(如20世纪60年代的利息平衡税、自愿限制海外信用计划、强制性资本管制计划等),但在布雷顿森林体系崩溃之后,美元的国际化地位、发达成熟的金融市场及美国金融机构拥有的极强的风险管理能力,使美国牢牢占据着世界金融秩序引领者的地位。

中国始于2009年的人民国际化进程是在汇率与资本账户管制约束下启动的。今天,伴随着"一带一路"倡议的推进,利用对外投融资合作来推进人民币国际化已经成为当前中国金融开放的重要内容,并已做出了大量探索,比如丝路基金、人民币海外基金业务、国家开发银行和进出口银行等开发性和政策性机构发放的大量跨境人民币贷款等。如果中国能利用"一带一路"倡议推进海外投融资业务,使人民币逐渐从贸易结算计价货币逐步升级到储备货币和国际货币,树立人民币在"一带一路"沿线国家的市场信任,那么极有可能为后续中国金融服务业的"走出去"以及人民币汇率形成机制的转变奠定良好的经济基础,推动中国金融开放达到一个新的阶段。

3.2 不同金融开放路径选择的潜在风险

对于中国这样一个目前仍处于经济增长方式转型阶段的发展中国家而言,不同的金融开放路径选择可能意味着不同的效果,并且与金融开放相关联的实体经济运行也可能面临不同的机遇和挑战。

3.2.1 对外金融开放路径一的潜在风险

从全球看,除了英国等少数发达国家以及部分转轨经济体之外,一国(或地区)金融服务业(金融机构层面)的开放越来越难以见到外资金融机构业务和资产比重的显著上升,由此引发的对于其国内金融业态的实质性冲击可能较为有限。以中国为例,在加入WTO之后,外资金融机构资产占比持续偏低,甚至近期出现了不升反降的态势。外资金融机构在中国业务和资产份额的变化除了有一些客观的外部原因(比如2008年全球金融危机对很多跨国金融机构产生了严重冲击,导致其盈利下降,机构发展战略也进行了重大调整,经营业务重心纷纷从新兴经济体转回本土,全球金融监管框架也出现了较大调整,监管强度加大、趋严,金融机构跨境业务成本大幅上升。中国的商业银行在股份制改制时引入的诸多战略性投资者为实现财务回报,选择高位抛售股票等),还存在一些深层次的内在原因。其中颇为关键的一点就是,以商业银行为代表的金融机构多多少少带有一定的关系型融资特点。作为一种金融中介,商业银行可集中所有储蓄者的资金、信息、交易,进而具有更大的信息优势和凭借隐性约束来保证资金的偿还。此外,商业银行还可以利用存款和贷款的捆绑,一方面有助于银行提供必要流动性,通过存、贷款过程获得私人信息,保证信贷配置的效率以及安全性;另一方面,由于早期银行的贷款对象主要是存款者(如通过透支便利),可以减少银行资金受政府或自身滥用的动机,导致其具有一定的内在本土化倾向。尽管随着契约以及信息披露制度的完善、科技的进步,信息可以在一定程度上打破时间和空间的限制,但金融服务业的内在倾向依然存在,只不过表现得不那么明显。

此外,尽管像类似《巴塞尔协议》这样的国际公约在过去的30余年有了较广的接受度和约束力,但现实地看,各国的金融监管框架仍存在较大差异,很多国家对于外资金融机构也存在一些或大或小的政策性限制(如业务范围等),

这在一定程度上影响着竞争的公平性。

无论从理论还是实践看，如果一国金融服务业的开放无法达到某一个阈值，那么由开放引发的竞争和示范效应就可能很难实现从量变到质变。尽管这种金融开放途径可以说是外部开放引发的冲击风险中最容易控制的一种，但同时可能是实现金融实质性开放最为漫长的途径，或者说在中国，单纯地推进金融服务业开放，不仅可能无法带来外资金融机构在华业务的显著提升，而且无法借由外资金融机构准入的竞争促使中资金融机构经营效率的提升，相应地，人民币汇率形成机制和资本项目开放很难获得持续的推动力，最终导致金融开放进程无法达到预想的程度。

3.2.2 对外金融开放路径二的潜在风险

汇率是开放经济体系中极其重要的方面之一，汇率的变化牵动着经济的方方面面。在当前的中国，汇率制度的选择和评价不同于其他国家，而是存在多个维度，既涉及宏观经济稳定、经济结构调整（供给侧结构性改革）和经济可持续增长，也涉及金融稳定和金融开放。这样，是否应该加快人民币汇率形成机制的市场化改革，以及引进汇率宽幅波动需要考虑的约束因素就颇为复杂，且不同约束因素之间的关系处于一种时变状态，从而很难准确判断由汇率形成机制改变带来的效应。

从现实角度看，对于人民币汇率形成机制的变化，全社会最为关注的问题是宏观经济稳定、经济结构调整和金融稳定，而不是金融开放。

从宏观经济稳定的角度来看，一方面，考虑到目前的人民币汇率形成机制本质上类似于固定汇率，尽管该机制借助逆周期调节因子变量的引入，在一定程度上缓解了单边贬值/升值的预期，资本流动压力也因此得到了间歇性缓解，但汇率的变化无法对外汇供求基本面做出充分反应，进而迫使货币当局必须择机进行外汇市场干预来维持目标汇率价格。这意味着，实行宽幅汇率波动有助于货币政策的制定和实施，进而有助于实现宏观经济稳定的目标。另一方面，汇率的宽幅波动意味着汇率风险的加剧，在进出口贸易依然是推动中国经济增长重要因素的当前，这可能给进出口方带来预期的变化，进而产生较大的干扰，这种经济干扰如果影响到进出口方的交易意愿，那么有可能对原本在中美贸易摩擦下较为羸弱的贸易产生巨大的影响，进一步扩大经济下行的压力。现实地看，在国内外汇衍生品市场并不完善、经济主体外汇风险控制能力仍受到较大约束的今天，这种可能性的确存在。

从经济结构调整的角度来看，尽管按照张斌（2018）的分析，外汇市场干预确实影响实体经济资源配置，是造成一国经济外部失衡和内部失衡的原因之一，然而，从类似固定汇率机制向宽幅波动汇率的转换并不容易。之所以转换非常艰难，是因为对于包括中国在内的任何一个国家而言，其汇率制度的选择（转换）不仅存在一定的路径依赖性，而且每个国家的决策并不是与其他国家无关的，它们的自主性源自国际货币安排的网络外部性。这样，在一个时点上，一个国家的决策会受到此前其他国家决策的影响（艾肯格林，2009），进而需要将其他国家（尤其是货币中心国家）的决策考虑在内。也正是因为这种转换的难度，所以很多国家在汇率制度转换过程中伴生着出现了货币危机，货币危机一旦爆发，就迫使国家重新选择汇率制度，但汇率制度的重新选择又意味着新的货币不确定性。这种由汇率制度转换带来的不确定性是否会影响中国的实体经济资源配置，是否会带来新的经济失衡，在事前很难做准确的判断。而这种不确定性也就成为一种现实的风险。

从金融稳定角度来看，考虑到目前中国是全球第一大 FDI 引入国，对外直接投资规模近年来也迅速增加，而且金融资本不仅可以通过 QFII、RQFII、QDII、沪港通、深港通等渠道实现双向流动，而且存在规模巨大的投机性"热钱"流动。汇率形成机制发生变化，尽管长期来看具有合理性，但不排除短期内预期的变化引致一些意料之外的资本流动，从而对金融产生一定的冲击。这种风险也不能完全排除。

3.2.3 对外金融开放路径三的潜在风险

资本账户开放主要涉及资金的跨境流动，其推进的快慢及内容选择很大程度上取决于一国（或地区）经济对资本的吸收能力以及宏观调控能力。无论是从理论还是历史的相关国家实践看，以资本账户开放作为开放路径着力点的最大风险在于，资本账户开放对国内外宏观经济环境和本国金融市场的发展程度有很高的要求。若条件不满足，轻则很可能导致开放受阻，严重时甚至可能会发生金融危机。实际上，英国在1979年取消资本管制之前，在1947年，为了兑现向美国贷款时签订的协议，在国内经济尚处于价格管控、必要物资仍需大量从美国进口的情况下，强行实现了资本账户可兑换，结果导致资本大量外流，外汇储备很快消耗殆尽，资本项目的可兑换被迫停止。20世纪80—90年代，以泰国等为代表的一批东南亚经济体正经历高速增长，为了进一步吸引国际资本参与国内建设，泰国政府在内部经济结构存在明显扭曲的宏观背景下，放开了对资本项目的管制，失去了对短期跨境资本流动的控制，国际资本流入泰国的股票和房地产市场。当泰国经济出现问题时，各类资本又快速外逃，对泰国的金融市场造成巨大冲击。泰国政府动用全部外汇储备抵御投机者的冲击，最终仍宣告失败，不得已允许泰铢大幅贬值，东南亚金融危机拉开序幕。

从中国目前的情况看，鉴于中国目前金融体系仍处于"大而不强"，且货币政策、金融监管等要素均未达到较为理想的状态，资本账户开放的相对加速客观上面临很多约束，极易引发一些冲突或矛盾，而这些冲突或矛盾一旦集中爆发，很可能引发较大风险。首先，在中国国际收支平衡已由经常项目转为跨境资本流动主导的背景下，一旦管制放松，宏观调控出现失误，将会产生巨大的套利空间，极易引发短期资本流动的大起大落，同时加大调控成本，缩短提供给纠正失误的时间。这一点从2015年"8·11"汇改后连续2年累计近万亿美元的外汇储蓄下降可见一斑。一旦出现这种状况，要么迫使货币当局重新恢复管制，进而使得开放受阻；要么放任自流，引发市场出现短期的恐慌进而改变预期，从而对金融稳定产生直接的重大冲击，危及宏观经济稳定。其次，考虑到中国持续的高速增长，各类主体累积了巨大的财富，一旦资本账户管制放松，中国将面临来自各类主体出于资产多元化配置考虑而增加外汇资产或境外资产的现实压力。若境内主体对人民币资产的信心有所下降，则可能引发规模巨大的资本外流，成为危及金融乃至经济稳定的重要不确定性因素。最后，资本账户的开放意味着中国长期以来拥有的最后一道防范境外金融风险蔓延至境内的屏障不复存在，中国金融市场直接暴露在国际金融动荡中的风险敞口不断扩大。如果中国货币当局无法做到审时度势，并制定前瞻性的货币政策和宏观审慎政策，那么中国金融和经济体系的动荡将会加剧。

3.2.4 对外金融开放路径四的潜在风险

对于当前的中国而言,人民币国际化无疑是一把"双刃剑",其快速推进确实有可能带来较大的益处,却也会引发一些新的问题,带来一定的经济成本和风险。从历史角度看,中国一开始试图通过提升人民币贸易结算比重来推进国际化,开放了人民币贸易结算政策。在 2010—2013 年人民币单边升值预期的背景下,大量资金通过在岸市场和离岸市场之间的套利来追逐利润,直接导致海外人民币存款快速上升,显著加大了货币当局应对资本流入的对冲压力,直接威胁到了当时的宏观经济稳定。而在之后的单边贬值阶段,则出现了完全相反的现象,资本从大幅流入转为流出,再次对宏观经济稳定产生了巨大冲击,同时迫使货币当局不仅采取严厉的资本管制措施,而且实质上对离岸市场进行了干预,使得包括人民币国际化、离岸人民币市场在内的部分中国金融开放进程出现了逆转现象。

与人民币国际化相关的风险还来自规模迅猛增长的、以人民币计价的海外投融资。中国通过经常账户输出人民币的模式已经大致告一段落,下一阶段主要通过资本账户输出人民币,而"一带一路"建设为中国通过这一途径输出人民币提供了很好的机会,有望在基础设施建设(在基础设施建设融资过程中使用人民币计价与结算)、大宗商品交易计价和电子商务定价这三个领域实现突破(连平,2017)。然而,金额巨大的通过开放性金融、政策性金融发放的人民币海外贷款以及中国企业对外直接投资的金融风险是客观存在的,能否准确地评价海外人民币投资和贷款的风险并确定相应的风险,在人民币国际化进程中是不可忽视的。[①]

4. 中国金融内外开放的路径选择:制度均衡视角的进一步思考

从制度均衡的视角来看,可以认为金融领域内的任何一项改革、发展和开放活动,都必须小心考虑金融乃至经济系统内的平衡、协调关系。或者说,要

[①] 现实地看,中国金融机构在"走出去"中存在很多问题。例如,部分金融机构在争取项目时"一拥而上"、无序竞争、缺乏对项目风险的科学分析;一些企业不了解东道国(地区)环境和社会规范,忽视风险、盲目投资等。

维持整个金融系统的稳定,必须把货币政策、金融监管、微观金融活动和金融开放中的每一个要素放在货币金融大系统内思考和把握,才能确保整个系统处于稳定和良性循环状态(夏斌和陈道富,2011)。这意味着中国金融开放的路径选择不仅需要考虑对外开放中的金融服务业开放、人民币汇率制度、资本账户开放以及人民币国际化等问题,而且需要考虑金融内外制度选择以及运行的平衡、协调问题。

4.1 中国金融内外开放的路径选择

如果将国内金融改革和发展考虑在内,那么当前中国金融开放路径无疑应该是坚持"先内后外"(即对内开放优先于对外开放),金融运行的充分市场化优先于金融的国际化。[①] 当然,我们也不排除在某些金融领域的改革中借助适度可控的对外开放来推动、倒逼国内相应领域的市场化改革。

现实地看,中国国内金融经济领域的市场化改革仍处于攻坚阶段。第一,产权制度仍存在完善的空间,尤其是对于知识产权的保护仍存在侵权赔偿标准低等问题。第二,要素市场发育不充分。市场决定了要素配置范围有限,要素流动存在诸多体制障碍。土地、资金、科技、数据等要素的价格形成机制尚不成熟,尚存在一定的管制。这些导致要素无法自主有序地流动,其价格无法真正发挥资源配置信号的作用,要素配置难以实现高效公平。第三,政府的职能转换未完全到位,还存在诸多不必要的准入门槛和条件设置,与政府职能转变相关的税费改革也未完成,税率的内外公平仍存在一定问题。第四,货币政策调控和宏观审慎管理、微观审慎管理政策的合理搭配框架("双支柱")仍处于构建完善时期,货币政策的传导机制仍不顺畅,导致货币政策的工具也带有较为浓厚的规模色彩,价格型工具的有效性有待提升。第五,以风险资本为基础的针对金融机构的审慎监管体系尚未完全构建,与外汇、利率相关的衍生品避险产品发展较为滞后,风险管理的必要工具和市场仍处于建设阶段等。与此同

---

① 从众多国家的经验和教训来看,金融开放的内外条件配合及开放内容的顺序选择至关重要。例如,取消对直接投资流入的各类限制,常常与增强出口竞争力和实体经济部门的改革同时实施,包括对国内贸易和投资体制的改革、调整汇率以提高竞争力,以及取消对经常项目交易的外汇管制等。取消对证券资本流动的管制,要与国内金融业的充分市场化相配套——利率自由化、发展间接货币的方法、完善银行及资本市场的功能等(夏斌和陈道富,2011)。

时，中国现代金融体系建设中所必需的金融立法与执法、会计准则等制度建设，以及信用评级机构、注册会计师事务所、律师事务所等金融中介专业服务机构也存在一些明显问题，直接约束着中国金融的后续发展。

考虑到当前中国金融经济的内外部风险，以及国内经济金融等发展状况，中国下一阶段的金融开放若想深入推进，客观上需要国内经济金融市场化改革的有效配合，其中资源、能源以及资金等要素的市场化改革（尤其是利率、汇率以及保险费率等金融市场价格形成机制的市场化以及环保成本的内部化）、政府职能的进一步转换、"一委一行两会"部门之间的监管协调，以及商业银行等金融机构公司治理的进一步完善和市场化退出机制的构建等基本完成，均是确保金融开放取得实质性成效的前置必要条件。

当然，中国的金融开放是一个循序渐进的过程，开放的必要条件与开放内容之间也存在颇为复杂的因果关联，这意味着即便是必要条件，既不可能、也不需要一次性完全满足，而是根据可能引致的风险严重程度以及对我国金融发展的重要程度，逐渐满足和实现。这一点在中国 1978 年以来的金融改革开放历史实践中得到了反复证实。换句话说，在中国金融渐进有序的开放路径中，国内政策和对外政策的搭配是一个复杂的过程，需要政府在牢牢把握金融开放主动权的背景下，审时度势，因势利导，抓住机会运用各种方式实现金融体系的制度均衡，有效发挥金融对实体经济的推动作用。

4.2 中国金融内外开放路径选择失当的潜在风险分析

中国经济金融已在相当程度上融入全球化，但由于没有考虑国内经济金融发展现状的制约，一味盲目地加速金融开放的推进，导致内外开放路径选择失当而贸易体制失控，外资（尤其是投机性游资）无序涌入并大进大出，金融服务业竞争加剧，国内金融机构行为失控，经济主体的资产负债表出现期限和货币错配，外部国家（或地区）的风险溢至国内。这些现象均蕴含着一定的风险，有时甚至引发较大的国内经济金融冲击。20 世纪 80 年代的拉美债务危机、20 世纪 90 年代俄罗斯和中东欧国家"休克疗法"所引致的经济金融混乱、1997 年的东南亚金融危机、1998 年的俄罗斯金融危机、2007 年的次贷危机、2008 年的全球金融危机和之后的欧洲主权债务危机等都提供了极具借鉴意义的教训。

5. 结语

  金融发展的空间最终是由经济发展的空间决定的。过去 40 余年里，中国无疑是经济全球化的受益者之一，维持一个开放的世界经济秩序是当前中国的利益所在。在贸易领域开放达到较高水平的今天，中国金融领域的进一步开放势在必行，而且面临着金融服务业进一步开放、人民币汇率形成机制改革、资本账户有序开放、人民币国际化的推进以及上海国际金融中心建设等多个重要且颇为棘手的任务。从现实角度看，立足制度均衡观，就要理解金融体系是一个由货币政策、金融监管、微观金融活动和金融开放构成的复杂巨系统。各项金融开放内容之间必须相互配合、共同发展，才是推动中国经济持续健康发展的长久动力。中国的经济金融发展现状仍需要我们在金融开放的路径及内容的次序性上做出符合实际的抉择。

  从历史角度看，一国（或地区）金融开放的进一步深入的确存在不同的路径（或者说政策优先）选择，且不同选择蕴含着不同的风险。对中国而言，在当前坚持充分的市场化和有限的全球化的发展战略目标约束下，经济体内的适应机制是应对内外部冲击的根本因素，必须在着力推进要素价格机制改革以及服务业领域的改革（进而使得价格能真正发挥资源配置决定性作用）、货币政策和宏观审慎管理双支柱框架基本形成（进而使宏观调控具有较大的灵活性）、金融行业得到适当的监管（进而使金融市场的信息不对称所引致的外部性得以控制在可承受范围之内）的背景下，注重金融市场培育和产品创新，提升金融市场的开放度和包容性，营造公平、透明、可预期的营商环境和法制环境。同时，以准入前国民待遇和负面清单为核心实现金融业对外开放，协同推进扩大金融业对外开放、人民币汇率形成市场化改革和减少资本管制"三驾马车"，依托"一带一路"倡议进一步推动人民币国际化，不断提升上海的国际金融中心地位，有效发挥中国作为重要的国际经济金融规则参与者的角色，努力实现从参与者向决策者甚至制定者的转变。

参考文献

[1] 巴里·艾肯格林. 资本全球化：国际货币体系史. 彭兴韵，译. 上海：上海人民出版社，2009.

[2] 查尔斯·K. 威尔伯. 发达与不发达问题的政治经济学. 徐壮飞等，译. 北京：商务印书馆，2015.

[3]《径山报告》课题组. 中国金融改革路线图. 北京：中信出版集团，2019.

[4]《径山报告》课题组. 中国金融开放的下半场，北京：中信出版集团，2018.

[5] 连平."一带一路"为人民币国际化开辟新空间. 中国证券报，2017-05-13.

[6] 钱穆. 中国历代政治得失. 北京：三联书店，2001.

[7] 青木昌彦. 比较制度分析. 周黎安，译. 上海：上海远东出版社，2001.

[8] 夏斌，陈道富. 中国金融战略：2020. 北京：人民出版社，2011.

[9] 张斌. 走向浮动的人民币汇率形成机制. 中国货币市场，2018（1）.

[10] McKinnon, R. I., *The Order of Economic Liberalization：Financial Control in the Transition to a Market Economy*. JHU Press，1993.

[11] North, D. C. Institutions. *Journal of Economic Perspectives*，1991（1）：97-112.

[12] Rajan, R. G., Zingales, L. The Great Reversals：The Politics of Financial Development in the Twentieth Century. *Journal of Financial Economics*，2003（1）：5-50.

分论八　中国金融开放：彼岸在哪里？

摘　要

历史经验表明，大国经济必须要有与之相匹配的大国金融，需要一个具有强大资源配置功能且能够有效分散风险、高度开放的现代金融体系。金融开放过程中往往伴随着国际金融中心的兴衰与交替，伦敦、纽约和东京等都是其中最为典型的代表。当前，在推动新一轮高水平开放的大背景下，中国建立国际金融中心是大势所趋。它不仅符合历史上国际金融中心兴衰更替的客观事实和历史规律，也是中国经济持续高质量发展和金融不断开放的必然选择。本分论系统梳理了历史上主要国际金融中心的发展历史，总结了建成国际金融中心的基本模式，并据此提出了未来中国建设国际金融中心的目标特征，以及应当具备的货币、经济、金融与制度四大基石。

Abstract

History shows that great economies come with great financial sectors, and an effective resource allocation, fully-functional risk mitigation mechanism, and high level openness are pre-requisites for a modern financial system. The process of financial opening-up is often accompanied by the emerging of geological international financial centers. Empirical evidence supports this simple rule and suggests several typical cases such as London, New York and Tokyo that followed a similar pattern. At present, in the context of promoting a new round of high-level opening up, China needs to foster an international financial center so as to facilitate the efficiency of the financial sector. It has always been an inevitable and necessary policy stance for China's to sustain its quality-adjusted economic development. This chapter aims to systematically organize the development history of major international financial centers, and summarize a basic mode of building one. This chapter proposes, in principal, that building an international financial center in China must integrate monetary policies, economic development, financial market, and institutional arrangements.

1. 走向彼岸：建成符合大国金融战略的国际金融中心

1.1 大国经济需要大国金融

中华人民共和国成立以来，我国经济规模不断扩大，综合国力与日俱增，对世界经济增长的贡献大幅提升，国际地位和影响力显著增强。1952—2018年，我国GDP从679.1亿元跃升至90.03万亿元，实际增长1 325倍；人均GDP从119元提高到6.46万元，实际增长542倍。2019年，我国人均GDP首次突破1万美元大关。目前，我国已成为世界经济第二大国、货物贸易第一大国、外汇储备第一大国、服务贸易第二大国、使用外资第二大国、对外投资第二大国。中国已基本具备全球性经济大国的主要特征，对世界经济发展发挥着日益重要的作用。

当前，我国经济正处于由高速增长转向高质量发展阶段的重要战略机遇期，增长速度由高速转向中高速，增长规模由总量扩张过渡到结构调整，增长动力由投资推动、外需拉动转向内需、外需和投资协调发展，增长方式由粗放式增长转变成集约式、内涵式发展。从长期看，如何维持中国这个全球性大国经济的长期稳定增长并适时实现增长方式转型，是我们面临的重要战略问题。

历史经验表明，在维持大国经济长期、持续、稳定增长的过程中，除了人口因素、战略资源、科技创新能力等因素外，拥有开放的、能在全球有效配置资源且具有良好分散风险功能的现代金融体系至关重要。美国经济长达一个世纪的持续增长，主要得益于金融的强大推动力和科技创新。美国金融特别是资本市场发展对经济增长的贡献意义重大，美国金融体系具备的结构性和功能性特征是支持实体经济发展的重要因素。一方面，美国以市场为主导的金融体系实现了以资本市场为平台、以投资工具为渠道的发展模式，企业和金融机构能够便捷、迅速地筹集资金，从而有效地配置资源；另一方面，投资者能够通过多种多样的金融工具实现资本有效配置，在获得收益的同时有效地分散风险。

中国经济作为大国经济，必须要有与之相匹配的大国金融，需要一个具有强大资源配置功能且能有效分散风险的现代金融体系。只有建成现代金融体系，才能将各种资源进行合理配置，推动一国经济的增长。事实上，随着改革开放

四十多年以来中国经济的发展和市场化改革的推进，中国金融在规模、结构、业态、功能等方面朝着市场化方向发生了不可逆的根本性变化，在资源配置方式、风险分散机制和监管模式改革等领域朝着现代金融方向发生了重要改革，在开放和国际化方面进行了方向明确、方法审慎的试错性探索。中国已经初步完成了市场化金融体系的结构转型，为未来构建与大国经济规模、结构和特征相匹配的大国金融奠定了良好基础。

1.2 建成国际金融中心是大国金融开放的必然选择

高水平金融开放是构建与大国经济相匹配的大国金融的必要条件。目前，我国金融开放程度相对较低，人民币还没有实现完全自由可兑换，金融市场开放的程度很低，外国投资者占中国市场的比例只有2%。金融市场的对外开放主要通过QFII和深港通、沪港通等渠道完成，提升空间依然很大。未来还需要积极创造条件推进人民币自由交易，降低人民币资产投资门槛，改善资本市场投资价值，加快推动新一轮高水平对外开放。

纵观全球经济发展和金融开放的历史，金融开放过程中往往伴随着国际金融中心的兴衰与交替，威尼斯、阿姆斯特丹、伦敦、纽约和东京等都是其中最为典型的代表。东京由于受到20世纪末期泡沫经济的严重影响，其国际金融中心的地位已经受到严峻挑战。威尼斯和阿姆斯特丹已经成为历史，纽约和伦敦仍是当前具有重要影响力的国际金融中心。英国通过第一次工业革命确立了世界工厂的地位，伦敦毫无悬念地成为国际金融中心。英国在世界贸易中的重要地位使得伦敦集聚了大量金融机构、产品与人才，推动建立和完善了现代金融体系，促进了伦敦国际金融中心与英镑国际化的良性循环。19世纪末，美国经济总量开始超过英国，世界经济版图重构，重心开始向美国倾斜，纽约作为新的国际金融中心开始加速发展。在此过程中，经济快速发展和稳定的货币环境为美国资本市场发展提供了重要的条件，美国也因此超越了包括英国在内的欧洲国家，成为世界上规模与影响力最大的经济体，也使纽约自20世纪初期以来一直保持着重要国际金融中心的地位。

不难看出，国际金融中心是世界经济和国际金融发展到一定程度的产物。对于全球或地区的资源配置和定价来说，国际金融中心有着不可替代的战略意义。不论在资产定价、风险控制,还是信息传递、资本聚集与扩散等方面,国际金融中心都有很强的话语权和导向性。加快建设我国的国际金融中心,有助于发挥金融要素市场平台的作用,实现各要素市场的互联互通,增强金融资源配置能力,拓宽实体经济融资渠道,更好地服务经济社会发展;有助于提升金融市场影响力和辐射力,形成中外资金融机构共同竞争、良性发展的格局,支持企业更好地"走出去",推动我国开放型经济发展;有助于发展具有广度和深度的多层次金融市场,探索开放经济条件下的金融风险防范化解机制。

当前,作为世界第二大经济体的中国建立国际金融中心是大势所趋。这不仅符合历史上国际金融中心兴衰更替的客观事实和历史规律,而且是中国经济持续高质量发展和金融不断开放的必然选择。

1.3 国际金融中心:目标与特征

1.3.1 国际金融中心应具备的特征

通过对比历史上出现的国际金融中心,可以发现,成为国际金融中心至少应当具备以下特征。

一是系统性。国际金融中心是一种动态可变的系统,其中组合了包括金融监管、金融机构、金融中介、金融产品开发者、消费群体和各类金融信息等在内的各种要素。仿佛一个巨大的生态系统,具备自我组织、自我适应、自我协调等能力。系统内严格按照规则运行,具有一定的规律性。系统结构的特性决定了整个系统的运行效率,而整个系统也会受到时间和外因的影响,所以结构并不是一成不变的。这也可以解释为什么国际金融中心在演化的过程中会出现异化,有的走向了更高阶段,而很多则逐渐衰退,逐渐失去了国际金融中心的地位。

二是开放性。金融开放既是面向国外开放,也是实体经济与金融之间的深度融合。纵观各个国际金融中心,其最大特点就是具有较高的开放度和市场化程度。之所以被称为国际金融中心,是因为它是如磁铁般的中心枢纽,会带来金融的聚集效应。而一个国家或系统若不能足够开放,则聚集的速度和程度都会受到影响。尽管政府可以通过行政手段调动本国金融资源,但是如果无法吸引国外的资金聚集,就不能真正建成国际金融中心。

三是复杂性。金融结构本身具有一定复杂性,包括金融资产分布、金融工具类型分布、金融机构之间的关联度等因素。金融中心的微观金融结构构成了其核心组成部分,即银行、保险、证券、投行、融资租赁、担保、信托、基金等。它们的功能、产品、融资渠道、融资方式、融资工具都有一定差异,共同维系着一定规模的金融体系。它们之间会相互分化和融合,发生化学反应。由于交叉的融合和影响,国际金融中心的不稳定性就会逐渐积聚,而从无序到有序的演进则会促成国际金融中心的形成。整个过程处于动态变化中,物理空间优势、制度和软实力增加了贸易机会,而贸易又会促进更多投资进入国际金融中心,形成良性循环的组织生态系统。

1.3.2 我国建设国际金融中心的未来目标

国际金融中心之所以成为资源汇聚的中心,既是一国经济兴衰的偶然事件,也是历史发展的必然规律。新的国际金融中心不仅遵循国家发展和国际局势演变的逻辑,而且具有金融崛起的必然性。可以认为周期性大国金融崛起的基本特征之一就是建成国际金融中心。

随着我国经济在国际市场上地位的不断增强,我国需要有一个与其经济实力相匹配的国际金融中心,以服务实体经济发展。而我国国际金融中心发展起步较晚,与经济实力极不匹配。危机以来,主要国际金融中心的地位已经开始动摇,原有的金融格局已经发生变化,这给我国国际金融中心建设带来了难得的机遇。目前,我国的国际金融中心特征已经初步凸显,金融体系具有系统性和复杂性特征,特别是在金融开放不断深入的大背景下,流动性和开放程度也正在逐步达到国际金融中心的水平。在未来的建设过程中,要在对成熟大国与新兴大国建成国际金融中心的异同进行详尽对比和借鉴基础上,根据我国综合情况,包括经济实力、金融市场的发达程度、市场主体的宏微观结构、国家治理能力、开放程度、营商环境、社会环境、法律环境等诸多因素,为我国在历史空间中寻找恰当的定位,并以此作为充分依据进行打造国际金融中心的战略安排。

当前,根据历史经验,应当采用自然形成与政府推动相结合的模式,建设以上海为主体,深圳等为重要组成部分的具有国际竞争力的综合性大国国际金融中心集群。这需要新一轮的高水平对外开放,需要人民币走向国际化,需要稳定的经济金融环境等予以支撑。这样的战略选择将有助于实现中国的真正崛起，完成从大国走向强国的历史使命。

2. 大国金融开放进程中的国际金融中心

2.1 国际金融中心研究的理论发展与深化

通过系统梳理国际金融中心研究的相关文献，可以发现，真正将国际金融中心研究纳入金融研究框架之中始于19世纪末20世纪初。在整个20世纪，国际金融中心基本格局的不断变化更是推动了国际金融中心理论研究的发展与深化。

首先，随着两次世界大战的爆发，伦敦和纽约在争夺世界经济政治霸权中的地位不断变化，国际金融中心的基本格局也随之发生变化。在第一次世界大战以前，伦敦是世界上最大的国际金融中心。在两次世界大战之间，纽约开始成为世界上最大的国际金融中心。19世纪末的第二次工业革命加速了纽约成为世界贸易中心与世界经济中心的进程，加速了纽约从输入型国际金融中心向输出型国际金融中心的转变过程。与此同时，由于受到第一次世界大战、第二次世界大战及"大萧条"的影响，伦敦的地位开始衰落。

其次，自20世纪50年代中期起，一种新型的国际金融市场——欧洲货币市场——的产生和迅速发展，表明国际金融市场已经踏上了一段完全崭新的旅程，并促使国际金融中心的产生。国际金融中心的出现使得各金融中心渐渐地由集中走向分散，除了传统的几个大城市外，已广泛地分布于欧洲、亚洲、拉丁美洲。各大金融中心连接成全球性的国际金融网络，使得各种金融业务更广泛、更高效地开展起来。

最后，20世纪60年代，随着亚洲货币市场的发展，东京逐步取得了仅次于纽约、伦敦的第三大国际金融中心的地位，这也是至今被公认的三大国际金融中心（BIG-3）。在此之前，也就是伦敦和纽约为"最大国际金融中心"这一地位进行激烈争夺时，瑞士因为保持了政治中立而免遭战争破坏，是当时欧洲唯一的宁静之地，再加上其优越的地理位置，成为国际资本的理想避难所。当众多国家被战争侵蚀时，苏黎世承担了西欧资金交易的重任，成为西方世界的三大金融中心之一。此外，发端于20世纪90年代，兴起于21世纪初，以石油生

产国家或城市为代表的国际金融中心开始出现,并在国际金融格局中崭露头角,一批新型国际金融中心兴起。

随着国际金融中心的实践日益丰富,国际金融中心本身也逐渐成为一个独立的研究对象,受到了学者的青睐。许多学者开始用不同的经济金融理论与方法来研究这一问题,进而推动了国际金融中心理论研究的巨大发展。先是20世纪50年代兴起的金融发展理论被引入国际金融中心研究中,后来学者运用金融集聚理论来研究国际金融中心的形成和发展问题。20世纪80年代末,金融地理学强调了信息的作用,使得金融地理学在解释国际金融中心的兴衰变更方面比以往的解释更有说服力。向心力和离心力探讨作为金融集聚理论的拓展出现于20世纪90年代,并被经济金融学者广泛运用于国际金融中心形成和变迁的研究当中。而开始于20世纪80年代中期、兴起于20世纪90年代末的金融生态学更是为国际金融中心研究注入了新的活力。

2.2 主要国际金融中心兴衰与更替的历史规律

2.2.1 国际金融中心历史发展脉络

从根本上说,国际金融中心是经济发展到一定程度的产物。金融伴随着生产力的不断进步而产生、发展和成熟。以上述内容为依据,我们可以将国际金融中心的建设历程划分为三个阶段(见表分-8-1)。

表分-8-1 国际金融中心历史发展脉络

时间	阶段特征	主要国际金融中心	发展历程
13世纪至18世纪中	这一阶段是国际金融中心的萌芽时期。民族国家的出现为统一金融市场奠定了基础,国际贸易的繁荣和国际金融中心的出现互相作用。	以意大利威尼斯与佛罗伦萨、荷兰阿姆斯特丹为主,英国伦敦逐渐显露。	13—14世纪,欧洲的社会生产力不断进步,商业极大地发展。地理大发现使各国得以扩张贸易的规模和范围,商人阶级的兴起、国家重商主义等制度安排相继产生,结算制度和现代公司形式开始出现,国际金融中心开始出现萌芽并发展。15—17世纪,新航线的开辟使国际贸易中心转移到大西洋沿岸,伴随着意大利商业地位的衰落,荷兰兴起并成为海上霸主,阿姆斯特丹由此成为国际金融中心。18世纪,英国开辟了世界上最繁荣的港口贸易,为其后数百年的国际金融中心霸主地位奠定了基础。

续表

时间	阶段特征	主要国际金融中心	发展历程
18世纪中至20世纪80年代	这一阶段是国际金融中心的发展成熟时期。全球生产力大爆发，工业化时代来临，现代化市场形成，金融不再依附于商业，成为独立的产业。	以英国伦敦、美国纽约、日本东京和新加坡为主。	随着工业革命的完成，英国伦敦首先成为国际金融中心，建立了现代金融体系。后来，伦敦与纽约竞争落败，经历了一段时间的衰落。经过两次世界大战，美国成为全世界最大的资本输出国，布雷顿森林体系确立了美元的霸主地位，纽约取代了伦敦的国际金融中心地位。日本东京在国家的计划和推动下建成国际金融中心，这种模式使其成功走出两次石油危机，而过快的金融开放和与美国的贸易摩擦导致其泡沫崩溃，经济陷入衰退。
20世纪80年代至今	这一阶段是国际金融中心的全球竞争阶段。全球化和信息化是时代的主要特征，全球资本流动成为时代内核，爆炸式的创新不断涌现。	主要是老牌的伦敦、纽约、东京等，新兴的迪拜、孟买、上海等迅速崛起。	20世纪70年代的"滞胀"宣告政府干预模式失败，美国从20世纪80年代开始进入金融自由化，实现了混业经营和监管。21世纪以来，特别是次贷危机后，美国的金融自由化面临收紧。英国则在20世纪80年代后实行了两次"大爆炸"改革，伦敦转型成为更加自由化的依托美元的国际金融中心。与此同时，众多新兴国家提出了建设国际金融中心的计划。以新加坡等国家主导模式的离岸金融中心为鉴，各国可以建设不同类型的国际金融中心，而不受其自身是否为经济大国的限制。

资料来源：严晨. 国际金融中心建设的历史比较分析. 上海经济研究，2013（6）：33-38.

2.2.2 国际金融中心的形成模式

国际金融中心是一个国家或地区金融体系的有机组成部分，也是一个国家或地区金融体系健全和完善程度的重要标志。一个国家或地区金融体系的产生有两种途径：需求引导型和供给推动型。与之相对应，国际金融中心的形成也有两种基本模式，即自然形成模式和政府推动模式。自然形成模式与政府推动模式并不是完全割裂的，二者相互联系、密不可分。近年来新出现的国际金融中心大多采用自然形成与政府推动相结合的模式。

（1）自然形成模式。

国际金融中心的自然形成模式是指伴随着经济发展，一个国家或地区对金融产品和服务的需求不断增加，吸引各类金融机构大量聚集并创造出更多的金融产品，提供更广泛的金融服务，促使金融市场不断扩张、金融制度和金融法规不断完善、金融业服务对象范围不断扩大，最终形成国际金融中心。自然形成模式下的国际金融中心一般遵循"经济发展—金融体系完善—国内金融中心形成—区域性金融中心形成—国际金融中心形成"的渐进式发展历程。

自然形成模式的根本特征是，国际金融中心是由经济发展而形成的，外部因素（如政府）在国际金融中心形成过程中不起主导作用。也就是说，在自然形成模式下，国际金融中心是自发形成的，基本上不需要借助外部因素。伦敦国际金融中心是自然形成模式的典型代表。

（2）政府推动模式。

国际金融中心的政府推动模式是指在实体经济规模相对较小且金融发展水平较低、还没有达到自然形成国际金融中心条件的情况下，政府有意识地通过行政立法、提供各种优惠政策以及资金支持等措施，发挥国家力量，创造或强化比较优势，在较短时间内通过政府制度设计，实现金融机构和金融人才聚集，促进金融市场发展而形成的国际金融中心。政府推动模式下形成的国际金融中心一般遵循"政府制度设计—金融业务国际化—国内金融业发展—国际金融中心形成—经济发展"的超前式发展历程。

政府推动模式的根本特征是，金融体系的产生和发展具有一定的超前性。它不是经济发展到一定阶段的自然产物，而是由政府的设计和推动而产生的。金融体系的超前性对经济发展起到了刺激和先导作用，不是需求引发供给，而是供给刺激需求。也就是说，在供给引导途径中由政府推动形成的国际金融中心是一国或地区有意识建设的结果。新加坡国际金融中心是政府推动模式的典型代表。

国际金融中心的两种形成模式既有区别又有联系。两者之间的区别首先是产生的条件不同。自然形成模式是在经济实力较强、金融发展水平较高的条件下自发形成的；政府推动模式是在经济实力不够强、金融发展水平不太高的条件下，创造出相对优势条件而形成的。其次是主导因素不同。自然形成模式下起主导作用的是经济金融自身的发展；而政府推动模式下起主导作用的是政府的积极推动。

(3) 自然形成与政府推动相结合的模式。

两种形成模式的区别并不绝对，而是存在着联系。首先，两种形成模式都对金融发展水平有着必然的要求。自然形成模式要求金融发展到一定水平；而政府推动模式虽然强调外在因素起主导作用，但在根本上也要以金融自身的发展为基础。其次，在国际金融中心形成和发展的不同阶段，两种模式可以同时发挥作用。在一定的阶段，金融机构的经营和聚集成本增加，仅靠内在因素很难保证国际金融中心进一步发展。此时发挥政府的作用，通过制定优惠政策等措施帮助机构降低成本，能够推动国际金融中心实现新的发展。如果以自然形成模式启动的金融中心发展速度过快，导致金融风险增大，那么政府必须在适当的时候加强监管，以促进金融市场更好地发展。这可以称作另一个角度的政府推动。

东京国际金融中心就是自然形成与政府推动模式相结合的产物。纵观东京国际金融中心的发展史，可以看到其经济的腾飞对金融业的内在需求与政府对金融业的外在推动几乎是同步开始的。相较于英国、美国，日本东京的案例更加体现了政府主导的模式。虽然日本是资本主义国家，但它的国际金融中心是在国家计划下建设和发展的。其国际金融中心的建设进程与经济发展需求相匹配。自然形成与政府推动相辅相成，既促进了经济的快速发展，又建设成了仅次于伦敦、纽约的第三大国际金融中心。主要国际金融中心形成模式比较可参见表分-8-2。

表分-8-2 主要国际金融中心形成模式比较

国际金融中心	形成历史与条件	形成模式
伦敦	工业革命；世界强国和海上霸主；英镑的国际货币地位；欧洲货币市场的繁荣；金融"大爆炸"	自然形成
纽约	优越的海港条件；发达的贸易；雄厚的经济实力；创新能力；美元的国际货币地位	自然形成
东京	地理位置优越；制造业的腾飞；跨国投资的兴盛；金融自由化政策；金融市场的成熟；日元国际化水平的提高	自然形成与政府推动同步进行

续表

国际金融中心	形成历史与条件	形成模式
新加坡	地理位置优越；良好的金融业基础；政府的大力支持；亚洲美元市场的创立	政府推动
中国香港	成熟的转口贸易和加工工业；政府积极不干预的态度；较高的金融自由化与国际化水平；政府适时的监管	先自然形成后政府推动

资料来源：周光友，罗素梅．"大国"金融中心形成模式研究：经验与启示．湖南商学院学报，2011(2)：5-10．

2.3 发展阶段与演进逻辑：大国崛起的典型案例

2.3.1 荷兰阿姆斯特丹

阿姆斯特丹在16世纪末期逐渐成为国际金融中心。17世纪，荷兰以商业立国，政府创办了巨大规模的特许股份公司。荷兰依靠东印度公司和西印度公司进行殖民地贸易，对广阔的海外商业空间行使专营权、统治权。经济重镇阿姆斯特丹地处大西洋沿岸，位置优越，很快成为欧洲最大的商港。阿姆斯特丹依靠在商业和世界贸易中的优势积聚了巨额商业资本，进而转化成为金融领域的优势。金融和商业体系相互贯通带来了爆炸式的财富增长，阿姆斯特丹由此成为欧洲乃至整个世界的金融中心。

作为国际金融中心，阿姆斯特丹做出了很多金融创新。荷兰创立了世界上第一家有组织的证券交易所，即阿姆斯特丹证券交易所；还有世界上第一家通过证券交易所向公众发行股票融资的公司，即不列颠东印度公司。荷兰人还最早发明了卖空、逼空、对敲等操纵股市的技术。不仅如此，荷兰还创立了第一家现代意义的银行和国际结算银行，即1609年成立的阿姆斯特丹银行。它最早是为解决货币混乱的问题而成立的，是历史上第一家取消金属币兑换义务而发行银行券的银行。18世纪30年代，阿姆斯特丹由盛转衰，也有观点称阿姆斯特丹的衰败甚至可以追溯至17世纪70年代。其实，一直到18世纪中期，阿姆斯特丹在国际金融市场上仍然领先于伦敦，这种状况持续到18世纪80年代才发生逆转。

2.3.2 英国伦敦

荷兰经济受"郁金香泡沫"影响而走向衰落，阿姆斯特丹国际金融中心的地位也由此丧失。而这给其他国家的国际金融中心发展带来了机会。18世纪60年代至19世纪40年代，英国进行了第一次工业革命，国民经济的大幅增长促进了金融业的飞速发展。因此，国际金融中心从阿姆斯特丹转移到伦敦是理所当然的。19世纪，英国已成为全世界最强大的资本主义国家、最重要的经济贸易中心，英镑也成为全球最重要的国际货币，伦敦迅速发展成为全球最大的金融中心。20世纪的两次世界大战和经济大萧条削弱了英国的经济实力，英镑在国际金融中的地位受到重创，伦敦国际金融中心的地位开始衰退。特别是第二次世界大战后，英国实施政府管制，经济结构僵化，金融限制苛刻，伦敦第一国际金融中心的地位逐渐被纽约取代。

2.3.3 美国纽约

第二次工业革命后，纽约大力发展股票市场，适应了当时国内和世界经济的发展需要。来自欧洲特别是伦敦的资金不断涌入纽约股票市场，为美国经济的发展提供了动力与燃料。经济的发展又增加了对金融的需求，纽约股票市场的上市公司不断增加数量、扩大规模，促进了金融市场的活跃和发展。以华尔街为代表的纽约国际金融中心初步形成。第二次世界大战以后，以美国为主导的资本主义世界经济体系确立，美国成为世界工厂。布雷顿森林体系确立了美元的霸权地位，美元成为世界贸易和金融的定价、交易、结算货币，以及各国的官方储备货币和国际机构的统计货币。纽约成为美元的借贷、结算和交易中心及资本输出中心。纽约国际金融中心更加突出了跨国资源配置的功能，不仅是世界资本的供应中心，而且是资本的分配中心。

2.3.4 日本东京

20世纪70年代，日本成为世界第二大经济体，日元也开始了国际化进程。20世纪80年代，日本经济的繁荣和政府推行的日元国际化战略推动了日元国际化的快速发展。20世纪80年代，东京金融市场十分活跃。日本金融机构在日元标价的金融产品交易中具有信息优势，国际竞争力较强，吸引了国外投资者，提高了其持有日元和参与日本金融市场的意愿。20世纪90年代末，泡沫经济崩溃，日元国际化受到长期经济停滞的影响，发展十分缓慢，日元在国际储备中的占比逐年下降。由于监管不力，日本金融丑闻曝光后，资金大量外流，在东京证券交易所上市的国外公司纷纷撤离，数量从1990年的125家减少至2008年的25家。与20世纪80年代相比，日本东京的国际金融中心地位有所下降，但

目前其依然是世界上十分重要的国际金融中心,也是全球最大的外汇市场之一。

2.3.5 新加坡

新加坡是政府推动型的典型代表,以国际金融中心为定位的国家战略和及时抓住了离岸市场对美元需求的机会,使得新加坡迅速确立了当时亚洲区域的领导地位。新加坡使用不同的金融管理体系,其作用是严格保护本国的金融业发展。除了体系和监管方式以外,新加坡总体上具有很高的国际化程度,无论是外资机构的数量、资金的流入量,还是国际金融人才都处于世界一流水平。政府主导推动证券市场交易制度和硬件设施不断完善,执行严格的银行保密法规和鼓励银行并购,使用统一的监管体系和覆盖全领域的金融市场,对国内、国际各类风险进行评估和分析,设有风险预警和防范机制,构建强制金融业保险制度,增强了监管行为的灵活性等。最终形成了市场、监督、管制三位一体的监管系统结构。正是这一系列由政府主导的政策和举措,使得新加坡迅速成为国际金融中心。

3. 国际金融中心的基石

3.1 国际金融中心的货币基石

3.1.1 人民币国际化

纵观历史上大国之崛起,无不以金融兴盛为标志。金融之兴盛,无不有赖于国际金融中心的建立。而货币国际化可以为国际金融中心建设提供强有力的支撑。全球化进程开始后的世界历史表明,货币国际化是助推大国经济持续发展的强大动力。全世界有两个国家被公认为具有大国金融。一个是英国,在20世纪中叶之前强盛了200多年,这与英国有一个大国金融体系密切相关;另一个是美国,美国在全世界具有最重要的影响力,也是由其大国金融体系决定的。这两个国家的共同特征之一,就是它们的货币是国际化的,它们的贸易市场和储备市场在国际上都占有非常重要的地位。在1917年之前,英镑是最重要的储备性货币。1944年布雷顿森林体系确立之后,美元正式超过英镑,在全球货币体系中占据核心地位。如果没有美元的国际化,就没有美国金融体系的今天,美国的金融体系也就不能如此强有力地配置全球的资源,美元将无法实现这样的功能。所以，建立大国金融体系，首先要进行货币国际化，这是建立大国金融体系的一个重要前提。

从这个角度来看，推进人民币的国际化是中国深化改革开放、推动大国金融发展的重要举措。我国在过去十年里非常重视推进人民币国际化工作，并取得了良好成效。2009年底，RII只有0.02%，人民币在国际市场上的使用十分有限。截至2018年底，RII达到2.95%，增长了约147倍（见图分-8-1）。目前在全球范围内，国际贸易的人民币结算份额为2.05%；在包括直接投资、国际信贷、国际债券与票据等在内的国际交易中，人民币计价的综合占比为4.90%；在全球官方外汇储备资产中，人民币占比为1.89%。人民币已于2016年加入SDR货币篮子，是全球第五大支付货币和官方外汇储备货币。同时，人民币金融资产的国际吸引力越来越强。截至2019年9月末，境外机构和个人持有境内金融资产余额增加到5.86万亿元，同比增长了16%；资产结构也由存款为主向债券、股票转变。整体上讲，人民币国际化趋势是不可逆转的，虽然在人民币国际化的过程中经历了波动，但随着中国经济的稳步提升和经济金融改革的不断深化，未来人民币国际化水平将不断提升。

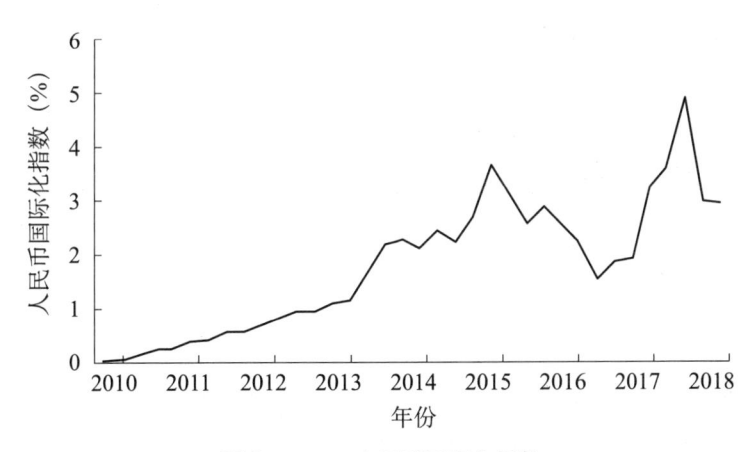

图分-8-1　人民币国际化指数

资料来源：中国人民大学国际货币研究所．人民币国际化报告2019. 北京：中国人民大学出版社，2019.

人民币国际化虽然取得了很大的成绩，但人民币的国际地位依然与美元、欧元等相距甚远。人民币要想成长为与美元、欧元三足鼎立的全球储备货币，依然任重道远。真正综合反映一种货币的国际竞争力的,是该货币在全球储备货币中的地位。而从储备货币角度看,美元在全球储备货币中的优势地位最为突出,截至2018年底,美元资产占比为61.69%。从金融市场维度来看,中国与美国在金融市场的深度、广度与流动性方面依然有着较大的差距。当前,中国经济已经从高速发展阶段转向高质量发展阶段,这就要求更高质量的资源配置和经济循环。人民币国际化有着巨大的发展潜力,能够促进金融资源的高效合理配置,使得货币的供需循环渠道更加畅通,这是供给侧结构性改革的重要组成部分,对于推动经济高质量发展具有重要作用。人民币国际化的实现不可能一蹴而就,而是一个市场驱动的长期过程。在未来,我们应当继续顺势而进,低调有为。既要积极稳妥地推动人民币国际化进程,又要做好风险防范,保障人民币国际化行稳致远。

3.1.2 汇率市场化与稳定的货币环境

建立一个以市场供求为基础的、有管理的浮动汇率制度,维护人民币汇率在合理、均衡基础上的基本稳定也是国际金融中心建设的关键一环。国际金融中心发展的历史经验表明,无论是英国、美国、日本的发展,还是新加坡的发展,无不伴随着汇率市场化的进程。汇率作为金融市场上重要的价格指标,在调节市场供求、配置资源等方面起着重要的作用。人民币经历了1994年汇改、2005年"7·21"汇改和2015年"8·11"汇改三次重要的改革,从单一的固定汇率制度到参考一篮子货币、有管理的浮动汇率制度,改革路径整体是朝着市场化方向进行的。政府逐步退出常态化干预,市场逐渐发挥更大的作用。但在我国现行的汇率形成机制下,汇率实现自由浮动仍然存在障碍。一是人民币汇率中间价没有完全反映市场供求状况。二是汇率波动幅度限制依然存在。三是外汇市场避险工具的缺失使微观主体承受了较大的外汇风险。四是不完善的金融市场和非市场化的利率水平决定了这两个条件的实现还需要较长的时间。

未来的中国汇率市场化改革任重道远。首先,要进一步完善人民币汇率的形成机制,让市场发挥决定性作用,减少政府干预,逐步扩大人民币汇率浮动区间,增强人民币汇率弹性,维护国际收支平衡。其次,要拓宽交易范围,满足实体经济和金融交易的套期保值需求,扩大外汇市场的投资交易功能,进一步完善中国外汇市场，包括增加外汇市场交易主体，丰富外汇市场交易工具，扩大外汇市场双向开放。最后，需要继续深化外汇管理体制改革，支持高水平贸易和投资的自由化，坚持经常项目可兑换，依法支持真实合规的经常项目国际支付与转移。同时，还要完善功能监管，加强行为和市场监管，进一步创新监管手段。

在汇率市场化的进程中，也需要注意维持货币环境的稳定。货币是大国金融的一个象征，是逻辑起点，也是历史起点。如果货币不稳定、无影响力，或者影响非常小，功能单一，大国金融就很难建立起来。维护美元的长期信用就是美国政府的重要国策。美国不会无约束地损害美元的信用，即使量化宽松了多次，最后还是会出现相应的收缩，因为美元的长期信用是维持美元霸权地位的基础。中国需要维持人民币汇率的相对稳定。在政策层面上，对人民币的长期信用的保护应该是重要的基本国策。对于人民币而言，应当保持一定程度的稳定，不应该让它出现大幅贬值或升值。货币环境的不稳定会极大抑制人民币的国际化改革，使中国向国际金融中心的发展之路变得艰难。可以说，中国金融改革首要的战略性任务是人民币的国际化，这是中国金融国际化的根本基础，是中国国际金融中心定位的前提条件，也是中国现代化金融建设的原则。那么维护人民币的长期信用基础，就成为国家重要的战略目标。

3.2 国际金融中心的经济基石

3.2.1 经济综合实力

雄厚的经济综合实力是国际金融中心形成和发展的基础。历史经验表明，任何一个国际金融中心的崛起，背后都需要强有力的经济实力作为支撑。最早的国际金融中心威尼斯，其造船业、玻璃制造业、图书生产等工业十分发达。后来的国际金融中心阿姆斯特丹所在的荷兰，是17世纪欧洲收入水平最高的国家。19世纪40年代，英国完成第一次工业革命后成为世界工厂，经济实力长期保持世界第一，为伦敦成为国际金融中心奠定了坚实基础。1840年，英国工业产值占世界工业总产值的45%；1850年，英国生铁产量占世界总产量的50.9%，煤产量占世界总产量的60.2%；1860年，英国人均年收入达到32.6英镑，远高于欧洲其他国家。后来，美国在两次世界大战的背景下经济实力大增。

1940—1944年，美国的年工业增产率高达15%；1948年，美国以占世界6.3%的人口掌握着世界一半的财富；1950年，美国国内生产总值是英国、法国和德国总和的两倍多。伴随着美国成为世界最强大的经济体，纽约完全确立了国际金融中心的地位。20世纪90年代，日本发展成为世界第二大经济体，其首都东京与伦敦、纽约一起被称为世界金融舞台的"金三角"。然而，随着日本泡沫经济破灭，经济陷入低迷，东京国际金融中心的地位受到了严峻挑战。

不难看出，一国经济发展水平是金融业发展的重要支柱，是推动国际金融中心形成的重要动力。如果没有强有力的经济支撑，国际金融中心赖以产生和发展的基础就会丧失。一方面，国家总体的经济规模及发展程度决定了其金融制度的形成和金融市场的发展。国民收入水平也直接影响着居民的资产选择偏好，从而决定对金融的需求。另一方面，发达的实体经济可以为金融业提供丰富的资源，产生巨大的资金需求和供给，进而促进金融交易规模的不断扩大。此外，跨国企业总部、外国银行的选址往往取决于实体经济的规模、增速及发展前景，国际资本流动也因此受到影响。

当前，中国已经成长为世界第二大经济体，是举足轻重的全球经济大国，不论从规模和单个经济指标来看，还是从影响力和未来增长率来看，都具有雄厚的经济实力。从经济总量来看，2018年，中国GDP约占全球总量的15.86%，仅次于美国的23.89%，且二者之间的差距在逐年缩小。有不少经济学家及研究机构预测，2030年，中国将超过美国，成为世界第一大经济体。从产业竞争力来看，在2018年的中国产出结构中，三次产业占比分别为4.4%、38.9%和56.5%[①]，产业结构以及各产业内部结构也在不断优化，为产业国际竞争力的提升奠定了基础。在制造业方面，中国被称为世界工厂，规模从2011年起就已经超过美国位居世界第一，许多领域的市场份额都遥遥领先。比如，2018年，中国钢铁产量约占世界总产量的一半，化纤总产量约占70%，工程机械约占43%，造船量约占41%，智能手机出货总量占全球的70%，等等。我国是全世界唯一拥有全部工业门类的国家，但许多产品仍然处于区域价值链的中

---

① 因四舍五入，结果不严格等于100%。

低端，部分环节受制于人。中国制造总体上以规模取胜，高端制造较为薄弱。相反，美国制造在核心产业优势明显，具有全球影响力，比如全球十大芯片企业中有六家是美国公司。

从各种指标来看，中国已经崛起成为全球经济大国，但是如何维持这个全球性大国经济的长期稳定增长，是我们当前所面临的战略问题。我们应当继续深化供给侧结构性改革，推动经济的高质量发展，以创新驱动和改革开放为两个轮子，全面提高经济整体竞争力，加快现代化经济体系建设，为国际金融中心的建设和发展提供更加强有力的基础支撑。

3.2.2 国际贸易发展

回顾历史进程，总览不同时期各国际金融中心形成的条件，可以发现国际金融中心往往同时也是国际贸易中心。14世纪的意大利是强大的海洋帝国，威尼斯地理位置十分优越，是当时欧洲最发达的贸易中心。17世纪的荷兰是实力雄厚的商业帝国，阿姆斯特丹作为著名的贸易港口，逐步发展成为国际贸易中心城市。19世纪的英国历经殖民扩张和自由贸易，对外贸易量大幅增加，到1870年已经超过法国、德国和意大利的总和，伦敦作为其首都成为国际贸易中心。20世纪中后期，美国通过自由贸易和布雷顿森林体系迅速扩张国际贸易，其1963年的商品进口额占全球的11.4%，出口额占18.9%。美国成为世界最大贸易国，而纽约作为其最大的港口城市，成为新的全球贸易中心。同样，中国香港、东京和新加坡国际金融中心的形成也受益于它们的国际贸易地位。天然的交通区位优势使得它们成为国际性的航运中心和空运中心，进而成为国际贸易枢纽和国际金融中心。

国际贸易是一个国家对世界经济产生影响的重要途径。如果一个国家对世界产品市场来说无足轻重，那么不论其经济怎样强大，都难以形成巨大的影响力。国际贸易的外汇储备总量和货币的地位决定了一国的对外资本输出能力。同时，国际贸易对国际金融中心的产生和发展也有直接推动作用。国际贸易的发展引发了大量的结算和融资需要，显著增加了对金融产品与服务的需求，各类金融机构因此相继产生并迅速发展，直接促进了国际金融中心的形成。

我国加入WTO以后，对外贸易践行对等透明、互惠互利、公平竞争以及非歧视性等原则，取得了令人瞩目的成绩。在总量方面，我国外贸进出口总额从1950年的11.3亿美元增长到2018年的4.6万亿美元，规模大幅增长了4000多倍，世界第一货物贸易大国地位稳固。结构方面，过去中国出口以农副产品等初级产品为主，2018年出口商品中高新技术产品占比30.0%，结构优化带来了质量和效益的提升。多元化战略方面，中国贸易伙伴由1978年的40多个发展到2018年的230多个，随着"一带一路"建设推进，多元化的趋势还将更加明显。不可忽视的是，我国的对外贸易发展还面临一些问题。比如，出口产品的结构和技术含量与贸易强国相比还有很大差距，多数出口企业不重视品牌的塑造和保护，部分企业还存在议价能力低、被国外供应商不合理剥削和压制等现象。近期中美贸易摩擦不断，逆全球化和贸易保护主义抬头，为我国对外贸易的持续稳定发展带来了极大的风险。外部环境的不确定性在制约和削弱我国进出口贸易的同时，也将对国内实体经济发展和产业结构转型带来冲击。伴随着中美第一阶段经贸协议的签署，我国的对外贸易将迎来新的机遇和挑战。

总结成就和经验，直面困难与挑战，必须推动对外贸易稳中提质，引导企业开拓多元化出口市场。要降低关税总水平，发挥好自贸试验区改革开放试验田作用，推动建设海南自由贸易港，健全"一带一路"投资政策和服务体系。要主动参与全球经济治理变革，积极参与WTO改革，加快多边及双边自贸协议谈判。只有将开放向更宽领域、更深层次进一步推进，努力实现更高水平的对外开放，保持国际贸易数量的稳定增长和质量的有序提升，才能为实现建成国际金融中心的目标打下坚实的基础。

3.3 国际金融中心的金融基石

现代金融体系有两种基本形态，即市场主导型（或直接融资主导型）和银行主导型（或间接融资主导型）。前者以美国、英国为代表，后者以德国、日本为代表。伴随着经济的高速增长，中国金融业也经历了快速扩张阶段，目前金融市场以间接融资为主，多层次金融市场发展不充分的问题已成为制约我国金融业进一步发展的重要因素。

当前，构建市场主导型的金融结构，是中国建设现代金融体系、扩大金融开放，进而发展成为国际金融中心的重要支撑手段。从根本上看，经济发展水平决定了金融体系。通过比较不同发展程度国家股票市场与银行的相关指标，可以发现经济增长到更高阶段的富裕国家的金融结构更倾向于市场主导型，其股票市场规模更大，且相对于银行来说更加活跃、效率更高。从产业结构看，市场主导型金融结构在创新技术、改进技术和处于产业生命周期初期的产业发展的投融资上具有比较优势，能够激励更多的研发投入，从而带来增长。基于风险管理角度分析，市场能够提供很好的横向风险分担功能，银行则能提供有效的跨期风险分担功能，二者各有优势，需要协调发展。而目前中国金融市场的发展尚不成熟，亟须促进金融市场特别是资本市场的发展。从家庭金融资产配置的角度来看，财富管理需求的趋势性增长也决定了我国应当构建市场主导型的金融体系。

从历史经验来看，英国、美国先后成为国际金融中心所在地，与其所构建的市场主导型金融结构密切相关。以美国为例，其在第二次世界大战后顺应经济形势变化的需要，经历了金融自由化的过程，金融结构由银行主导型向市场主导型转变，增强了金融在社会经济中的资源配置效率。1969—1999年间，伴随着利率市场化的完成，美国金融机构总资产规模从15 184亿美元增至361 598亿美元，商业银行的份额却从31%跌至16.6%，非银行金融机构同期开启了黄金时代。20世纪80年代开始，美国的金融创新不断推进，货币互换、利率互换、期权交易等大量金融产品从美国市场最先发起并应用，与其国际金融中心地位相互促进，比如美国发达的商品期货交易所使美元掌握了大宗商品定价权。虽然美国在金融危机中受到了挫折，但这并不妨碍其拥有世界上最发达的金融市场，其仍旧保持领先的国际金融中心地位。与之相反，拥有银行主导型金融体系的日本，货币国际化进程和国际金融中心的发展进程受到了很大牵制。伴随着日本经济实力的增强和国际地位的提升，日元国际化被提上日程。然而，由于日本没有建立起相对成熟的金融市场，本国资产泡沫破裂导致大量银行机构破产，严重影响了本国企业融资，形成恶性循环。可见，有效发展直接融资市场，以及发挥资本市场在资源配置中的主导作用，是我国建设现代金融体系，实现建成国际金融中心目标的必由之路。

当前，中国金融在结构和功能方面都朝着市场化方向发生了不可逆转的根本性变化。在不同的测度口径下，证券化金融资产在总金融资产中的占比都不断上升，变革的趋势是明显的、一致的，表明金融体系呈现出结构性升级的特点。相对应的，我国金融功能也由以融资为主，过渡到融资与财富管理功能并重。然而，通过图分-8-2和图分-8-3表示的中美两国融资结构对比可知，我国与发达国家相比还有较大差距，金融结构与金融功能仍需调整改善。深化金融供给侧结构性改革，增强金融服务实体经济能力，正是我国当前金融经济工作的重点。

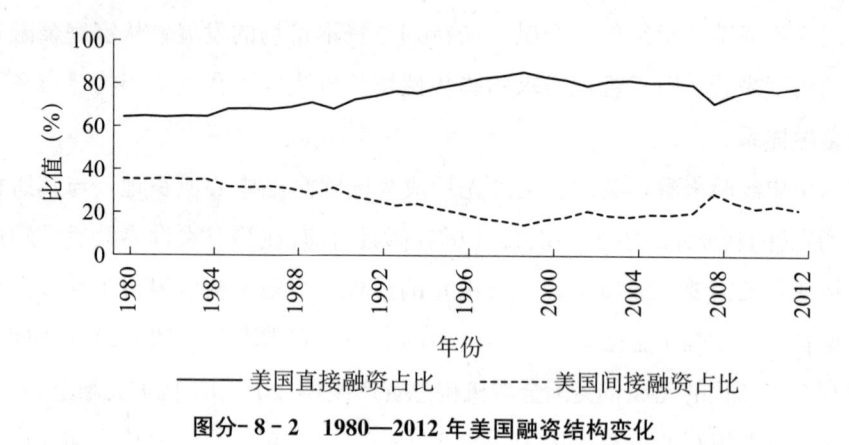

图分-8-2　1980—2012年美国融资结构变化

资料来源：吴晓求. 改革开放四十年：中国金融的变革与发展. 经济理论与经济管理，2018(11)：5-30.

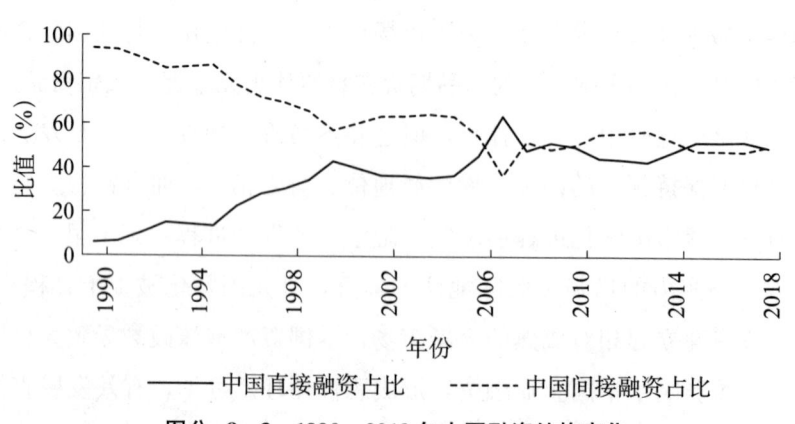

图分-8-3　1990—2018年中国融资结构变化

资料来源：吴晓求. 改革开放四十年：中国金融的变革与发展. 经济理论与经济管理，2018(11)：5-30.

具体而言,我们要构建以金融市场为核心的现代金融体系,在微观结构上与以商业银行为核心的金融体系有着根本差异。首先,开放、透明和具有成长性预期的资本市场将成为现代金融体系的重要基石,充分发挥存量资源调整、风险流动和分散、经济成长财富效应等功能。其次,随着金融市场特别是资本市场的发展,商业银行赖以生存的基础和环境将会发生重大的变革,商业银行的传统业务在金融体系中居核心地位和起主导作用的格局将受到根本性的动摇,这种变革带来的商业银行资产与风险结构、经营管理上的调整与适应,在目前表内和表外业务规模、结构变化中得到了充分印证。如果说资本市场是现代金融体系的心脏,通畅的货币市场则主要负责流动性管理,它与商业银行一起形成大国金融的血液循环系统,同时,发达的衍生品市场、成熟的外汇市场将满足丰富的金融服务需求,成为现代金融体系的重要组成部分。最后,现代金融体系在资产结构、风险结构和微观结构上的变化将包含对金融监管模式、架构、重点、方式的新要求。在这个向现代金融体系过渡的过程中,金融的主要功能将从以融资为主变为融资与财富管理并重,最终走向以财富管理为主;金融的风险结构将从资本不足风险演变为资本不足与透明度风险并存,最终走向以透明度风险为主。

3.4 国际金融中心的制度基石

3.4.1 法律制度与法治水平

要实现国际金融中心的稳定发展,就必须拥有规制健全、执行有力的法制环境,以便有效保护金融市场参与者的合法权益,有效防止金融业恶意竞争,确保金融体系安全高效地运行。伦敦、纽约等国际金融中心能够持续保持其竞争力,主要因素之一是拥有不断健全与完善的法律体系。对比发达国家金融市场中健全的法律体系,我国金融市场现行条件下的法律制度与法治水平存在一定的短板,阻碍了我国金融对外开放的进程。加快构建与大国金融发展相适应的配套法律、法规及制度,是我国建设国际金融中心的重要基石。

法制的完善和对投资者利益的保护,是中国资本市场国际化的重要内容。目前,法律体系的不完善在很大层面上制约了资本市场的发展,要重新审视资本市场的法律制度体系。首先,进一步完善股票的发行、披露和退市制度。在发行方面，需要完善发行的市场化定价机制；在披露方面，需要进一步鼓励上市公司及时披露，并加大信息披露的违规成本；在退市方面，需要建立集体诉讼制度与民事赔偿规则，完善投资者追偿机制，切实保护投资者利益。贯彻一退到底的原则，净化市场秩序。其次，基于市场化改革和国际化的战略目标，必须对包括《中华人民共和国证券法》（简称《证券法》）在内的与资本市场有关的法律、法规进行相应调整和修改，必须改革与资本市场投资资金来源相关联的资金管理规则和政策，要把成长性而不仅仅是营利性作为选择上市公司的重要标准，以提升市场投资价值。最后，加快相关制度规则与国际接轨，不断完善会计、税收等配套制度。加强顶层设计，统一规则，尽可能合并同类金融业务规则。

从法治水平看，中国发展大国金融，资本市场一定要在法治轨道上运行，无论监管方还是参与者，各个市场主体都要守法。在法律制度框架中运行，资本市场才能健康。首先，要加快修订与完善与证券市场发展相配套的法律。对于违法犯罪的控股股东、实际控制人、投资银行和中介机构等，要加大处罚的力度。其次，要处理好前台和后台的关系。不仅交易所要严格把关，而且要利用好大数据平台，加大检查力度，加强质量控制，查处内幕交易。对于操纵市场、进行内幕交易的违法犯罪者，要依法予以严惩。要着力为资本市场营造一个干净透明的信用环境。

3.4.2 政策连续性与透明度

过去的金融监管主要是资本的监管，金融市场的创新能力和证券化程度比较低，但是随着金融结构与功能逐步发生变化，需要适度调整监管重点和监管结构。

透明度是资本市场的灵魂，资本市场要想存在下去，首先要信息透明。有了透明度，市场才会有公平、公正、公开的秩序。资本市场的监管重点在于透明度。如果缺乏深度理解，监管的重点就会出现偏差，要把重点放在信息披露上。监管就是监管，不要赋予监管者太多监管以外的职责和功能，否则监管就会变形，就会不堪重负。监管者没有推动市场发展的任务和目标，监管者对于市场发展指数变动、市值管理和市场规模都没有直接责任。监管者的责任就是如何保证市场公平，保证市场公平的前提是透明度。实现对信息披露和市场透明度的监管，是世界各国市场监管者的核心职责所在。

对于监管结构的调整，目前来看，中国资本市场信息披露和透明度法律及规则体系较为完整，但还不够缜密。其中有一个重要缺陷，就是规范调整的对象较为狭窄，主要限制在股票和上市公司发行的债券上。其他类型的证券发行和交易以及衍生品适用其他法律和规定。对于各类相近市场的结合部，各种证券创新类工具以及与资本市场相衔接的形式复杂、多样多变的各类接口，亦无法律或规则加以规范。根据中国金融分业监管模式的功能设计，这类最终接口在资本市场（主要是股票市场）的形式繁杂的结合部，既缺乏规范，又无法律监管，而这些又是金融创新的重点地带，也是巨大风险产生的源头。由此可以得出基本结论：一是要对证监会、交易所和行业协会之间的职责边界加以梳理，未来应努力推动监管方式从以行政监管为基础逐步转向以自律为基础，建立以法律为依据的市场监管型运行机制。二是要补充各监管机构实施有效监管所必需的人力、物力，赋予其相应的权利。当前特别应指出的是，要借鉴发达国家监管部门的很大一部分处罚是以监管部门作为原告提起民事诉讼的成功经验，赋予中国证监会起诉违规行为人、追究其民事责任的权利，如此才能对破坏市场透明度的行为产生巨大的威慑力。三是资本市场上强调信息披露的完整性，并不意味着事无巨细的垃圾信息都要披露，也不意味着进行选择性信息披露。2000年，美国《公平披露规则》明令禁止上市公司的选择性信息披露行为。中国应对上市公司所需披露信息进行分类管理，分为常态信息、重大信息（重大事件）和可能对市场带来不确定性影响的临时个体信息，分别以不同规定的形式予以披露。

此外，中国经济政策的连续性是不够的，这也说明中国金融开放的基础还比较薄弱。完全符合现代市场经济准则的政策若能保持连续性，金融开放就不会有太大的波动。在国际金融中心的形成和发展过程中，政府在金融市场运行环境、体系结构、风险控制等方面发挥着重要的作用。对发展中国家来说，政府的推动作用显得尤为关键。因此，建立起推动资本市场对外开放的连续性经济政策是大国金融国际化发展的前提条件。

3.4.3 营商环境与企业家精神

一个国家或者地区想要保持可持续发展的活力,就必须有好的营商环境。当前,有更多的经济体将创造更好的营商环境作为改革发展的突破口,这也逐渐成为社会共识。

世界银行发布的《2019年营商环境报告》显示,中国排名从2018年的第78位跃升至第46位。这说明我国在优化营商环境等方面的努力成效明显,激发了市场活力和社会创造力,获得了国际社会的广泛认可。不过,当前我国营商环境改革中仍存在一些不足。例如,我国仍有相当数量的法律、法规需要修订;自贸区建设中授权不充分的问题程度不一;信息系统呈现碎片化,不同的软件数据还不能互通;将先进经验迅速推广的能力和机制不足;等等。

为进一步优化营商环境,激发市场主体活力,提升经济发展质量,应该关注以下两个方面的问题。一是要大力激发和保护企业家精神。首先,政府要简政放权,优化行政审批,提高审批过程的透明度和审批效率。加强政策制定的沟通协调,提高政策制定的透明度,做到规则简约透明。其次,政府应当提供有效的公共服务,切实推进改革全面向纵深发展,实施政府职权的正面清单和市场准入的负面清单。最后,继续着力缓解民营和中小微企业融资难、融资贵的问题,落实减税降费政策,帮助解决企业的流动性和中长期投资问题,为企业创造更好的商业环境,创造公平竞争的机会。二是要对自贸区充分授权,鼓励其在海关、外贸、金融等管理上先行先试。注意授权要以风险可控为前提。同时,要打造快速有效的经验推广机制,及时把自贸区涌现出的好的做法和经验在全国推广。

好的营商环境是有效动员和配置生产要素的一大法宝,对不同区域乃至国家间的竞争十分重要。好的营商环境不仅有制度和观念上的要求,还有许多量化的要求。这就决定了优化营商环境是一项需要长期坚持的工作,不论在现在还是未来,我们都应继续推动改善营商环境。

参考文献

[1] 陈彤. 香港与新加坡国际金融中心发展比较研究. 亚太经济, 2012 (1): 94-98.

[2] 程静. 国际金融中心理论: 基于案例的研究. 经济问题探索, 2016 (11): 138-147.

[3] 冯德连, 葛文静. 国际金融中心成长机制新说: 轮式模型. 财贸研究, 2004(1): 80-85, 120.

[4] 胡坚, 杨素兰. 国际金融中心评估指标体系的构建——兼及上海成为国际金融中心的可能性分析. 北京大学学报（哲学社会科学版）, 2003(5): 40-47.

[5] 黄运成, 杨再斌. 关于上海建设国际金融中心的基本设想. 管理世界, 2003(11): 103-110.

[6] 金鹏辉, 吴鸣, 张晓萌. 上海国际金融中心建设框架下跨境金融业务税收政策研究. 上海金融, 2019(5): 13-22.

[7] 金融改革重在调整优化结构. 中国金融, 2019(4): 3.

[8] 卢铮. 大国金融: 功能发挥与有效监管. 中国证券报, 2017-07-26.

[9] 孙国峰, 邓婕. 后2020时期上海国际金融中心建设的远景目标. 上海金融, 2019(3): 1-9.

[10] 孙国茂, 范跃进. 金融中心的本质、功能与路径选择. 管理世界, 2013(11): 1-13.

[11] 王巍, 陶长高, 王梅. 国际金融中心漂移的路径、成因及启示. 广西社会科学, 2010(8): 37-40.

[12] 吴晓求, 许荣, 解志国, 李悦. 构建以市场透明度为核心的资本市场秩序. 中国人民大学学报, 2004(1): 33-41.

[13] 吴晓求. 未来需构建与大国金融相匹配的资本市场. 经济参考报, 2015-11-06.

[14] 吴晓求. 大国金融中的中国资本市场. 金融论坛, 2015 (5): 28-35.

[15] 吴晓求. 大国经济的可持续性与大国金融模式——美、日经验与中国模式之选择. 中国人民大学学报, 2010 (3): 83-88.

[16] 吴晓求. 改革开放四十年：中国金融的变革与发展. 经济理论与经济管理，2018(11)：5-30.

[17] 吴晓求. 历史视角：国际金融中心迁移路线. 中国市场，2009(24)：20-21.

[18] 吴晓求. 中国构建国际金融中心的基本路径分析. 金融理论与实践，2010(9)：3-7.

[19] 吴晓求. 中国金融监管改革：逻辑与选择. 财贸经济，2017(7)：33-48.

[20] 吴晓求. 中国要将国际金融中心作为资本市场目标. 金融博览，2015(2)：39.

[21] 肖远企. 关于金融结构的思考. 中国银行业，2019(8)：15-17.

[22] 严晨. 国际金融中心建设的历史比较分析. 上海经济研究，2013(6)：33-38.

[23] 杨秀萍. 日元国际化及东京国际金融中心建设的启示. 华北金融，2010(1)：39-42.

[24] 杨子澄. 金融结构与货币国际化理论及实证研究. 上海社会科学院硕士学位论文，2018.

[25] 易纲. 大力支持上海加快国际金融中心建设. 中国金融家，2019(7)：25-26.

[26] 余秀荣. 国际金融中心功能演进的动因、路径及启示. 武汉金融，2012(2)：29-33.

[27] 余秀荣. 金融创新、国际金融中心功能与十七世纪阿姆斯特丹国际金融中心. 金融经济，2009(8)：58-59.

[28] 张懿. 伦敦国际金融中心的创新. 中国金融，2015(18)：24-25.

[29] 郑杨. 国际金融中心建设与人民币国际化. 中国金融，2019(14)：27-28.

[30] 郑杨. 夯实基础 努力构建新时代国际金融中心. 上海证券报，2017-12-15.

[31] 中国人民大学金融与证券研究所. 大国经济与大国金融探寻中国金融崛起之路. 资本市场，2010(2).

[32] 周光友，罗素梅. "大国"金融中心形成模式研究：经验与启示. 湖南商学院学报，2011（2）：5-10.

[33] 朱宇锋. 关于上海建设国际金融中心的模式探析. 时代金融，2012（6）：83-84.

[34] 左小蕾. 金融结构性改革站在新起点. 中国金融，2019(9)：16.

市场研究

基本分析
2019—2020年中国资本市场基本分析

摘　要

2019年，我国GDP增速回落至6.2%左右，出口拉动作用持续下降，基础设施投资加大，消费需求减弱，供给侧结构性改革继续深化，债务开始稳杠杆。A股市场在经济减速和政策向好的双重预期下，触底反弹至估值中枢进行震荡盘整。上海证券综合指数（简称上证指数）在2019年底收在3 050点，较2018年大幅上涨22.3%；深圳证券交易所成分股价指数（简称深证成指）收盘10 430点，涨幅高达44.1%；创业板指数收盘1 798点，大幅上涨43.8%。沪深股市出现中小企业和创业板指数大幅上涨的走势，凸显资本市场对我国的创新经济逐渐成为经济增长内在动力的预期。

展望2020年，预计全球经济增速下降。货币宽松成为各国维持经济稳定的主要手段。全球WTO规则下的贸易体系面临挑战，全球贸易格局面临重构。总体来看，2020年外部环境对我国经济的影响为中性。预计2020年我国GDP增速为5.8%左右，继续减缓。政府转变职能，消除所有制歧视，继续加大对外开放力度，坚持竞争中性原则，培育经济稳定增长的内部和外部动力。保持宏观杠杆率水平，财政政策宽松，货币政策精准灵活，通过逆周期调节稳定经济增长。综合分析，2020年我国资本市场所处的宏观经济和政策环境为中性偏好。

2020年，资本市场制度建设将继续坚持市场化改革主线，完善市场机制，推进业已启动的创业板和新三板市场改革。上市公司业绩增速总体上将呈现略有回落、总体趋稳的态势，资金供给远超市场需求，A股二级市场总体上表现为底部抬高，估值重心上移，中间会有探底和确认底部的动作，之后则会出现上冲动作，并且可能会多次重复"探底-上冲"动作，振幅将比2019年有所降低，但是在探底和上冲过程中，结构性获利机会相对较多，正常情况下，上证指数应当在2 700点和3 700点之间运行，下探2 500点和上摸3 900点的概率都较低。

Abstract

In 2019, the growth rate of GDP slowed down to nearly 6.2%, with a continued decline trend of export-driven effect and consumer demand, although the infrastructure investment has been strengthened. The supply side reform continued to deepen, and the leverage level has stabilized. Under the double expectation of economic slowdown and proactive policy, the index of A-share market experienced lots of fluctuations based on the market's proper value. The Shanghai Composite Index closed at 3 050 points at the end of the year, rising 22.3% compared with 2018. The Shenzhen Component Index closed at 10 430 points, rising 44.1% compared with 2018. The GEM index closed at 1 798 points, rising 43.8% compared with 2018. A-share market showed a largely increase in both the main board and GEM, highlighting the positive expectations of the capital market for the innovation-driven of overall economic growth.

Looking ahead to 2020, the GDP of the whole world will still slow down. The policy of QE will be the main way to contain the stability of economy all over the world. The global trading system under the WTO is facing challenges of reconstruction. Overall, the impact of the external environment on our economy will be neutral. China's economic growth will remain stable and even fall a little in 2020, which is expected to hold the rate at 5.8%. In order to ensure stable economic growth, it's necessary for the government decentralization, deepen market opening, market competition in neutral of the state-owned companies and the innovative development of private economy. Fiscal will be active and effective, and monetary policy will be looser and more flexible, and countercyclical adjustment can be used to downside risks of the economy. Overall, we believe the macroeconomic policy environment of the development and construction of China's capital market in 2020 will be neutral optimism.

In 2020, to improve the market mechanism, capital market institutional improvement will continue to adhere to the main line of market-oriented reform, such as the reform of Growth Enterprise Market and New Third Board which are already under way. The overall performance of listed companies will continue to decline on the basis of 2019, and capital supply will be much more than the demand of list companies. A share market will show overall dynamic equilibrium with less fluctuation in the market index for the capital inflows are gradually increasing throughout the year. Secondary market valuation will arise higher than 2019. The market trend will be up and down continuously until the market bottom is proved with lots of earning by the speculative buying and selling. Under normal circumstances, the Shanghai Composite Index should run between 2 700 points and 3 700 points. The probability of above 3 900 points and below 2 500 points is quite low.

1. 2019年资本市场总体回顾

1.1 一级市场概况

1.1.1 整体情况

2019年，资本市场上市公司权益融资规模企稳回升。其中，上市公司IPO发行数量和融资规模大幅增加，再融资规模略有减少，再融资所占总融资规模比重依然过半；IPO中科创板成功创设，开启注册制发行、市场化定价的新阶段。主板发行企业数量减半，中小板和创业板企业发行数量大幅增加，成长性板块上的估值优势在发行市盈率上体现明显；交易所转换型债券融资规模增长较快，融资规模结构保持分化，可转换债券融资规模占绝对优势，可交换债融资数量增长较快；公募基金产品发行数量、募资规模均增长较快，主要得益于股票型和债券型基金发行数量和募资规模快速增长，使得单只产品平均融资规模仍保持较快增长；混合型基金发行数量和规模出现下降；货币型基金产品发行数量较少；QFII发行数量和募资规模增长明显。

1.1.2 发行市场特征

（1）IPO发行融资大幅增长，增发融资略减。

2019年，A股市场融资功能逐步回归常态化，IPO发行数量和规模呈现较大幅度增长。科创板实现了注册制的历史性突破，发行定价市场化程度大幅提升。严格的信息披露和违规处罚是对上市公司监管的核心。上市公司股权总融资规模保持稳定，其中，IPO发行数量和规模逆转了下滑趋势，较2018年分别大幅增长73.53%和49.59%；增发融资数量和规模略有减少，较2018年分别减少16.33%和11.52%；全年新股IPO发行融资占融资总规模比例为20%，较2018年增加3%；市场股权融资仍以增发融资为主，增发融资规模占比达55%；配股融资规模占比为1%；优先股融资规模占比为24%。

根据Wind的数据，截至2019年12月2日，境内上市公司权益融资规模合计1.04万亿元，与2018年基本持平。其中，A股IPO数量为181家，较2018年增加73.53%，IPO融资规模为2 030亿元，较2018年大幅增长49.59%；增

发的上市公司为210家，较2018年减少16.33%；增发募资5 735亿元，较2018年减少11.52%，占全部融资规模的42.48%，规模占比下降了30%；配股9家，较2018年减少40%，配股募资133.88亿元，较2018年减少41.67%；优先股为6家，与2018年基本持平，募资2 550亿元，较2018年增加89%。

（2）IPO发行科创板注册制突破，发行市盈率反映出创新经济估值。

截至2019年12月2日，年内发行上市的公司有181家，总计募集资金2 030亿元，分别较2018年大幅增加73.53%和49.59%。其中，发行公司数量为主板46家、中小板22家、创业板48家，分别较2018年减少16.36%、增加22.22%、增加65.52%；新设科创板注册发行65家，科创板发行占发行总数的35.91%；创业板发行占发行总数的26.52%；主板发行占发行总数的25.41%，主板份额占比较2018年下降50%。平均发行市盈率分别为主板20.68倍、中小板20.52倍、创业板21.84倍，科创板59.27倍。主板和中小板发行市盈率相对略低，创业板发行市盈率略高，科创板发行市盈率明显高于其他板块，充分体现出对科技创新型上市企业成长性溢价估值的差异。

在IPO上市公司行业分布上，科创板IPO多分布在高新技术、软件、信息技术服务类的小型高端创新型企业中，同主板的京沪高铁和邮储银行等传统大盘股发行形成鲜明对比。中小板和创业板IPO多分布在医药研发、机械制造、金融服务等技术密集型创新行业。

（3）转换型债券融资规模大幅增长，含期权债券份额快速增长。

2019年，交易所转换型债券总体发行数量和规模逆转了2018年的下滑趋势，实现较大幅度的增长。在融资结构上，含期权的可转换债发行数量和融资规模保持快速增长，融资规模占比为75%；可交换债券发行数量和规模出现回升，融资规模占比为25%。

根据Wind的数据，截至2019年12月2日，交易所转换型债券总体发行151家，融资规模为3 069亿元，分别较2018年增加41%和99%。其中，可转换债券发行97家，融资2 309亿元，分别较2018年增长38%和135%；交易所可交换债发行54家，融资760亿元，分别较2018年增加46%和37%。

(4) 公募基金权益类产品募资大幅增长，混合基金产品增速放缓。

根据 Wind 的数据，截至 2019 年 12 月 2 日，年内发行的新基金有 830 只，较 2018 年增加 19%；募集资金的规模为 1.1 万亿元，较 2018 年增加 39%。新基金发行数量和募资规模较 2018 年明显增加，是因为股票型基金发行增长较快。在混合型和债券型基金增速放缓的影响下，单只基金平均募资额为 13.26 亿元，较 2018 年增加 17%，增幅有所减缓。

从发行结构来看，股票型、债券型、QFII 基金产品发行数量和募资额均实现持续大幅增长；混合型基金产品发行数量和募资规模下降较快；货币型基金受监管政策严控，新产品发行数量和募资额较少。其中，股票型基金为 156 只，较 2018 年大幅增加 36%，募资额为 1 922 亿元，占募资总额的 17%，募资额较 2018 年大幅增长 49%；混合型基金为 250 只，较 2018 年减少 7%，募资额为 2 231 亿元，占募资总额的 20%，募资额较 2018 年大幅下降 30%；债券型基金为 401 只，数量较 2018 年增长 30%，募资额为 6 717 亿元，较 2018 年大幅增加 98%，占募资总额的 61%；货币型基金仅发行 6 只，募资额仅为 75 亿元；QFII 基金为 15 只，数量较 2018 年增加 36%，募资额为 51 亿元，较 2018 年大幅增加 46%。

1.2 二级市场走势及特征

2019 年，我国资本市场整体在年初触底反弹，第一季度走出了一波迅猛的拉升逼空走势，在抵达 2019 年的高点区域后回落，展开一整年的震荡横盘调整，寻求未来的走势方向。2019 年初，上证 50 指数在大盘蓝筹股带动下，率先掀起了反弹的高潮走势，一洗过去一年下跌阴霾，第一季度走出一波疯狂逼空拉升的行情，一举收复 2018 年的失地，略有回调后，又继续逼空拉升一个月至上半年的高位区域，随后展开震荡走势。创业板指数在年初略有迟疑地盘整了一个月，然后顺势跟进，第一季度走出了一波迅猛的反弹拉升行情，在经过三个季度的反复震荡攀升后，终于在 2019 年 12 月一举突破 2018 年的最高点（1 790 点），成功站到了 1 800 点之上。在供给侧结构性改革和金融去杠杆的压力下，落后产能出清和宏观杠杆控制均取得了效果，国有企业产业链价值进行了重整，民营经济产业链价值遭遇严重缩水。大盘蓝筹股迅速拉升是对内在价值合理预期的回归；中小板和创业板上市公司的内在价值则是在科创板注册制等发行基本制度实行突破性改革预期的引导下，凤凰涅槃般重新寻找创新性、成长型经济未来的希望。

截至2019年12月20日，A股上市公司数量为3 770只，较2018年末增加5.2％；总股本为6.97万亿股，较2018年末增加7％；总市值为64.88万亿元，较2018年末增加33.06％；平均市盈率为17.25倍，平均市净率为1.67，较2018年末分别上升31.27％、18.5％。

2019年初，上证指数的848点大幅拉升反弹，使得投资者体会到了"起死回生"的震撼。2018年，对消费白马股、医药价值股、银行蓝筹股估值负向过度超调后，QFII资金大举北上，2019年具有未来现金流价值的白马股、蓝筹股重新进行价值回归。反弹还没有回到2018年3 500点的位置，在经历了三个季度的震荡调整后，逐渐站稳了3 000点的估值中枢。金融市场的全面对外开放是进一步提升A股估值的市场动力，是对正在进行产业链创新转型升级和消费服务内需提升的中国经济的合理估值预期的引导。有了估值底和外资的引导，便可以期待业绩提升拐点的到来。

截至2019年12月31日，上证指数收盘3 050点，全年上涨557点，涨幅为22.3％，为近五年最大涨幅；深证成指收盘10 430点，全年上涨3 191点，涨幅为44.1％，为近十年最大涨幅；创业板指数收盘1 798点，上涨548点，涨幅为43.8％，为近四年最大涨幅。中国沪深股市主板和创业板总体上表现为年初的触底大幅反弹和回调后年中的震荡调整走势。中国A股市场绝地反弹，在寻找合适的预期估值。

截至2019年末收盘，美国道琼斯指数报收于28 538点，较2018年末上涨5 211点，涨幅为22.3％；美国NASDAQ指数报收8 972点，较2018年末上涨2 337点，涨幅为35.2％，美国两个市场全年均表现出稳步上涨走势，尤其是美国NASDAQ指数呈现出较强的上涨趋势，显示出科技创新是美国经济增长的内在动力。

从全球看，主要股票市场均实现了上涨，中国、美国等创新板块股指涨幅较大（见表基-1）。

表基-1 2019年全球主要股价指数变动情况

指数名称	2018年末收盘	2019年全年最低点（日期）	2019年全年最高点（日期）	2019年末收盘	全年涨跌幅（%）
上证指数	2 493	2 440（1月4日）	3 288（4月8日）	3 050	22.3
深证成指	7 239	7 011（1月4日）	10 541（4月8日）	10 430	44.1
创业板指数	1 250	1 201（1月4日）	1 807（12月17日）	1 798	43.8
美国道琼斯指数	23 327	22 638（1月3日）	28 701（12月27日）	28 538	22.3
美国NASDAQ指数	6 635	6 457（1月3日）	9 052（12月27日）	8 972	35.2
德国DAX30指数	10 559	10 387（1月2日）	13 426（12月16日）	13 249	25.5
日经225指数	20 014	19 230（1月4日）	24 099（12月17日）	23 656	18.2
香港恒生指数	25 845	24 896（1月3日）	30 280（4月15日）	28 189	9.1
巴西IBOVESPA指数	87 887	87 535（1月2日）	117 802（12月27日）	115 645	31.6
印度孟买SENSEX指数	36 068	35 287（2月19日）	41 810（12月20日）	41 253	14.4

2. 2020年资本市场展望

2.1 2020年资本市场面临的宏观环境

2020年，资本市场发展所处的国内环境主要是经济增长仍处在培育内部创新动能和通过开放吸引外部动能的过程中，经济增速面临持续下降压力，不断深化市场化运行机制改革及推动经济进行结构性调整的要求非常紧迫。我国还面临WTO全球贸易体系的重构和中美贸易摩擦引致的对经济增长的消极预期，经济增速可能下落一个台阶，进入L形震荡平台期。预计经济增速可能从6.2%

的水平小幅下落，依靠稳杠杆、稳就业、稳增长的宏观政策对冲，经济增速预计保持在5.8%左右。

预计2020年全球GDP增速将从2019年的2.6%继续降至2.5%。全球WTO规则下的贸易体系面临挑战，中美、欧美等地区贸易摩擦增多，新的区域经济一体化逐渐浮出水面，全球贸易格局在悄然重塑着贸易秩序。美国彻底退出加息通道，实施减息和宽松货币政策，以稳定美国经济增速、提升就业率、降低通货膨胀，预计经济增速稳定在2%左右。欧元区国家继续通过负利率、量化宽松等宽松货币政策推动经济复苏。服务业和建筑业有所复苏，汽车、机械制造等出口企稳，英国脱欧得以确定增强了投资信心，预计经济复苏增速稳定在1%左右。日本加大政府投资力度以提升经济，上调消费税以减少不必要的消费，预计经济增速在1%以内。新兴经济体债务高杠杆的经济增长模式难以持续，债务通缩压力不断加大，汇率贬值波动预期明显，经济增长面临较大不确定性。

2020年，我国资本市场不断加强基础制度建设，扩大国际化开放程度。IPO注册制发行向其他板块推行；QFII额度取消，外资持续流入；A股纳入国际指数的权重继续加大，说明A股市场不断完善的基础性制度体系建设和全面对外开放的政策导向在吸引越来越多的国际投资者进入。2019年，A股市场在QFII资金的引导下，整体进行了估值反弹纠偏式回归，与美股较高的估值水平相比，A股刚刚进入价值发现阶段。

2.2 影响2020年资本市场的主要因素

2.2.1 宏观经济形势

展望2020年，美国、日本及欧美发达国家经济增速仍难以摆脱下降趋势，新兴经济体的经济增长面临较大的不确定性，全球经济继续处在增长减速调整过程中。

美国经济依靠科技创新推动和制造业回归重塑经济增长模式。WTO贸易规则争端加剧，美国开始建立新的区域经济一体化。欧洲经济增长难以摆脱负利率和宽松货币支撑的模式，随着英国脱欧会建立新的自由经济体，也许会给欧洲带来投资和消费的信心。日本政府加大对社会公共基础设施的投资，通过政府支出带动经济增长。新兴经济体通过不断加大债务杠杆的粗放型增长模式难以维系，经济结构转型不可避免。世界贸易一体化格局面临分化重组，全球供应链体系在发达国家主导下进行重构。

总体来看，2020年，全球经济总体增速继续下降，发展中国家的资本流出和汇率贬值风险加剧，我国也进入供给侧结构性调整和经济下滑互动的过程，对我国经济的影响为中性。

回顾2019年，中国宏观经济增速出现了明显的减速信号，出口、投资、消费均出现了不同程度的增速放缓。

根据国家统计局的数据，2019年前三个季度GDP同比增长6.2%，较2018年同期下降0.5个百分点，GDP同比增速从第一、二季度的6.4%、6.2%，回落到第三季度的6.0%，全年经济增速下行趋势明显，预计全年GDP增速维持在6.2%左右。2019年前三个季度CPI涨幅上升至2.5%，较2018年上涨0.4个百分点，物价增速总体温和。2019年10月和11月，CPI分别大幅升至3.8%、4.5%，主要是由猪肉价格大幅上涨引起的，扣除猪肉价格上涨因素，物价增速总体稳定。预计全年经济总体上保持中速增长和低通货膨胀的状态。

中国人民银行的数据显示，截至2019年11月末，社会融资规模存量为221万亿元，新增社会融资规模21万亿元，同比增长10.7%，社会融资增速较2018年同期上升0.17个百分点。其中，对实体经济发放的人民币贷款余额为150万亿元，同比增长12.5%，占同期社会融资规模存量的比例为68%，同比提高1.1个百分点；广义货币（M2）余额为196万亿元，新增M2规模为15万亿元，同比增长8.2%，M2增速较2018年同期降低了0.1个百分点。在金融去杠杆总体政策的作用下，货币信用由从紧转向中性，同时加强信贷结构上支持实体经济政策的实施，通过货币供给逆周期调整平滑货币信用从紧造成的经济波动。货币政策表现出灵活中性宽松的特征，金融去杠杆效果明显。

根据海关总署的统计，2019年1—11月，外贸进出口增速持续下滑，其中进口增速下滑速度较快。2019年1—11月，进出口总值为28.8万亿元，比2018年同期增长2.4%，增速下降8.7个百分点，外贸进出口对经济增长的作用持续减弱。其中出口为15.55万亿元，同比增长4.5%，增速下降3.7个百分点；进

口为 12.95 万亿元，同比没有增长，增速下降 14.6 个百分点；贸易顺差为 2.6 万亿元，顺差同比扩大 34.9%。

受中美贸易摩擦等因素的影响，我国与美国等发达国家出口贸易增速下降明显，但与欧盟和东盟进出口额的增加对冲了与美国出口贸易增速的下降。与巴西、俄罗斯、印度等"金砖国家"和"一带一路"沿线国家出口贸易增速继续保持较大增速。同时，机电产品、机械设备、服装、纺织、玩具的出口和原油等大宗商品的进口对进出口贸易增长贡献较大。

根据国家统计局的统计，2019 年 1—10 月，全国固定资产投资完成额（不含农户）为 51.08 万亿元，较 2018 年同期增长 5.2%，增速下降 0.7 个百分点，固定资产投资增速趋于下降。其中，工业和基础设施投资增速有所增加，农、林、牧、渔业投资增速下滑。从区域来看，东北地区投资呈负增长，东部和西部地区投资增速稳定，中部地区投资增速提升明显。东北地区经济发展前景依然堪忧，东部地区制造业投资向中部和西部地区转移。

2019 年 1—10 月，社会消费品零售总额为 33.48 万亿元，同比增长 8.1%，增速较 2018 年同期降低 1 个百分点，消费品增速出现持续下滑趋势。其中，全国网上零售额为 8.23 万亿元，同比增长 16.4%，增速有所回落。互联网经济对消费品零售增长的推动作用开始减弱。

根据中国人民银行的统计，截至 2019 年 11 月末，我国外汇储备余额为 3.09 万亿元，与 2018 年同期基本持平，外汇储备水平稳定，人民币兑美元汇率中间价为7.025 3元/美元，人民币汇率一度突破整数"7"关口，贬值预期基本到位。

美联储于 2019 年彻底改变了加息预期，转而连续降息三次，降息幅度为 75 个基点，将联邦利率维持在 1.5%～1.75%的区间，以应对贸易的不确定性、低通胀和全球经济增长的放缓。预计 2020 年美国将维持现有基础利率水平，这反映出美国对经济温和增长、充分就业和低通胀的信心。美元结束了加息通道，中美中长期利率差收窄趋势得以缓解，人民币贬值压力得以缓解，我国资本流出压力减少。

基于 2019 年的宏观经济状况，2020 年，我国将继续推进供给侧结构性改革，通过生产要素的市场化改革，着力提升社会全要素生产率，不断提升经济增长的内在动力；通过全面对外开放，吸引外资和先进技术以及管理大量流入，使得开放成为经济增长的外部动力。政府转变过多干预经济的做法，消除所有制歧视，建立真正的竞争中性原则，大力推进生产要素配置的市场化改革，吸引民营资本和外资进入金融、电力、电信、铁路、石油、天然气等重点行业和领域，开放竞争性业务，让市场在要素配置中发挥决定性作用。继续加大实施减税降费政策，鼓励创业、创新，不断提升内部市场消费升级和创新、创业的意愿。在产业政策上，大力发展数字经济，推进传统产业的数字化转型，运用互联网大数据技术驱动产业创新发展，同时大力投资建设数字经济，以及与产业互联网相配套的第五代移动通信技术（简称5G）基站、云计算等基础设施体系。此外，应稳定宏观杠杆率水平，财政政策要宽松，货币政策要精准灵活，通过逆周期调节稳定经济增长，通过利率市场化调节和引导社会资金流向全要素生产率较高的产业和企业，促进创新经济的快速成长，为经济增长提供动力。

综合分析，我们认为2020年我国资本市场运行所处的宏观经济和政策环境为中性偏好。

2.2.2 资本市场的制度建设

2019年以来，证券监管工作紧紧围绕打造一个规范、透明、开放、有活力、有韧性的资本市场的总目标，着力推进关键制度创新，加强法治基础保障。致力于提升制度建设的前瞻性，力图做到市场发展制度先行，以设立科创板并试点注册制制度建设为突破，出台了一批具有开创性的制度，稳步推进多层次资本市场系统性基础制度建设，启动系统全面深化资本市场的改革工作。2019年末，修订版的《证券法》终获通过，这将为资本市场健康发展提供强大的支撑力和推动力。下一步的制度建设将继续坚持市场化改革主线，贯彻落实《证券法》，完善市场机制，推进业已启动的创业板和新三板市场改革。

（1）完成科创板基础制度建设，保障科创板并试点注册制顺利推进。

证监会于2019年1月30日发布了《关于在上海证券交易所设立科创板并试点注册制的实施意见》。按照上述文件要求，2019年3月1日，证监会和上交所正式发布实施了设立科创板并试点注册制主要制度规则。证监会发布了《科创板首次公开发行股票注册管理办法（试行）》《科创板上市公司持续监管办法（试行）》《公开发行证券的公司信息披露内容与格式准则第41号——科创板公司招股说明书》《公开发行证券的公司信息披露内容与格式准则第42号——首次公开发行股票并在科创板上市申请文件》。上交所根据征求意见情况对6项主要配套业务规则，即《上海证券交易所科创板股票发行上市审核规则》《上海证券交易所科创板股票上市委员会管理办法》《上海证券交易所科技创新咨询委员会工作规则》《上海证券交易所科创板股票发行与承销实施办法》《上海证券交易所科创板股票上市规则》《上海证券交易所科创板股票交易特别规定》进行了修改完善，主要涉及上市条件、审核标准、询价方式、股份减持制度、持续督导等方面。中国证券登记结算有限责任公司（简称中登结算公司）对证券登记规则做了适应性修订，并制定发布《中国证券登记结算有限责任公司科创板股票登记结算业务细则（试行）》。与以往的制度相比，当前制度突出了包容性强和市场化程度高的特征，基本形成了较为全面的制度体系，为设立科创板并试点注册制改革确立了制度基础。2019年7月，首批25家企业在科创板成功上市，酝酿多年的股票发行注册制改革顺利落地。为落实科创板上市公司并购重组注册制试点改革要求，建立高效的并购重组制度，规范科创公司并购重组行为，2019年8月23日，证监会发布《科创板上市公司重大资产重组特别规定》。2019年11月，上交所发布《上海证券交易所科创板上市公司重大资产重组审核规则》。一周之后，股票代码为688001、排在科创板股票首位的华兴源创就公布了重大资产重组预案，成为科创板上市公司首个拟通过发股实现并购的项目。

为建立科创板公司再融资机制，2019年11月，证监会就《科创板上市公司证券发行注册管理办法（试行）》（征求意见稿）向社会公开征求意见，上交所就《上海证券交易所科创板上市公司证券发行承销实施细则（征求意见稿）》《上海证券交易所科创板上市公司证券发行上市审核规则（征求意见稿）》征求意见。上述文件的正式出台将进一步健全和完善科创板市场的制度体系。作为股票市场的增量改革，科创板的顺利推进在制度上实现了一系列突破，将推动和倒逼加快修订《证券法》《刑法》，也会促进建立集体诉讼制度及民事损害赔偿责任制度，显著提升违法、违规成本。

(2) 满足资本市场高水平扩大开放的要求，制定和完善相关制度规则。

为满足资本市场高水平扩大开放的要求，有关法律制度相继发布。《中华人民共和国外商投资法》是我国进一步扩大对外开放的一部重要法律，于 2019 年 3 月 15 日通过并在 2020 年 1 月 1 日开始施行。2019 年 5 月 25 日，《存托凭证跨境资金管理办法（试行）》发布。2019 年 6 月 30 日，国家发展和改革委员会与商务部发布《外商投资准入特别管理措施（负面清单）（2019 年版）》，规定证券公司的外资股比不超过 51%，证券投资基金管理公司的外资股比不超过 51%（2021 年取消外资股比限制）；期货公司的外资股比不超过 51%（2021 年取消外资股比限制）。2019 年 7 月 20 日，国务院金融稳定发展委员会办公室对外发布《关于进一步扩大金融业对外开放的有关举措》，将原定于 2021 年取消证券公司、基金管理公司和期货公司外资股比限制的时点提前到 2020 年。2019 年 10 月 11 日，证监会宣布进一步明确以下安排：自 2020 年 4 月 1 日起，在全国范围内取消基金管理公司外资股比限制；自 2020 年 12 月 1 日起，在全国范围内取消证券公司外资股比限制；自 2020 年 1 月 1 日起，取消期货公司外资股比限制。为配合陆港通的进一步松绑，2019 年，上交所和深交所分别对《上海证券交易所沪港通业务实施办法》《深圳证券交易所深港通业务实施办法》进行了修订。中国证监会和英国金融行为监管局发布了沪伦通联合公告，原则批准上交所和伦交所开展沪伦通；双方监管机构签署了《上海与伦敦市场互联互通机制监管合作谅解备忘录》，上交所上市公司华泰证券股份有限公司发行的沪伦通下首只全球存托凭证（GDR）产品同日在伦交所挂牌交易。长期以来，多数 H 股公司存在外资股上市流通、内资股不能上市流通的股权分置情况，为促进 H 股公司健康发展，在顺利完成三家 H 股公司试点的基础上，证监会于 2019 年 11 月发布了《H 股公司境内未上市股份申请"全流通"业务指引》，全面推开 H 股"全流通"改革。2019 年 9 月 10 日，国家外汇管理局宣布，取消 QFII 和 RQFII 的投资额度限制。为落实取消投资额度限制后相应资金管理和风险防范的相关要求，2019 年 12 月 13 日，中国人民银行、国家外汇管理局发布《境外机构投资者境内证券投资资金管理规定（征求意见稿）》，开始向社会公开征求意见。另外，早在 2019 年初，证监会已就《合格境外机构投资者及人民币合格境外机

构投资者境内证券期货投资管理办法（征求意见稿）》及其配套规则公开征求意见，待完善后将正式发布。

（3）进一步规范市场主体行为，完善约束机制。

2019年4月17日，证监会公布《关于修改〈上市公司章程指引〉的决定》，主要关注问题有：存在特别表决权上市公司章程的规范（针对科创板提高了包容性、允许特殊股权结构公司上市的情况，明确了存在特殊股权结构上市公司章程的相关要求）、落实《公司法》关于上市公司股份回购的新规定、进一步完善上市公司治理相关要求等。为了进一步加强证券公司股权监管，规范证券公司股东行为，提升监管效能，2019年7月5日，证监会发布《证券公司股权管理规定》及配套规定，并重启内资证券公司设立审批。该规定明确了基本制度安排：一是推动证券公司分类管理，支持差异化发展；二是强化穿透核查，厘清股东背景及资金来源；三是内外结合，实现全程监管。为优化公募基金信息披露制度，切实保护投资者合法权益，2019年7月26日，证监会发布《公开募集证券投资基金信息披露管理办法》，主要涉及以下内容：一是优化指定信息披露媒体制度，简化报刊披露内容；二是强调简明性与易得性，引入基金产品资料概要，提高投资者服务水平；三是强化风险揭示等关键信息的披露，提升投资者保护水平；四是加强事中、事后监管，引导机构落实合规主体责任。资产重组是上市公司发展壮大、做优做强的重要制度机制，为优化重组上市监管制度，完善"全链条"监管机制，支持优质资产注入上市公司，证监会于2019年10月18日发布《关于修改〈上市公司重大资产重组管理办法〉的决定》，主要内容包括：一是简化重组上市认定标准，取消"净利润"指标；二是将累计首次原则计算期间进一步缩短至36个月；三是允许符合国家战略的高新技术产业和战略性新兴产业相关资产在创业板重组上市，其他资产不得在创业板实施重组上市交易；四是恢复重组上市配套融资；五是丰富重大资产重组业绩补偿协议和承诺监管措施，加大问责力度。为支持证券期货经营机构更好承接各类中长期资金的资产配置需求，为资本市场引入更多中长期资金，2019年12月6日，证监会发布了《证券期货经营机构管理人中管理人（MOM）产品指引（试行）》，对MOM产品定义、运作模式、参与主体主要职责及资质要求、投资运作、内部控制及风险管理、法律责任等进行了规范。MOM产品是境外一类成熟的资产管理产品，其做法是管理人将部分或者全部资产委托给不同的资产管理机构进行管理（或者提供投资建议），具有多元管理、多元资产、多元风格的特征，通过不同投资顾问对特定投资单元的投资建议实现多元化管理，有利于发挥不同投资顾问各自的专业优势，更好地实现大资金和长期资金资产分散化配置的要求。

上市公司分拆是实现并购重组、优化资源配置的重要途径，有利于推动子公司业务单元（尤其是科技创新业务单元）的快速发展。2019年12月12日，证监会正式公布和实施《上市公司分拆所属子公司境内上市试点若干规定》，主要包括三方面内容：一是明确分拆条件，要求上市公司具备一定盈利能力，规范运作手段。分拆后母公司和子公司要符合独立性要求。二是规范分拆流程，遵守信息披露、内部决策程序要求，履行首发上市或重组上市程序。三是强化中介机构责任，要求上市公司聘请专业机构，就分拆是否合规等发表意见，独立财务顾问还要在分拆上市后进行持续督导。这一规则的正式发布将有利于上市公司在境内市场分拆上市，尤其是企业中科技创新含量高、新兴色彩浓的板块可以通过规范的分拆实现独立上市。

为了规范证券经纪业务活动，保护广大投资者的合法权益，维护证券市场正常秩序，2019年7月26日，证监会就《证券经纪业务管理办法（征求意见稿）》向社会公开征求意见。主要内容包括：一是首次对证券经纪业务做出界定，明确委托关系本质，把握核心环节，为打击非法证券经纪业务提供明确的规则依据；二是要求证券公司切实保护投资者合法权益，在交易佣金收取、客户资产保护、对账单提供、转销户办理、投诉处理等具体事项上提供必要的制度保障；三是全面规范了主要业务环节，对营销、开户、交易、结算等做出了规定，明确了账户实名制、适当性管理、交易行为管理、异常交易监控的具体规范；四是系统强化了证券公司内部管控责任，对隔离墙建立、人员管理、组织保障、合规稽核、信息系统、营业场所等方面提出了规范要求；五是强化监督管理与责任追究，在法律授权范围内明确了相应的行政监管与行政处罚措施，依法对公司及其责任人员的责任承担做出了具体规定。

2019年12月27日，证监会发布和施行《证券投资者保护基金实施流动性支持管理规定》，为证券行业提供了长效统一的流动性支持机制。当市场出现重大波动或者行业发生重大风险事件时，该规定可在证券公司通过自救、寻求股东支持等市场化方式解决之外，对证券公司实施流动性支持，从而丰富了证券公司流动性支持储备手段，有利于提升券商抗风险能力。

（4）完善市场交易机制。

股票股指期权与股票股指期货都是管理股票现货投资的基础性风险管理工具，是股票市场风险管理体系的重要组成部分，有助于引导中长期资金、大资金入市，健全市场的内在稳定机制。2015年2月9日，上证50ETF期权在上交所上市交易，这是股票股指期权试点的开端。2019年11月8日，证监会宣布扩大股票股指期权试点，将按程序批准上交所、深交所上市沪深300ETF期权、中国金融期货交易所（简称中金所）上市沪深300股指期权。2019年11月15日，《证券公司股票期权经纪业务指南》《期货公司股票期权经纪业务指南》《上海证券交易所、中国证券登记结算有限责任公司股票期权组合策略业务指引》发布，称将提供6种常用组合策略及认购期权保证金开仓转备兑开仓功能。2019年12月7日，深交所正式发布与股票期权业务相关的《深圳证券交易所股票期权试点交易规则》等10项规则和《深圳证券交易所股票期权试点证券公司经纪业务指南》等4项指南。内容涵盖合约管理、交易与行权、风险控制、交易监管、投资者适当性管理、做市商管理等事项，对组合策略、组合行权、做市商双边报价、便利投资者开户等做出了明确规定，对大宗交易、证券保证金等进行了原则性规定，为未来业务创新预留了空间。上交所很快推出了沪深300ETF期权合约（上交所标的为华泰柏瑞沪深300ETF，代码为510300；深交所标的为嘉实沪深300ETF，代码为159919）。2019年9月，上交所发布了《关于做好沪市跨市场股票ETF等交易结算模式调整相关业务技术准备的通知》，深交所发布了《深圳证券交易所证券投资基金交易和申购赎回实施细则（2019年修订）》，调整优化了ETF交易结算模式，有利于提高ETF申赎效率和市场流动性，也为沪深300ETF期权交易提供了更好的基础。2019年12月14日，中国金融期货交易所发布沪深300股指期权合约及《中国金融期货交易所股指期权合约交易细则》等相关业务规则。2019年12月23日，沪深300股指期权上市交易。

融资融券为现货市场提供了信用交易机制，通过适当的杠杆效应，具有活跃市场、提升市场流动性和效率、稳定市场价格的作用。证监会指导上交所和深交所修订了《融资融券交易实施细则》，同时指导交易所进一步扩大融资融券标的范围，对融资融券交易机制做出较大幅度优化：一是取消了最低维持担保比例不得低于130%的统一限制，交由证券公司根据客户资信、担保品质量和公司风险承受能力，与客户自主约定最低维持担保比例；二是完善维持担保比例计算公式，除了现金、股票、债券外，客户还可以证券公司认可的其他证券等资产作为补充担保物，增强补充担保的灵活性；三是将融资融券标的股票数量由950只扩大至1600只。标的扩容后，市场融资融券标的市值占总市值比重由约70%上升至80%以上，中小板、创业板股票市值占比大幅提升。总体来看，修订后的融资融券交易机制进一步优化，标的范围明显扩大，更好地处理了统一性与灵活性的关系，给券商和客户留有选择空间，有利于融资融券业务的发展和市场功能的更好发挥。

另外，《上海证券交易所科创板股票交易特别规定》对科创板市场股票交易做出了有别于主板和创业板的规定，包括投资者适当性制度（要求个人投资者具备50万元证券资产和两年股票投资经验）、放宽涨跌幅限制（新股上市后的前5个交易日不设涨跌幅限制，之后每日涨跌幅限制设为20%，科创板运行的实践显示，二级市场定价效率大幅提升）、新增盘后固定价格交易方式（在收盘集合竞价结束后，上交所交易系统按照时间优先顺序对收盘定价申报进行撮合，并采用以当日收盘价成交的交易方式）、引入做市商机制作为备选（作为提高市场流动性的手段，做市商承担为科创板股票提供双边持续报价、双边回应报价等义务）。鉴于科创板的实践检验，我们认为创业板和主板市场也应当参照科创板放宽涨跌幅限制。

（5）深化创业板市场改革。

创业板运行时间已超过十年，市场环境以及作为改革试验田的创业板市场都发生了巨大的变化，上市门槛高、包容性低、发行市盈率受限，优胜劣汰机制不完善等问题越发突出,整体基础制度设计已经明显滞后于市场发展,尤其是科创板推出并实行注册制试点后,其增量改革试验田的成功经验已经具备向存量改革领域推广的条件,有必要对创业板市场制度进行较为全面的改革,包括推进创业板改革并试点注册制,完善发行上市、并购重组、再融资等基础制度改革。有关创业板再融资的改革已经率先启动,证监会就修改《上市公司证券发行管理办法》《创业板上市公司证券发行管理暂行办法》等再融资规则开始公开征求意见,主要包括:一是精简发行条件,拓宽创业板再融资服务覆盖面。取消创业板公开发行证券最近一期末资产负债率高于45%的条件;取消创业板非公开发行股票连续2年盈利的条件等。二是优化非公开制度安排,支持上市公司引入战略投资者,定价基准日可在董事会决议公告日、股东大会决议公告日或者发行期首日中选择;调整非公开发行股票定价和锁定机制,将发行价格不得低于定价基准日前20个交易日公司股票均价的9折改为8折;将锁定期由现在的36个月和12个月分别缩短至18个月和6个月,且不适用减持规则的相关限制等。三是适当延长批文有效期,方便上市公司选择发行窗口,将再融资批文有效期从6个月延长至12个月。此外,关于创业板市场深化改革的相关制度完善将陆续推出。

(6)健全制度基础,布局新三板市场改革。

2019年10月25日,证监会发布消息称,启动全面深化新三板改革。证监会表示,将重点推进以下改革措施:一是优化发行融资制度,按照挂牌公司不同发展阶段需求,构建多元化发行机制,改进现有定向发行制度,允许符合条件的创新层企业向不特定合格投资者公开发行股票;持续推进简政放权,充分发挥新三板自律审查职能,提高融资效率,降低企业成本,支持不同类型挂牌企业融资发展。二是完善市场分层,设立精选层,配套形成交易、投资者适当性、信息披露、监督管理等差异化制度体系,引入公募基金等长期资金,增强新三板服务功能。三是建立挂牌公司转板上市机制,在精选层挂牌满足一定期限且符合交易所上市条件和相关规定的企业可以直接转板上市,充分发挥新三板市场承上启下的作用,实现多层次资本市场互联互通。四是加强监督管理,实施分类监管,研究如何提高违法成本,切实提升挂牌公司质量。五是健全市场退出机制，完善摘牌制度，推动市场出清，促进形成良性的市场进退生态，切实保护投资者合法权益。我们认为，其中转板机制的建立和竞价交易方式的引入等对新三板改革具有突破意义。

2019年12月，证监会发布《关于修改〈非上市公众公司监督管理办法〉的决定》，此次修改立足于服务新三板改革，重点围绕向不特定合格投资者公开发行、优化定向发行机制等改革内容进行针对性调整。主要修改内容包括：一是引入向不特定合格投资者公开发行制度；二是优化定向发行制度，放开挂牌公司定向发行35人限制，推出自办发行方式；三是优化公开转让和发行的审核机制；四是创新监管方式，确定差异化信息披露原则，明确公司治理违规的法律责任，压实中介机构责任，督促公司规范运作。另外，在总结挂牌公司监管经验的基础上，充分借鉴科创板改革成果，明确挂牌公司信息披露义务，夯实基础制度，同时针对新三板改革后各层次公司特点，确立差异化的信息披露体系。证监会还发布和施行了《非上市公众公司信息披露管理办法》。为落实深化新三板改革，全国股转公司制定或修订了股票公开发行、股票定向发行、市场分层管理、股票交易、投资者适当性管理，以及公司监管6大方面的相关业务规则，包括基本业务规则、业务细则、指引和指南4个层级的30件业务规则。2019年12月，《全国中小企业股份转让系统分层管理办法》《全国中小企业股份转让系统股票交易规则》《全国中小企业股份转让系统投资者适当性管理办法》《全国中小企业股份转让系统挂牌公司股份特定事项协议转让细则》《全国中小企业股份转让系统股票异常交易监控细则（试行）》《全国中小企业股份转让系统投资者适当性管理业务指南》《全国中小企业股份转让系统挂牌公司股份特定事项协议转让业务办理指南》发布。其余业务规则将分批发布实施。这些规则确定了"基础层-创新层-精选层"的三层市场结构，对不同市场层级在投资者适当性、交易机制、向不特定合格投资者公开发行、信息披露、公司治理方面设定了差异化的制度安排。新三板的系统性业务规则体系正在形成，一系列制度为新三板改革提供了基础，期待改革后的新三板能够呈现出新的活力。

（7）市场期待已久的修订版《证券法》终于落槌。

2019年12月28日，第十三届全国人大常委会审议通过了修订后的《证券法》，该《证券法》于 2020 年 3 月 1 日起施行。作为中国资本市场的基本大法，自 2005 年开始，《证券法》的修订工作经过了漫长曲折的历程，其间全国人大常委会通过授权方式突破《证券法》的约束，成功推出科创板和注册制试点，对《证券法》做了全面系统的修订和完善，为全面系统深化资本市场改革提供了法律基础，也为注册制的全面推进、分步实施提供了法律依据，坚持市场化、法制化主线，立足证券市场实际，从改革证券发行制度、规范证券交易行为、强化信息披露要求、加大投资者保护力度、健全多层次资本市场体系、大幅提高证券违法成本等方面进行了修改完善。作为资本市场的上位法，《证券法》的修订为资本市场的改革发展提供了坚实的法律基础，必将对市场健康发展产生深远影响。

除了上述已经推出和正在推进的制度建设外，还有一些法律、法规、规章、规则尚待起草制定或修改，主要包括：加快推动期货相关法规的制定、《刑法》的修改、《公司法》的修改、《私募投资基金管理暂行条例》的制定、《上市公司监督管理条例》的制定，以及《股权众筹试点管理办法》《上市公司员工持股计划管理暂行办法》《证券投资基金管理公司管理办法》等的制定或修改，另外，就制度建设而言，接下来需要完善一系列与《证券法》配套的规章、规范性文件等，需要对现行相关规章制度进行全面系统的梳理和完善。

2.2.3 上市公司业绩

2019 年前三个季度，我国 GDP 实现 6.2% 的增长，预计全年 GDP 增速较 2018 年有所放缓，但依然能保持 6.2% 左右的中高速水平，经济保持总体平稳态势。Wind 的统计数据显示，按时披露报告的 3 701 家 A 股上市公司在 2019 年前三个季度合计实现营业总收入 35.83 万亿元，同比增长 8.65%（2018 年前三个季度为 12.24%），实现净利润 3.19 万亿元，同比增长 6.77%（2018 年前三个季度为 10.04%）。根据 2019 年前三个季度的数据，2019 年，A 股上市公司业绩将继续保持增长，但是增速有所放缓。

综合分析，外部形势依然复杂，以经济增速放缓为代表的内部矛盾依然比较突出。但是，随着形势的发展和我们恰当的应对，中国经济的韧性正在提升，深化改革、扩大开放带来了持续深入的正向效应，减税降费等宏观政策的正向效应逐渐显现，预计2020年上市公司业绩增速总体上将呈现略有回落的态势，科创板、创业板和中小板上市公司表现出较大个体差异，总体增长表现总体上好于主板上市公司。

2.2.4 资金供求情况

从总体看，2020年资本市场的资金供给增长快于资金需求增长，资金供应完全能够满足基本融资需求。

(1) 资金供给。

2020年，经济增速下行压力加大，我国将继续坚持稳中求进的经济工作总基调，坚持新发展理念，坚持以供给侧结构性改革为主线，坚持改革开放，促进高质量发展，注重宏观调控的前瞻性、针对性、有效性，继续强化逆周期调节，继续突出"稳"字，全面落实稳就业、稳金融、稳外贸、稳外资、稳投资、稳预期六"稳"，保持经济在合理的区间内运行。就2020年货币政策而言，考虑到国内经济形势、我国货币政策实施的历史情况以及当前美国等成熟市场国家总体实行宽松政策的实际情况，存款准备金率和人民币利率都存在一定下调空间，但是，在今后较长的时期里，货币政策的主要取向是在"稳"中做到灵活适度，保持流动性合理、充裕，保证广义货币和社会融资规模增速与名义GDP增速相匹配。

中国人民银行发布的统计数据显示，截至2019年11月末，社会融资规模存量为221.28万亿元，同比增长10.7%（2018年为9.9%）。其中，对实体经济发放的人民币贷款余额为150.5万亿元，同比增长12.5%，比2018年末增加15.81万亿元。广义货币余额为196.14万亿元，同比增长8.2%（2018年同期为8%）。各项指标保持平稳增长，全社会货币供给处于基本合理水平。

预计2020年全社会货币供应将继续保持适度增长，与2019年相比将略有放松。2020年社会融资规模总增量将会超过28万亿元，年末广义货币余额将接近215万亿元，增速在8.2%左右，实际新增对实体经济发放的人民币贷款规模将超过20万亿元。全社会资金供给总量在2019年基础上保持较高水平。2020年，股票市场仍将处于历史性底部，市场长期投资价值和短期获利机会将吸引资金增量进入，境内外资金将继续通过各类基金、QFII、RQFII、沪伦通等机构渠

道或个人渠道进入交易所股票市场，其中境外资金进入规模由于股票市场的进一步开放而继续扩大。综合分析，场外资金进入A股市场的规模总体上将有所增加。

私募基金分为证券投资基金、私募股权和创业投资基金、其他私募基金三类，其中，进入A股二级市场的主要是私募证券投资基金。中国证券投资基金业协会的数据显示，截至2019年11月底，存续登记私募证券投资基金管理人为8 874家，同比减少92家；存续备案私募证券投资基金为40 997只，同比增加4 944只；基金规模为2.45万亿元，同比增加0.19万亿元。预计2020年私募证券投资基金将有较大增长，基金总规模将达到2.8万亿元左右，规模增长将达到3 500亿元。截至2019年10月底，我国境内共有基金管理公司127家，取得公募基金管理资格的证券公司或证券公司资产管理子公司共13家、保险资产管理公司2家。管理的公募基金资产合计13.91万亿元，同比增加0.48万亿元。预计2020年公募基金将保持较快增长，增加规模为2万亿元左右，其中约有5 500亿元进入股票市场。通过投资者个人股票市场账户进入A股市场是最主要的个人资金流入股市渠道，这类资金的流入和流出受股票二级市场的走势影响较大，我们判断，2020年这类资金将继续呈现净流入，规模在3 000亿元左右。

综观全局，以股票市场为代表的资本市场风险释放较为充分，对短期和长期资金都表现出较高的投资价值，股票市场将进入构筑底部后期阶段，底部抬高，获利机会增加，社会资金通过个人账户、公募、私募等资管渠道直接或间接进入股市的规模将增加。公募证券投资基金是场外资金尤其是居民资金进入场内的重要渠道。

证券公司融资融券业务具体表现为融资与融券两个方面，但是，从实践看（见表基-2），融资规模一直远远大于融券规模，两者严重失衡，形成对股票市场的净资金流入。从实践看，融资规模与二级市场走势密切相关。当市场处于上涨趋势时，融资额随之增加；反之则降低。两者呈现明显的正相关关系，体现了助涨助跌的杠杆效应。2019年，融资融券余额总体上较2018年有所增加。2019年末，沪深两市融资融券余额为10 193亿元，较2018年增加2 636亿元（其中融资余额为10 055亿元，较2018年增加2 566亿元）。预计2020年融资融券有所增长,两市融资余额将回升至13 000亿元左右,较2018年增加约3 000亿元。

表基-2 上交所和深交所融资融券数据

日期	融资融券余额(亿元)	融资余额(亿元)
2012年12月31日	895.16	856.94
2013年12月31日	3 465.27	3 434.70
2014年12月31日	10 256.56	10 173.73
2015年12月30日	11 913.22	11 883.29
2016年12月29日	9 474.37	9 441.08
2017年12月29日	10 263	10 218
2018年12月28日	7 557	7 489
2019年12月31日	10 193	10 055

资料来源:上海证券交易所;深圳证券交易所。

增发股票是上市公司再融资的一种方式,增发有定向增发和公开增发两种方式,近年来基本上采取定向增发方式。通过定向增发进入市场的资金额(即资金供应)和定向增发的筹资额(即资金需求)具有对应关系,优先股发行也多采取定向增发方式,与增发股票对资金供求的影响相似,所以,我们在讨论市场资金供求关系时可不考虑定向增发和优先股发行。

目前,外资正在加快进入A股市场的步伐,其主要途径为QFII、RQFII和陆股通(沪股通、深股通)。取消额度限制等一系列投资便利化措施使得外资流入境内股市的规模明显增长,Wind数据显示(见表基-3),截至2019年11月29日,外资持有A股市值14 167亿元,较2018年末的7 943亿元增加了6 224亿元,增幅高达78.4%,外资已经成为A股市场增量资金的重要来源。预计2020年仍将保持高速增长,增量在5 000亿元左右。

表基-3 外资持有A股市值

日期	陆股通(亿元)	QFII和RQFII(亿元)	外资合计(亿元)	占流通A股比重(%)
2017年12月29日	5 177	1 346	6 523	1.46
2018年12月28日	6 563	1 380	7 943	2.25
2019年11月29日	12 604	1 563	14 167	3.16

资料来源:Wind。

综合判断，2020年，交易所A股市场资金供给（不考虑上市公司定向增发和优先股发行）总体上在2万亿元左右。

(2) 资金需求。

2020年，交易所市场资金需求有所增加，企业IPO和上市公司再融资将保持较快增长，限售股解禁套现依然是市场最大的资金需求压力源，需要一提的是，新三板改革设置了精选层并引入公开发行制度和连续竞价交易方式，投资者适当性制度对精选层、创新层和基础层规定的100万元、150万元、200万元门槛明显低于市场预期以及之前的500万元门槛，符合进入条件的投资者显著增加，因此会有部分交易所市场内资金分流到新三板。

2019年，IPO实现常态化，科创板开板。由于二级市场与2018年持续下跌的走势不同，总体上涨后，大盘在2 800点和3 050点之间波动，市场融资功能恢复较快。根据Wind数据（见表基-4），2019年，A股市场股权类募资合计13 589亿元，较2018年增加2 759亿元，增长25%。其中，IPO 183家，募资2 399亿元，较2018年增长74%；增发196家，募资5 315亿元，较2018年增长-32%；配股9家，募资134亿元，较2018年增长-29%；发行优先股6家，募资2 550亿元，较2018年增长16倍；发行可转债100家，募资2 413亿元，较2018年增长约2倍；发行可交换债54家，募资777亿元，较2018年增长64%。

表基-4　A股市场股权融资规模

年度	募资合计 数量(家)	募资合计 募资(亿元)	IPO 数量(家)	IPO 募资(亿元)	增发 数量(家)	增发 募资(亿元)	配股 数量(家)	配股 募资(亿元)	优先股 数量(家)	优先股 募资(亿元)	可转债 数量(家)	可转债 募资(亿元)	可交换债 数量(家)	可交换债 募资(亿元)
2019	548	13 589	183	2 399	196	5 315	9	134	6	2 550	100	2 413	54	777
2018	475	10 830	103	1 375	262	7 855	12	189	2	150	67	787	29	474
2017	1 065	16 095	419	2 186	511	10 197	10	203	6	1 400	40	946	79	1 164

资料来源：Wind。

注：(1) 按发行日期统计；(2) 2019年度统计截至2019年12月9日。

预计2020年IPO和再融资规模将保持增长，全年IPO融资规模接近2 800亿元，配股募资规模依然不大，约为200亿元，两类转换型债券发行融资3 500

亿元左右。

2020年，限售股解禁后的套现离场仍然是市场资金需求的最主要力量，限售股主要包括IPO之前的原始股份、上市后增发（主要是定向增发）的股份、股权激励等形成的股份。解禁是指按照法规规定上市公司股份限售期满时变为可流通股，解禁股份乘以相应时点股价为解禁市值。Wind数据显示，截至2019年12月3日，年内合计已有超过1 633家A股上市公司公布了重要股东减持公告，涉及股东人数5 739名，合计净减持金额高达3 358亿元。根据东方财富网2019年12月14日的数据，2019年沪深A股市场合计解禁2 439亿股，解禁市值为29 384亿元；2020年合计解禁2 820亿股，解禁市值为35 937亿元。解禁股份和市值较2018年大幅增加。限售股解禁意味着持有人拥有了流通权，但是，并不意味着其马上行使权利变现，基于对公司控制权、公司股价稳定、股市走势预期等方面的考虑，绝大多数符合减持条件的股份持有人并不会马上卖出变现，估计大约有15%的限售股解禁后当年拟卖出变现。预计2020年解禁股减持金额接近5 500亿元。

根据以上分析，2020年A股市场资金总需求在1.2万亿元左右。

综合以上资金供求分析，2020年A股市场总体上资金供应明显大于资金需求，资金供应充裕，有望出现增量资金进场与市场底部抬高的良性互动。从资金的逐利性本质讲，资金是否真正进入市场，最终取决于二级市场是否有赚钱效应，在上涨趋势明朗之前，主要是市场内存量资金的博弈，待赚钱效应显现后，增量资金就会陆续加速进场。

2.3 2020年股票二级市场展望

2019年，A股市场三大指数均大幅上涨，全年走势表现为"上升-回落-横向波动-翘尾"。以上证指数为例，进入2019年第二个交易日后，上证指数在创出全年最低点2 440点（也是四年多来的最低点）之后掉头向上，走出单边上升行情，至2019年4月8日创出全年最高点3 288点，经过几个交易日的争夺后，从2019年4月22日到2019年5月6日连续回落，最低至2 876点，之后在2 760点和3 050点之间做横向宽幅波动，2019年末翘尾收于3 050点，较2018年末上涨557点，涨幅为22.3%。深圳市场也扭转了2018年的跌势，出现大幅上

涨，深证成指上涨44.1%，创业板指数上涨43.8%。这反映了投资者已经从最悲观情绪中走出，市场预期正在发生转变，国内、国际因素中负面的预期已经在股价上得到较充分的释放。中美达成第一阶段经贸协议消息，引起中美股市以及全球股市连续上涨，印证了市场对"坏消息"的麻木和对"好消息"的敏感——"没有坏消息就是好消息"，"好消息"则会对市场立刻形成更为强烈的正向刺激。

2020年，A股市场总体环境仍然较为复杂，内外部因素存在较多不确定性，但是，我们认为，市场中最坏的预期已经在股价上得到了较充分的反映。就市场估值水平而言，不论相对于美欧发达国家主要市场，还是相对于A股自身的历史水平，中国股市总体上已经处在"估值洼地"，开始显现长期投资价值。对风险偏好较高的资金不甘于银行存款利息的收益，而要寻找更好的投资机会。在房地产市场"只住不炒"的定位下，投资性需求渐趋萎缩，股票市场具有规范性较高和流动性强的特征，最适宜承纳长期大资金，也因其能够引导资金进入实体经济的特殊作用，政策层面必将继续鼓励和吸引境内外长期资金进入股票市场。A股市场将渐趋活跃，获利机会开始增加，底部有望继续抬高。综合来看，内外部因素和市场因素为中性略偏多。

2020年，A股二级市场总体上表现为底部抬高，估值重心上移，中间会有探底和确认底部的动作，之后则会出现上冲动作，并且可能多次重复"探底-上冲"动作，振幅将比2018年有所降低，但是，在探底和上冲过程中，结构性获利机会相对较多，较2018年上涨收出阳线的可能性较大，正常情况下，上证指数应当在2 700点和3 700点之间运行，下探2 500点和上摸3 900点的概率都较低。

应当重点关注的方向有：5G已经从概念走向落地，需要关注5G对生产、运行、应用全产业链的实质影响，包括智能手机生产、通信服务、智能交通、智能物流、智能站场等子产业链的相关企业；新股发行常态化，市场进入良性活跃初期，无论是整体还是结构性行情都必然惠及券商，需要关注券商以及其他非银行金融类公司；现金回报高的蓝筹股板块，最能体现"估值洼地"，是机构资金配置必备品种，很多股票来自发行公司给予股东的回报已经高于银行存款和国债的回报，如银行保险、房地产类、建材、医药、电力等，所以，就有了"把钱存银行不如用来买银行股"之说。

技术分析
2019—2020年沪深股票市场技术分析及展望

摘　要

技术分析能够判断股票市场在2019年初期的局部低点。2020年初是买入时机。各个指数所能达到的高点差异很大。上证50指数有可能超过2015年的高点。应该更多地关注上证50指数，而不是上证指数。

Abstract

By technical analysis, we can determine the local low point in early 2019. Early 2020 is a buying opportunity. Each index can reach different heights, the different is large. Shanghai 50 Index will surpass the height of 2015. More attention should be paid to Shanghai 50 Index than Shanghai Composite Index.

本报告分为四个部分。第一部分对2019年的波动过程进行阶段划分，并对每个阶段的特征进行说明。第二部分针对《2018—2019年沪、深股票市场技术分析及展望》（简称《2018报告》）中对2019年预测的结果进行评价。第三部分讨论技术分析方法在2019年各个阶段可能发出的买卖信号。第四部分对2020年的行情进行部分预测。

1. 2019年各个指数的波动过程的阶段划分和对比

从股票市场各个指数在2019年的波动过程看，共同过程是：第一阶段探底成功，第二阶段出现较大幅度反弹，第三阶段是回落，第四阶段为横向波动。各个指数的波动过程存在一定程度的差异，最大的差异体现在各个阶段波动幅度的大小和位置高低。

1.1 各个指数的阶段划分

可以把2019年全年的波动过程分为三个阶段。第一阶段是2018年12月20日—2019年1月初，属于探底过程。第二阶段是2019年1月初—4月底。在这个过程中，各个股票价格指数属于三波段上升过程，出现较大幅度的反弹，反弹高度接近2018年上半年的高点。从价格形态上看，这是一个典型的三波段上升模式，符合波浪理论。第三阶段是2019年4月底—6月初，这个过程是回落，即对之前上升的调整。第四阶段是2019年6月初—2019年12月19日，为长时间横向波动，目前还没有结束。

1.2 各个指数在各个阶段的波动差异

与以往相比，各个指数的过程基本一致。这是2019年的特点之一。各个指数的差异主要体现在各个阶段波动的幅度大小和位置的高低。

从第一阶段来看，除了上证50指数，其他指数都已经探底结束，都在等待上证50指数探底成功的信号，因此这个阶段差异性不明显。

从第二阶段的反弹幅度看，创业板指数、中小板指数和深圳综合指数的上升幅度相对较大，超过40%。其他指数，包括上证指数、上证50指数和沪深300指数，上升幅度刚好超过30%。反弹高度都没有超过2018年的高点，但是比较接近。

从第三阶段的回落幅度看，上证指数、创业板指数和深圳综合指数的回落程度相对较大,基本达到黄金分割线的第4条。上证50指数、沪深300指数和中小板指数回落程度刚好达到黄金分割线的第3条,回落程度相对较小。

从第四阶段的横向整理来看,各个指数之间的差异比较明显。可将指数分成两组:上证指数单独为一组,其他指数为一组。很显然,上证指数是最弱的。主要体现在两个方面:第一,2019年8月初,出现了比2019年6月初更低的低点,而其他指数基本持平或者抬高。第二,2019年8月之后,整体波动的位置大大低于2019年7月初的反弹高点。其他指数在这个阶段的波动相对较强。其中,最强的是上证50指数,其次是创业板指数,再是中小板指数和沪深300指数,而深圳综合指数是最弱的,仅比上证指数强一点。上证50指数最强的主要依据是,2019年6月之后的反弹高度差不多是2019年4月底的高点。另外,2019年9月之后,基本在高位波动。

综合各个指数在三个阶段的表现,可以看出,上证50指数是最强的,而上证指数是最弱的。很显然,上证指数在下降的时候幅度比较大,而在上升的时候幅度比较小。这是典型的弱态。从图技-1中可以清楚地看到这一点。

至于各个指数之间的波动出现强弱差异的原因,技术分析是无能为力的,需要从基本分析中寻求答案。

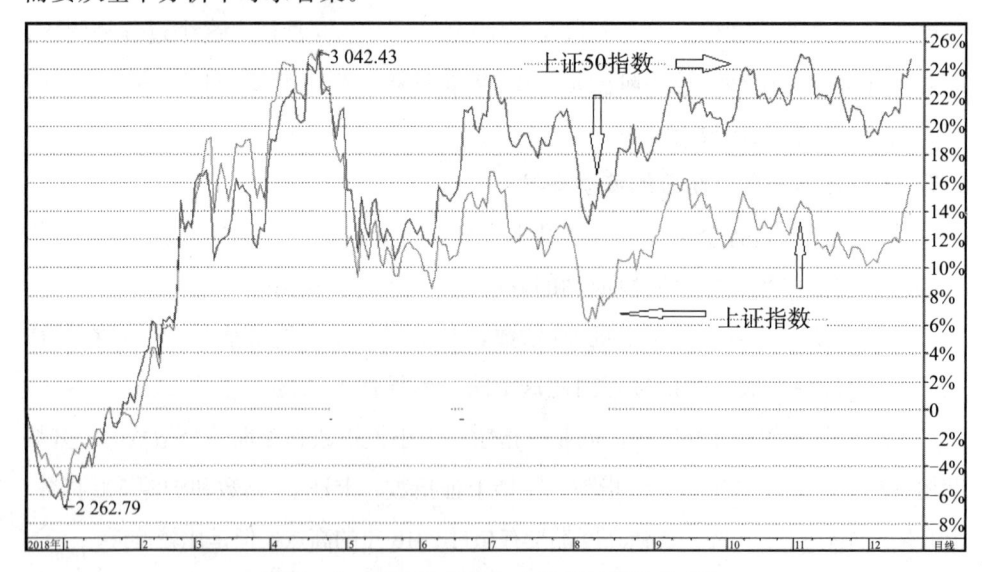

图技-1　上证50指数与上证指数的波动对比

2. 《2018 报告》中对 2019 年预测的评估

《2018 报告》对 2019 年的行情进行了预测，下面将 2019 年的实际结果与该报告进行对比，并做一个客观的评估。

2.1 《2018 报告》的主要预测结论

《2018 报告》第四部分给出了主要预测结论，可以概括为如下几点。

第一，各个指数的总体态势和差异。对于上证 50 指数和沪深 300 指数，2019 年初期的态势应该是"寻找底部"，然后反弹。对于上证指数来说，2019 年的态势应该是，对当前低点的底部进行确认，然后才是上升的过程。对于其他 3 个指数，2019 年的态势应该是，对当前底部进一步进行确认，然后才是上升的过程。

第二，春节效应依然有效——春节附近可以买入。

第三，对 2019 年上证 50 指数和沪深 300 指数的预测。上证 50 指数将在 2018 年 12 月 18 日到 2019 年的前期短时间内出现新低点，即当时的低点（大约 2 400 点）不是最后的低点。止跌的具体位置不能确定，但在 2 200 点之上。2 550 点是上证 50 指数反弹能够达到的最低位置。沪深 300 指数将在 2019 年的前期，于 2 850 点之前止跌。其反弹高度有几种可能，但都低于 3 600 点。

第四，对 2019 年其他指数的预测。《2018 报告》认为，不会出现新低点。

第五，上证 50 指数在判断止跌中的作用。如果上证 50 指数出现新低之后就进入止跌倒计时，那么在其出现新低之前，肯定不能认为已经到底。

2.2 《2018 报告》的评估

《2018 报告》正确预见了各个指数在 2019 年初期的底部位置，并做出了出现较大幅度反弹的正确判断。从上述内容可以看出，《2018 报告》指出，2019 年的前期将在短时间内止跌。上证 50 指数和沪深 300 指数将出现新低点，而其他指数将不会出现新低点。实际的情况正是这样。

《2018 报告》给出的"春节效应依然有效"的结论是正确的，而且可以说很正确。之所以说很正确，是因为从实际结果看，每个指数在春节附近买入的预测都是完全正确的，其后的上升幅度都超过了 30%。另外，还需要说明，春节附近的买入是 2019 年唯一的机会，因为只有这一次上升是比较像样的。

《2018 报告》对 2019 年初期的上升幅度没有给出比较准确的判断。从前文中可以看出，《2018 报告》对反弹高度没有给出比较详细的判断，其中对沪深 300 指数的判断还是错误的。沪深 300 指数最后上升到 4 120 点，而《2018 报告》认为不超过 3 600 点。

这一点是本报告的不足，但也是无法避免的，因为技术分析的特点之一就是短期判断，而不是做长期判断。这一点在以往的报告中被多次强调。

《2018 报告》对上证 50 指数判断止跌的指标作用给出了正确的预测。从前文中可以看出，如果上证 50 指数出现新低后就进入止跌倒计时，那么在其出现新低之前，肯定不能认为已经到底。2019 年初市场的实际情况正是按照这个模式运行的。上证 50 指数在跌破 2 380 点的平台之后出现新低 2 260 点，并在两周之后开始大幅上升。

《2018 报告》能很好地指导 2019 年初期的投资。《2018 报告》给出了在 2019 年初回落低点买入的建议，总的来说这个建议是正确的。美中不足的是，买入的时间位置有点缺陷。完美的建议既要时间正确，还要价格位置正确，而《2018 报告》的建议在时间方面还有不足，这是因为实际出现低点的时间和春节相距比较远。

3. 技术分析方法在 2019 年的买卖信号

《2018 报告》仅对 2019 年初的情况进行了比较详细的说明，对于 2019 年中后期大部分时间的情况基本没有给出相应的说明。技术分析的特点是做短期预测，对于长期的预测，效果不大好。

上面已经指出，各个指数在 2019 年的波动强弱是不同的，最大的差异体现在第四阶段。上证 50 指数最强，上证指数最弱，其他几个指数居中。波动过程的强弱差异将使买卖信号有所不同。下面将分别以上证指数和上证 50 指数为代表，讨论技术分析在 2019 年发出的交易信号。交易信号分为长线的和短线的。是否应该发出交易信号与所考虑的时间周期有关。长线的至少为两周（通常还应该长一些），而短线的在一周以内。下面分析的信号是针对长线的。这里重点讨论技术指标中的异同移动平均线指标（MACD）、波浪理论、黄金分割线等几个技术分析方法。

技术分析在 2019 年发出的交易信号的特点是，买入信号较多，而且强度很大。2019 年股票市场的整体特点是出现较大幅度上升，这种情况反映在技术分析信号上，就是买入信号比较多。

3.1 上证指数在 2019 年的技术分析交易信号

图技-2 是上证指数的日线图，图中 A 点之后是 2019 年的波动过程。上证指数在 2019 年的波动过程可以划分为以下几个阶段。首先是获得支撑后的 4 个月的上升（图技-2 中从 A 点到 B 点），之后是回落（图技-2 中从 B 点到 C 点），然后是长时间的整理（图技-2 中从 C 点之后）。在图技-2 中，用字母标出了可以进行买卖交易的位置。下面分别说明在这些位置的技术分析有可能发出何种信号。

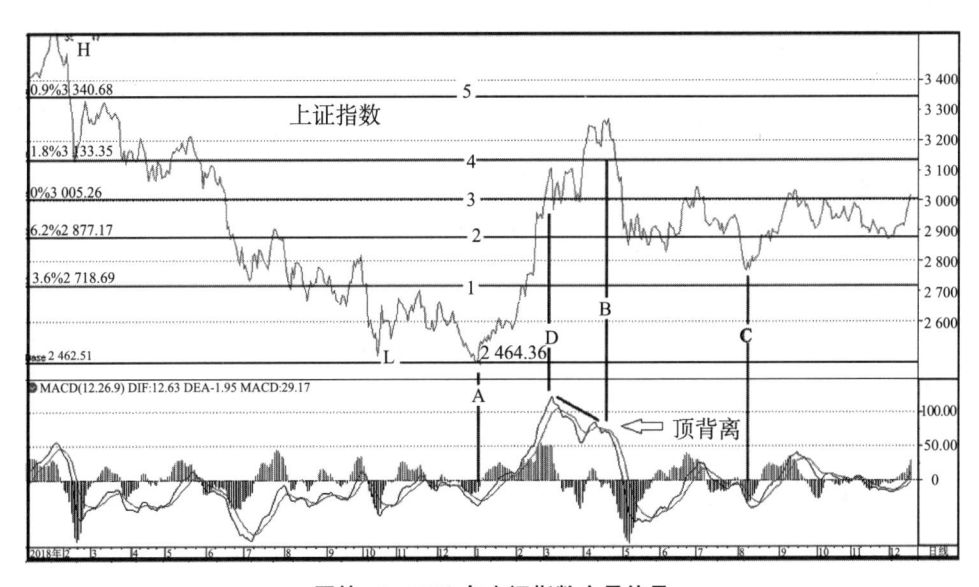

图技-2 2019 年上证指数交易信号

第一，关于 A 点的信号。A 点是局部的低点，时间是 2019 年 1 月初，是值得买入的位置。对于 A 点，技术分析方法给出的买入信号还不够强。具体内容在《2018 报告》中已经给出了比较明确的说明。简单地说就是位置正确、时间不正确。由于《2018 报告》明确指出了不会出现新低点，因此，当指数接近 2018 年 10 月中旬的低点（图技-2 中的 L 点）的时候，就应该买入，大约是

2 460点。这就是所谓的位置正确。此外,《2018报告》还指出,春节附近是买入的时机,而这与实际不符。这就是所谓的时间不正确。

因此,买入的最佳时间是2019年1月初,即在2 500点之下。如果等到春节买入,则已经是2 600点了。不过,从之后的实际结果看,即使在2 600点买入,也是很正确的。

还需要补充说明一下,从MACD来看,A点似乎出现了一个不太严格的底背离,这也是买入的信号。

第二,关于B点的信号。B点的时间是2019年4月底的局部高点。从事后看,这个位置是应该卖出。技术分析所提供的卖出信号是很强的。具体理由包括:一是从D点到B点,MACD出现明显的顶背离,这是很强的卖出信号;二是处在较强的压力位置。下面对第二点进行说明。

以图技-2中的H点(2018年初的高点)为高点,以A点为低点,可以画出黄金分割线。一共有5条,图技-2中分别用数字1、2、3、4、5标出。可以看出,B点已经接近最上面的第5条线,这是很强的压力位置。

需要说明的是,在B点附近,技术分析所提供的仅仅是卖出的态度,甚至是比较强的卖出态度,但是并不能"保证"就能真的卖出,因为毕竟还没有达到第5条线(尽管很接近)。

第三,关于C点的信号。C点是显著的局部低点,从事后看,属于应该买入的位置。至于C点的交易信号,技术分析有一定的买入信号。主要的理由有两个:一是黄金分割线,二是波浪理论。

分别以A点为低点、B点为高点,可以画出黄金分割线(图技-2中没有画出),可以看出,C点属于比较强的支撑位置,买入信号比较强。另外,从B点到C点,出现了两个波段的下降,有可能符合波浪理论的调整,而C点属于调整的结束阶段。发出买入信号也是有可能的。

还需要补充说明一下,从MACD来看,C点似乎出现了一个不太严格的底背离,这也是买入的信号。之所以说是不严格的底背离,是因为在B点、C点两个点之间,MACD出现了一个比较高的高点,这不大符合底背离的条件。

第四,关于D点的信号。D点是第一次上升的局部高点,还是值得卖出的。

至于 D 点的交易信号，技术分析给出的信号也应该是卖出，而且比较强。具体理由包括：一是 MACD 出现了比较高的极端值，这是强卖出信号；二是基本达到黄金分割线的第 4 条线，也是比较强的压力位置。

第五，关于 B 点和 D 点卖出信号的强弱对比。从技术分析的观点看，B 点和 D 点都应该发出卖出信号，不同的是信号的强弱不同。显然，B 点的强度大得多。这一点从卖出的理由对比上就可以看出来。从上面的分析可以看出，卖出的理由之一是 MACD，B 点是顶背离，而 D 点是极端值；理由之二是黄金分割线，B 点是第 5 条线，而 D 点是第 4 条线。

综上所述，就上证指数而言，在 A 点、B 点、C 点和 D 点这几个关键点，技术分析或多或少能够给出一些有用的信号。这些信号的强度不同，其中 B 点的信号最强，A 点次之，D 点和 C 点随后。

3.2 上证 50 指数 2019 年的技术分析交易信号

图技-3 是上证 50 指数日线图，图中 A1 点之后是 2019 年的波动过程。图技-3 中用字母标出了值得进行买卖交易的位置。下面分别说明这些位置的技术分析信号。

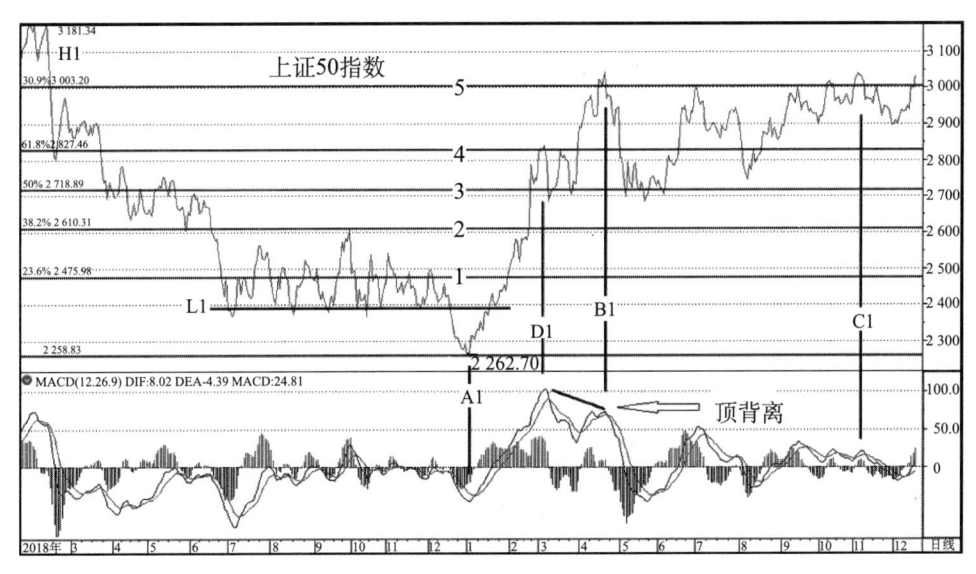

图技-3 2019 年上证 50 指数交易信号

第一，关于 A1 点的信号。A1 点发生在 2019 年的最初几天，是很值得买入的位置。技术分析给出的买入信号比较强。买入的理由在《2018 报告》中已经给出了比较明确的说明。《2018 报告》明确指出了上证 50 指数将会出现新低点，而且新低的出现是行情上升的前提。从图技-3 中可以看出，A1 就是（突破 L1 点之后）出现的新低点，只要认为 A1 点已经稳定就可以买入。如何判断已经稳定，则是比较困难的。《2018 报告》提供的参考是，春节附近是买入，而这与实际不符。因此，实际买入点可能在 A1 点之后的几天。

第二，关于 B1 点的信号。B1 点是局部的点，时间是 2019 年 4 月底，是非常值得卖出的位置。对于 B1 点，技术分析方法给出的卖出信号是非常强的。主要的理由包括：一是从 D1 点到 B1 点，MACD 出现明显的顶背离，这是很强的卖出信号；二是 B1 点处在超强的压力位置。下面对第二点进行说明。

以图技-3 中的 H1 点（2018 年初的高点）为高点，以 A1 点为低点，可以画出黄金分割线。一共有 5 条，图技-3 中分别用数字 1、2、3、4、5 标出。可以看出，B1 点已经超过最上面的第 5 条线，这差不多是必须卖出的压力位置。

需要说明的是，对于图技-3 中的 B1 点和图技-2 中的 B 点，技术分析的结论都是卖出，而且卖出态度都很强，B1 点是必须卖出，而 B 点是差不多必须（因为毕竟还没有达到第 5 条线）。这就是信号的强弱。

第三，关于 D1 点的信号。D1 点是局部的高点，还是勉强值得卖出的。至于 D 点的交易信号，技术分析给出的信号也应该是卖出。具体理由包括：一是 MACD 出现了比较高的极端值，这是强卖出信号；二是基本达到了黄金分割线的第 4 条线，也是比较强的压力位置。

第四，关于 C1 点的信号。C1 点不是显著的局部高点，而是多次上升的高点，因此，在 C1 点卖出和买入是否正确，现在还不能判定。

然而，从技术分析的观点看，C1 点附近是一个买入的位置，至少不是卖出的位置，或者退一步说，即使卖出了，也应该在短时间内买回来。

得出这个结论的关键理由是四次法则。从图技-3 中可以看出，从 B1 点到 C1 点，上证 50 指数多次（四次或五次）触及 3 020 点的高度，而其回落的低点逐步抬高。技术分析把这称为上升三角形。今后上升出现新高是大概率事件。

3.3 其他指数在 2019 年的技术分析交易信号

沪深 300 指数、创业板指数和中小板指数的交易信号可以参考对上证 50 指数的分析。深圳综合指数的交易信号可以参考对上证指数的分析。

4 技术分析对 2020 年沪深市场行情的预测和投资建议

技术分析的特点之一是，其结论更多属于短期预测，而不是长期预测，这一点与基本分析不同。下面将对 2020 年前几个月进行部分推测。

4.1 各个指数的总体态势和差异

与 2018 年底不同，2019 年底不是连续下降，也不是在低位整理，而是在相对较高的位置波动。正是由于这个原因，2020 年初就不存在确认底部的问题，而是今后能上升多高的问题。因此，整体上升是 2020 年的总体态势。

各个指数在 2019 年的表现存在强弱差异。前文中已经指出，上证 50 指数最强，上证指数最弱。此外，各个指数当前所处的技术位置也有差异。例如，创业板指数和深圳综合指数刚刚脱离底部区域，而上证 50 指数早已脱离底部，正在遥望 2015 年的高点。正是由于这些差异，对 2020 年的预测也应该有不同的结果。

对于上证 50 指数，2018 年的高点已经不够高了，2015 年牛市的高点才是目标。

对于沪深 300 指数和上证指数，第一目标是 2018 年的高点，还谈不上 2015 年的牛市高点。

对于中小板指数和深圳综合指数，达到 2017 年 11 月的高点已经很吃力了，2015 年的牛市高点连想都不要想。

创业板指数首先需要突破前面的平台，并站稳，其他目标暂时还不要想。

4.2 春节效应依然有效——春节附近可以买入

也许是巧合，2020 年春节期间可能又将面临可以买入的局面，即春节效应。虽然在以往的报告中指出了春节效应出现了错误的几个情况，但 2020 年的春节应该不属于错误的那几种情况，可以考虑在春节附近买入。不过，这次春节不是探底，而是在上升的中途。

4.3 关于上证 50 指数

对于这个指数的预测，主要是回答两个问题。第一是当前是否正处于上升趋势中。第二是 2020 年的上升高度能达到什么程度。

对于第一个问题，本报告认为，上证 50 指数从 2019 年初就开始了上升趋势。对于第二个问题，上证 50 指数将在短期内越过 2018 年的高点，并极有可能越过 2015 年的高点。

图技-4 是上证 50 指数从 2014 年开始到现在的日线图，H3 点是 2018 年的最高点（大约为 3 200 点），H2 点是 2015 年的最高点（大约为 3 450 点）。从图技-4 中可以看出，当前离这两个高点已经不远，越过是很容易的。换句话说，2015 年的高点对上证 50 指数已经不具备约束力，至少可以说，约束力很小。这一点是上证 50 指数独有的特点。

图技-4　上证 50 指数日线图

另外还需要说明，从技术分析的形态上讲，当前正处在上升三角形的末期，向上突破随时可能发生。如果按照上升三角形对上升高度的度量，也能得到越过 3 450 点的结论。

4.4　对沪深 300 指数的预测

对于这个指数的预测，主要是回答两个问题。第一是当前是否正处于上升趋势中。第二是 2020 年的上升高度和之后的强压力位置。

对于第一个问题，本报告认为，沪深 300 指数虽然有上升的趋势，但是上升趋势还没有完全确定。对于第二个问题，沪深 300 指数将在短期内越过 2018 年的高点 4 400 点，而 4 850 点是上升的强压力位置。

图技-5 是沪深 300 指数日线图，图中的 L2 点就是 2018 年初的高点。图中的 L3 点就是上升的强压力位置。图中的 L4 点是 2015 年的高点（大约为 5 300 点）。下面对 L3 点的来历进行说明。

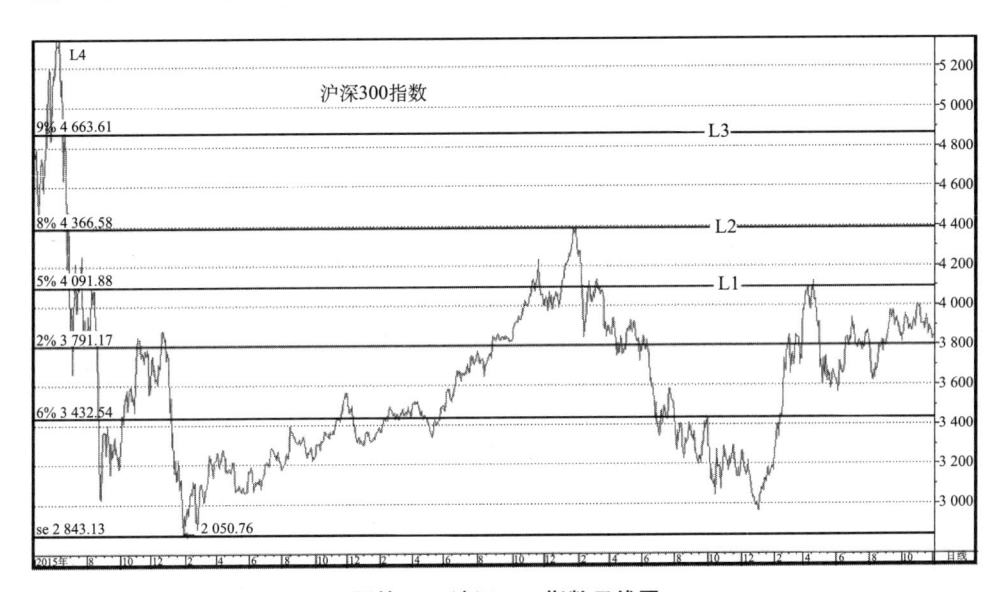

图技-5　沪深 300 指数日线图

图技-5 中的 L3 点是根据黄金分割线得到的。以 2015 年的最高点和 2016 年的低点为基础，可以得到黄金分割线，而 L3 是第 5 条线。这个位置的压力是很大的。

需要说明的是，4 850 点是沪深 300 指数上升的强压力位置，并不是说一定能达到这个位置。

4.5　对 2020 年其他指数的预测

4.5.1　对创业板指数的预测

图技-6 是创业板指数日线图，左边的高点是 2015 年的高点。图中的 C1 点、C2 点、C3 点、C4 点和 C5 点是根据黄金分割线得到的。创业板指数正处在成交密集区，第一目标是突破这个成交密集区。这个区域的上限大约是 1 910 点。本报告认为，创业板指数突破 1 910 点是大概率事件。突破之后，会在 C2

点（2 270 点）或 C3 点（2 600 点）遇到强压力。至于 C4 点和 C5 点，在短时间内还不能奢望。退一步说，如果真的到了 C4 点，则必须卖出。

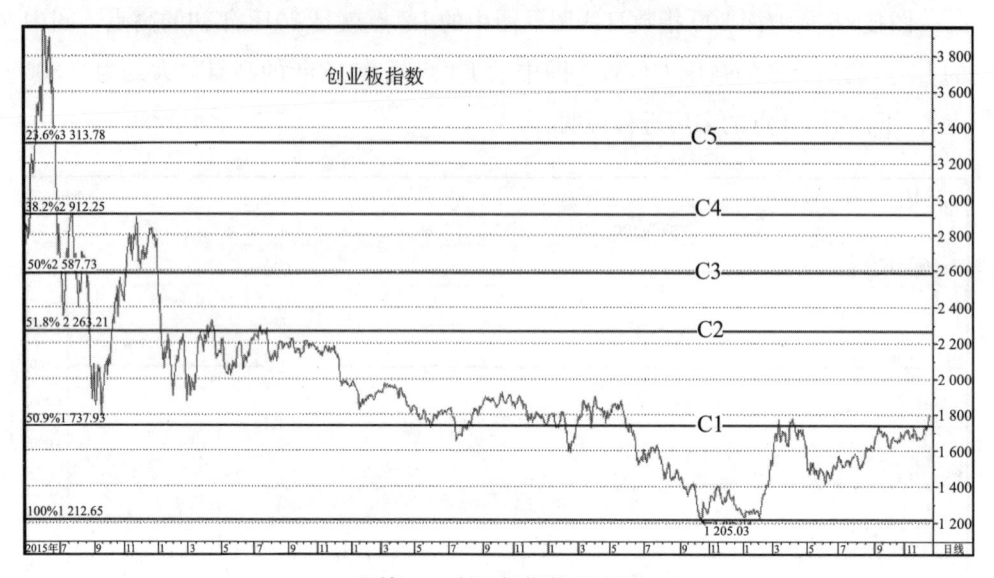

图技-6 创业板指数日线图

4.5.2 对中小板指数的预测

图技-7 是中小板指数日线图，左边的高点是 2015 年的高点。图中的 Z1 点、Z2 点、Z3 点、Z4 点和 Z5 点是根据黄金分割线得到的。中小板指数在 Z1 点已经"奋斗多时"，目前正处在是否突破的关键时刻。本报告认为，突破是必然的。突破之后，在 Z2 点（7 400 点）和 Z3 点（8 200 点）将遇到压力。其中，8 200 点的压力在短时间内是不可能突破的。需要补充一点，Z3 点的位置也是 2017 年的高点位置，这更加强了 Z3 点压力的强度。

4.5.3 对上证指数的预测

图技-8 是上证指数日线图，左边的高点是 2015 年的高点。图中的 S1 点、S2 点、S3 点、S4 点和 S5 点是根据黄金分割线得到的。上证指数目前还没有摆脱 S1 点的压力位置，处在是否突破的关键时刻。本报告认为，突破是必然的。突破之后，第一个目标是 2019 年的高点 3 260 点（图中的 H5 点），第二目标是 2018 年的高点 3 550 点（图中的 H6 点）。第二目标位置 H6 点正好是 S2 点的位置，这就强化了 H6 点的压力。一般来说，在 2020 年前几个月，上证指数能够

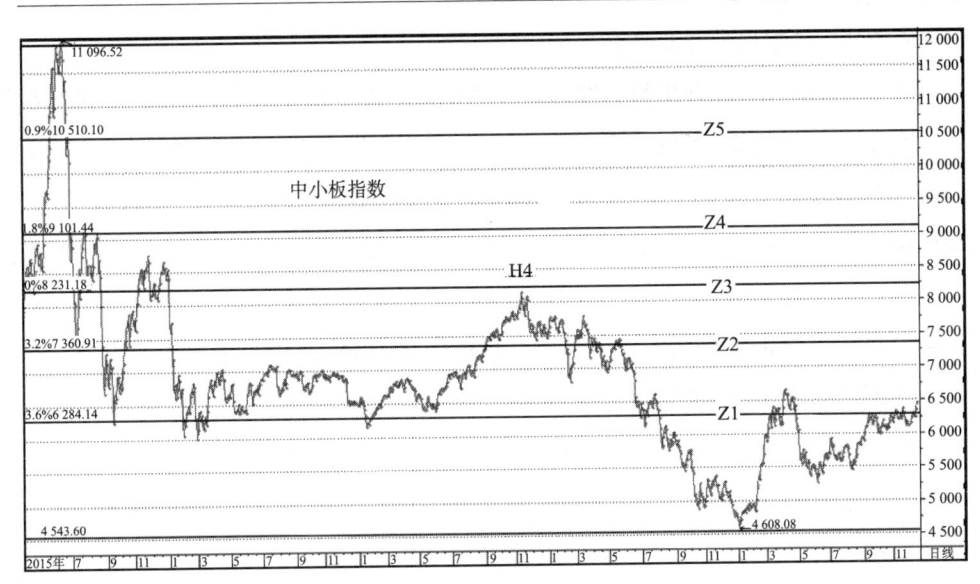

图技-7　中小板指数日线图

达到3 550点就已经不错了。如果外部形势大好，则可能达到S3点（大约为3 800点）。至于更高的S4点和S5点，或者2015年的高点，目前还不能奢望。

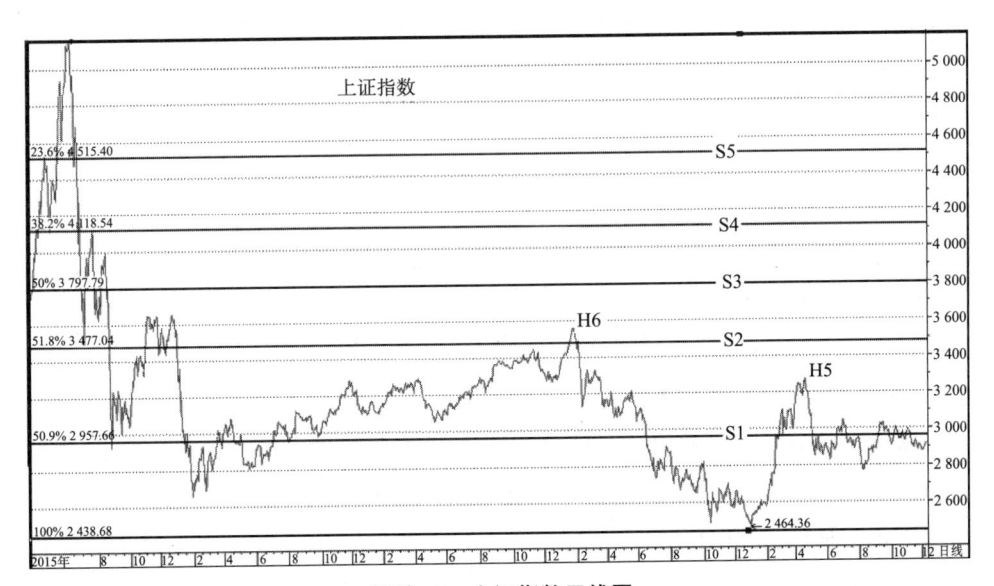

图技-8　上证指数日线图

4.5.4 对深圳综合指数的预测

图技-9是深圳综合指数日线图，左边的高点是2015年的高点。图中的SZ1点、SZ2点、SZ3点、SZ4点和SZ5点是根据黄金分割线得到的。深圳综合指数目前还没有摆脱SZ1点的压力位置，处在是否突破的关键时刻。本报告认为，突破的可能性很大。突破之后，第一个目标SZ2点（大约为1 950点）也是容易达到的。第二目标是2016年的高点（图技-9中的H7点），大约为2 160点。其中第二目标位置正好是SZ3点的位置，这就强化了H7点的压力。一般来说，在2020年前几个月，深圳综合指数能够达到SZ3点就已经不错了，至于更高的SZ4点和SZ5点，目前还不能奢望。

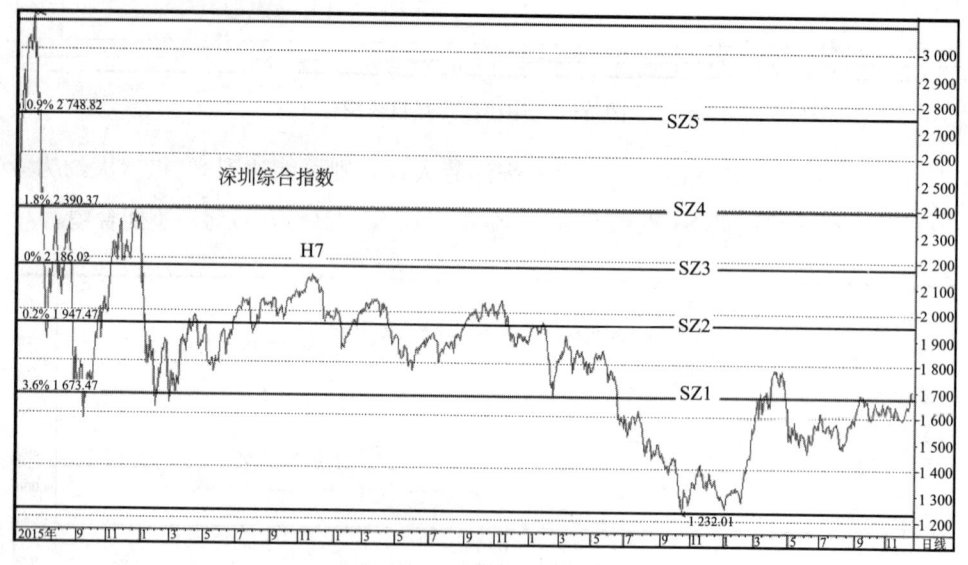

图技-9　深圳综合指数日线图

4.6　上证50指数具有特殊性

从上面的分析可以看出，上证50指数似乎有些特殊。例如，它在2020年极有可能超过2015年的高点。对其他指数来说，短时间内，这个目标仅仅存在于梦想之中。另外，《2018报告》指出，上证50指数在2019年初对止跌的判断将起到指标性的作用。具体地说，如果上证50指数出现新低，则进入止跌倒计时。

本报告认为，上证50指数的重要性在今后将得到进一步印证。它应该成为上海股票市场的标志，并替代上证指数。

比较有意思的是，深圳股票市场没有这样的特点。深证成指（本报告没有提供其图形）和深圳综合指数的强弱很接近。

至于上证 50 指数为什么具有这样的特点（下降得少，上升得多），可能有不同的解释，但都不是来自技术分析的解释。比如，为了不让指数下降显得过大而拉抬部分大盘股，但这个解释说明不了为什么深证成指没有这样的功能。究竟是什么原因，其实没有标准答案。然而，有一点可以肯定，那就是入选上证 50 指数的这 50 只股票表现很好。

4.7　对 2020 年初期的投资建议

根据上面的分析，对 2020 年前期的投资建议比较简单，总的方针就是买入。从时间上看，各个指数的答案相对统一，应该在春节附近，或者说是春节之前。当然，各个指数有可能不一致，需要区别对待。

对于买入之后的获利了结，上面的分析给出了各个指数的压力位置，越接近压力位置，越应该卖出。

此外，根据对上证 50 指数的分析，由于上证 50 指数是最强的，似乎首先应该选择上证 50 指数的股票；其次选择沪深 300 指数的股票，因为沪深 300 指数是第二强的指数。

附 录

第二十四届（2020年度）
中国资本市场论坛会议纪要

第二十四届（2020年度）中国资本市场论坛成功举行

2020年1月11日，第二十四届（2020年度）中国资本市场论坛在中国人民大学隆重举行，此次论坛由中国人民大学中国资本市场研究院、国融证券股份有限公司和中国人民大学重阳金融研究院共同主办，教育部社会科学司特别指导，中国人民大学财政金融学院、中国人民大学商学院、鑫苑（中国）置业有限公司特别支持。

本次论坛的主题是"中国金融开放与资本市场发展"。

论坛于2020年1月11日9：30在中国人民大学逸夫会议中心举行，上午举行了论坛开幕式与主题演讲。

在论坛开幕环节，首先举行了中国人民大学中国资本市场研究院揭牌仪式。中国人民大学副校长刘元春宣读中国人民大学金融与证券研究所正式更名为中国人民大学中国资本市场研究院的决定。国家发展和改革委员会副主任兼国家统计局局长宁吉喆，中国人民大学党委书记靳诺，中国人民大学校长刘伟，中国证监会副主席阎庆民，中国人民大学副校长、中国资本市场研究院院长吴晓求，中国人民大学副校长刘元春共同揭牌。论坛开幕式由中国人民大学财政金

融学院院长庄毓敏主持。

刘元春副校长随后做开幕致辞。他指出，未来一段时期我国宏观经济仍面临巨大的冲击和挑战，我国经济的很多潜力还有待通过国内经济的结构调整去充分挖掘和发挥。应对外部环境的不确定性，以及推动供给侧结构性改革，离不开金融事业的开放和现代金融体系的支持，特别是资本市场的强大支持，因此正确把握现代金融体系构建规律，深刻剖析资本市场改革动因，积极展望中国金融体系改革趋向，对未来中国资本市场深化改革，扩大开放和建设大国金融无疑具有极其重要的意义。他还表示，经过各位专家学者深入研讨，经过前二十三届论坛成功经验的积累，中国资本市场论坛必将取得更多、更好、更重要的研究成果，这些优秀的研究成果必将有助于推动中国资本市场和金融体系的发展和建设。

国融证券股份有限公司董事长侯守法代表主办方致辞。他表示，中国金融开放对中国、对世界都将是机遇和挑战并存。中国金融业需要引进更高层次的国外机构、人才和管理经验，来推动高质量的发展。作为金融业重要有机组成部分的资本市场，中国金融业必将肩负起历史赋予的新使命。今天中国的资本市场正以更加开放的姿态走向世界，拥抱全球金融市场，并日益焕发蓬勃生机。全球各大指数相继提高纳入A股的权重，这是中国资本市场迈向国际化的重要一步。在可预见的未来，我们的市场规模将不断壮大，市场融合将更加紧密，资源配置将更加有效，多层次资本市场建设将加快推进。我们会看到一个更加规范化、法治化、市场化和国际化的中国资本市场。

开幕致辞后，国家发展和改革委员会副主任兼国家统计局局长宁吉喆，中国证监会副主席阎庆民，中国上市公司协会会长宋志平，中国社会科学院副院长、学部委员高培勇分别做了主题演讲。此环节由中国人民大学重阳金融研究院执行院长王文主持。

宁吉喆副主任表示，从2019年前十个月以及12月的个别数据看，我国经济运行总体平稳，稳中有进，积极变化，全面建成小康社会取得新的重大进展，主要表现在七个方面：一是我国人均国内生产总值预计超过一万美元；二是经济发展和民生改善两大任务取得新成绩，当前我国经济发展已从高速增长转向高质量发展；三是三大攻坚战进展显著，全面建成小康社会的短板和弱项加快补齐；四是宏观经济四大指标保持在合理区间；五是五大结构调整优化；六是六个方面改革扎实推进，我国改革的系统性、整体性、协同性不断增强，中国特色社会主义制度更加完善，国家治理体系和治理能力现代化水平明显提高；七是社会民生领域水平不断提升，我国社会事业建设持续加强，民生保障和改善工作力度加大，人民群众的获得感、幸福感、安全感增强。

阎庆民副主席指出，资本市场全面深化改革取得良好开局体现在五个方面：一是设立科创板并试点注册制顺利落地；二是加强资本市场全面深化改革的顶层设计；三是大力推动上市公司提高质量；四是推动《证券法》修订，加大法治供给；五是其他改革举措有序推出。他表示，资本市场的高水平双向开放取得了新的进展，具体体现在行业开放进一步扩大、市场开放进一步扩大、产品开放进一步拓展、"走出去"合作进一步深入、监管开放性进一步增强。他还指出，资本市场预期非常重要，应该用一些计量经济学模型，把外生变量和内生变量合起来研究。对于资本市场的发展，未来要从要素流动型的开放向制度型的开放转变，一系列的制度，如统计制度、核算制度等，可能都要被打破。

宋志平会长表示，2019年，上市公司在资本市场实现良好发展。一是市场化、法治化、国际化进程得到有效提升；二是监管有效性加强；三是上市公司高质量发展，提高上市公司质量迈出实质性步伐；四是投资者信心得到加强；五是资本市场正在稳中向好。他表示，他曾与30多家问题公司的董事长面对面谈过，整体来看，上市公司出问题绝大部分的原因是上市募资后偏离主业，盲目扩张。他提到，突出主业、做强主业、专业化经营、防范风险、稳健发展、有机成长，才是上市公司质量提升须关注的事情。他还表示，一个负责任的上市公司既要对社会负责，也要对投资者负责，上市公司应该做好自己的工作，从内在提高经营质量和业绩水平。

高培勇副院长指出，2019年积极财政政策提出的要求是加力增效，2020年的要求为提质增效，这种变化是有讲究的。2020年积极财政政策追求的目标既要有量的增长，更看重质的提升，这是新发展理念的要求。他还表示，这几年来经济界围绕经济形势进行分析，并对经济政策布局进行探索，既然付出了努

力，就不能让努力付之东流。当我们面对经济问题和经济形势进行分析和评估的时候，一定要注意不能直接简单用以往的老套路、老思维来做事，而是要想到这些年中国经济界的新的创新、新的贡献、新的理论、新的思想，要把它们应用到实践工作当中。

中国人民大学副校长、中国资本市场研究院院长吴晓求教授做题为《中国金融开放：模式、基础条件和市场效应评估》的主题报告，报告指出，改革开放以来，中国经济无论在规模、结构、汇率，还是在市场开放度、国际影响力等方面都有根本性变化，与此相适应，中国需要构建一个更加开放、高度国际化的现代金融体系，实现人民币自由化、国际化，建立新的国际金融中心。他最后总结道：第一，在金融改革发展过程中，基础设施没有跟上，会给未来增添很多风险，客观上会加大波动幅度和发生危机的概率；第二，人民币自由化后可能出现一个时期的波动，最后会收敛于一个相对稳定的值，这是由中国的大国模式决定的；第三，中国的经济规模以及市场化程度具有较强的竞争力；第四，中国金融的全面开放，人民币的自由化、国际化和国际金融中心的形成对中国法制的完善、经济的持续稳定增长，以及经济竞争力的提升有巨大推动作用。

下午进入三个主题论坛环节。

主题论坛一围绕"中国经济：稳定机制与增长动力"话题展开了热烈的研讨，与会专家对中国经济面临的形势进行了解读，指出要深化改革，要坚定不移地走社会主义市场经济的道路，要坚定不移地坚持一个中心原则，要坚持市场资源配置决定性力量这一理论。出席的专家有中国黄金集团首席经济学家万喆，经济学人集团大中华区总裁、世界经济论坛全球青年领袖刘倩，中国人民大学应用经济学院院长郑新业，如是金融研究院院长、首席经济学家管清友，万博新经济研究院院长滕泰。中国诚信信用管理有限公司董事长毛振华主持此主题论坛。

主题论坛二以"中国金融：开放路径与目标选择"为题。各位专家分别从技术创新、开放路径、金融开放的重点问题、境外市场、中国资本市场开放新进展及金融开放规律等方面阐述观点。出席的专家有清华大学五道口金融学院副院长田轩、中国人民大学财政金融学院教授涂永红、国家开发银行研究院副院长曹红辉、中银香港首席经济学家鄂志寰、国家外汇管理局国际收支司前司长管涛、南开大学虚拟经济与管理研究中心主任刘晓欣。中国人民大学中国财政金融政策研究中心主任瞿强主持此主题论坛。

主题论坛三以"中国资本市场：改革重点与发展方向"为题，专家对这一主题进行了深度探讨。各位专家对中国资本市场、中国股市、中国经济环境、资金流动性、资金结构等方面进行了意见交换。出席的专家有北京宏道投资管理有限公司董事长卫保川、中国人民大学财政金融学院教授、中国社科院学部委员王国刚、中央财经大学证券期货研究所所长贺强、北京工商大学证券期货研究所所长胡俞越、北京大学金融与证券研究中心主任曹凤岐、中国人民大学副校长、中国资本市场研究院院长吴晓求。中国政法大学商学院院长刘纪鹏主持此主题论坛。

最后，中国人民大学中国资本市场研究院联席院长赵锡军做论坛总结。他表示，此次论坛多位重量级的权威专家分别就宏观经济形势、资本市场改革开放、经济财政政策减税降费、建设高质量资本市场等发表演讲，高瞻远瞩、意味深长，给我们带来了很多的精神食粮。新锐专家围绕中国经济增长的模式、动力、速度、内外环境及条件、长短期的趋势，以及未来的改革方向等问题给出了精锐的观点，喊出了新一代学者的声音。

本论坛得到了教育部社会科学司的大力支持，中国人民大学中国资本市场研究院为大会提供的研究报告从2011年起被列为教育部哲学社会科学系列发展报告资助项目。

来自中央国家机关、高校、研究机构等相关单位的负责人和专家学者，以及证券公司、基金公司、上市公司的嘉宾和媒体记者等500余人参加了此次论坛。

论坛于当日傍晚结束，取得了圆满成功。

后 记

如何进一步推动中国金融的开放,是当前乃至未来一个时期我们面临的重要任务。中国金融走了一条渐进式、试错式和迂回式的开放道路。整体而言,中国金融的开放度是不足的,国际影响力是有限的,与中国经济在国际上的地位不匹配,与中国的国家战略目标也不匹配。因此,应该加快中国金融的开放过程。

中国金融在进一步扩大开放乃至全面开放的政策实施中必须解决三个核心问题:一是模式定位,即在"不可能三角"中的组合选项,核心是在汇率稳定与资本自由流动中做出目标选择;二是开放的路径与策略;三是开放的彼岸在哪里?所要实现的目标是什么?

本报告主要围绕上述三个核心问题展开深入研究。大国经济(如日本)的金融开放案例,以及一些代表性新兴经济体(如韩国、俄罗斯、印度和泰国等)的金融开放历史,也可作为中国金融全面开放的国际经验和教训。结合中国经济、金融的实际情况,以及大国经济、新兴经济体金融开放的实践,本报告试图找到一条既有一般共性,又有中国特色的金融开放模式。这种金融开放模式的核心点是将风险控制在可收敛的范围。

本报告是中国人民大学中国资本市场研究院〔CCMRI,前身是中国人民大学金融与证券研究所（FSI）] 研究团队连续撰写的第二十四个年份的《中国资本市场研究报告》，从 1997 年起，从未间断。此报告是第二十四届（2020 年度）中国资本市场论坛的主报告，由中国人民大学副校长、中国资本市场研究院院长吴晓求教授领衔完成，赵锡军教授、瞿强教授、李永森教授、应展宇教授、许荣教授、张成思教授、何青教授、谭松涛教授、刚健华教授、李凤云副教授、李向科副教授、陆超副教授、钱宗鑫副教授、罗煜副教授、郭彪副教授、宋科副教授等参加了讨论和撰写。在本研究团队小范围讨论中，吴晓求教授就选题的重要性、研究内容、研究重点、逻辑思路、写作框架及要点等进行了详细解读，并亲自撰写、修改写作大纲和研究报告导论等相关内容。

本报告由导论、分论和市场研究三部分组成。各部分作者如下。导论：吴晓求、郭彪、方明浩、李诗瑶；分论一：涂永红；分论二：何青、冯浩铭；分论三：钱宗鑫、付鹏璐、许界天；分论四：赵锡军、谭松涛；分论五：许荣、陆超、王雯岚、徐星美、王巍、刘庭竹；分论六：张成思、唐火青；分论七：应展宇、黄春妍、左振莹；分论八：宋科、刚健华、赵扬；基本分析：李永森、张宁、王琳、付敏；技术分析：李向科。中国人民大学财政金融学院金融学博士生虞思燕、沈靖人、刘东林、张浩、刘斯佳、赵扬、刘家琳参加了相关内容的讨论和部分初稿的撰写，金融学硕士生杜盈初、楚丽君、许琰姿、占易做了资料收集整理工作。

本研究报告初稿完成后，吴晓求教授审读了研究报告的核心内容并提出了一些修改建议。中国人民大学中国资本市场研究院赵振玲女士为本报告的编辑做了大量繁杂的事务性工作。

特别要感谢教育部社会科学司的大力支持。与此同时，本报告也得到了鑫苑·（中国）置业有限公司和国融证券股份有限公司的特别支持。谨此致谢！

中国人民大学中国资本市场研究院（CCMRI）

2020 年 1 月 11 日

Postscript

How to further promote the China's financial opening is an important task we will face from now to the future. China's financial opening chooses a gradual, try-and-error and roundabout path. Overall, the degree of China's financial opening is not enough, as well as limited international influence, which is unmatched to the international status of China's economy and the national strategic targets of China. Hence, we should accelerate the process of China's financial opening.

There are three core issues about the policy implement of China's financial opening further even fully. Firstly, the pattern selection, that is to say, in the "impossible trinity" combination option, the key is to make target choices in exchange rate stability and free capital flow. Secondly, the path and strategies of opening. Thirdly, where is the future land of opening? what is the goal?

This research report focuses on the above three core issues and carries out in-depth research. Meanwhile, as a reference from international experience and lessons for China's comprehensive financial opening, we study the examples about financial opening of developed countries, like Japan, and the history of financial opening from some representative emerging economies, like Korea, Russia, India, Thailand, etc. Combined the actual situation of China's economy and finance with the practice of both developed and emerging economies, we try to find out a financial opening pattern that has both general features and Chinese characteristics. The key point of this financial opening pattern is to keep risks in a convergent range.

This research report is the 24th *Annual Research Report on China's Capital Markets* by the research team of China Capital Market Research Institute [CCMRI, formerly known as the Finance and Securities Institute (FSI) of Renmin University of China, established in 1996] since 1997. This report is the main report of The 24th (2020) China Capital Market Forum, composed by professor Wu Xiaoqiu, who is the vice president of Renmin University of China and the director of CCMRI and experts from CCMRI research team including professor Zhao Xijun, professor Qu Qiang, professor Li Yongsen, professor Ying Zhanyu, professor Xu Rong, professor Zhang Chengsi, professor He Qing, professor Tan Songtao, professor Gang Jianhua, vice-professor Li Fengyun, vice-professor Li Xiangke, vice-professor Lu Chao, vice-professor Qian Zongxin, vice-professor Luo Yu, vice-professor Guo Biao, vice-professor Song Ke. In the team discussion, professor Wu Xiaoqiu detailed the importance of the topic, the research content, the research focus and logical ideas, the writing framework and the main points, then wrote and revised the report outline and introduction and so on.

This research report consists of three parts: introduction, theses, and market research. Authors of each part are Wu Xiaoqiu, Guo Biao, Fang Minghao, Li Shiyao for introduction, Tu Yonghong for thesis 1, He Qing, Feng Haoming for thesis 2, Qian Zongxin, Fu Penglu, Xu Jietian for thesis 3, Zhao Xijun, Tan Songtao for thesis 4, Xu Rong, Lu Chao, Wang Wenlan, Xu Xingmei, Wang Wei, Liu Tingzhu for thesis 5, Zhang Chengsi, Tang Huoqing for thesis 6, Ying Zhanyu, Huang Chunyan, Zuo Zhenying for thesis 7, Song Ke, Gang Jianhua, Zhao Yang for thesis 8, Li Yongsen, Zhang Ning, Wang Lin, Fu Min for fundamental analysis, Li Xiangke for technical analysis. Besides, Ph. D. students from school of finance of Renmin University of China participated the discussion and wrote the first draft of some contents, which include Yu Siyan, Shen Jingren, Liu Donglin, Zhang Hao, Liu Sijia, Zhao yang, Liu Jialin. Some finance master's students help us collect the data and relative materials, including DuYingchu, Chu Lijun, Xu Yanzi, and Zhan Yi.

After this report's first draft has finished, professor Wu Xiaoqiu reviewed the core contents of this report and offered some recommendations about modification. Zhao Zhenling from CCMRI did a lot of complicated work for this report's compiling.

Especially, we would like to thank a lot for substantial supports from the Social Science Department of the Ministry of Education. Meanwhile, this research report received enormous assistance from Xinyuan Real (China) Estate Co. Ltd. , Guorong Securities Co. Ltd. Thank you.

China Capital Market Research Institute, Renmin University of China (CCMRI)

Jan. 11th, 2020